动车组运行故障图像检测系统（TEDS）运用技术

本书编委会　编

中国铁道出版社有限公司

2024年·北　京

内容简介

本书共分为四章,包括TEDS构成、功能与运用管理,动车组转向架TEDS实拍图及结构组成,动车组TEDS检查内容、质量标准及故障案例。本书结合铁路特有工种技能培训规范的培训科目要求和近年来动车组典型故障案例,全面阐述了动车组动态检车员所需掌握的基本知识、技术重点、故障排查和处置流程等。

本书可供动态检车员培训学习使用,也可供动车组研发、制造、运用、维修等相关技术人员、管理人员和动车组相关专业的院校师生参考。

图书在版编目(CIP)数据

动车组运行故障图像检测系统(TEDS)运用技术/本书编委会编.—北京:中国铁道出版社有限公司,2024.4

ISBN 978-7-113-31047-9

Ⅰ.①动… Ⅱ.①本… Ⅲ.①动车-故障检测-自动检测系统 Ⅳ.①U266

中国国家版本馆CIP数据核字(2024)第043687号

书　　名: 动车组运行故障图像检测系统(TEDS)运用技术
作　　者: 本书编委会

责任编辑: 李润华　　**编辑部电话:** (010)51873138　　**电子邮箱:** jiliang@tdpress.com
编辑助理: 陈　颖
封面设计: 郑春鹏
责任校对: 安海燕
责任印制: 樊启鹏

出版发行: 中国铁道出版社有限公司(100054,北京市西城区右安门西街8号)
网　　址: http://www.tdpress.com
印　　刷: 天津嘉恒印务有限公司
版　　次: 2024年4月第1版　2024年4月第1次印刷
开　　本: 787 mm×1 092 mm 1/16　**印张:** 15.25　**字数:** 362千
书　　号: ISBN 978-7-113-31047-9
定　　价: 95.00元

编　委　会

前言

在习近平新时代中国特色社会主义思想引领下，中国铁路人坚持以人民为中心的发展思想，勇担交通强国、铁路先行历史使命，推动铁路网规模和质量实现重大跃升。我国成功建成世界规模最大、现代化水平最高的高铁网。截至2023年底，我国铁路运营里程从新中国成立初期的2.1万km增长到15.9万km，高铁运营里程从零起步增长到4.5万km。我国逐步形成以“四纵四横”为主骨架向“八纵八横”加速延展的发达高铁网，长三角、珠三角、京津冀三大城市群高铁连片成网，东部、中部、西部和东北四大版块高铁互联互通。

自21世纪初期，我国铁路开始进入动车时代，动车组运行安全成为铁路车辆工作的重中之重。我国在货车故障轨旁图像检测系统(TFDS)的基础上开始进行动车组运行故障图像检测系统(TEDS)的技术研究。受早期TFDS技术的影响，初期的TEDS样机主要以TFDS-2T的技术为基础，在此基础上增加了底部轨外和侧部相机，采用面阵相机拍摄技术对动车组图像进行采集。随着TEDS技术的更新迭代，逐步采用在轨旁安装面阵和线阵组合的高速工业相机对运行的列车进行图像采集。通过计算机进行分析与处理，计算出列车运行速度，判断出列车车种车型，取出系统所需要的车辆关键部位图像进行存储，以一车一档的方式在窗口计算机中显示，并能按要求打印、传输相应图像；通过人机结合的方式判别列车零配件有无缺损、断裂、丢失等故障，从而达到动态检测列车走行部质量的目的，降低车辆在运行途中的故障率，确保铁路运输安全。

本书共四章。第一章介绍了TEDS系统从研制到运营的过程；第二章介绍了TEDS系统的设备构成、工作原理、系统功能、运用管理等内容；第三章介绍了动车组转向架功能及结构、各平台动车组转向架；第四章介绍了各平台动车组TEDS检查内容、质量标准及故障案例。

本书依据《动车组运行故障图像检测系统(TEDS)运用管理办法》《中国铁路上海局集团有限公司动车组运行故障图像检测系统(TEDS)运用管理细则》等有

关文件管理规定，从保障高速铁路动车组运输安全切入，统筹兼顾动车组动态检车员实际工作要点和作业体系特点编写而成。主要通过介绍TEDS构成、功能与运用管理，动车组转向架TEDS实拍图及结构组成，动车组TEDS检查内容、质量标准等专业理论知识，结合铁路特有工种技能培训规范培训科目要求和近年来动车组典型故障案例，全面阐述动态检车员所需掌握的基本知识、技术重点、故障排查及处置流程等内容。

本书逻辑清晰、贴合现场、内容丰富、专业性强，对动态检车员培训工作具有一定的指导意义，对动车组研发、制造、运用、维修等工作和相关站段、主机厂的动车组技术研究和技术创新也具有参考价值，可供动态检车员培训学习使用，也可供动车组相关专业的院校师生参考。

本书编委会由中国铁路上海局集团有限公司上海动车段的全国技术能手、全路技术能手、全局技术能手、技能大师、技术骨干、专兼职教师等组成，他们长期服务于一线生产、管理岗位，有很强的专业能力、丰富的现场实践经验和教学经历。特别感谢中国铁道科学研究院集团有限公司电子计算技术研究所、苏州华兴致远电子科技有限公司、北京康拓红外技术股份有限公司对本书编写的大力支持与帮助。

由于编者水平有限，欢迎广大读者及行业内专家学者对本书内容批评、指正，以便对本书进一步修改、完善。

编委会

2024年1月

目 录

第一章　绪　　论

动车组运行故障图像检测系统（以下简称 TEDS）是利用轨旁摄像装置采集、传输运行动车组车体底部、侧部裙板、连接装置、转向架等可视部位图像，采用线阵图像采集、3D 成像图像识别等技术自动对比分析发现故障并报警，实现对动车组底部及侧部可视部件状态监控的系统。TEDS 系统包括探测站设备、动车段（车辆段）监控中心设备、铁路局集团公司监控中心设备、中国国家铁路集团有限公司（以下简称国铁集团）查询中心设备及网络传输设备等。

国外针对动车组检测设备进行了相应的研究与探索，如奥地利的动车组检测设备主要为非接触式检测设计，强调对动车组几何参数的测试；意大利的动车组检测设备主要采用激光照射、伺服跟踪、大数据存储和图像处理技术，对动车组的几何参数、接触网等进行检测；德国的动车组检测设备主要针对车体、机车、车载设备和接触网等进行检测。

国内基于图像采集比较成熟的系统有线阵列 CCD（charge coupled device，电荷耦合器件图像传感器）摄像技术、受电弓接触网动态监测系统、非接触式 CCD 高速动态检测装置等。例如北京瑞威世纪软件科技发展有限公司申请的发明专利“枕木式车辆动态故障检测装置”，利用 CCD 摄像装置自动抓拍通过车辆的车钩缓冲部件、空气制动装置、车底架、转向架、车体两侧等部位的图像，再将拍摄的图像传至检测中心，同时采取人机结合和计算机自动识别的方式，对所述图像进行差别分析。中国铁路上海局集团有限公司科学技术研究所申请的发明专利“非接触式 CCD 高速动态检测装置”，其摄像头与照明光源分别与计算机测控处理设备连接，摄像头采用的是场效应电荷耦合线阵列 CCD 高速摄像系统，照明光源采用的是静态 LED 超高亮发光二极管组成的面阵列光源，在高速运行状态下就可对列车进行检测。

TEDS 于 2011 年立项，2012 年在京沪下行线（上海光新路）安装设备进行试验，2013 年 12 月开始推广安装，在京沪线完成了第一代 TEDS 设备的安装及调试。为满足 TEDS 现场运用与管理需要，中国铁道科学研究院集团有限公司电子计算技术研究所对系统进行了优化改进，完成了 TEDS V2.0 系统研发工作，并进行了全路系统升级。TEDS V2.0 系统在实现统一集中监控、联网应用管理的基础上，进一步优化了故障处置操作流程，规范了运用管理的方式方法；完善了故障跨局传递能力，实现了与动车组管理信息系统的信息共享，保障了故障信息的实时监控与闭环管理；增加了部分派工管理策略、作业质量监控方法等功能，进一步满足了现场运用需求；重构了系统架构，调整了数据结构，为系统高效稳定运行奠定了技术基础。

TEDS 将采集到的车辆、图像信息数据送至计算机检测站的图像识别系统完成列车图像部件检测的故障分级预警，监测终端将故障车辆信息进行报警提示并由专业技术人员完成故障部件的核验处理，从而实现动车组部件故障的动态监测，以此保证车辆运行安全。

目前，各铁路局集团公司已配备 TEDS 设备及监控中心，针对动车组车底和侧部的整体检测技术开展使用，但重点部位自动识别需要逐步完善。国铁集团召集了各 TEDS 设备制造厂家和有关自动识别的公司针对提高自动识别故障功能的成功率进行研究。随着自动识别技术的不断发展，自动识别故障功能将是 TEDS 的发展趋势。

第二章　TEDS构成、功能与运用管理

第一节　TEDS设备构成与工作原理

一、TEDS设备构成

TEDS设备包括线上设备系统和入所设备系统。线上设备系统主要安装在大型客运站入站枢纽位置，称之为探测站，适用动车组车速为5～90 km/h时的图像采集；入所设备系统主要安装在入所咽喉区域，用于对动车组关键部位技术状态的监控分析。探测站设备由轨旁设备、机房设备两部分组成。

1. 轨旁设备

轨旁设备主要包括线阵图像采集模块、3D成像模块、激光光源模块、车号自动识别系统(AEI)天线、车轮传感器、轨旁安装防护装置(轨内底箱、轨外底箱、侧箱、分线箱)、吹风除尘排水装置、视频监控装置、电缆、光纤等，各设备应按标准模块化设计，可通用互换。

2. 机房设备

机房设备主要包括车辆信息采集计算机、图像处理计算机、数据存储服务器和图像自动识别服务器、AEI主机、视频监控装置、车轮传感器处理装置、切换器(KVM)、信号防雷设备、电源防雷设备、设备控制箱、远程维护装置、交换机、不间断电源(UPS)、空调等，各设备应按标准模块化设计，可通用互换。

二、TEDS设备工作原理

TEDS是利用轨旁摄像装置采集传输运行动车组车体底部、侧部裙板、连接装置、转向架等可视部位图像，采用线阵图像采集、3D成像、图像识别等技术自动对比分析发现故障并报警，实现对动车组底部及侧部可视部件状态监控的系统。TEDS系统包括探测站设备、动车段(车辆段)监控中心设备、铁路局集团公司监控中心设备、国铁集团查询中心设备及网络传输设备等。

第二节　TEDS系统功能简介

TEDS主要是采集动车组运行过程中所经过的各TEDS探测站的监控图像数据，对监控数据集中显示、预警并进行人工故障筛查、上报及统计分析的综合联网应用系统。TEDS主要功能包括综合查询、作业管理、派工管理、统计报表、系统字典、系统监控、教育培训等。

TEDS 主要用户为分析员及作业组长。

一、分析员基本操作

1. 登录

登录必须是当前班次的分析员,否则系统会提示"正在执行的作业不是您的班次",将无法登录。若登录时提示"此账户正在使用,不能重复登录",请 20 s 后登录。登录界面如图 2-1 所示。

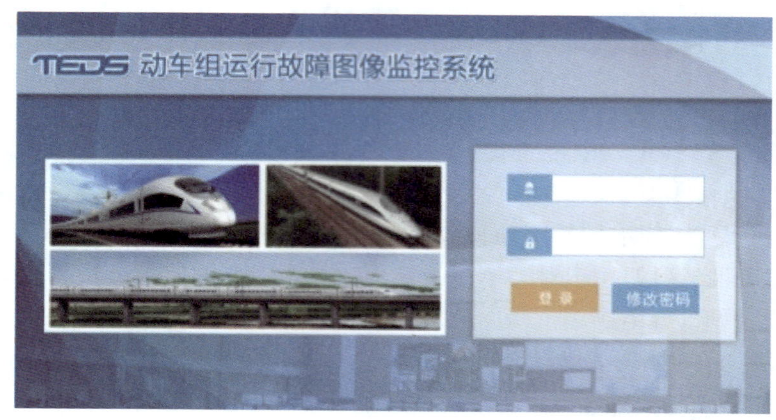

图 2-1 登录界面

注意事项:必须当班作业组长先行接班后,当班分析员才能接班作业。

2. 分析员作业

(1) 分析员作业界面

分析员利用预警分析监控作业平台主要实现以下功能:查看当时过车图像、复核自动预警信息、人工手动预警、上报预警信息给作业组长,分析员作业界面如图 2-2 所示。

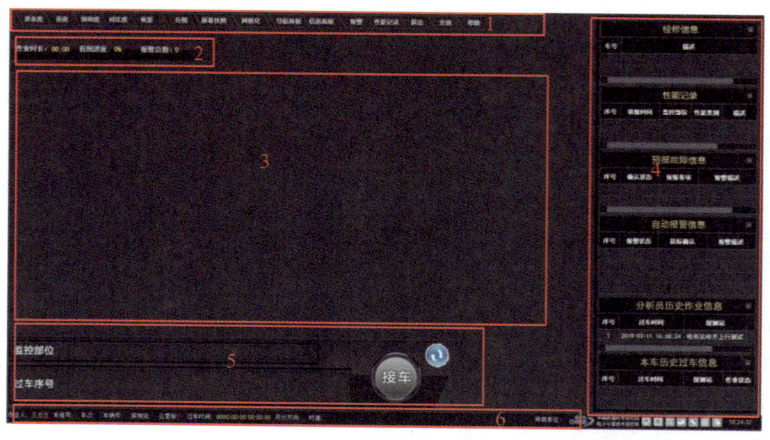

图 2-2 分析员作业界面

注意事项:若分析员作业界面显示不完整,需要鼠标先单击左键选中浏览器地址栏,然后按【F11】键进入全屏状态。

①区域 1 为工具栏，可调节当前图片显示效果、保存图片、报警信息填报、记录系统的性能、临时退出系统、分析员交班、显示帮助界面。

②区域 2 显示作业时长信息、看图进度信息和列车自动报警总数，作业时长信息提示分析员作业时间超过 10 min 时数字将变红。

③区域 3 为图像显示区，当接车后图像会显示在该区，分析员对图像进行查看，一旦发现故障可点击区域 1 的【报警】按钮选定报警部位进行预报。

④区域 4 为信息面板，分为预报故障信息列表、自动报警信息显示区、分析员历史作业信息列表、本车历史过车信息列表等。

⑤区域 5 为导航面板，点击闪烁的【接车】按钮可以接车，接车后选择相应车辆和监控部位的图片进行查看。【刷新】按钮可刷新当前界面。

⑥区域 6 为作业状态栏，显示作业人、车组号、车次、车辆号、探测站、公里标、过车时间、开行方向、时速、研制单位、功能菜单，右下角显示系统时间。

（2）接车

分析员请求到服务器派工信息后，分析员作业界面【接车】按钮进行灯光闪烁和声音报警，提示分析员进行接车。如果在作业组长设定的派工拒绝时间内，分析员未点击【接车】按钮，服务器收回派车请求，并记录该分析员拒绝接车一次。

点击【接车】（或按快捷键【E】），系统接收到拍摄图像。作业组长在作业管理—作业质量监控界面可实时查看分析员的作业状态为“作业”。

单击【过车序号】行的相应车辆选择监控辆序，选中辆序黄色显示，已查看的车辆序号显示蓝色，未查看的车辆序号显示浅灰色，未派工车辆序号显示深灰色。每个过车序号右上方红色框内可显示本辆车共有多少个自动报警信息。

单击【监控部位】行的相应按钮选择监控部位，选中部位显示黄色，已查看的车辆部位显示蓝色，未查看的车辆部位显示浅灰色，如图 2-3 所示。

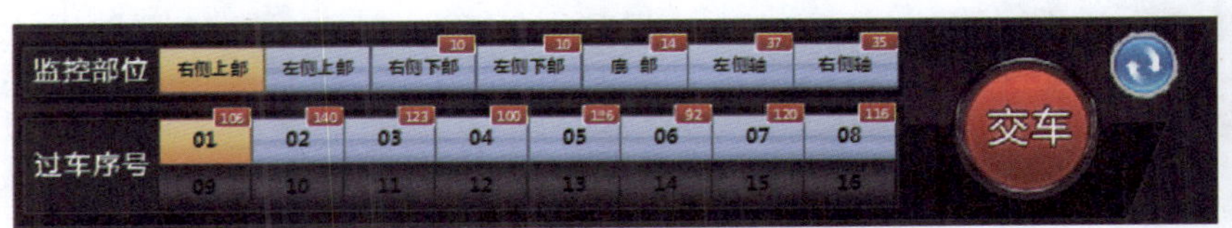

图 2-3 监控部位和过车序号选择作业界面

所选监控部位图片看完后可直接单击图片两侧的【切换上一辆同一部位】或【切换下一辆同一部位】可直接切换至上(下)一辆同一监控部位的图片。

注意事项：若分析员存在由于异常情况导致上次作业中断，服务器优先将上次中断的作业分配给该分析员。

（3）图像分析

分析员接车后，依次选择所有辆序和所有监控部位。

根据国铁集团《动车组运行故障图像检测系统（TEDS）运用管理办法》作业要求进行看图分析作业，左右或上下移动图片；也可以按快捷键【G】将图片放大 2 倍进行查看；必要时，双击图片可查看原图。

鼠标轨迹：分析员接车后，鼠标移动过的地方会留下痕迹，在查看复示图片时可以看出鼠标经过的地方。

(4) 人工预报作业过程

若人工发现故障，则进行人工预报。

点击工具栏中的【报警】(或按快捷键【S】)，拖动鼠标截取图片，弹出故障信息填报窗口，如图 2-4 所示。

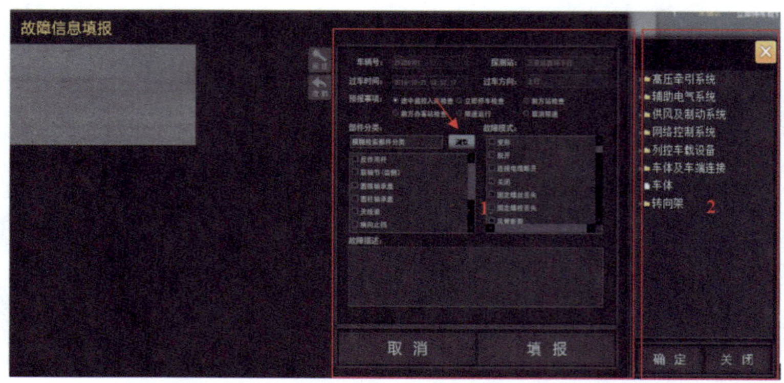

图 2-4　故障信息填报窗口

单击【标注】(或按快捷键【Q】)，拖动鼠标用红色方框标示出相应部位，在红框左上方系统自动标有标注顺序。

在图 2-4 区域 1 选择【部件分类】，在区域 2 的窗口内选择部件，或者直接在【部件分类】中选择部件，必要时填写故障描述。

填报的故障信息会显示在预报故障信息显示区域。同时，作业组长可在综合查询—预报故障查询和作业管理—预报故障确认窗口中查看故障信息并进行确认。

(5) 自动报警作业过程

若选择某个辆序和监控部位后，在自动报警信息栏内有黄色自动报警记录，移动鼠标选择查看，故障信息自动报警记录如图 2-5 所示。

图 2-5　故障信息自动报警记录

单击预报故障信息中相应行，图像显示区显示蓝色框标示的为具体故障部位。双击标示框，可与历史对比图进行对比分析。自动报警信息用黄色框标示。

分析员经过仔细查看确认，若确认该自动报警信息为误报，则不做处理，统一默认确认状态为误报，记录和故障部位标示框都变为绿色；若为故障，则点击【报警】(或按快捷键【S】)进行预报(与人工预报过程相同)，此时确认状态为报警，记录和故障部位标示框都变成红色。

(6) 交车

分析员看图分析作业结束，确认无误后，进行交车操作，完成作业。

单击图 2-3 分析员作业界面中【交车】，弹出提示窗口，如图 2-6 所示。

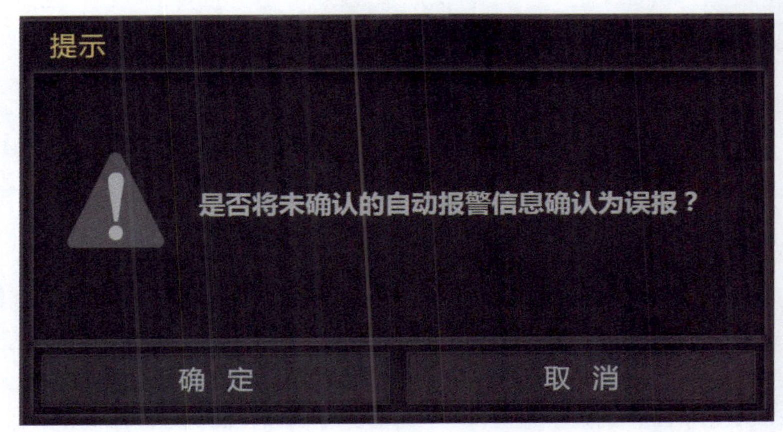

图 2-6 自动报警故障信息确认界面

确认无误后点击【确定】，交车成功。【交车】按钮置灰，等待服务器再次派工。

如果分析员作业中途需要休息，分析员交车后，点击【退出】，弹出退出系统提示框。点击【确定】，退出系统。作业组长在作业管理—作业质量监控界面可实时查看分析员的作业状态。若作业状态为“退出”，服务器将不再向该分析员进行派工。

3. 交班

如果到交班时间，则当班的未接车分析员进行交班操作，并提交交班日志。

单击图 2-2 区域 1 中【交班】，弹出分析员交班窗口。

单击【交班】，弹出交班成功提示窗口。单击【确定】，退出系统。若是已交班分析员再次登录，系统会提示“您的作业已提交，不能继续登录”。

4. 帮助

帮助界面主要介绍本系统主要操作使用说明和所有快捷键的使用。

二、管理人员基本操作

1. 登录

作业组长登录过程同分析员登录过程，当前班次的作业组长输入用户名和口令后，若是作业组长当天首次登录，则当天当班作业组长首先需要接班。接班后进入系统主界面，如图 2-7 所示。

图 2-7 作业组长登录主界面

2. 综合查询

综合查询主要提供本地上报故障查询、过车信息查询、担当车发现故障查询、开行计划查询。本地上报故障查询可以通过组合条件对本地 TEDS 系统的报警详细信息进行查询；过车信息查询可以对通过 TEDS 探测站的过车详细信息进行查询。

鼠标箭头放在【综合查询】上，显示综合查询的子菜单。子菜单有本地上报故障查询和过车信息查询等。

（1）本地上报故障查询

能够通过组合查询条件进行报警信息查询。方便作业组长查询分析员预报的故障详细信息和作业组长对故障的确认状态，以方便作业组长及时发现故障信息并作处置。

（2）过车信息查询

过车信息查询主要通过组合查询条件对通过探测站的列车信息、作业状态和图片信息进行查询。过车信息通过探测站过车列车报文获取。

（3）担当车发现故障查询

能够通过组合查询条件对本段配属报警动车组信息进行查询。方便作业组长通过全路 TEDS 监控中心对本段担当车预报的故障信息进行查询。

（4）开行计划查询

能够通过组合查询条件对开行计划表信息进行查询。

3. 作业管理

实现关键流程的作业、监控和管理。

把鼠标箭头放在【作业管理】上，显示作业管理子菜单。作业管理子菜单有本地上报故障、过车信息管理、途中传递故障、作业质量监控、交接班管理、作业班组管理、计划停机管理、人工作业误漏报检查、作业图表管理、担当跨局作业图表管理共 10 项，如图 2-8 所示。

作业管理
- 本地上报故障
- 过车信息管理
- 途中传递故障
- 作业质量监控
- 交接班管理
- 作业班组管理
- 计划停机管理
- 人工作业误漏报检查
- 作业图表管理
- 担当跨局作业图表管理

图 2-8 作业管理

(1) 本地上报故障

通过本地上报故障,作业组长能迅速对本段监控中心人工报警详细信息和确认状态进行查询,并可以打印故障详细信息报表,还可以迅速确认故障。通过过车信息窗口可以查询经过探测站的车列信息,并向部局级整车上报故障信息。

(2) 过车信息管理

过车信息管理主要通过组合查询条件对通过探测站的列车信息、作业状态和图片信息进行查询,对个别不准确信息进行手动修改。过车信息通过探测站过车列车报文获取。

(3) 途中故障传递

作业组长可实时监控沿途中上一段监控中心发现的预报故障信息,对故障信息进行重点盯控,并做好沿途下一个探测站的推送,做到动车组途中 TEDS 故障的传递。

(4) 作业质量监控

作业组长可实时监控本组在岗分析员的作业状态、工作量和当班拒绝次数等内容,并适时指导,以保证作业质量。

(5) 交接班管理

两个班组更替时,为明确责任和任务,当班作业组长对交班分析员的日志进行汇总和确认后,填写相应交班信息,进行交班,退出系统,如图 2-9 所示。

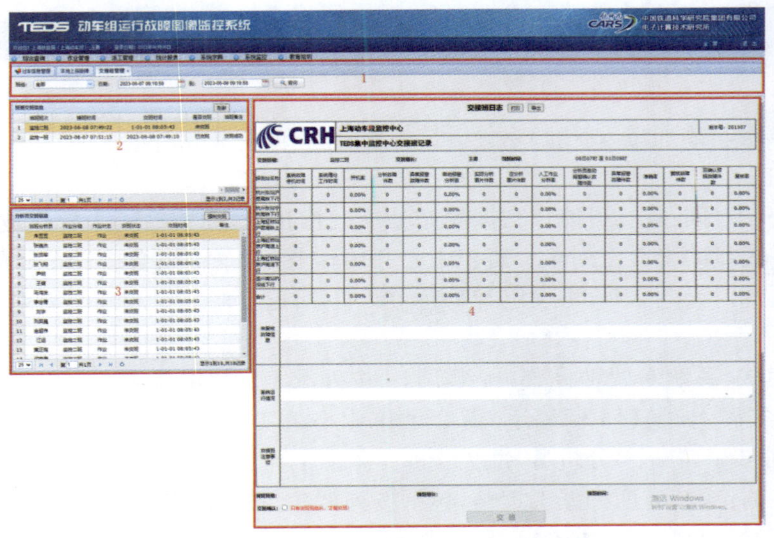

图 2-9　交接班管理窗口

注意事项:

①必须本班组分析员全部交班后,作业组长才能交班。

②在图 2-9 区域 1 选择要查询的班组和日期,单击【查询】,区域 2 显示作业组长班次信息,单击区域 2 任一行,区域 3 显示本班组的分析员交班情况,区域 4 显示所选班组在所选日期当班的日志记录,可导出 Excel 报表或打印。

(6) 作业班组管理

作业班组管理方便作业组长根据管理制度对报警故障分析员进行增加、修改信息、分组或删除操作。并组织协调组内成员进行报警故障分析作业。

(7) 计划停机管理

计划停机管理可查询计划停机信息,添加计划停机内容。

(8) 人工作业误漏报检查

通过人工作业误漏报检查功能可以针对沿途下一段监控中心预报的动车组 TEDS 故障,倒查本段监控中心的过车情况。

(9) 作业图表管理

作业图表管理是根据国铁集团《动车组运行故障图像检测系统(TEDS)运用管理办法》中的 TEDS 检查作业频次及作业内容由铁路局集团公司自定的管理方法,根据跨局动车组列车 TEDS 检查作业频次原则,对本段监控中心的过车进行作业频次的管理。

(10) 担当跨局作业图表管理

显示车次在探测站的作业信息。

4. 派工管理

把鼠标箭头放在【派工管理】上,显示派工管理子菜单,如图 2-10 所示。派工管理有派工策略管理、作业模式配置两项。

(1) 派工策略管理

通过派工策略管理,作业组长可设定派工策略及派工间隔时间、向分析员派工方式、分析员作业界面设置等内容,方便作业组长根据不同需求、不同过车情况改变派工策略,以便分析员能够更好地完成查看过车图像的任务。

派工管理
派工策略管理
作业模式配置

图 2-10　派工管理

①派工策略非常重要,直接影响分析员作业,输入口令才能对本页面进行操作。

②派工起始时间:现场可能存在探测站处于运行状态,而监控中心未作业的状态,以致系统会留存一定量的未派工列车。监控中心开始作业时,系统则会按过车时间将所有未派工车辆派工。此时,作业组长可设定看车起始日期,所选日期之前的未派工列车将设为过车甩站,不再进行派工。

③派工模式:系统有两种模式,按组派工、按人派工。按组派工是指短编(8 辆编组)由 1 个作业小组实施,长编(16 辆编组)由 2 个作业小组实施。按人派工是指将过车的 8 辆(16 辆)分派给 8 个(16 个)分析员,每个分析员派工 1 辆。

④派工策略:系统有两种派工策略,包括按列派工、按辆派工。按列派工是指将过车整列车一次性派给一个分析员查看分析。按辆派工是指系统每次派工可按 1 个车厢、按 2 个车厢、按 4 个车厢、按 8 个车厢派给 1 个分析员查看分析。

注意事项:只有在派工策略这一项选定后,相应页面的设置才会生效。

⑤是否启用派工,选择"是",则系统自动进行派工。

⑥派工间隔时间:分析员交车后再次派车的间隔时间。设定时间必须介于 5～60 s 之间。

⑦派工拒绝时间:系统给分析员派工,等待其接车的时间。若分析员在该时间内未接车,系统认定该分析员拒绝接车,放弃给该分析员派工,改派给其他分析员,并记录其拒绝接车一次。

⑧分析员作业界面自动报警显示方式:有点击显示和全部显示两种显示方式。全部显

示是指分析员界面内当前图片中所有的自动报警信息标示框全部显示，便于整车查看时能够看到报警信息。但如果自动报警信息过多时，过多的标示框反而会影响分析员看图作业。点击显示是指系统加载图片时，不显示自动报警信息标示框，只有当分析员点击信息面板的某自动报警信息时，图片才会显示该信息的标示框。

⑨分析员接车提示声音是否开启：若启用，则分析员界面有派工任务时，【接车】按钮闪烁，同时系统有声音提示分析员接车；否则，只有【接车】按钮闪烁而无声音提示。

⑩分析员接车导航栏是否自动隐藏：若启用，则分析员进入系统后，导航栏自动隐藏，以便于看图作业；只有单击工具栏的导航面板或页面右下角的或按快捷键【V】，才会显示自动隐藏的导航栏。

⑪是否启用最少工作量优先派工策略：若启用，则系统自动计算并选择当前工作量最少的分析员优先派工，便于平衡工作量；否则，系统将随机派工。

⑫是否启用按指定探测站派工：若启月，则系统将按分析员探测站配置页面配置的分析员与探测站的对应关系，将不同的探测站上传图像派给指定分析员进行作业。

⑬是否启用按指定车型派工：若启用，则系统将按分析员车型配置页面配置的分析员与车型的对应关系，将不同的车型派给指定分析员进行作业。

⑭分析员最短作业时长限制：最短作业时长必须大于等于 0，0 时不限制。

⑮作业时间超时提示时间：作业时间超时提示时间必须大于最短作业时长，0 时没有超时提醒。

⑯超期积压判断时间：过车时间到当前时间间隔大于超期积压判断时间，过车设置为超期积压车，超期积压判断时间必须大于等于 0，0 时不限制。

⑰按人派工最大差值：按人派工时，在线分析员之间派工次数的最大差不会大于此值。

⑱按组派工最大差值：按组派工时，在线小组之间派工次数的最大差不会大于此值。

注意事项：与分析员界面有关的⑥、⑦、⑧、⑨、⑩的设置变化时，分析员要重新登录后才能生效。

(2) 作业模式配置

通过作业模式配置页面可以设置通过探测站而不需查看图像的车组(过车甩站)，以便减少分析员不必要的工作量。同时可以设置通过探测站重点列车名单，以便系统可以按照设置自动优先对重点列车派工，分析员重点查看重点列车。

5. 统计报表

把鼠标箭头放在【统计报表】上，显示统计报表子菜单。统计报表子菜单有过车报警数量统计、过车流量图表统计、过车工作量统计、分析员作业流水详情、分析员作业质量统计、分析员拒接车详情、6 率统计、检测故障记录、自动报警处理详情、设备运行状态统计、预报故障汇总统计、设备运行状态统计(局计)共 12 项，如图 2-11 所示。

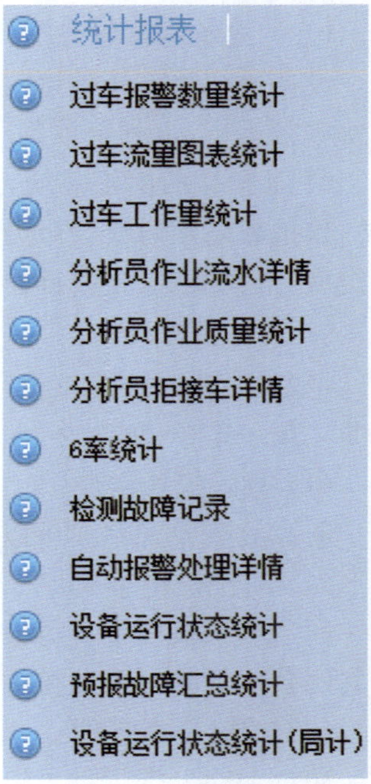

统计报表
过车报警数量统计
过车流量图表统计
过车工作量统计
分析员作业流水详情
分析员作业质量统计
分析员拒接车详情
6率统计
检测故障记录
自动报警处理详情
设备运行状态统计
预报故障汇总统计
设备运行状态统计(局计)

图 2-11　统计报表

(1) 过车报警数量统计

过车报警数量统计可快速查询探测站的过车数量、报警总数、各部位报警数量等信息。

(2) 过车流量图表统计

过车流量图表统计可快速直观的查询所选当天、当月、当年的过车统计信息。

(3) 过车工作量统计

过车工作量统计可方便查询经过探测站的选定时间段内每列车的具体信息、配属信息、报警信息和作业信息。同时可以查询组合条件下的列车统计信息、车辆统计信息、报警统计信息等。

(4) 分析员作业流水详情

分析员作业流水详情可查询组合条件下分析员全天的作业流水情况,掌握分析员工作的详细作业信息。

(5) 分析员作业质量统计

分析员作业质量统计可统计分析员当天工作量,作为业绩评定的根据。

(6) 分析员拒接车详情

分析员拒接车详情主要统计分析员在当班时间未接受系统所派工列车车辆监控部位的详细信息,可了解分析员的工作状态及工作态度。

(7) 6 率统计

6 率统计主要可快速统计系统的开机率、分析率、及时率、准确率、复检率、漏检率,其中开机率、分析率、及时率、复检率须达到 100%。

(8) 检测故障记录

检测故障记录主要统计监控中心故障的情况。

(9) 自动报警处理详情

自动报警处理详情可方便查询组合条件下系统确认和未确认自动报警的详细信息。

(10) 设备运行状态统计

设备运行状态统计可随时掌握、检测设备运行状态,以便及时发现异常,尽快处理,保障设备正常运行,也利于评判厂家设备质量。

(11) 预报故障汇总统计

预报故障汇总统计可方便查询组合条件下系统预报故障的详细信息及数量,可以对报警类型、报警模式、报警部位等已汇总的预报故障进行筛选。

6. 系统字典

把鼠标箭头放在【系统字典】上,显示故障模式字典、组织机构字典、功能分类管理、通讯录共 4 项子菜单,如图 2-12 所示。

(1) 故障模式字典

通过故障模式字典可以查询故障模式情况,并对其进行操作。

(2) 组织机构字典

通过组织机构字典可以查看所有铁路局集团公司以及各个铁路局集团公司下的段和监控中心等分支。

(3) 功能分类管理

通过功能分类管理可以对分析员预报故障的动车组部件结构进行分类管理。

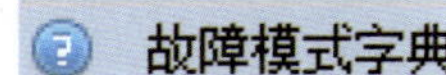

图 2-12 系统字典

(4) 通讯录

通过通讯录可以对全路监控中心的联系电话进行查看。

7. 系统监控

把鼠标箭头放在【系统监控】上，显示系统监控子菜单，如图 2-13 所示。

图 2-13 系统监控

(1) 设备性能记录

设备性能记录主要显示设备性能记录详细信息。

(2) 过车报文监控

通过过车报文监控可以监控本月通过所选探测站的过车报文详细信息，方便查找报文异常位置。

(3) 过车图片监控

通过过车图片监控可以监控本月通过所选探测站的过车图片详细信息，方便查找图片异常位置。

(4) 设备状态监控

通过设备状态监控可以监控通过探测站的设备状态信息。

8. 教育培训

把鼠标箭头放在【教育培训】上，显示教育培训子菜单，如图 2-14 所示。

图 2-14 教育培训

(1) 典型故障库

通过典型故障库可以查看管内故障、全路故障，以便作业组长对典型故障进行学习。

(2) 模拟看车演练

通过模拟看车演练可以模拟监控分析作业过程。

第三节 TEDS 运用管理

一、运用条件

1. 作业环境要求

监控中心应设有监控室、学习室、更衣室、间休室和服务器机房，配备具有录音功能的铁路直拨电话、市话直拨电话、与铁路局集团公司动车调度直通电话等办公设备。监控室应合理设置监控终端，以满足高峰过车分析作业需求。

2. 运用验收要求

TEDS 从安装调试到正式投入使用，须经过试运行、运用验收等环节，从开始试运行到正式投用所需时长原则上不得超过 3 个月。

(1) TEDS 安装调试完成后须进行试运行。试运行前，由铁路局集团公司车辆部组织动车段建立相应制度、记录，做好人员配备、培训，并发文予以公布，抄送国铁集团机辆部、调度部及相关铁路局集团公司。在试运行期间 TEDS 预报故障的处置，比照 TEDS 正式使用情况处理。

(2) 试运行结束后由铁路局集团公司车辆部组织运用验收,验收合格后向国铁集团提出联网并正式投用申请,经批复后发文予以公布。

二、管理制度及台账设置

1. 基本管理制度

(1) TEDS 作业人员岗位职责

作业组长负责本班次分析作业人员管理、任务派工、业务指导、班组资料管理、故障确认及信息上报等任务。分析作业人员负责对需监控的动车组的显示图像进行分析和故障判断,并及时将相关信息汇报给作业组长。

(2) TEDS 作业人员交接班制度

交班作业组长与接班作业组长须当面办理交接,并由交班作业组长填写交接班记录,接班作业组长组织确认设备状态,了解设备使用及故障复核情况,双方作业组长需在交接班记录上签字确认。

(3) TEDS 作业人员考勤制度

作业组长每班须对全体分析作业人员进行考勤管理,按要求填写上报考勤记录。动车段须明确请假程序和批准权限,纳入考核办法,并不定期抽查分析作业人员考勤情况。

(4) TEDS 作业人员教育培训制度

每年由动车段组织一次对分析作业人员的考核鉴定。动车段应根据实际情况,采取脱产培训和在岗培训相结合的方式,制定分析作业人员培训计划。分析作业人员培训内容要立足岗位需求,适应动车组安全运行需要,以实际、实用为导向,重点针对动车组车底、车侧各部件的故障进行识别与分析。

(5) TEDS 检测故障统计分析制度

监控中心须对日常的检测故障进行统计分析并建立故障库,每月对故障汇总、分析情况进行总结并报铁路局集团公司车辆部。

(6) 记录管理制度

监控中心须建立 TEDS 运用管理的相关台账及综合管理台账。

(7) 文明生产制度

监控中心应按其作业内容划分作业区域,实行 6S 定置管理;建立环境卫生管理及值日制度,实现置场文明工作日常化、规范化;作业人员应统一着装。

(8) 计算机及网络安全管理制度

将监控中心的服务器、监控终端及网络通信等纳入车辆信息化设备管理。监控终端应专机专用,严禁在监控终端上进行与生产无关的操作,正常生产使用中无需用到的各类光驱、USB 等电子产品需设置成禁用或屏蔽状态。

(9) 干部检查制度

动车段应指定科室(部门)负责 TEDS 运用的专业管理和生产管理,明确专业和生产管理科长(主任)。铁路局集团公司车辆部 TEDS 专(兼)职人员、动车段主管科长(主任)、分管副段长等应定期检查监控中心的运用管理情况,动车段主管科长(主任)每周检查不少于一次，车辆部 TEDS 专（兼）职人员、动车段分管副段长每月检查不少于一次。

（10）轨旁设备检修及操作安全管理制度

TEDS 上道检修、维护及操作安全等应按照铁路局集团公司上道作业劳动安全管理办法、营业线施工管理办法等执行。

2. 基本台账设置

（1）TEDS 检测故障记录；

（2）TEDS 集中监控中心交接班记录；

（3）TEDS 6 率月、季、年度统计表；

（4）TEDS 预报故障通知/处置单。

三、作业要求

1. 分析作业要求

（1）监控中心负责对通过 TEDS 探测站需监控的动车组显示的图像进行全面人工检查作业、故障确认及信息传递。

（2）监控中心作业班次、作业小组数量及人数由动车段根据行车密度和数据分析工作量确定，确保监控中心接收到动车组运行监控图像后 15 min 内完成全列 TEDS 检查作业、故障确认及信息传递。

（3）作业组长要根据每天监测工作量及变化情况制定、调整分析作业人员的作业计划，并监控 TEDS 运行状态。

（4）分析作业人员人均单辆 TEDS 检查作业时间按 180 s 掌握；实现车体底部、侧部裙板、连接装置部位自动报警的，人均单辆 TEDS 检查作业时间按 120 s 掌握。

2. 检查作业频次要求

TEDS 检查作业探测站确定须遵循“安全有效保障、利用相对均衡、跨局列车和外属列车优先安排”的原则。

（1）跨局动车组列车

①运行 1 000 km 范围内须进行一次 TEDS 检查作业。

②经过一级修作业的动车组出所后，500 km 范围内须进行一次 TEDS 检查作业（500 km 范围内无探测站的，须对距离最近的探测站监控图像进行一次 TEDS 检查作业）。

③当日不进行一级修作业的动车组终到前，500 km 范围内须进行一次检查作业，次日上线运行后 500 km 范围内须进行一次 TEDS 检查作业。

（2）管内动车组列车

①运行 1 000 km 范围内须进行一次 TEDS 检查作业。

②每日上线后和终到前，500 km 范围内须进行一次 TEDS 检查作业（优先对上线后第一个探测站监控图像或终到前最后一个探测站监控图像进行一次 TEDS 检查作业；如 500 km 范围内无探测站，须对距离最近的探测站监控图像进行一次 TEDS 检查作业）。

（3）临时变更要求

①遇有图外临客加开、途中折返、变更径路等突发状况，接到有关文电或调度命令后，由动车组列车担当段负责通知动车组运行径路调整区段各探测站所属段全部进行 TEDS 检查作业。

②因故更换车底,涉及车型、编组变更时,接到有关文电或调度命令后,由图定交路动车组担当段负责通知 TEDS 检查作业探测站所属段做好作业变更。

③探测站临时故障或因维修导致无法进行 TEDS 检查作业时,由下一通过探测站进行。对于临时故障的,由设备所属段立即通知相关探测站所属段;对于计划停机的,由设备所属局提前函电告知相关探测站所属铁路局集团公司。

④遇有动车组自身诊断系统故障或其他安全监控系统预报动车组故障的,动车组列车担当段须通知动车组运行径路各探测站所属段加强监控。

⑤遇有冰雪天气时,动车段可研究增加管内 TEDS 检查作业频次,确保运行安全。对冰雪天气受击打的本局担当的动车组列车,动车段要对其途经管内的所有探测站进行 TEDS 检查作业,由担当动车段负责通知非担当动车段。

四、预报处置

1. 故障处置分类

监控中心应根据故障情况采取立即停车检查、前方站停车检查、途中监控入库检查和限速运行(取消限速)四类处置方式。

(1) 立即停车检查:动车组裙底板、外掀式翻板打开,车下悬吊件及走行部配件出现部分离开母体或存在脱落风险,危及行车安全的其他情况。

(2) 前方站停车检查:头罩打开,车钩、软管、风挡及各电气连接线的连接状态存在异常,齿轮箱漏油,带有影响行车的异物(能确认为塑料袋、纸、树枝等不影响安全的除外),走行部配件变形、裂折但无脱落风险,裙底板、走行部螺栓丢失但其连接配件无脱落风险,需要前方站现场确认的其他故障。

(3) 途中监控入库检查:立即停车检查、前方站停车检查之外的故障或异常情况,进行途中监控入库(存放)检查。

(4)限速运行(取消限速):遇冰雪天气时,按照国铁集团、铁路局集团公司相关规定提出限速运行或取消限速等处置建议。

2. 监控中心处置要求

分析作业人员发现疑似故障后,须立即通知作业组长进行确认。TEDS 作业组长确认核实故障后,根据故障情况确定相应处置方式,并通过 TEDS 系统将 TEDS 预报故障通知/处置单发送至相关铁路局集团公司。

(1) 对于采取立即停车检查、前方站停车检查、限速运行(取消限速)处置方式的故障,作业组长须及时将列车车次、车组号、故障信息、处置方式等信息电话通知本局动车台动车调度员。

(2) 对于途中监控入库检查的故障,作业组长须及时电话通知动车组担当局监控中心(本局监控中心接到通知后,立即通知本段应急台,由应急台通知随车机械师),同时通知驶入局监控中心进行重点监控,后续各监控中心依次传递,发现故障性质升级应采取对应处置方式。

五、主要指标

TEDS 运用管理主要指标为开机率、分析率、及时率、复检率、准确率、漏检率,简称 TEDS

6 率，其中开机率、分析率、及时率、复检率须达到 100%。

1. 开机率=(系统理论工作时间和－系统故障停机时间和)/系统理论工作时间和×100%。系统理论工作时间不包括计划检修时间，时间以 min 为单位计算。

2. 分析率=实际分析列数/应分析列数×100%。

3. 及时率=15 min 内完成检查列数/应检查列数×100%。

4. 复检率=复检故障件数/应复检故障件数×100%。

5. 准确率=故障预报范围内经确认属实故障件数/自动报警故障件数×100%。

6. 漏检率=自动报警故障未预报故障件数/TEDS 检查作业分析确认故障件数×100%。

思考题

1. TEDS 轨旁设备主要包含哪些？
2. TEDS 系统主要功能有哪些？
3. TEDS 系统的预警分析监控作业平台有哪些功能？
4. 图像分析时，如何查看过车原图？
5. 如何在 TEDS 系统中预报发现的故障？
6. 两个班组交替时，无法进行交班操作是什么原因？
7. TEDS 6 率统计主要统计系统的哪些内容？
8. TEDS 检查作业频次的要求是什么？
9. 监控中心预报故障的处置方式有哪些？
10. 监控中心预报故障的处置要求是什么？

第三章　动车组转向架TEDS实拍图及结构组成

第一节　动车组转向架功能及结构概述

一、动车组转向架功能

转向架是动车组系统中最重要的组成部件之一，其结构设计的合理性直接影响车辆的运行品质和行车安全。

对动车组来说，转向架必须具有以下功能：

(1) 承载——承受转向架以上各部分的重量(包括车体重量、旅客重量、水及动态载荷等)，并使轴重均匀分配。

(2) 牵引(动车转向架)——保证必要的轮轨黏着，并把轮轨接触处产生的牵引力传递给车体、车钩，牵引车辆前进。

(3) 减振——减缓线路不平顺对车辆的冲击，保证车辆具有良好的运行平稳性。

(4) 转向——保证车辆顺利通过曲线。

(5) 制动——提供制动力，使车辆按运用要求减速或停车。

二、动车组转向架各部位作用

1. 构架

构架是转向架的主要承载部件，其将转向架的各零部件组成一个整体，并承受和传递各种载荷。构架的结构、形状、尺寸满足一系悬挂及轮对轴箱装置、驱动装置、基础制动装置等系统部件的组装要求。目前国内动车组动、拖车构架多采用H形构架，其结构的主体部分完全相同。构架主要由侧梁、横梁以及各种吊座组成。侧梁多采用无缝钢管型材、钢板焊接箱形结构，横梁采用钢板焊接，横侧梁通过变截面连接座(锻件)组焊而成。同一型号动车组，动车构架一致，拖车构架一致。

2. 轮对

轮对作为车辆与线路的系统界面，直接向钢轨传递力，通过轮轨间的黏着产生牵引力或制动力，并通过车轮转动实现车辆在钢轨上的运行。动车组轮对主要由车轴、车轮和制动盘等零部件组成。其中动车轮对主要由动车车轴、动车车轮、轮装制动盘、齿轮箱及联轴节组成，拖车轮对主要由拖车车轴、拖车车轮、轴装制动盘组成。车轮与车轴组装采用冷压装拆卸，为保证轮轴在装配后形成规定的压装力，轮轴装配后需进行反压试验。

3. 一系轴箱定位装置

一系轴箱定位装置主要由轴箱装置、一系悬挂等组成。轴箱是连接构架与轮对的活动关节，对轮对进行弹性约束，其主要由轴箱体、轴箱盖、轴端盖、轴箱轴承等组成。一系悬挂用来减缓线路不平顺对车辆的冲击，保证车辆运行平稳性，并且可以平衡轴重分配，其主要由轴箱弹簧、防振橡胶、一系垂向减振器、定位节点等组成。一系轴箱定位装置多采用轴箱转臂式定位，安装一系定位节点，实现轮对纵向、横向弹性定位。轴箱轴承采用单元式自密封免维护轴承，多采用分体式轴箱体。

4. 二系悬挂装置

二系悬挂装置是转向架构架与车体之间的连接装置，主要作用是传递车体与转向架间的垂向力、纵向力和横向力，通过合理的参数匹配达到车辆要求的运行品质，使转向架与车体之间实现横向弹性连接。二系悬挂装置要允许转向架相对于车体进行回转，以满足转向及运行性能要求。二系悬挂装置主要由空气弹簧装置、二系横向减振器、抗蛇行减振器、抗侧滚扭杆装置、自动高度调整装置、横向止挡等组成。

(1) 空气弹簧装置

空气弹簧装置采用低横向刚度结构的空气弹簧，可大大改善乘坐舒适性和通过曲线性能，能缓和车体的垂向和横向振动。转向架枕梁内部作为空气弹簧的附加空气室，空气弹簧的上部通风口与附加空气室连接，枕梁进风口与车体的管路连接。当空气弹簧内气压不足时，胶囊下部的叠层橡胶堆能起到一定的垂直减振作用，也能保证车辆安全行驶(需要限速)。

(2) 二系横向减振器和横向止挡

横向悬挂装置用于提供车体和转向架之间横向方向上的刚度，主要由横向减振器、横向止挡(缓冲器)两部分构成。在中心销和转向架构架之间装有横向减振器，用于吸收转向架横向运动时的能量。横向止挡为横梁和转向架构架间的固定止挡，可以限制转向架纯粹横向运动和转向架旋转所造成的最大移动。横向止挡仅在紧急停车时才使用，正常运行时不使用。

(3) 抗蛇行减振器

抗蛇行减振器是为了得到稳定的转向架回转力矩和抑制动车组在高速运行时的蛇行失稳而专门设置的，同时可提高动车组高速运行的安全可靠性和安全冗余设计。每个转向架左右均采用抗蛇行减振器，装在车体与转向架构架之间。抗蛇行减振器一端与车体连接，另一端与构架连接，不能反装。保养时必须进行阻尼特性的确认。

(4) 抗侧滚扭杆装置

为了提高车辆的运行平稳性和抗侧滚能力，每个转向架多安装了一套抗侧滚扭杆装置。抗侧滚扭杆装置主要由扭杆、扭臂、连杆及扭杆衬套组成。当车体发生侧滚时，与连杆连接的扭杆产生扭转变形，因扭转变形而产生对抗侧滚的抵抗力(复原力)，从而起到抑制侧滚的作用。

5. 牵引装置

牵引装置主要包括中心销组成和牵引拉杆组成，是传递转向架与车体间纵向力(即牵引力或制动力)的重要部件。

6. 驱动装置(动车转向架)

驱动装置将动力装置的扭矩有效地传递给轮对，驱动车轮转动。除CRH5平台动车组，其余平台动车组每个动车转向架上布置2套牵引齿轮传动装置,牵引齿轮传动装置由牵引电机、齿轮箱及联轴节组成。齿轮箱牵引工况将电机功率从牵引电机传至轮轴;齿轮箱再生制动工况,将功率从轮轴传至电机。齿轮箱是动车组机械传动系统中的重要组成部件。通常齿轮箱一端安装到动车车轴上,另一端通过吊挂装置连接于转向架构架上,多采用刚性架悬和弹性架悬方式。其中齿轮箱组成主要包括箱体、传动齿轮副、轴承、密封件、吊挂装置、油位视窗(或油位计)等,齿轮箱箱体采用轻量化铝合金箱体。联轴节分别与牵引电机轴及齿轮箱主动齿轮轴相连接,在传递扭矩的同时,允许两者间的相对运动,电机侧联轴节还设有过载保护功能。

7. 基础制动装置

基础制动装置将制动缸压力增大若干倍以后传给闸片,使其压紧制动盘,对车辆施行制动。动车组基础制动装置多采用三点式吊挂夹钳、盘形制动、粉末冶金闸片。除CRH5平台动车组,其余平台动车组动车转向架每轴采用2套轮装制动盘、拖车转向架每轴采用3套轴装制动盘,所有车轴安装一套制动防滑装置,以避免轮对擦伤。部分平台动车组还采取保持制动、停放制动等装置,如CRH1A、CRH380D、CR400平台动车组。

8. 辅助装置

辅助装置主要包括接地装置、速度检测装置、撒砂和扫石器装置、踏面清扫装置、安全检测装置、轮缘润滑装置、感应接收装置、铭牌标识等。辅助装置主要零部件及结构动车转向架基本一致,拖车转向架基本一致。动车组辅助装置大多数通过轴箱盖安装到轮对轴端装置上,主要区别在于附件安装位置、型号、种类等。

(1) 接地装置

接地装置是传动机构中的接地,在车身和钢轨之间提供了连续的低电阻连接,主要功能是为避免电流通过齿轮箱、轴箱轴承面造成电蚀,保证车体和钢轨之间形成连续的低电阻连接。

(2) 速度检测装置

速度检测装置通过速度传感器获得检测信号,安装在轴端上的速度传感器与测速齿轮配合使用,测速齿轮与速度传感器之间需要针对各测速传感器设定规定的间隙。当车辆行驶时,测速齿轮旋转,齿轮与传感器探头间将产生频率方波脉冲信号,供动车组电子控制系统对速度进行检测。速度传感器根据用途主要分为以下两类:一类速度传感器是为制动系统提供速度信号,另一类速度传感器是为列车安全保障装置(ATP或者LKJ)提供速度信号,司机通过速度信号来控制列车速度。

(3) 撒砂和扫石器装置

撒砂装置的作用是当轮轨间摩擦系数降低时,可以通过在车轮和钢轨轨面撒砂增加摩擦系数,增大制动效率,从而减小车轮打滑趋向。相应转向架安装有撒砂口,安装在转向架上的撒砂口包括撒砂喷嘴和电加热装置,通过撒砂管及线缆与车体上的撒砂装置连接。按列车指令向钢轨上撒砂以达到增加轮轨黏着的目的。扫石器安装在头、尾车导向轮左右两侧,主要用于清除钢轨上的小型障碍物,避免车轮踏面硌伤受损。

(4) 踏面清扫装置

踏面清扫装置主要由气缸体、研磨子及自动间隙调整装置等构成。在每个车轮内侧斜上方对应设置1套踏面清扫装置,其端部的研磨子与车轮踏面摩擦,从而起到稳定轮轨黏着和车轮踏面修形的作用。主要设置在CRH2、CRH6A、CRH380A、CR400平台动车组。

（5）安全检测装置

转向架设置了安全检测装置，该装置具有轴箱轴承及齿轮箱轴承温度检测、监测运行稳定性功能。安全检测装置主要包括轴承温度传感器和转向架失稳检测装置。出现紧急情况时，司机人机界面将向司机发出警告消息，必要时将启动紧急制动。司机必须确认该警告信息，并根据规定采取措施。

（6）轮缘润滑装置

轮缘润滑装置主要用来降低曲线上轮缘和钢轨摩擦造成的磨损和噪声。

第二节　CR400 平台动车组转向架

时速 350 km“复兴号”中国标准动车组分为 CR400AF 和 CR400BF 两个平台。CR400AF、CR400BF 平台动车组大量采用中国标准，实现了动车组牵引系统、制动系统、网络系统等核心软件和车体、牵引电机、转向架、车轮、车轴等主要硬件的自主化，解决了既有高速动车组基于国外不同技术平台、技术标准不统一等问题。CR400AF、CR400BF 型动车组分别如图 3-1、图 3-2 所示。

图 3-1　CR400AF 型动车组

图 3-2　CR400BF 型动车组

一、CR400AF 平台动车组转向架 TEDS 实拍图

CR400AF 型动车组动、拖车转向架 TEDS 实拍图如图 3-3～图 3-6 所示。

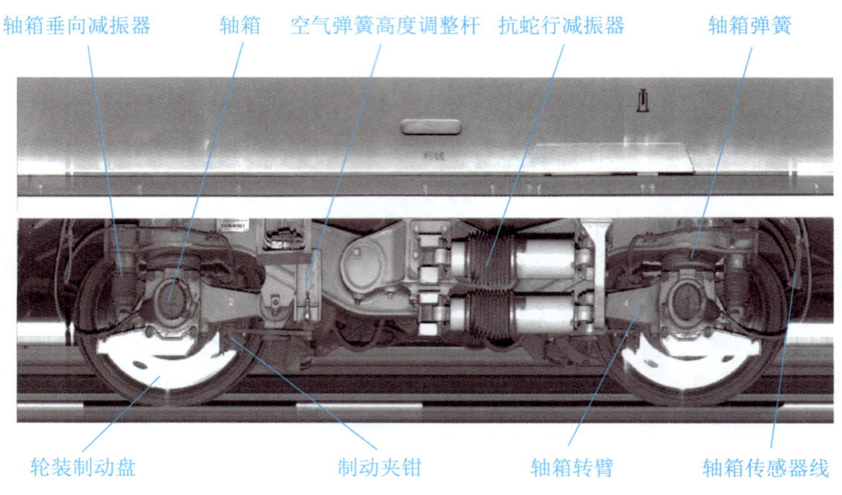

图 3-3　CR400AF 型动车组动车转向架（侧面）

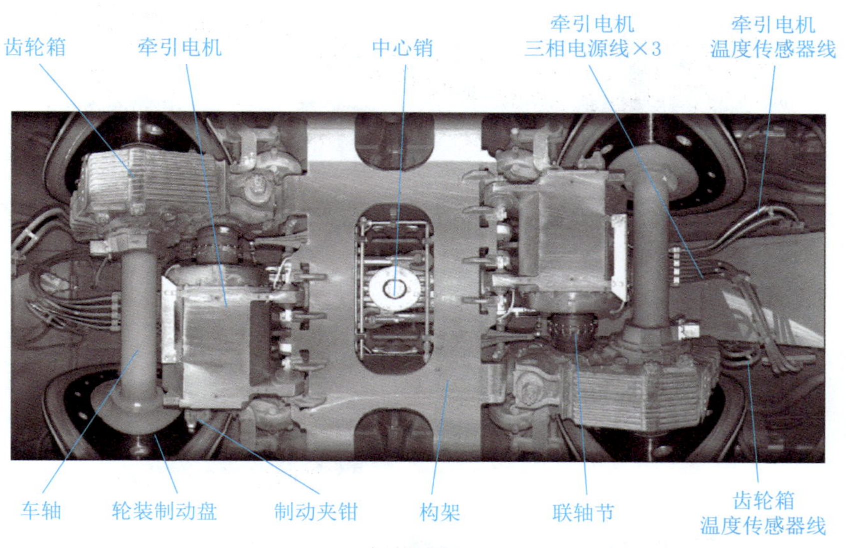

图 3-4　CR400AF 型动车组动车转向架（底部）

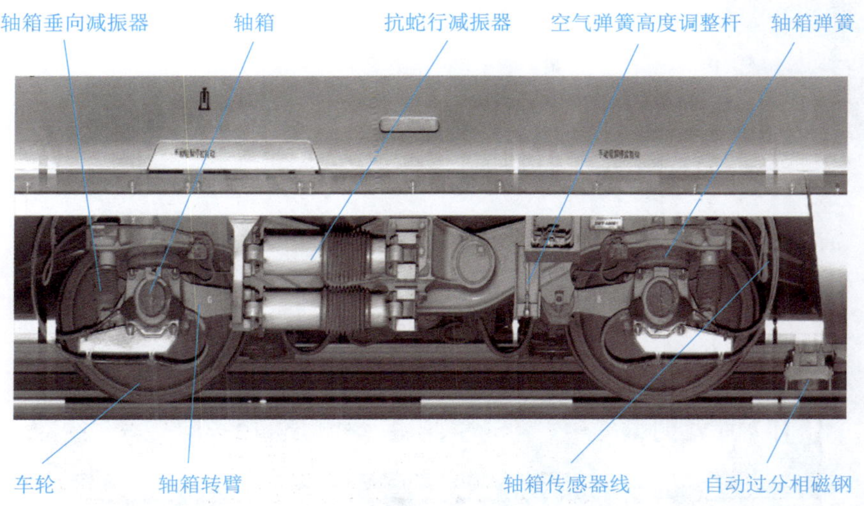

图 3-5 CR400AF 型动车组拖车转向架(侧面)

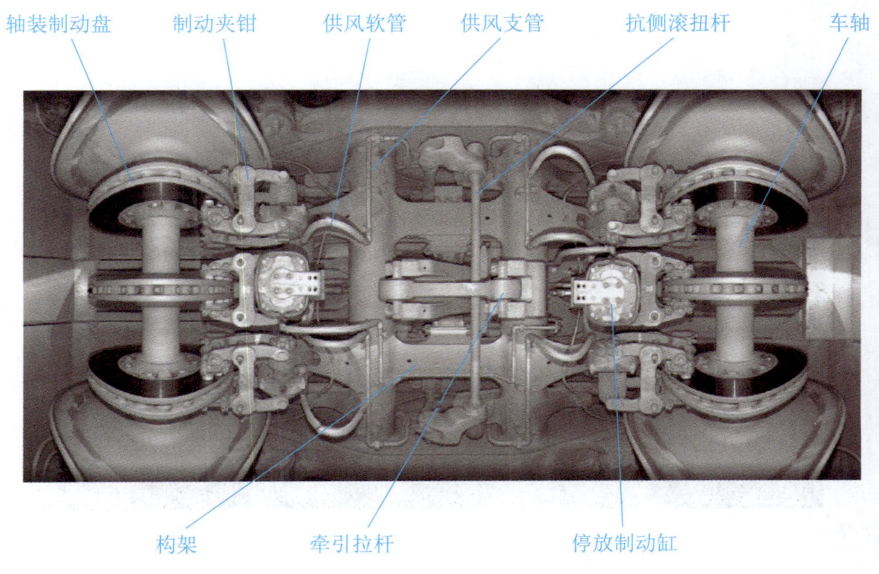

图 3-6 CR400AF 型动车组拖车转向架(底部)

二、CR400BF 平台动车组转向架 TEDS 实拍图

CR400BF 型动车组动、拖车转向架 TEDS 实拍图如图 3-7～图 3-10 所示。

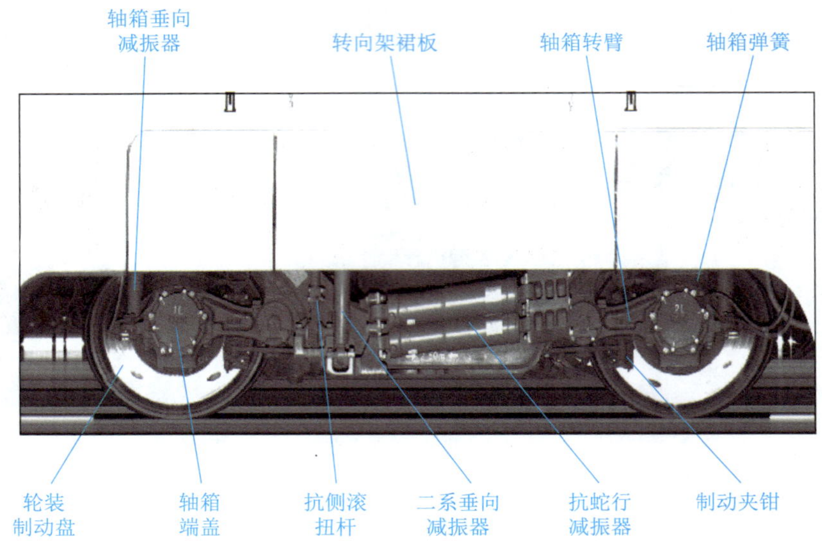

图 3-7　CR400BF 型动车组动车转向架（侧面）

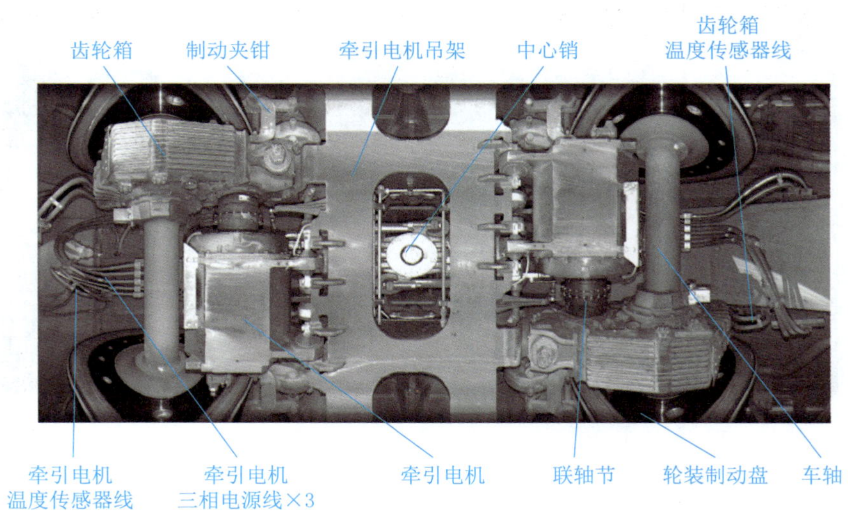

图 3-8　CR400BF 型动车组动车转向架（底部）

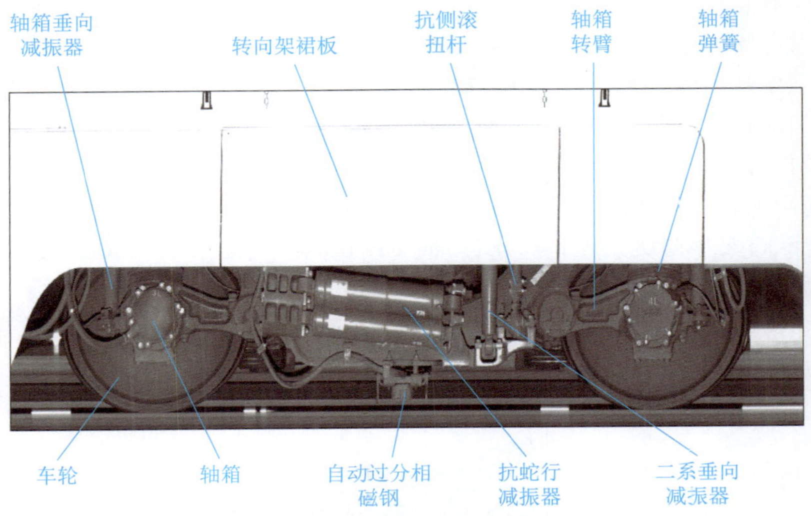

图 3-9　CR400BF 型动车组拖车转向架(侧面)

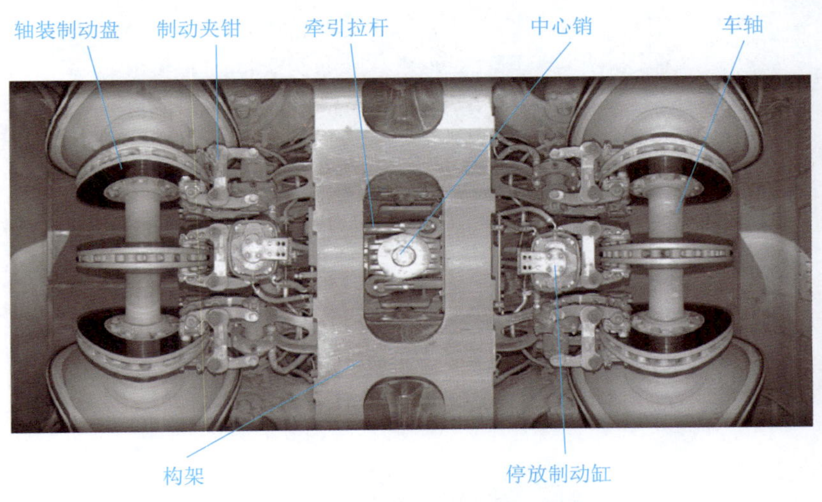

图 3-10　CR400BF 型动车组拖车转向架(底部)

三、CR400 平台动车组转向架结构

CR400AF 和 CR400BF 两个平台动车组转向架在结构上的主要差异为有无联系枕梁、单牵引拉杆还是 Z 形牵引拉杆、两点还是四点空气弹簧支撑等。CR400 平台动车组转向架分为动车转向架和拖车转向架，其中 CR400AF 型动车组动车转向架型号为 SWM-400E1，拖车转向架型号为 SWT-400E1；CR400BF 型动车组动车转向架型号为 CW350D，拖车转向架型号为 CW350。

1. 组成

CR400AF 平台动车组转向架采用两轴无摇枕轻量化结构，模块化设计制造理论。采用 LMA 踏面，沿用 H 形焊接构架、单牵引拉杆、盘形制动等成熟结构。采用两级悬挂，一系悬挂采用圆柱螺旋弹簧+垂向减振器,轮对轴箱采用转臂式定位;二系悬挂采用空气弹簧,设高度调整阀及差压阀,安装横向减振器、抗蛇行减振器及抗侧滚扭杆装置。动车转向架牵引电机采用刚性架悬结构,每个构架上反对称地布置两台牵引电机,传动装置采用一级平行轴斜齿轮传动齿轮箱+鼓形齿联轴节。动、拖车转向架采用三点吊挂式制动夹钳。转向架设置能够使轮对与构架、构架与车体整体起吊的装置。动、拖车转向架的主体结构和部件一致,动车转向架构架可以互换,拖车转向架构架可以互换。其中,动车转向架型号为 SWM-400E1,拖车转向架型号为 SWT-400E1。而 CR400AF 型批量车(CR400AF-2001 列起的 CR400AF 型动车组)转向架相对于 CR400AF-0207/CR400AF-0208 列进行了适应性改进,主要区别在于撒砂装置安装位置、人力制动缓解装置位置、构架侧梁端部撒砂(排障)安装接口以及取消熔断式轴温继电器等。CR400AF 平台动车组转向架如图 3-11、图 3-12 所示。

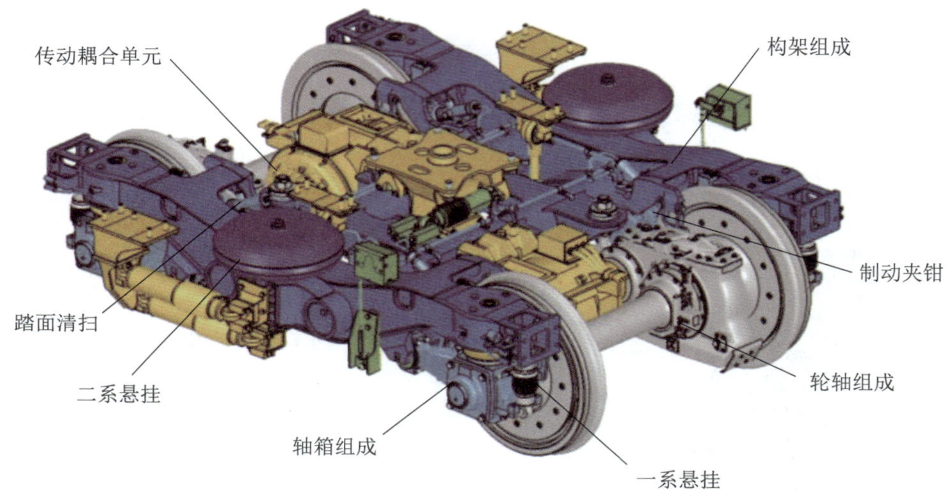

图 3-11　CR400AF 平台动车组动车转向架(SWM-400E1)

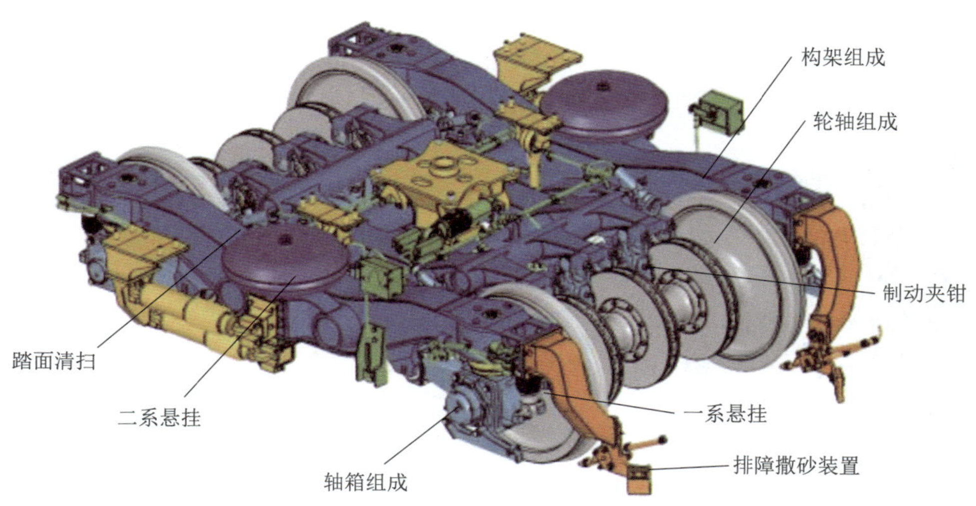

图 3-12　CR400AF 平台动车组拖车转向架(SWT-400E1)

CR400BF 平台动车组采用 CW350、CW350D 型转向架，为两轴无摇枕、有联系枕梁转向架，采用 H 形焊接构架，一系悬挂采用转臂式轴箱定位、双圈螺旋式钢弹簧和垂向减振器；二系悬挂采用大柔度空气弹簧、横向减振器、横向止挡、抗蛇行减振器（每侧 2 个）和 Z 形牵引装置。动车转向架还有盘式基础制动单元、架悬式交流电机、联轴节和齿轮传动系统。拖车转向架采用与动车转向架基本相同的结构形式。CR400BF 平台动车组转向架如图 3-13、图 3-14 所示。

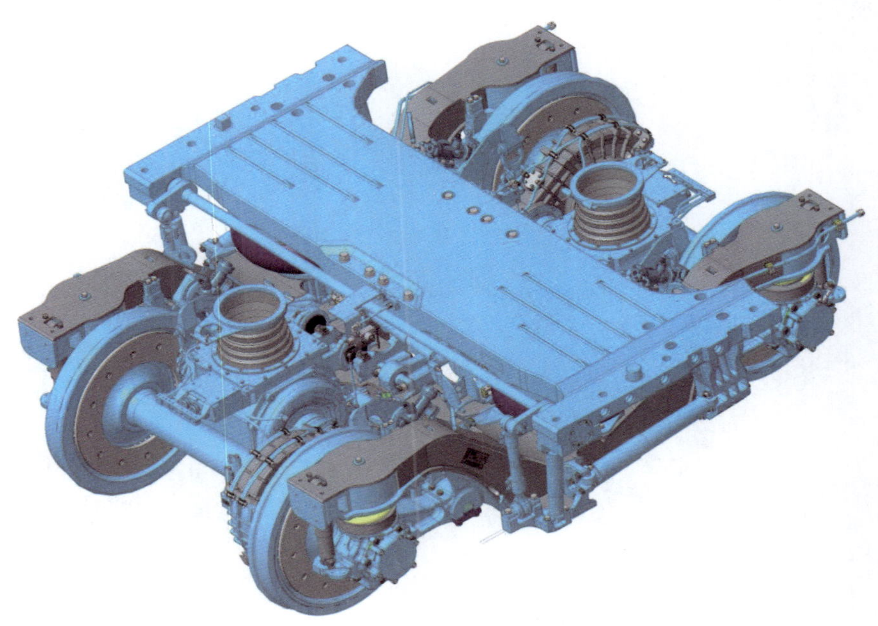

图 3-13　CR400BF 平台动车组动车转向架（CW350D）

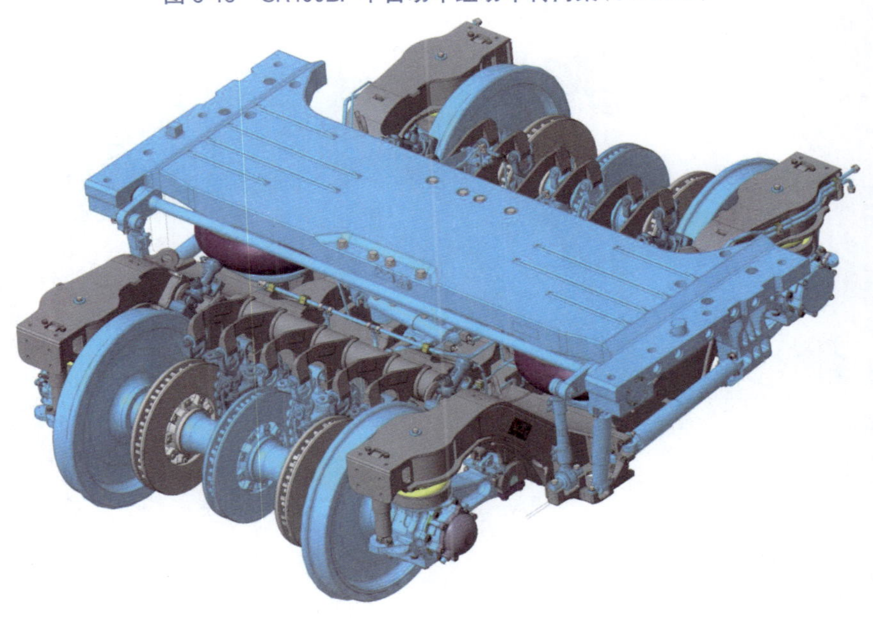

图 3-14　CR400BF 平台动车组拖车转向架（CW350）

2. 构架

CR400AF 平台动车组构架沿用 CRH380A 平台动车组成熟 H 形焊接结构，由两侧梁、横梁、纵向连接梁、空气弹簧支承梁及其他焊接附件构成。侧梁为箱形断面，横梁采用无缝钢管型材。除制动夹钳安装座外，两种转向架构架的主要参数、主结构及其他吊座结构相同。动车构架一致，拖车构架一致。构架主要材料为耐候钢板、钢管。CR400AF 平台动车组动、拖车构架如图 3-15、图 3-16 所示。

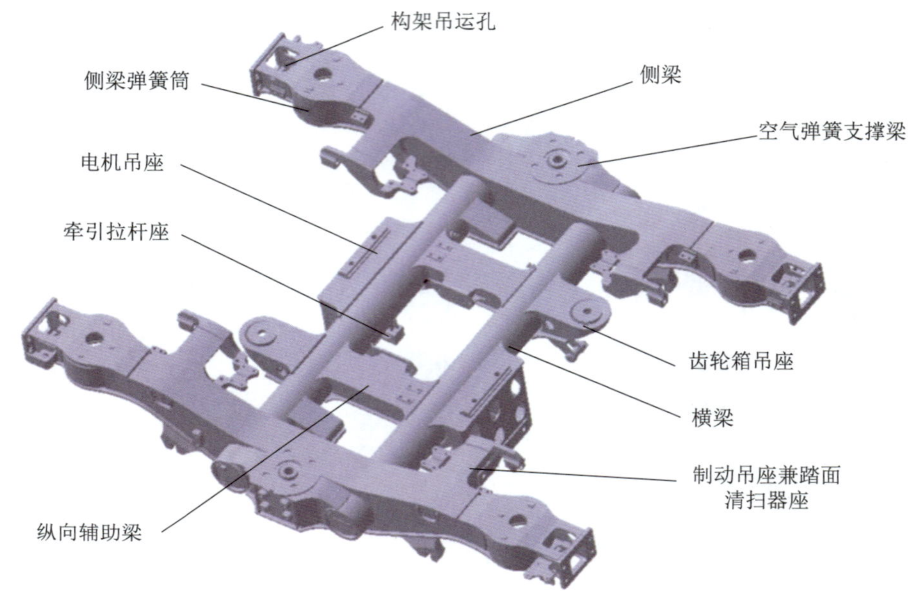

图 3-15　CR400AF 平台动车组动车构架

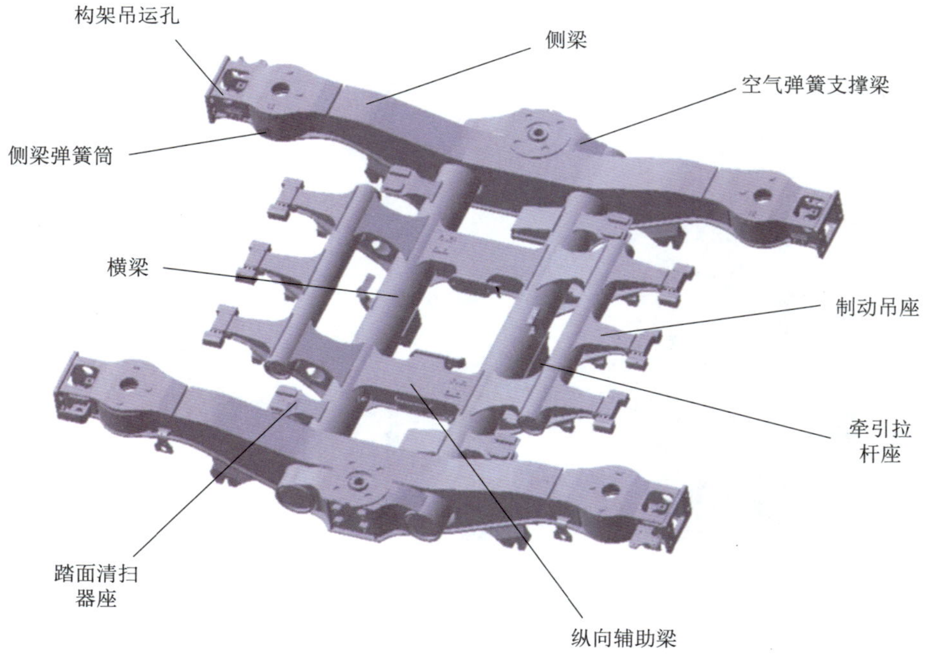

图 3-16　CR400AF 平台动车组拖车构架

CR400BF 平台动车组动、拖车构架都属于 H 形构架，其结构的主体部分完全相同。构架主要由侧梁、横梁以及各种吊座组成。侧梁采用钢板焊接箱形结构，横梁采用钢板焊接，横侧梁通过变截面连接座（锻件）组焊而成。CR400BF 平台动车组动、拖车构架如图 3-17、图 3-18 所示。

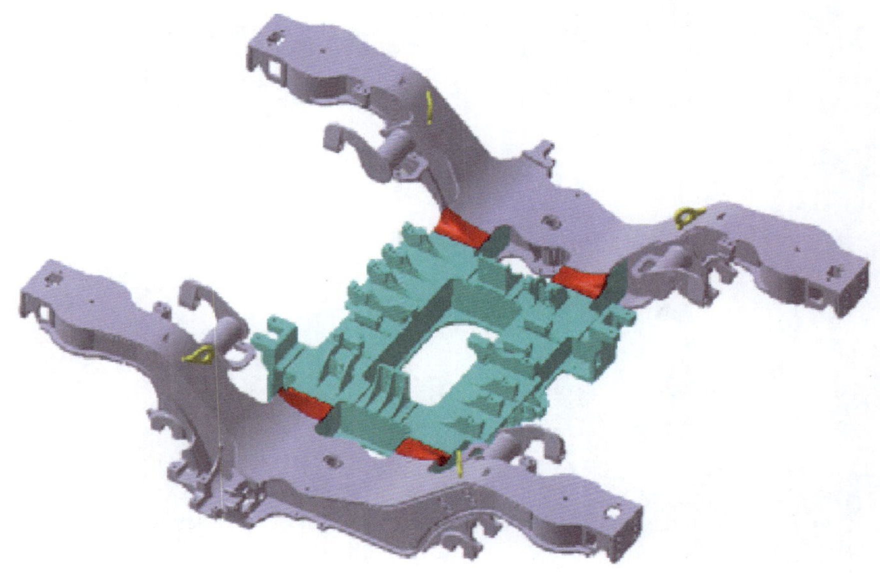

图 3-17　CR400EF 平台动车组动车构架

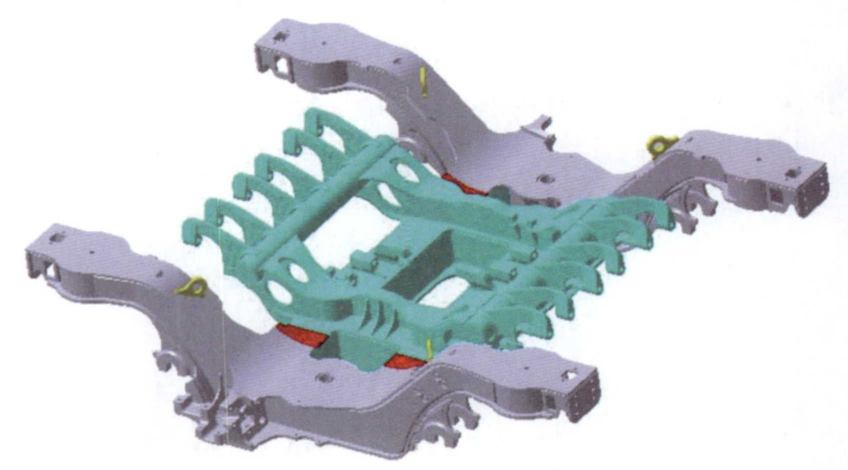

图 3-18　CR400BF 平台动车组拖车构架

3. 轮对

CR400AF 平台动车组与 CR400BF 平台动车组的动、拖车轮对组成，差别主要为齿轮箱结构及车轮踏面形式不一致。

CR400AF 平台动车组动车轮对组成形式与 CRH380A 平台动车组相同，设有轮装制动盘、齿轮箱等。拖车车轮采用 3 轴盘形式。CR400AF 平台动车组动、拖车轮对组成如图 3-19、图 3-20 所示。

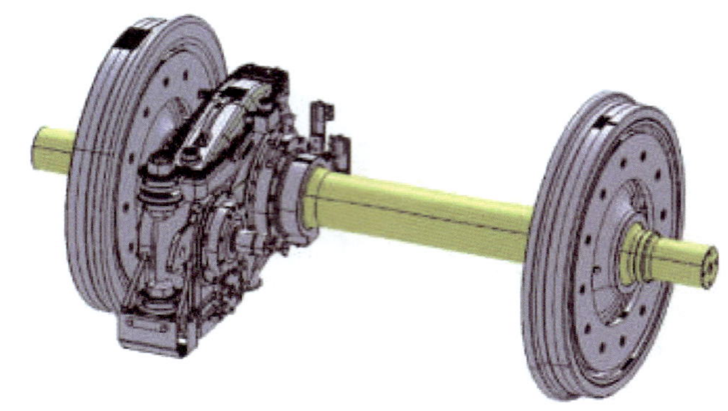

图 3-19　CR400AF 平台动车组动车轮对组成

图 3-20　CR400AF 平台动车组拖车轮对组成

CR400BF 平台动车组动车轮对采用轮装制动盘,直辐板整体车轮。拖车轮对采用轴装制动盘,直辐板整体车轮,拖车车轮上装有降噪板或降噪块。CR400BF 平台动车组动、拖车轮对组成如图 3-21、图 3-22 所示。

图 3-21　CR400BF 平台动车组动车轮对组成

图 3-22　CR400BF 平台动车组拖车轮对组成

4. 一系轴箱定位装置

(1)轴箱装置

CR400AF 平台动车组轴箱装置包括轴箱体、压盖、轴端压盖、轴箱前盖组成、前盖、轴箱轴承和橡胶盖等主要部件。采用两件式分体轴箱体,取消后盖,前盖压紧。垂向减振器安装在上转臂上。除安装接地轴端外,其他设前盖及防尘橡胶盖,结构同 CRH380A 平台动车组,车轴探伤无需拆前盖。CR400BF 平台动车组轴箱装置包括轴箱转臂、转臂箍、A 型轴箱盖、轴箱端盖、轴承组、轴端压盖等主要部件。轴箱定位采用转臂加节点的定位方式。通过连接块将轴箱节点固定在构架上的转臂定位座内,起到定位的作用。安全挡可以在连接块连接失效时,起到紧急止挡的作用。CR400AF、CR400BF 平台动车组轴箱装置如图 3-23、图 3-24 所示。

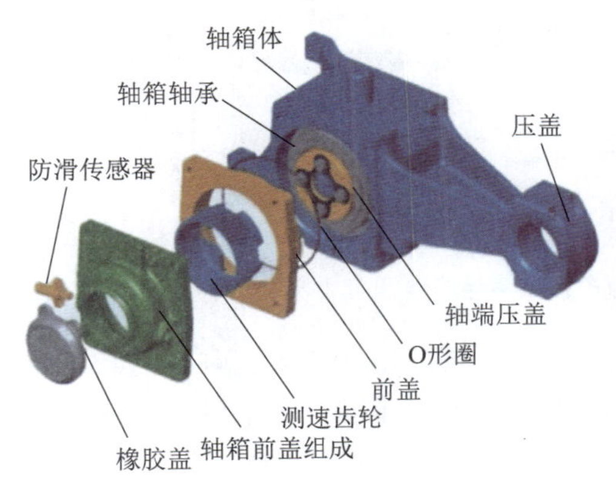

图 3-23　CR400AF 平台动车组轴箱装置

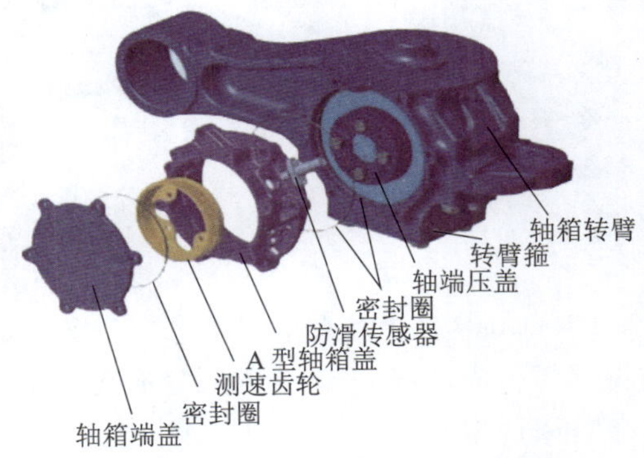

图 3-24　CR400BF 平台动车组轴箱装置

(2)一系悬挂

CR400 平台动车组一系悬挂主要由轴箱弹簧、防振橡胶、一系垂向减振器、定位节点等组成。一系悬挂采用双卷螺旋钢弹簧组+一系垂向减振器的方式,并且在钢弹簧下面装有叠层弹簧,可以起到良好的缓冲、减小垂向振动的作用。在螺旋钢弹簧组内装有止挡销,既可以防止弹簧被压死，如果弹簧意外断裂时，也可以起到支撑作用，避免更危险的情况发生。CR400AF、CR400BF 平台动车组一系悬挂如图 3-25、图 3-26 所示。

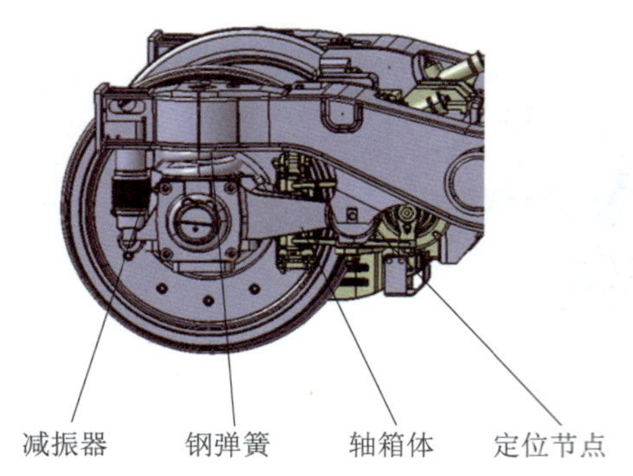

图 3-25　CR400AF 平台动车组一系悬挂

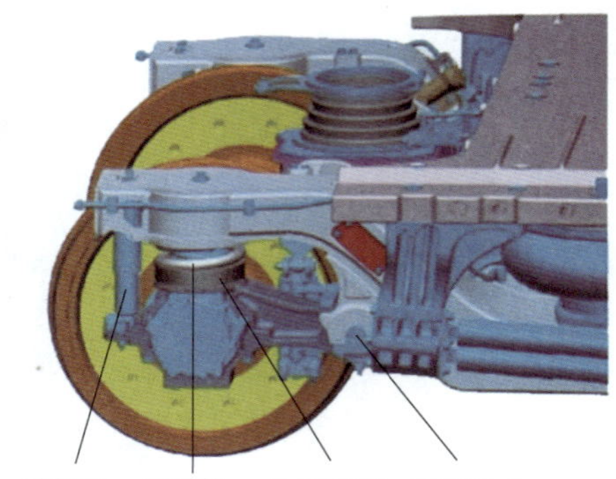

图 3-26　CR400BF 平台动车组一系悬挂

5. 二系悬挂装置

CR400AF 平台动车组二系悬挂装置由空气弹簧装置、二系横向减振器、单侧双抗蛇行减振器、自动高度调整装置、横向止挡等组成。采用四点支撑，即每个转向架设置两个高度阀、一个差压阀。各部分配合共同完成转向架的二系悬挂功能。结构形式同 CRH380A 平台动车组，较 CRH380A 平台动车组，CR400AF 平台动车组空气弹簧高度、减振器参数及安装接口变更。在中心销处设提吊吊耳，单轮对换装时，可安装专用工装，提吊构架。CR400AF 平台动车组二系悬挂装置如图 3-27 所示。

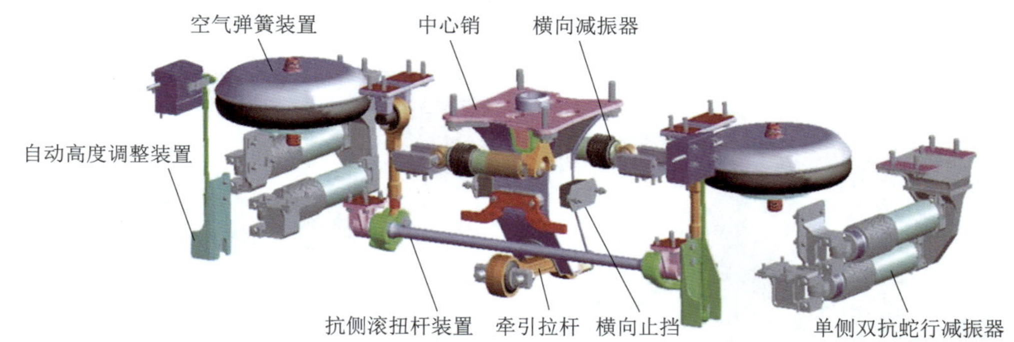

图 3-27　CR400AF 平台动车组二系悬挂装置

CR400BF 平台动车组二系悬挂装置主要由空气弹簧装置、扭杆装置、横向悬挂、抗蛇行减振器等组成，各部分配合共同完成转向架的二系悬挂功能。CR400BF 平台动车组二系悬挂装置采用带有过渡枕梁的高柔性空气弹簧两点承载方式。牵引装置为对中性能良好的 Z 形牵拉引杆。每个转向架设 1 个高度调整阀和 1 个防过冲安全阀、2 个横向减振器、4 个抗蛇行减振器、2 个垂向减振器、1 套抗侧滚扭杆装置。根据车体结构调整抗侧滚扭杆和高度阀接口，通过加垫方式对空气弹簧高度进行调整。高度调整阀根据车体质量变化自动调整空气弹簧的内压，保持车体地板面的高度一定。设横向油压减振器，单侧安装双抗蛇行减振器。牵引装置由中心销与牵引拉杆组成，拉杆整体锻造，牵引拉杆两端设橡胶节点。CR400BF 平台动车组二系悬挂装置如图 3-28 所示。

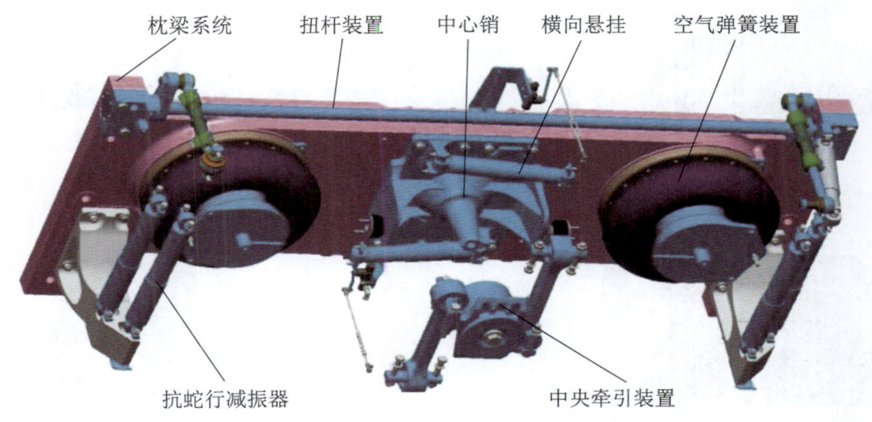

图 3-28 CR400BF 平台动车组二系悬挂装置

(1)空气弹簧装置

空气弹簧装置采用低横向刚度的空气弹簧。其中 CR400AF 平台动车组空气弹簧装置还具有保温箱、差压阀、固定节流孔等。而 CR400BF 平台动车组以转向架与车体间的联系枕梁作为空气弹簧附加气室,无节流孔,但单独设有二系垂向减振器,可有效改善车辆通过变坡点时的舒适性。CR400AF、CR400BF 平台动车组空气弹簧结构如图 3-29、图 3-30 所示。

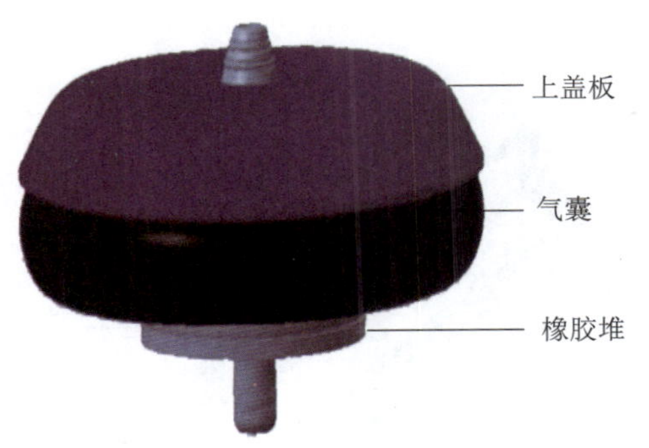

图 3-29 CR400AF 平台动车组空气弹簧

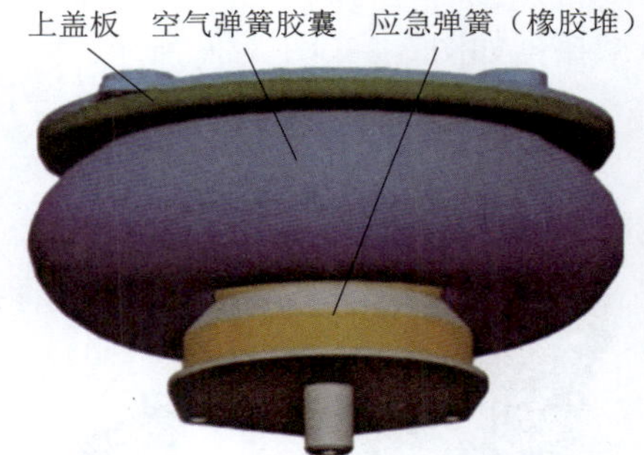

图 3-30 CR400BF 平台动车组空气弹簧

(2)二系横向减振器和横向止挡

①横向减振器

横向减振器主要用于衰减车体与转向架间的横向振动。CR400AF 平台动车组横向减振器分别位于纵向辅助梁与中心销之间的前后位置,水平横向布置,每个转向架设置两个。CR400BF 平台动车组横向减振器分别位于转向架构架横梁与联系枕梁上横向减振器座之间,每个转向架设置两个。CR400AF、CR400BF 平台动车组横向减振器如图 3-31、图 3-32 所示。

②横向止挡

为了限制车体相对于转向架构架的横向移动,在转向架横梁的连接梁上设置横向止挡。CR400AF、CR400BF 平台动车组横向止挡如图 3-33、图 3-34 所示。

图 3-31　CR400AF 平台动车组横向减振器

图 3-32　CR400BF 平台动车组横向减振器

图 3-33　CR400AF 平台动车组横向止挡

图 3-34　CR400BF 平台动车组横向止挡

(3)抗蛇行减振器

CR400AF 平台动车组抗蛇行减振器是为了防止动车组在高速运行时的蛇行失稳而专门设置的,为提高动车组高速运行的安全可靠性和安全冗余设计,每个转向架采用单侧双抗蛇行减振器,抗蛇行减振器一端与车体连接,另一端与构架连接。

CR400BF 平台动车组抗蛇行减振器能够抑制转向架相对于车身的快速旋转运动,避免发生高速车辆蛇行运动,抗蛇行减振器设在车体与转向架之间。抗蛇行减振器的大端通过抗蛇行减振器座与联系枕梁连接,小端与构架连接。CR400AF、CR400BF 平台动车组抗蛇行减振器如图 3-35、图 3-36 所示。

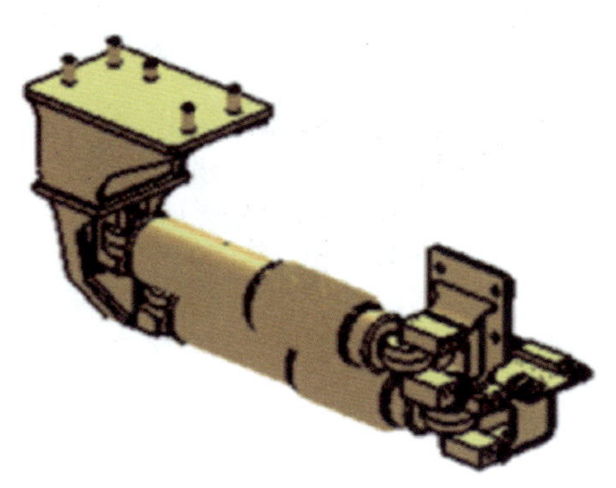
图 3-35　CR400AF 平台动车组抗蛇行减振器

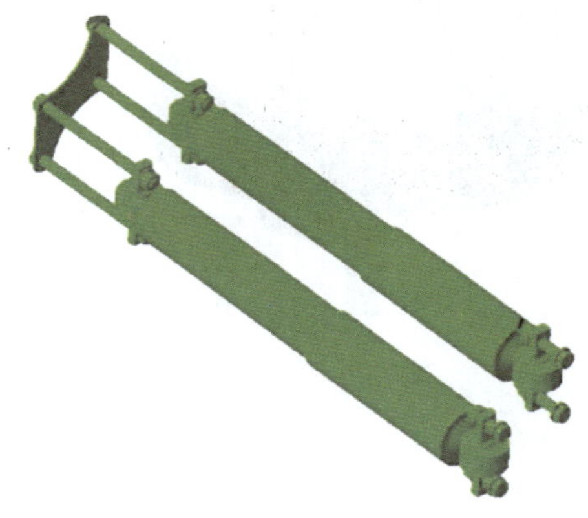
图 3-36　CR400BF 平台动车组抗蛇行减振器

(4)抗侧滚扭杆装置

为提高车辆的运行平稳性和抗侧滚能力,每个转向架安装了一套抗侧滚扭杆装置。抗侧滚扭杆装置主要由扭杆、扭臂、连杆及扭杆衬套组成。CR400AF、CR400BF 平台动车组抗侧滚扭杆装置如图 3-37、图 3-38 所示。

6. 牵引装置

CR400AF 平台动车组转向架牵引装置采用中心销加单牵引拉杆结构形式,为传递车体与转向架间的纵向载荷,在中心销安装了牵引拉杆座,通过单牵引拉杆与转向架构架连接。

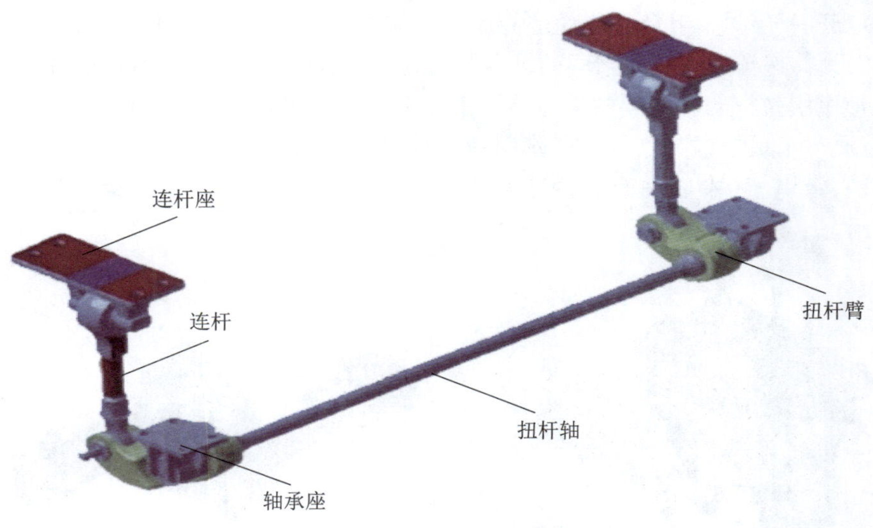

图 3-37 CR400AF 平台动车组抗侧滚扭杆装置

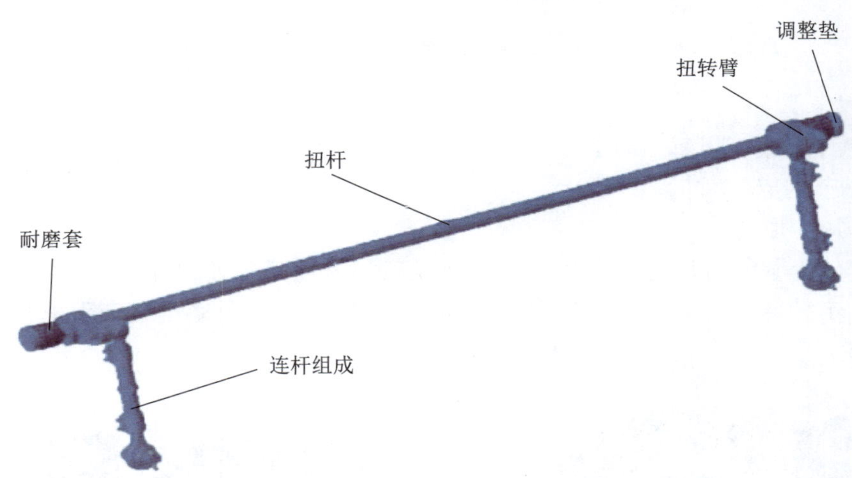

图 3-38 CR400BF 平台动车组抗侧滚扭杆装置

牵引拉杆组成有单牵引拉杆及其两端压装的牵引拉杆节点，单牵引拉杆采用整体锻造而成，CR400AF 平台动车组牵引装置、牵引拉杆如图 3-39、图 3-40 所示。

图 3-39 CR400AF 平台动车组牵引装置

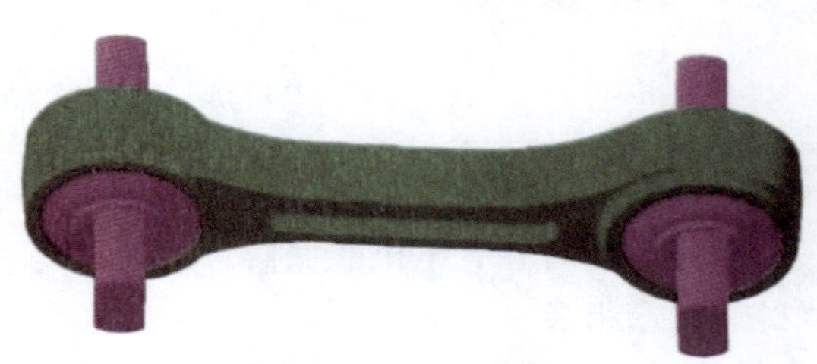

图 3-40 CR400AF 平台动车组牵引拉杆

CR400BF平台动车组牵引装置是传递转向架与车体间纵向力(即牵引力或制动力)的重要部件。为传递车体与转向架间的纵向载荷,在联系枕梁中央安装中心销,通过对中性能良好的Z形牵引拉杆与转向架构架连接。中心销与中心销衬套安装,中心销衬套压装在牵引梁内部,通过牵引拉杆节点与Z形牵引拉杆连接,每个转向架设一套中央牵引装置,其主要由中心销、牵引梁、中心销套和两个牵引拉杆组成。CR400BF平台动车组牵引装置如图3-41所示。

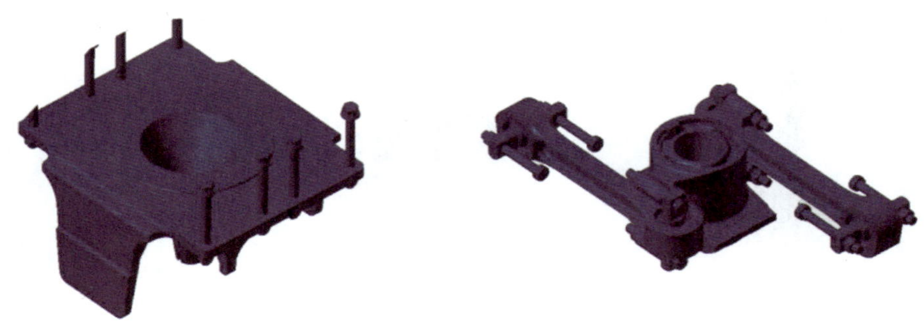

图3-41 CR400BF平台动车组牵引装置

7. 驱动装置

CR400平台动车组每个动车转向架上布置2套牵引齿轮传动装置,由牵引电机、齿轮箱组成及联轴节构成。

(1)牵引电机

CR400AF平台动车组采用强迫冷却通风三相鼠笼式异步牵引电动机,用成熟刚性吊挂方式,主结构同CRH380A平台动车组。CR400AF平台动车组牵引电机如图3-42所示。

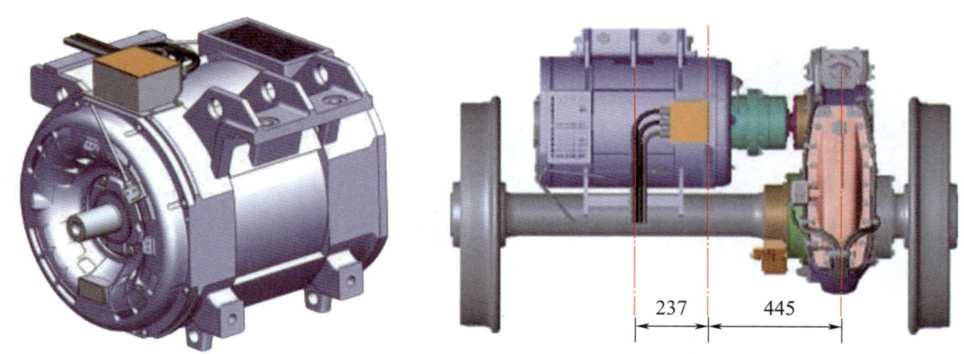

图3-42 CR400AF平台动车组牵引电机(单位:mm)

CR400BF平台动车组牵引电机采用平行轴传动,牵引电机采用弹性架悬,固定在转向架构架横梁上,同时装有电机减振器。CR400BF平台动车组牵引电机如图3-43所示。

(2)齿轮箱组成

齿轮箱组成采用轻量化铝合金箱体(CR400AF平台动车组为整体式,CR400BF平台动车组为分体式),大齿轮压装在车轴的齿轮座上,两侧为圆锥轴承或圆柱轴承(仅CR400AF

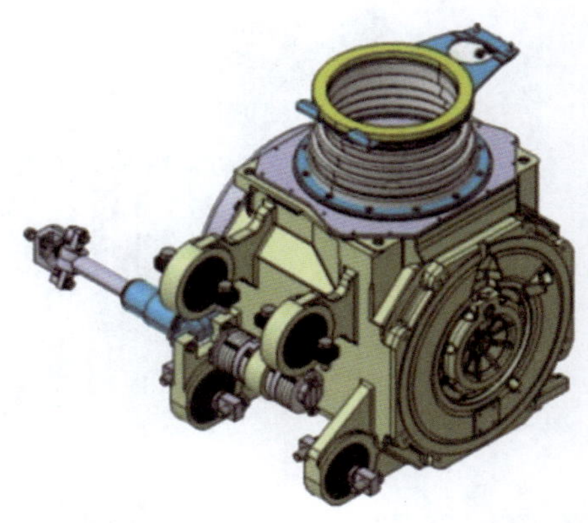

图 3-43 CR400BF 平台动车组牵引电机

平台动车组用)，轴承压盖与箱体通过螺栓连接，形成轴承外圈的轴向定位。小齿轮采用轮轴一体型结构，小齿轮端轴承布置采用球轴承＋圆柱滚子轴承组合方式，无须进行游隙调整。齿轮箱设置飞石保护板和接地装置。齿轮的润滑方式采用飞溅式油润滑。

CR400AF 平台动车组齿轮箱驱动装置由中车戚墅堰机车有限公司和东洋电机分别研制。CR400AF 平台动车组齿轮箱如图 3-44 所示。

CR400BF 平台动车组齿轮箱采用基本对称设计，箱体壁厚设计均匀，圆滑过渡，避免产生应力集中。齿轮箱密封结构采用非接触式、三腔迷宫密封结构。CR400BF 平台动车组齿轮箱如图 3-45 所示。

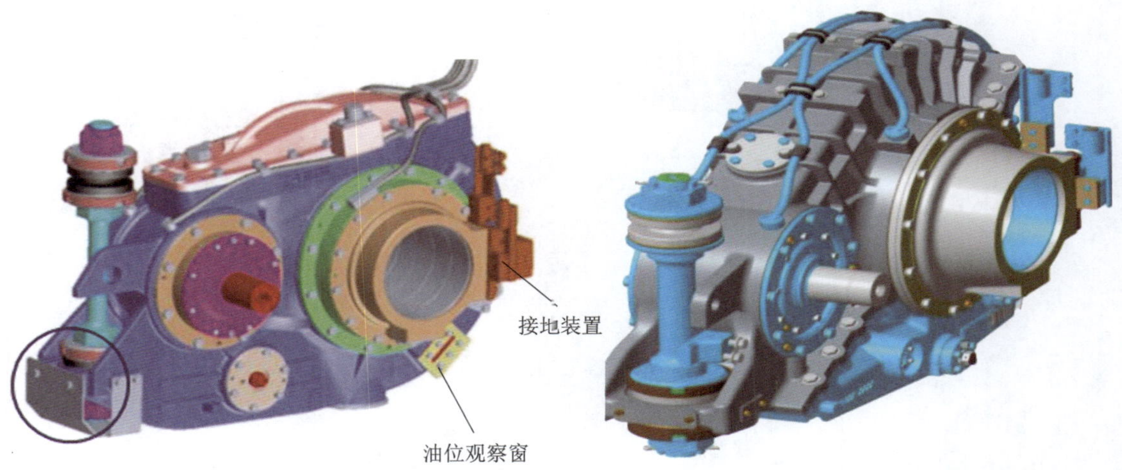

图 3-44 CR400AF 平台动车组齿轮箱

图 3-45 CR400BF 平台动车组齿轮箱

(3)联轴节

CR400AF 平台动车组联轴节采用鼓形齿联轴节，使用油润滑或者脂润滑方式。联轴节长度为 238.5 mm，变位能力径向最大 16.5 mm，轴向 ±12 mm。设过扭矩保护功能(7 000～12 000 N · m)。CR400AF 平台动车组联轴节如图 3-46 所示。

CR400BF 平台动车组联轴节采用脂润滑方式，长度为 270 mm，运动空间为 295 mm，变位能力轴向为±18 mm，径向为±19.6 mm，CR400BF 平台动车组联轴节如图 3-47 所示。

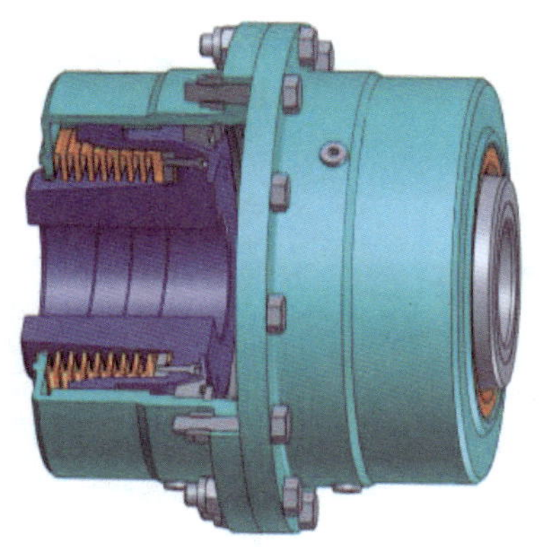

图 3-46　CR400AF 平台动车组联轴节

图 3-47　CR400BF 平台动车组联轴节

8. 基础制动装置

基础制动装置采用三点式吊挂夹钳、盘形制动、粉末冶金闸片。动车转向架每轴采用 2 套轮装制动盘，拖车转向架每轴 3 套轴装制动盘，所有车轴安装一套制动防滑装置，以避免轮对擦伤。所有拖车车轴除头车 1 位转向架外，均设 1 个停放制动单元，双侧手动缓解。当需要手动缓解停放功能时，可通过设置于转向架两侧的人力制动缓解装置进行缓解，每个制动夹钳在转向架两侧均有缓解装置以便于操作。闸片与夹钳的接口统一，可互换。CR400AF、CR400BF 平台动车组动、拖车转向架基础制动装置结构如图 3-48、图 3-49 所示。

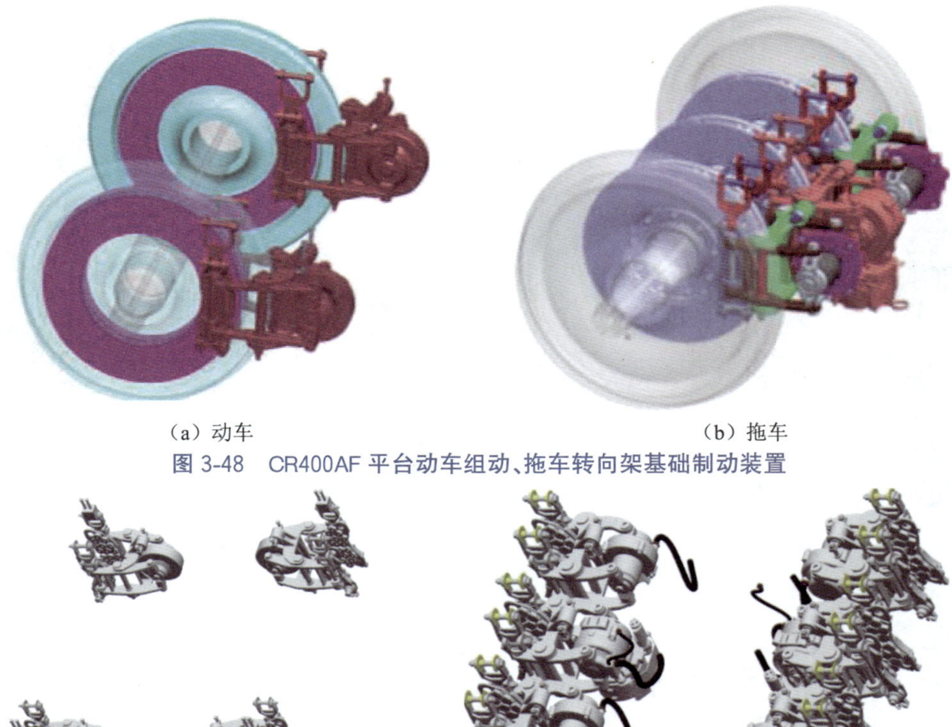

(a) 动车　　(b) 拖车

图 3-48　CR400AF 平台动车组动、拖车转向架基础制动装置

(a) 动车　　(b) 拖车

图 3-49　CR400BF 平台动车组动、拖车转向架基础制动装置

9. 辅助装置

CR400 平台转向架辅助装置包括接地装置、速度检测装置、撒砂和扫石器装置、踏面清扫装置、安全检测装置、轮缘润滑装置、感应接收装置、铭牌标识等。辅助装置大多数通过轴箱盖被安装到轮对轴端装置上。辅助装置主要零部件及结构，动车转向架一致，拖车转向架一致。主要区别在于附件安装位置、型号等。其中，CR400BF 平台动车组还在 TC-2 上安装电磁溢流阀等，电磁溢流阀大多数通过轴箱盖被安装到轮对轴端装置上。

(1)接地装置

CR400 平台动车组动车齿轮箱上设置齿轮箱接地装置，采取环磨方式；拖车设置轴端接地装置，采取端磨方式。一是作为工作接地回路中的一环，实现接地回流功能的装置；二是防止工作电流或系统故障电流以及雷电电流通过轴承造成损伤，实现保护功能的装置。CR400AF、CR400BF 平台动车组齿轮箱接地装置、轴端接地装置如图 3-50～图 3-53 所示。

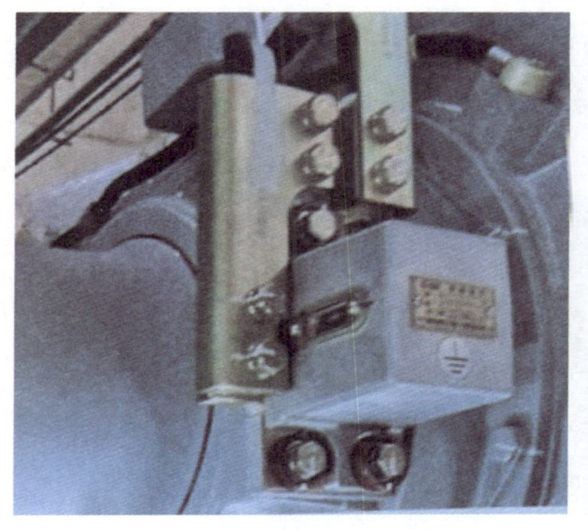

图 3-50 CR400AF 平台动车组齿轮箱接地装置

图 3-51 CR400BF 平台动车组齿轮箱接地装置

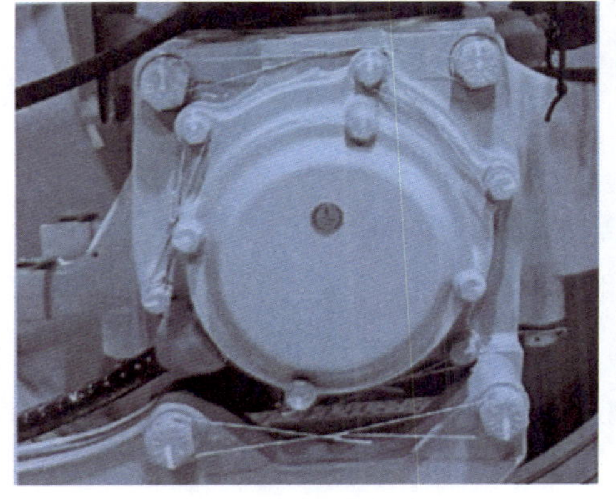

图 3-52 CR400AF 平台动车组轴端接地装置

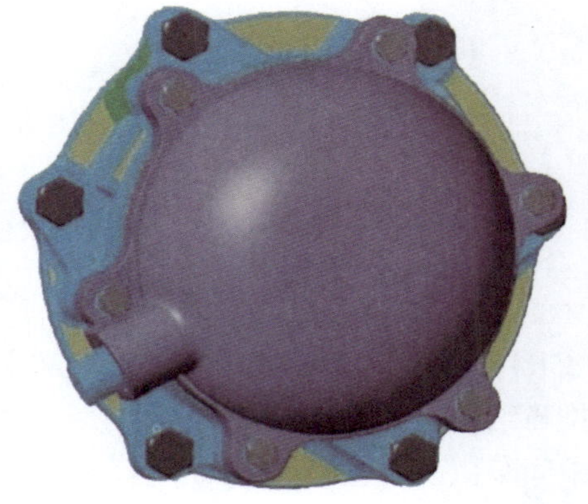

图 3-53 CR400BF 平台动车组轴端接地装置

(2)速度检测装置

CR400AF 平台动车组轴端速度传感器分别用于 BCU 系统和 ATP 系统。BCU 速度传感器采用 TKD 或 HTSI 产品，安装在 01～00 车的二位侧轴端，ATP 速度传感器型号为 HS22G5，安装在头、尾车的4、6、8位轴端。CR400AF平台动车组头尾车速度传感器如图3-54所示。

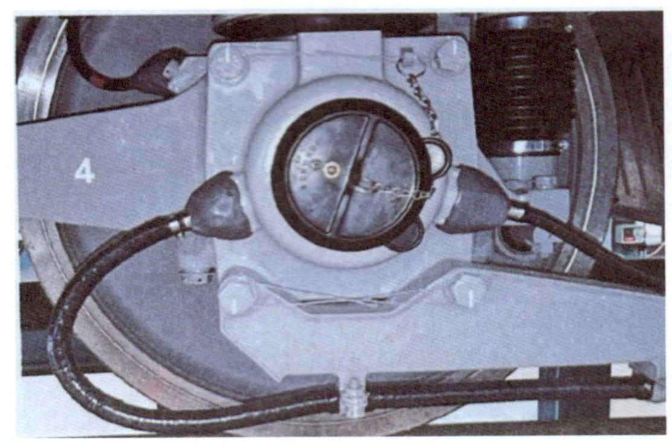

图3-54　CR400AF平台动车组速度传感器

CR400BF平台动车组在每条车轴均设置速度传感器，头、尾车部分轴端还同时设置ATP速度传感器。CR400BF平台动车组速度传感器如图3-55所示。

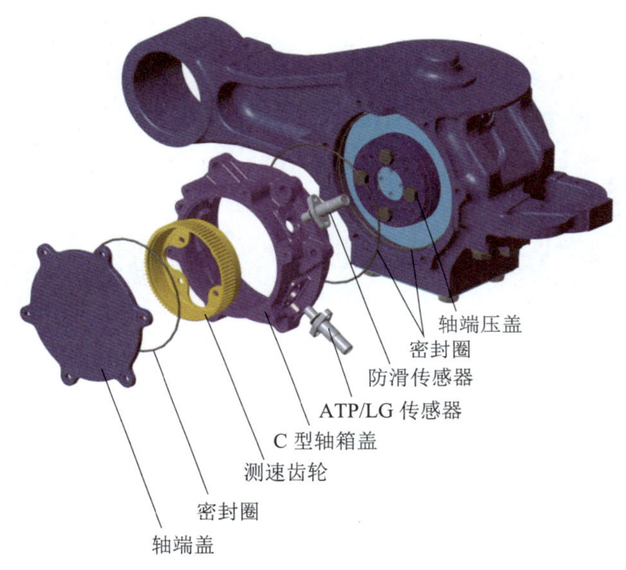

图3-55　CR400BF平台动车组速度传感器

（3）撒砂和扫石器装置

CR400平台动车组撒砂与排障装置共分成两种，一种为头、尾车撒砂排障装置，实现撒砂、排障结构一体化；另一种为中间车撒砂装置。两者的区别在于头车具有撒砂和排障功能，中间车撒砂装置取消了扫石器。

CR400AF平台动车组撒砂排障装置安装在撒砂托架上，撒砂托架通过安装臂与转向架构架端部连接。CR400BF平台动车组撒砂排障装置均安装在辅助安装座上，辅助安装座具备足够的强度，即使承受较大的振动，也不易发生破损。为了能够在车轮直径磨耗后减小的条件下保持撒砂喷嘴、排障板与轨面的高度，在安装臂（辅助安装座）上设计了调节结构。其中，CR400AF平台动车组通过锯齿形调节，CR400BF平台动车组采用长圆孔结构实现调节。

CR400AF、CR400BF 平台动车组撒砂排障装置结构如图 3-56、图 3-57 所示。

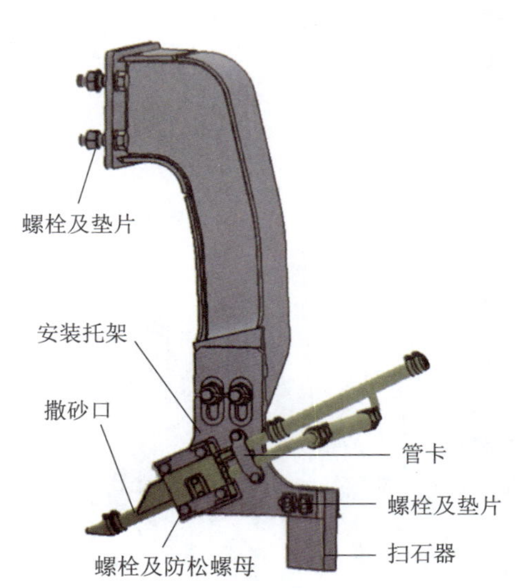

图 3-56 CR400AF 平台动车组撒砂排障装置

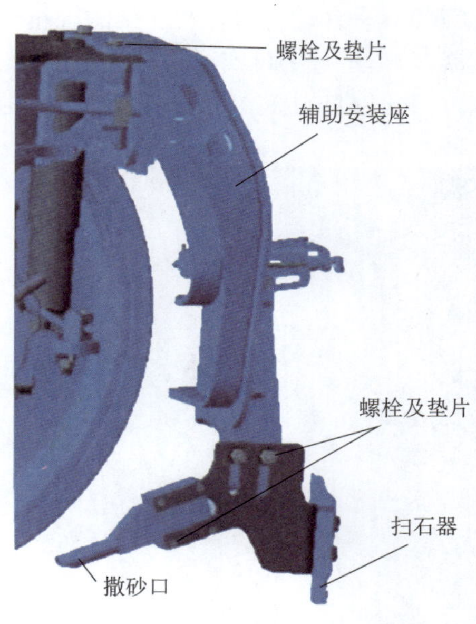

图 3-57 CR400BF 平台动车组撒砂排障装置

(4)踏面清扫装置

CR400 平台动车组踏面清扫装置主要由气缸体、研磨子及自动间隙调整装置等构成。在每个车轮内侧斜上方对应设置 1 套踏面清扫装置,其端部的研磨子与车轮踏面摩擦,从而起到稳定轮轨黏着和车轮踏面修形的作用。CR400AF 平台动车组踏面清扫装置主结构形式同 CRH380A 平台动车组,但 CR400AF 平台动车组对构架接口及研磨子廓形进行了变更。CR400AF、CR400BF 平台动车组动、拖车踏面清扫装置具体安装要求、动作条件以及研磨子存在差别,但是机械结构类似。CR400AF、CR400BF 平台动车组踏面清扫装置如图 3-58、图 3-59 所示。

图 3-58 CR400AF 平台动车组踏面清扫装置

图 3-59 CR400BF 平台动车组踏面清扫装置

(5)安全检测装置

CR400 平台动车组转向架设置了安全检测装置,主要包括轴承温度传感器和转向架失稳检测装置。当超过限制值时列车可自动报警或采取停车措施。

①轴承温度传感器

CR400平台动车组在转向架的轴箱轴承、齿轮箱轴承、牵引电机轴承上均设有实时温度传感器,列车运行中可实时检测轴承温度,当温度超过限制值时列车可自动报警或采取停车措施。CR400AF、CR400BF平台动车组轴承温度传感器如图3-60、图3-61所示。

图3-60　CR400AF平台动车组轴承温度传感器

图3-61　CR400BF平台动车组轴承温度传感器

②转向架失稳检测装置

CR400平台动车组在转向架构架设置有转向架失稳检测传感器,可检测转向架横向振动加速度,通过车辆上的控制单元对加速度进行分析,当判断转向架有失稳迹象时,系统将发出警告,并采取减速措施。CR400AF平台动车组转向架失稳检测传感器每辆车设置在对应1、4、5、8轴位处,结构形式同CRH380A平台动车组。CR400BF平台动车组转向架失稳检测传感器设置在1R、4L轴位处。CR400AF、CR400BF平台动车组转向架失稳检测装置如图3-62、图3-63所示。

图3-62　CR400AF平台动车组转向架失稳检测装置

图3-63　CR400BF平台动车组转向架失稳检测装置

(6)轮缘润滑装置

CR400 平台动车组轮缘润滑装置主要用来降低轮缘和轨道摩擦所造成的磨损和产生的噪声。CR400AF 平台动车组不设置轮缘润滑装置。CR400BF 平台动车组在头、尾车的导向轮对处设置轮缘润滑装置,通过特定的控制程序实现该功能,轮缘润滑喷油嘴距离轨道面有特定的高度要求。CR400BF 平台动车组轮缘润滑装置如图 3-64 所示。

图 3-64 CR400BF 平台动车组轮缘润滑装置

10. CR400 平台动车组转向架主要技术差异

(1) CR400AF 平台动车组转向架差异

①CR400AF 平台动车组动车转向架差异

全列共 2 种动车转向架。04/05 车 1 位转向架安装撒砂装置。02/07 车 1、2 位,04/05 车 2 位转向架均无撒砂装置。

②CR400AF 平台动车组拖车转向架差异

全列共 3 种拖车转向架。03/06 车转向架为基准转向架,无撒砂装置。01/00 车 1 位转向架安装排障、撒砂、ATP 传感器,无停放制动。01/00 车 2 位转向架安装 ATP 传感器。

(2) CR400BF 平台动车组转向架差异

①CR400BF 平台动车组动车转向架差异

CR400BF-0503/CR400BF-0507 动车组 01、02、07、00 车 1 位转向架 1 轴安装撒砂装置,CR400BF 其余动车组 01、04、05、00 车 1 位转向架 1 轴安装撒砂装置。CR400BF-A/CR400BF-B 型动车组 01、08、09、00 车 1 位端转向架 1 轴安装撒砂装置。CR400BF-A/CR400BF-B 型动车组 04、05、12、13 车 2 位端转向架 4 轴安装撒砂装置。

②CR400BF 平台动车组拖车转向架差异

以 CR400BF 型动车组拖车转向架为例。CR400BF 型动车组 01/00 车 1 位转向架安装轮缘润滑、撒砂、排障装置、感应接收装置,无停放制动。CR400BF-A 型动车组 01/00 车 1 位转向架安装轮缘润滑、撒砂、排障装置、感应接收装置,01/08/09/00 车 1 位转向架无停放制动。CR400BF-B 型动车组 01/00 车 1 位转向架安装轮缘润滑、撒砂、排障装置、感应接收装置,01/08/09/00 车 1 位转向架和 16 车无停放制动。

第三节　CRH1A/CRH380D 平台动车组转向架

CRH1A 平台动车组的原型车是加拿大庞巴迪为瑞典国家铁路设计的 Regina C2008 型电动车组。根据我国运用需求由原短编组调整为 8 辆编组,并对转向架轴箱定位结构进行了较大的改动。CRH1A 型动车组如图 3-65 所示。

图 3-65　CRH1A 型动车组

在 CRH1A 型动车组的基础上,后期扩编为 16 节长编组 CRH1B 型动车组,如图 3-66 所示。此外又生产了卧铺动车组,为 CRH1E 型动车组,如图 3-67 所示。

图 3-66　CRH1B 型动车组

之后研发设计了 CRH380D 型动车组,如图 3-68 所示。随着城际动车组的不断推出,在此基础上升级了 CRH1A 型动车组,车体改用铝合金材料,如图 3-69 所示。

图 3-67 CRH1E 型动车组

图 3-68 CRH380D 型动车组

图 3-69 CRH1A 型动车组（铝合金车体）

一、CRH1A 平台动车组转向架 TEDS 实拍图

1. CRH1A 型动车组

CRH1A 型动车组动、拖车转向架 TEDS 实拍图如图 3-70～图 3-73 所示。

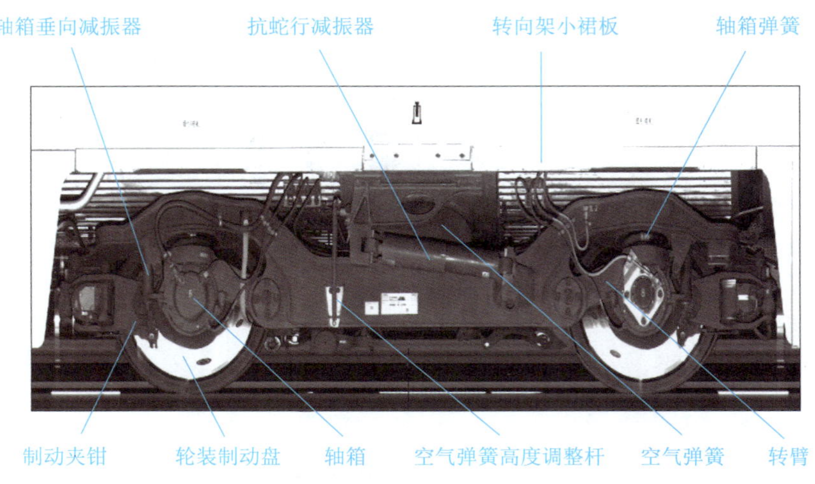

图 3-70　CRH1A 型动车组动车转向架(侧面)

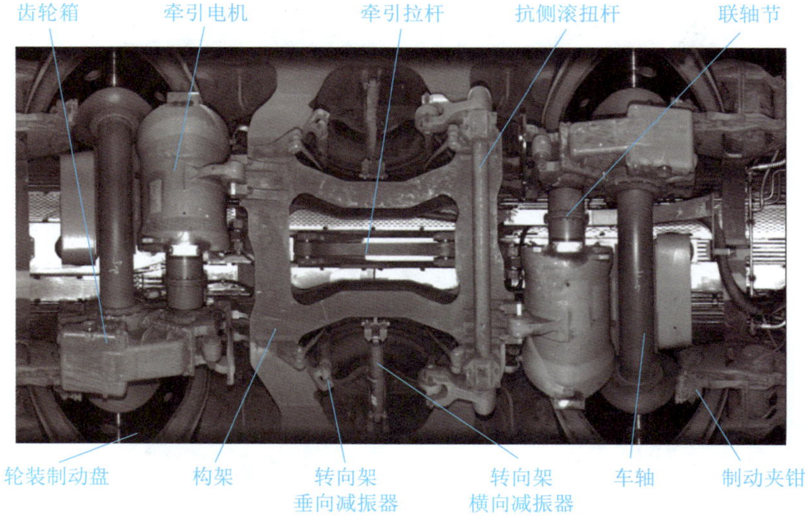

图 3-71　CRH1A 型动车组动车转向架(底部)

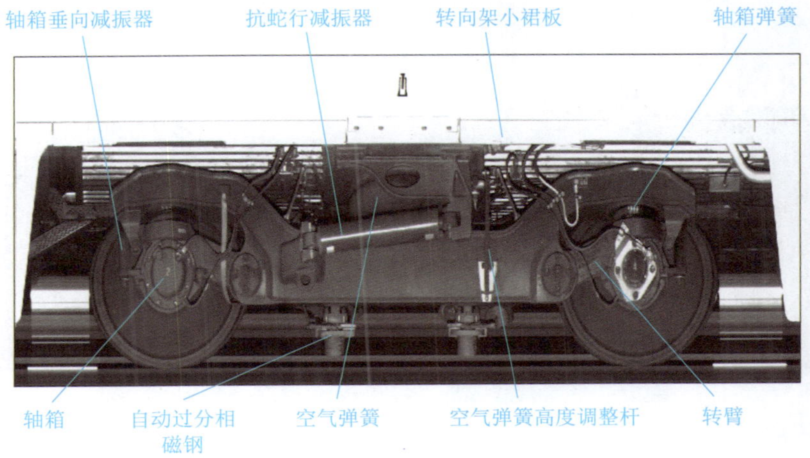

图 3-72 CRH1A 型动车组拖车转向架(侧面)

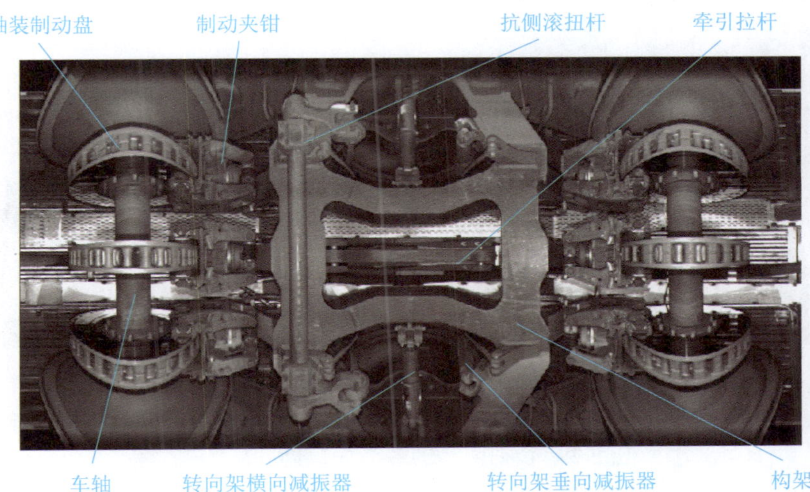

图 3-73 CRH1A 型动车组拖车转向架(底部)

2. CRH1B 型动车组

CRH1B 型动车组动、拖车转向架 TEDS 实拍图如图 3-74～图 3-77 所示。

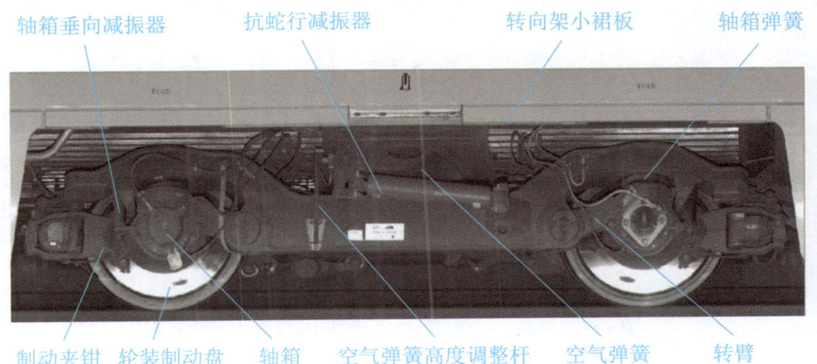

图 3-74 CRH1B 型动车组动车转向架(侧面)

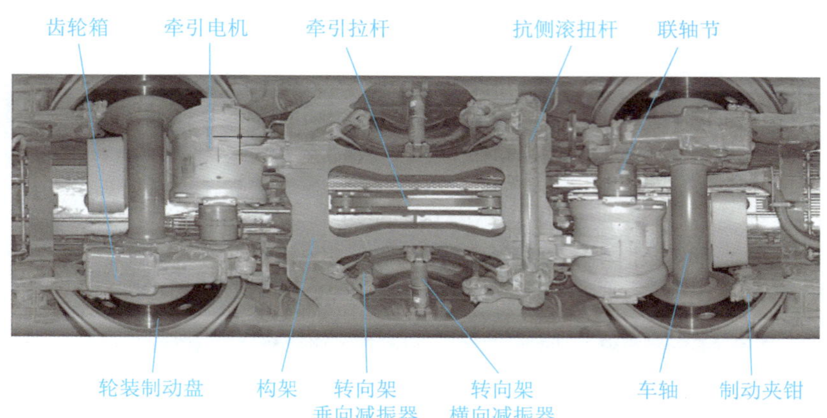

图 3-75　CRH1B 型动车组动车转向架（底部）

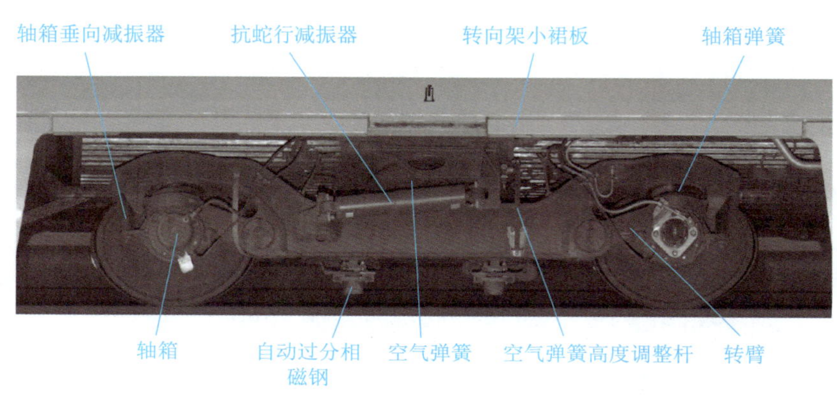

图 3-76　CRH1B 型动车组拖车转向架（侧面）

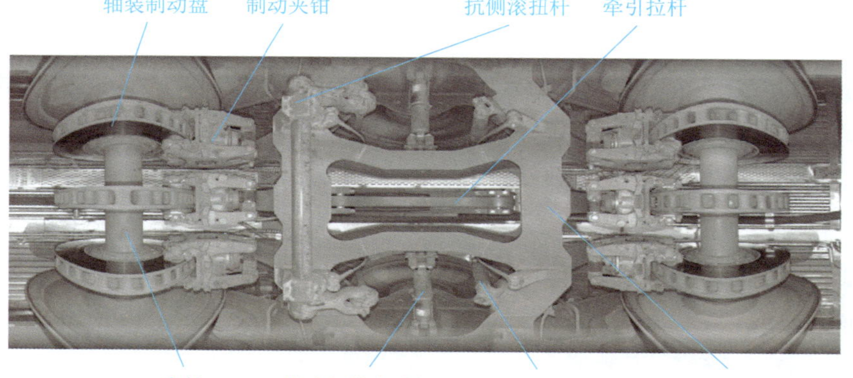

图 3-77　CRH1B 型动车组拖车转向架（底部）

3. CRH1E 型动车组

CRH1E 型动车组动、拖车转向架 TEDS 实拍图如图 3-78～图 3-81 所示。

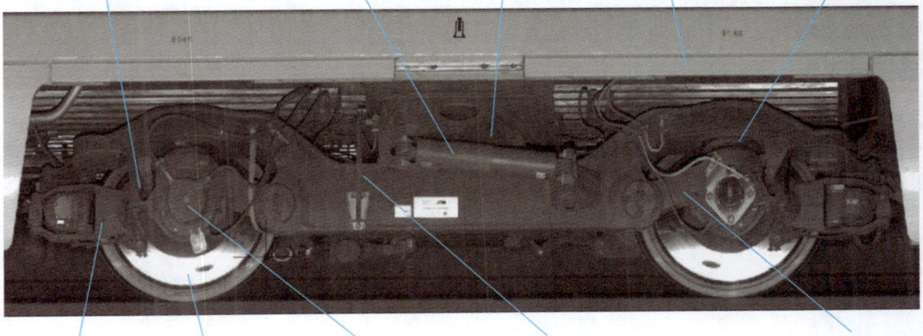

轴箱垂向减振器
抗蛇行减振器
空气弹簧
转向架小裙板
轴箱弹簧
制动夹钳
轮装制动盘
轴箱
空气弹簧高度调整杆
转臂

图 3-78 CRH1E 型动车组动车转向架(侧面)

齿轮箱
牵引电机
抗侧滚扭杆
牵引拉杆
联轴节
轮装制动盘
构架
转向架
横向减振器
转向架
垂向减振器
车轴
制动夹钳

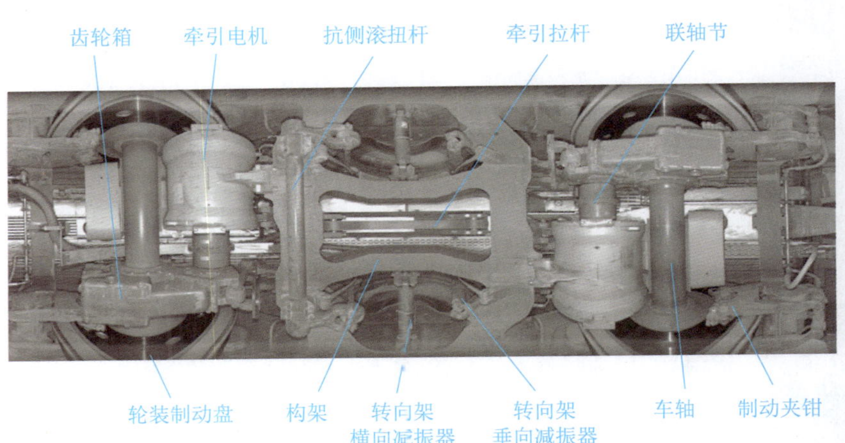

图 3-79 CRH1E 型动车组动车转向架(底部)

轴箱垂向减振器
抗蛇行减振器
空气弹簧
转向架小裙板
轴箱弹簧
轴箱
自动过分相
磁钢
空气弹簧高度调整杆
构架
转臂

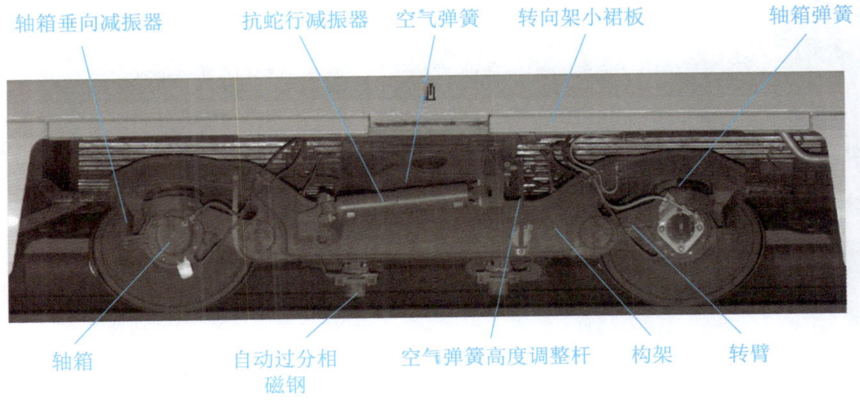

图 3-80 CRH1E 型动车组拖车转向架(侧面)

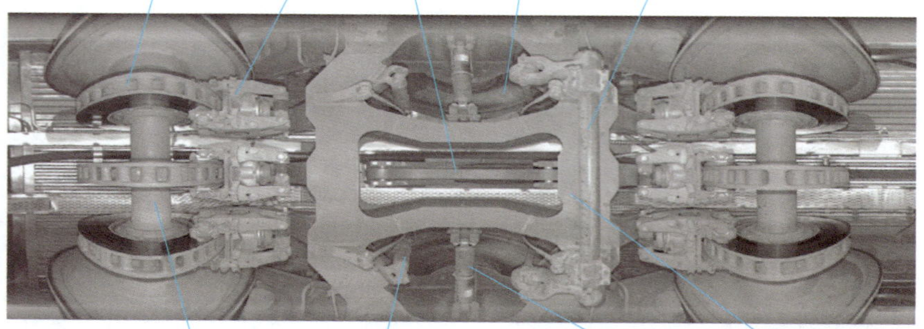

图 3-81 CRH1E 型动车组拖车转向架(底部)

二、CRH380D 平台动车组转向架 TEDS 实拍图

CRH380D 型动车组动、拖车转向架 TEDS 实拍图如图 3-82～图 3-85 所示。

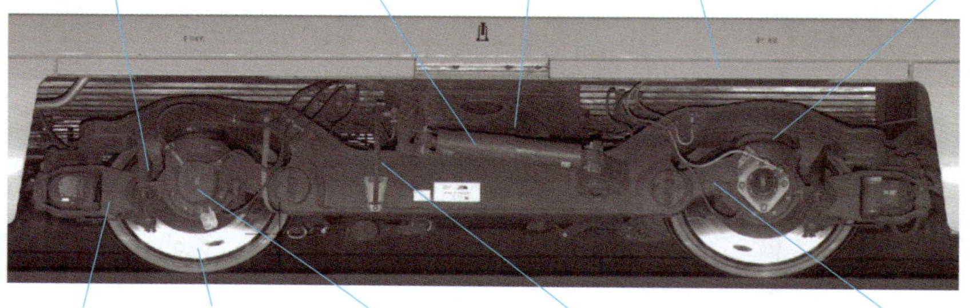

图 3-82 CRH380D 型动车组动车转向架(侧面)

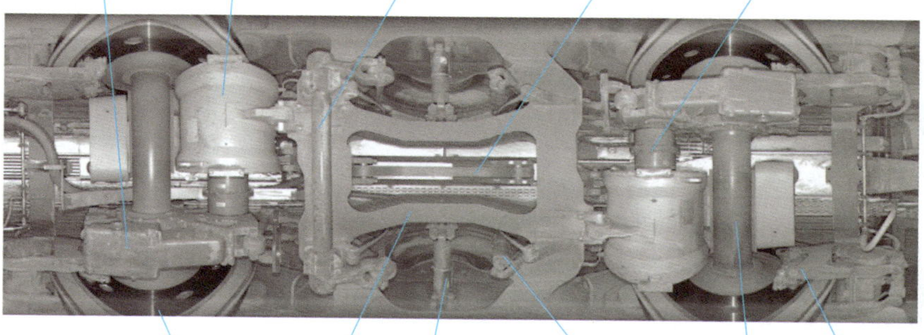

图 3-83 CRH380D 型动车组动车转向架(底部)

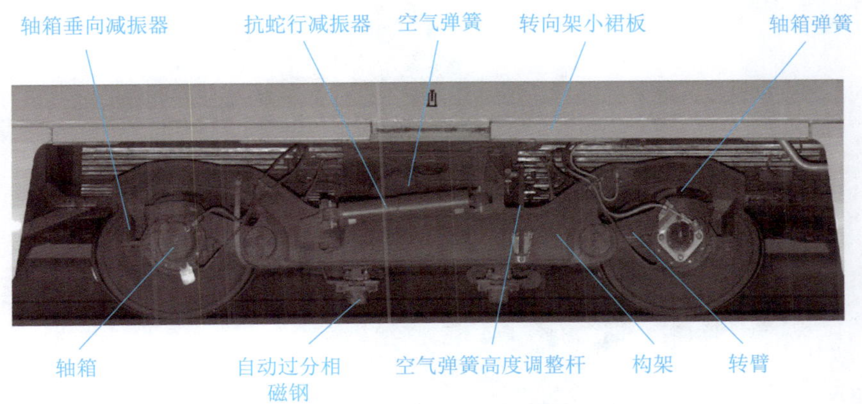

图 3-84 CRH380D 型动车组拖车转向架(侧面)

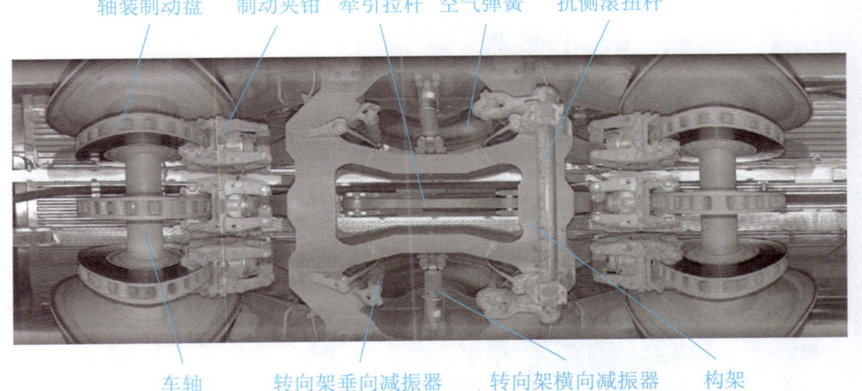

图 3-85 CRH380D 型动车组拖车转向架(底部)

三、CRH1A 平台动车组转向架结构

1. 组成

CRH1A 平台动车组转向架基于 AM96 转向架构架重新进行设计。CRH1A 平台动车组动、拖车转向架如图 3-86、图 3-87 所示。

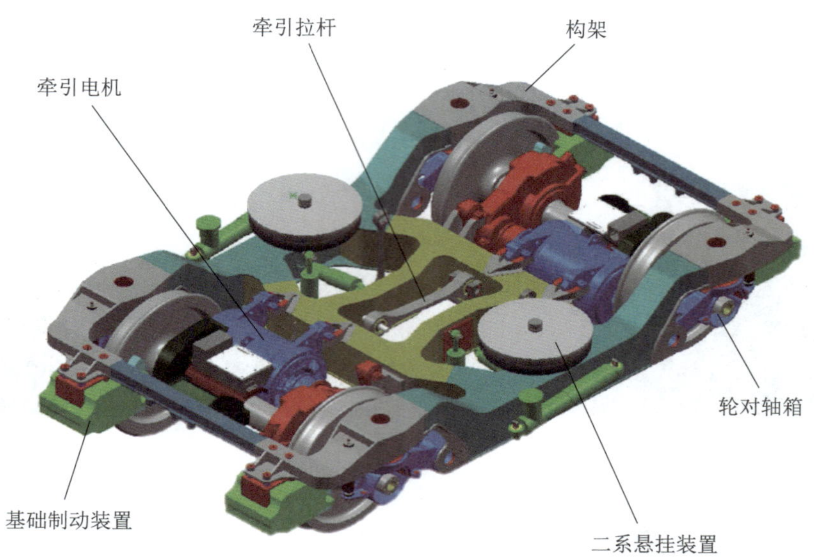

图 3-86　CRH1A 平台动车组动车转向架[CRH1B/CRH1E(1)、(2)批次]

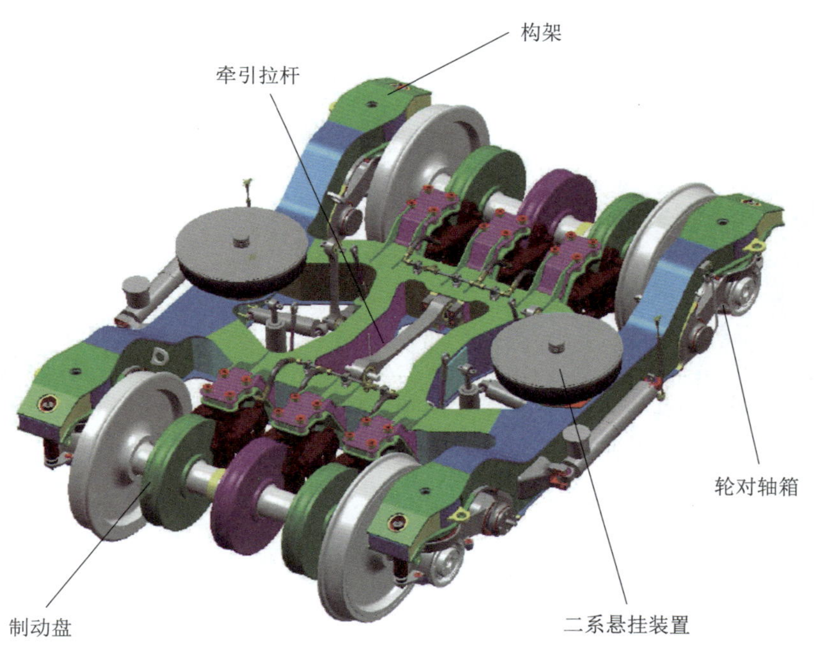

图 3-87　CRH1A 平台动车组拖车转向架[CRH1B/CRH1E(1)、(2)批次]

2. CRH1A 平台动车组转向架主要技术差异

(1) CRH1A 平台动车组动车转向架差异

①CRH1A/CRH1B/CRH1E(1)、(2)批次型动车组动车转向架差异

CRH1A 型动车组共 6 种动车转向架。03/06 车 1 位端转向架作为基准。01/00 车 1 位

转向架安装撒砂装置，ATP、LKJ2 速度传感器。01/00 车 2 位转向架安装停放制动装置，ATP、LKJ1 速度传感器。03/06 车 2 位端转向架安装停放制动装置。04 车 1 位端转向架安装撒砂装置。04 车 2 位端转向架安装停放制动装置、撒砂装置。

CRH1B(1)批次/CRH1E(1)、(2)批次型动车组共 6 种动车转向架。03/06/08/09/11/14 车 1 位转向架作为基准。01/00 车 1 位端转向架安装撒砂装置，ATP、LKJ2 速度传感器。01/00 车 2 位端转向架安装停放制动装置，ATP、LKJ1 速度传感器。03/06/11/14 车 2 位转向架安装停放制动装置。04/08/09/13 车 2 位端转向架安装撒砂装置、停放制动装置。04/13 车 1 位端转向架安装撒砂装置。

②CRH1A-A、CRH1E(3)批次型动车组动车转向架差异

CRH1A-A 型动车组共 6 种动车转向架。03/06 车 1 位端转向架作为基准。01/00 车 1 位转向架安装撒砂装置、LKJ2 速度传感器。01/00 车 2 位转向架安装停放制动装置、LKJ1 速度传感器。03/06 车 2 位端转向架安装停放制动装置。05 车 1 位端转向架安装撒砂装置。05 车 2 位端转向架安装停放制动装置、撒砂装置。

CRH1E(3)批次型动车组共 6 种动车转向架。03/06/09/11/14 车 1 位端转向架作为基准。01/00 车 1 位转向架安装撒砂装置、LKJ2 速度传感器。01/00 车 2 位转向架安装停放制动装置、LKJ1 速度传感器。08/05/12 车 1 位端转向架安装撒砂装置。03/06/08/11/14 车 2 位端转向架安装停放制动装置。05/09/12 车 2 位端转向架安装停放制动装置、撒砂装置。

(2) CRH1A 平台动车组拖车转向架差异

①CRH1A/CRH1B/CRH1E(1)、(2)批次型动车组拖车转向架差异

CRH1A 型动车组共 2 种拖车转向架。02/07 车 2 位端、05 车拖车转向架作为基准。02/07 车 1 位端转向架安装自动过分相装置。

CRH1B/CRH1E(1)、(2)批次型动车组共 2 种拖车转向架。02/15 车 2 位端、05/07/10/12 车拖车转向架作为基准。02/15 车 1 位端转向架安装自动过分相装置。

②CRH1A-A、CRH1E(3)批次型动车组拖车转向架差异

CRH1A-A 型动车组共 3 种拖车转向架。02/07 车 1 位端转向架带 ATP 传感器、自动过分相装置。02/07 车 2 位端转向架作为基准，无 ATP 传感器、自动过分相装置。04 车转向架一系钢簧型号不同。

CRH1E(3)批次型动车组共 4 种拖车转向架。02 车 1 位端转向架带 ATP 传感器、自动过分相装置。02 车 2 位端、04/07/10/13 车转向架作为基准，无 ATP 传感器、自动过分相装置。15 车 1 位端转向架安装自动过分相装置。15 车 2 位端转向架安装 ATP 速度传感器。

四、CRH380D 平台动车组转向架结构

1. 组成

CRH380D 平台动车组转向架是在德国 ICE3 的基础上设计的，车辆装有 IMS 系统（失稳监控系统）、BMS 系统（轴承监控系统）。CRH380D 平台动车组动、拖车转向架如图 3-88、图 3-89 所示。

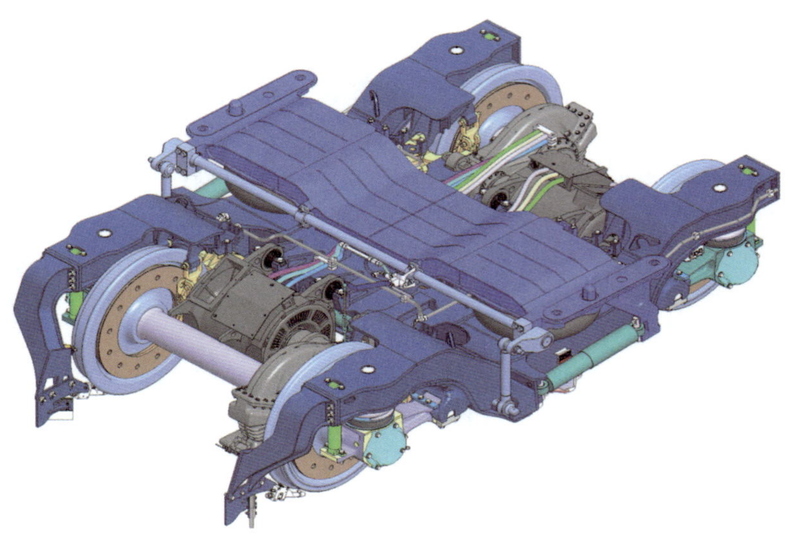

图 3-88　CRH380D 平台动车组动车转向架

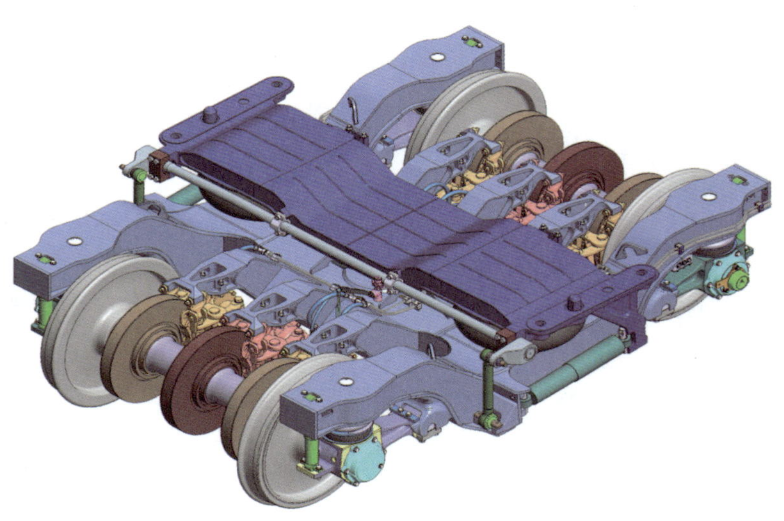

图 3-89　CRH380D 平台动车组拖车转向架

2. CRH380D 平台动车组转向架主要技术差异

(1) CRH380D 平台动车组动车转向架差异

全列共 3 种动车转向架。03/06 车动车转向架作为基准。01/00 车 1 位转向架安装撒砂装置、轮缘润滑装置。01/00 车 2 位转向架安装过分相天线装置。

(2) CRH380D 平台动车组拖车转向架差异

全列共 4 种拖车转向架。02/07 车 1 位转向架安装 ATP 传感器、停放制动装置，多一套接地装置。02/07 车 2 位转向架安装停放制动装置，多一套接地装置。CRH380D-1521～1585 列 02/07 车 2 位转向架安装 ATP 传感器。05 车转向架安装撒砂装置、停放制动装置。

第四节 CRH2A/CRH2C/CRH380A 平台动车组转向架

CRH2A 型动车组原型车为 E2-1000 型（川崎重工）动车组，运营速度 250 km/h。CRH2A 型动车组转向架引进时未采用 E2-1000 型动车组的支撑拉板式轴箱定位装置，而采用了 500 系转臂式定位装置，CRH2A 型动车组如图 3-90 所示。

图 3-90 CRH2A 型动车组

在 CRH2A 型动车组的基础上，后期扩编研制形成长编组 CRH2B 型动车组及卧铺车 CRH2E 型动车组，如图 3-91 所示。同时又进行了 300 km/h 速度等级 CRH2C 型动车组的升级，如图 3-92 所示。CRH2C 型动车组特别是其二阶段动车组进行了较大改进，为研制 CRH380A 平台动车组奠定了基础。CRH380A 型动车组如图 3-93 所示。

图 3-91 CRH2B 型动车组

图 3-92 CRH2C 型动车组

图 3-93 CRH380A 型动车组

一、CRH2A 平台动车组转向架 TEDS 实拍图

1. CRH2A 型动车组

CRH2A 型动车组动、拖车转向架 TEDS 实拍图如图 3-94～图 3-97 所示。

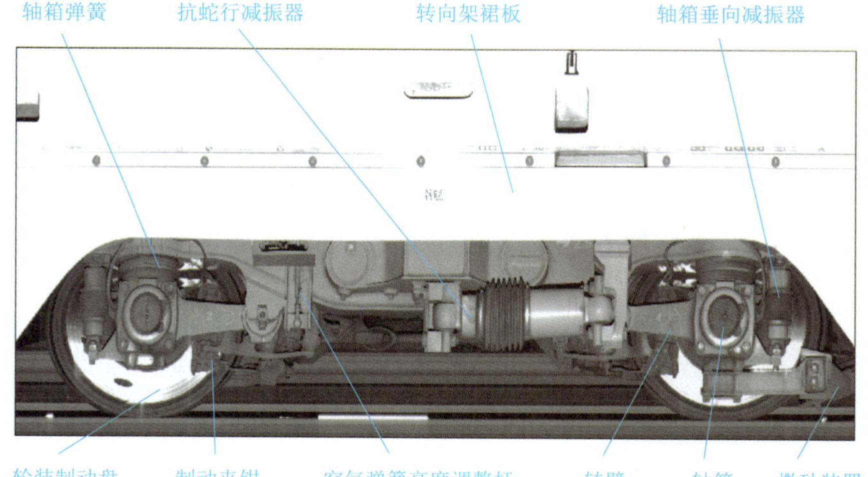

图 3-94 CRH2A 型动车组动车转向架(侧面)

图 3-95 CRH2A 型动车组动车转向架(底部)

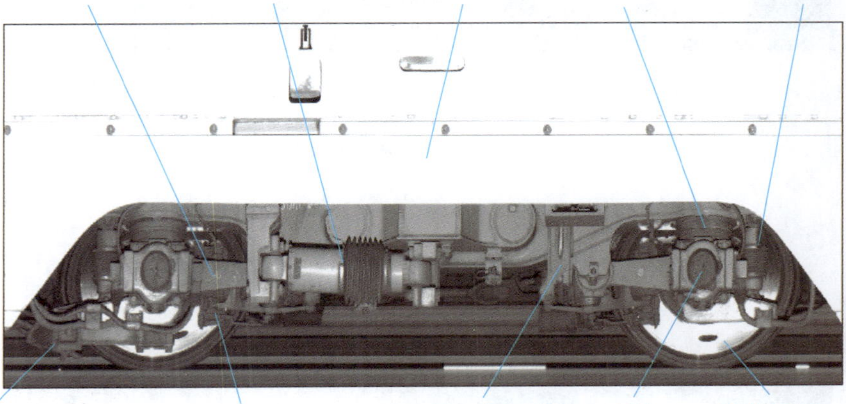

图 3-96 CRH2A 型动车组拖车转向架(侧面)

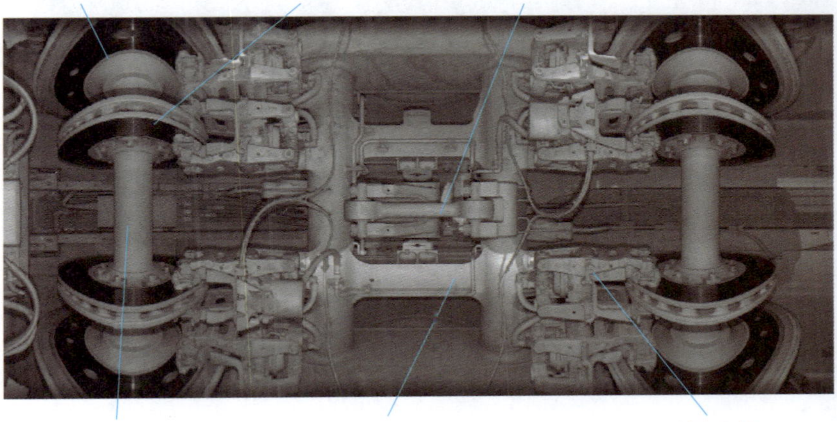

图 3-97 CRH2A 型动车组拖车转向架(底部)

2. CRH2B 型动车组

CRH2B 型动车组动、拖车转向架 TEDS 实拍图如图 3-98～图 3-101 所示。

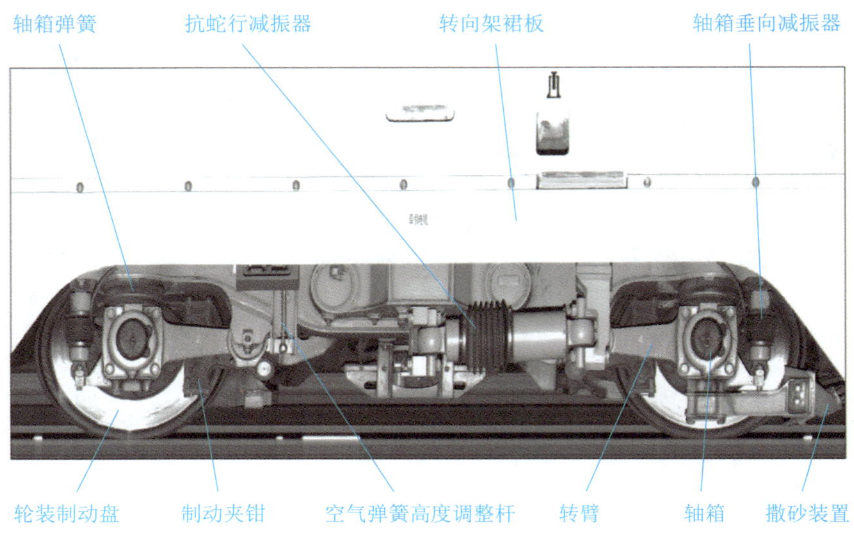

图 3-98　CRH2B 型动车组动车转向架（侧面）

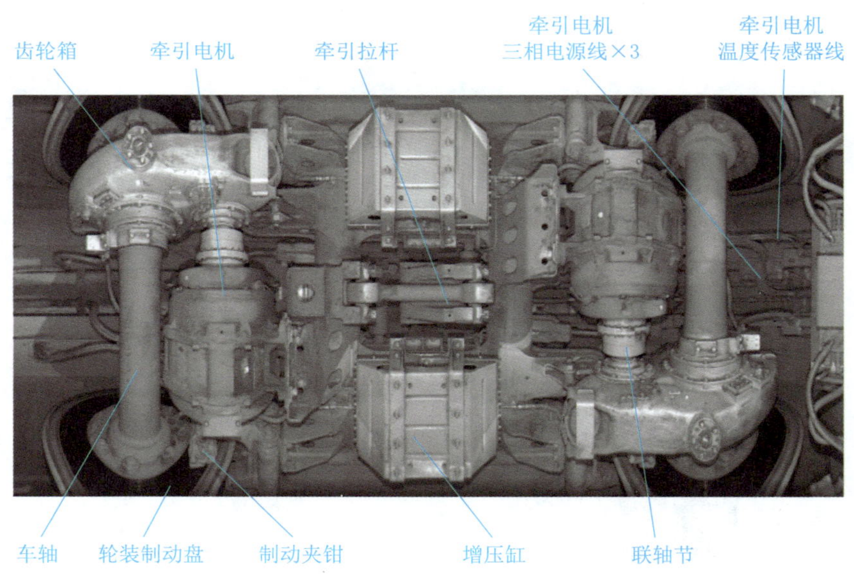

图 3-99　CRH2B 型动车组动车转向架（底部）

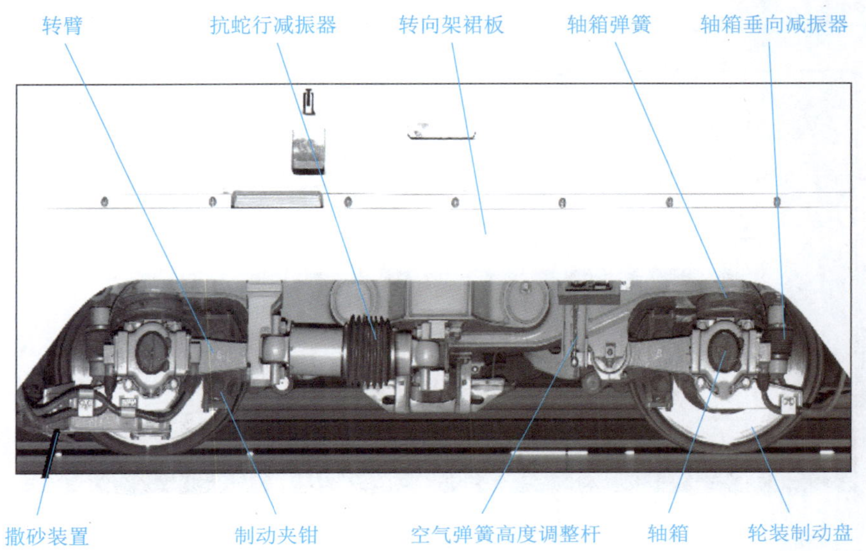

图 3-100 CRH2B 型动车组拖车转向架(侧面)

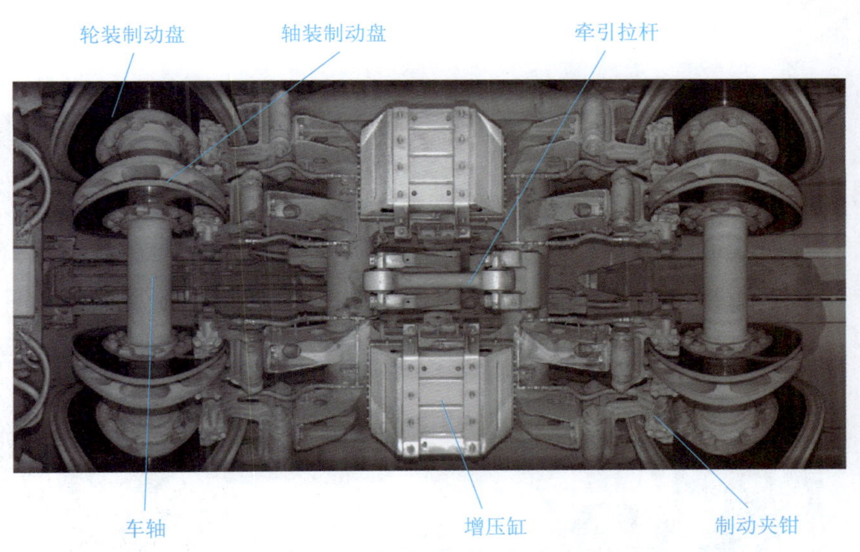

图 3-101 CRH2B 型动车组拖车转向架(底部)

3. CRH2C 型动车组

CRH2C 型动车组动、拖车转向架 TEDS 实拍图如图 3-102～图 3-105 所示。

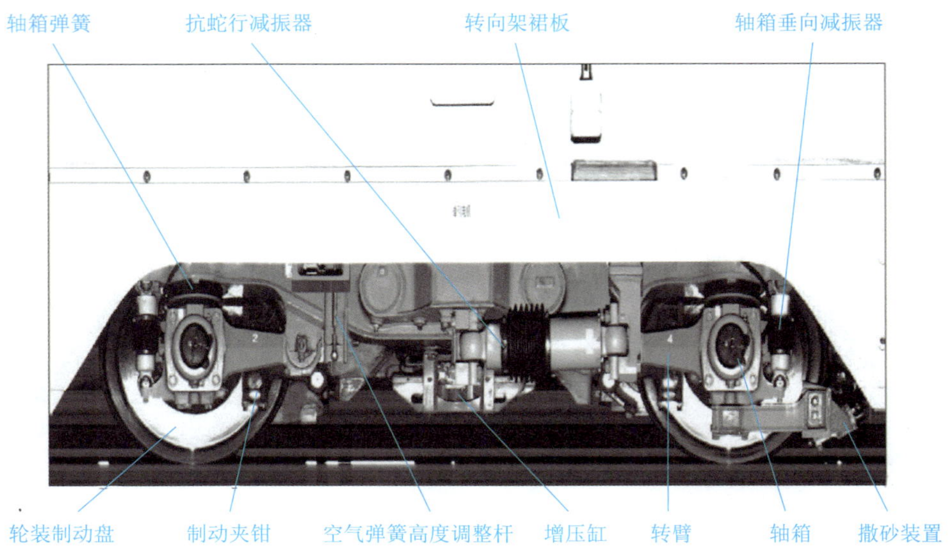

图 3-102　CRH2C 型动车组动车转向架(侧面)

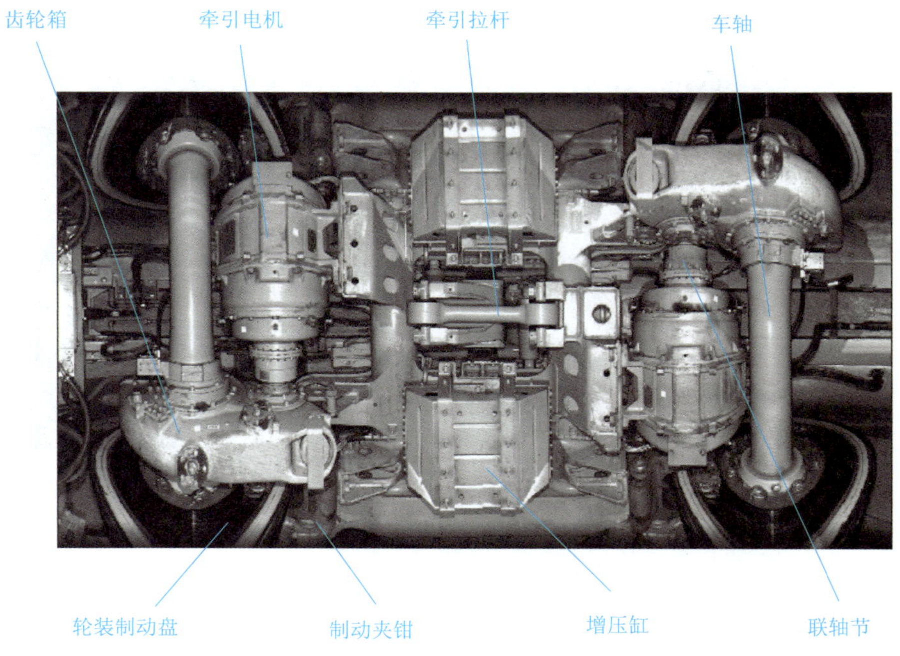

图 3-103　CRH2C 型动车组动车转向架(底部)

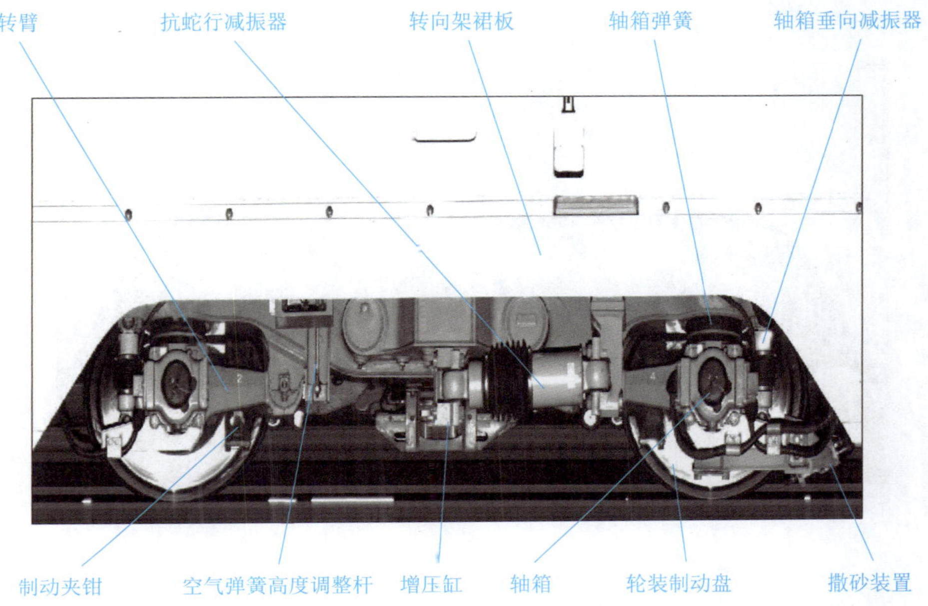

图 3-104 CRH2C 型动车组拖车转向架(侧面)

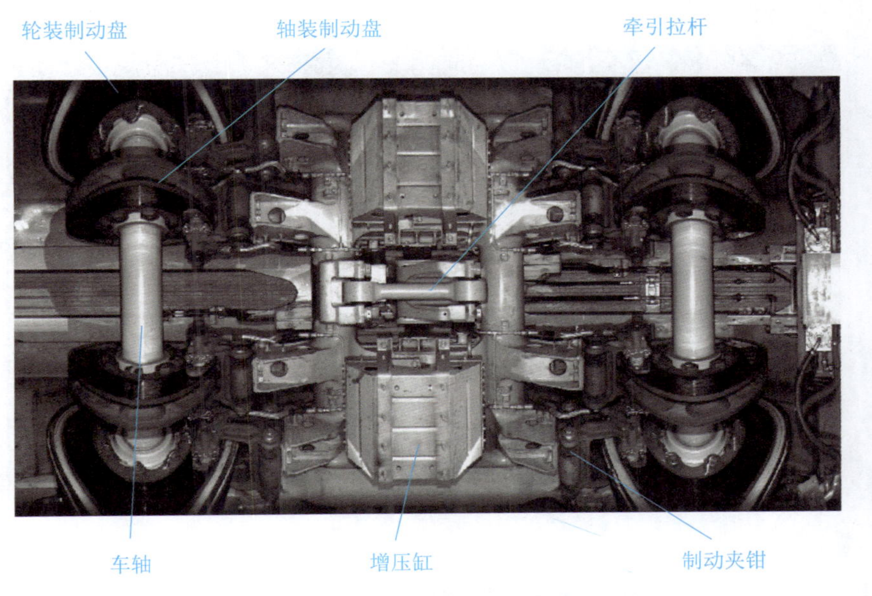

图 3-105 CRH2C 型动车组拖车转向架(底部)

4. CRH2E 型动车组

CRH2E 型动车组动、拖车转向架 TEDS 实拍图如图 3-106～图 3-109 所示。

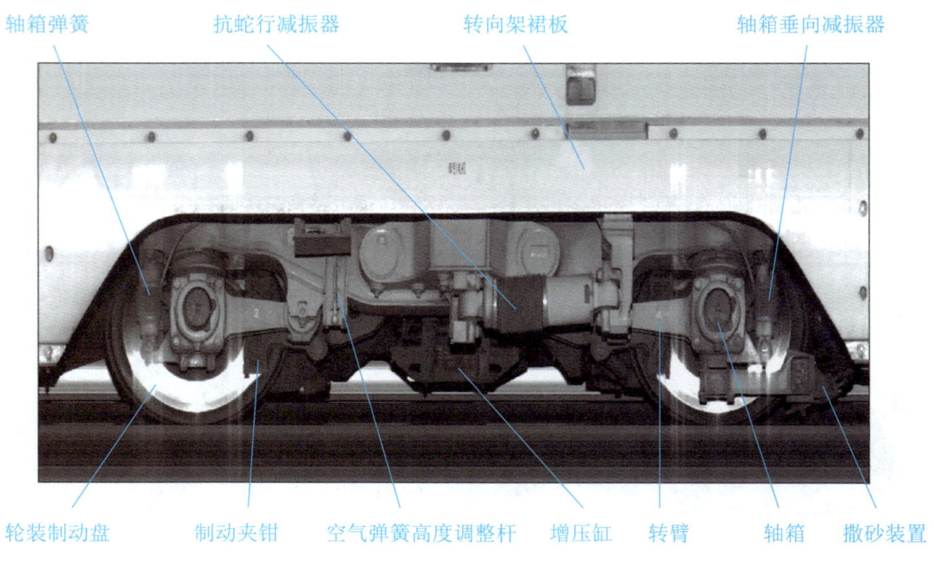

图 3-106 CRH2E 型动车组动车转向架(侧面)

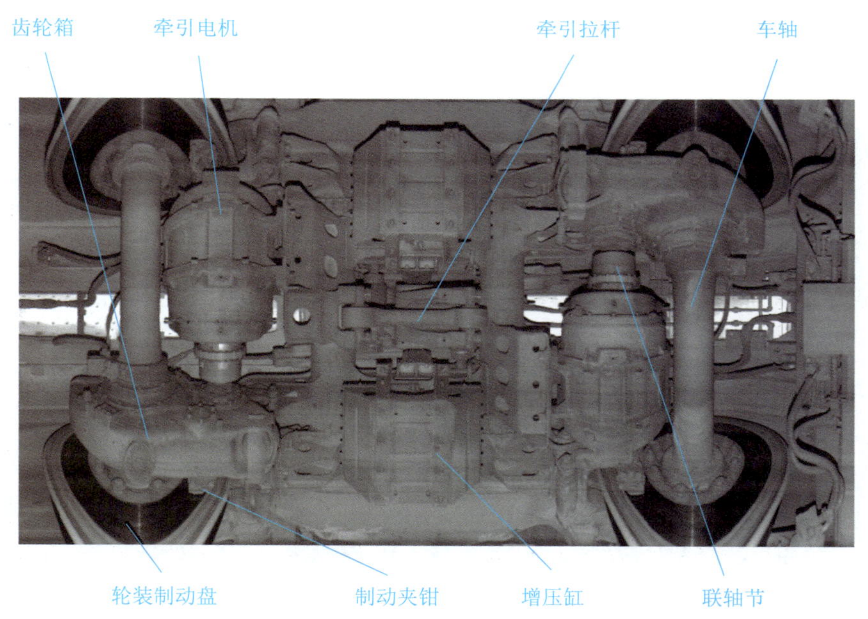

图 3-107 CRH2E 型动车组动车转向架(底部)

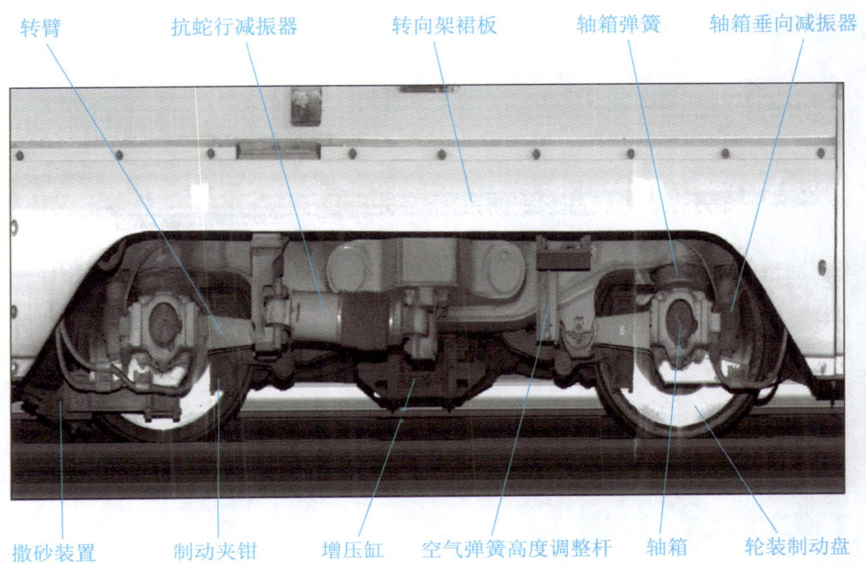

图 3-108 CRH2E 型动车组拖车转向架(侧面)

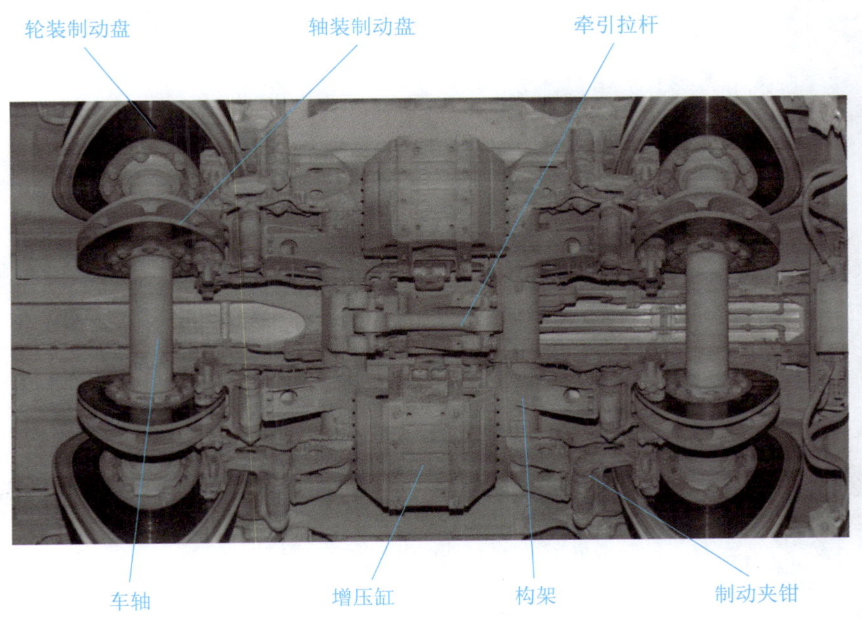

图 3-109 CRH2E 型动车组拖车转向架(底部)

二、CRH380A 平台动车组转向架 TEDS 实拍图

CRH380A 型动车组动、拖车转向架 TEDS 实拍图如图 3-110～图 3-113 所示。

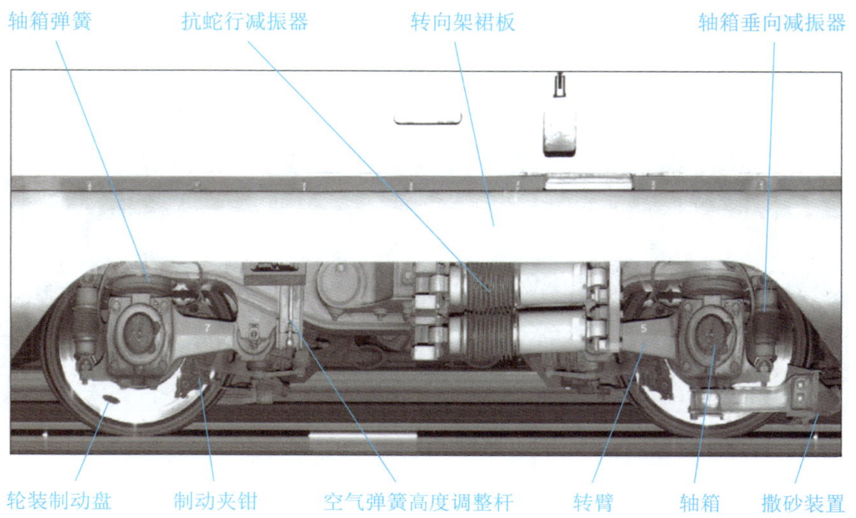

图 3-110　CRH380A 型动车组动车转向架(侧面)

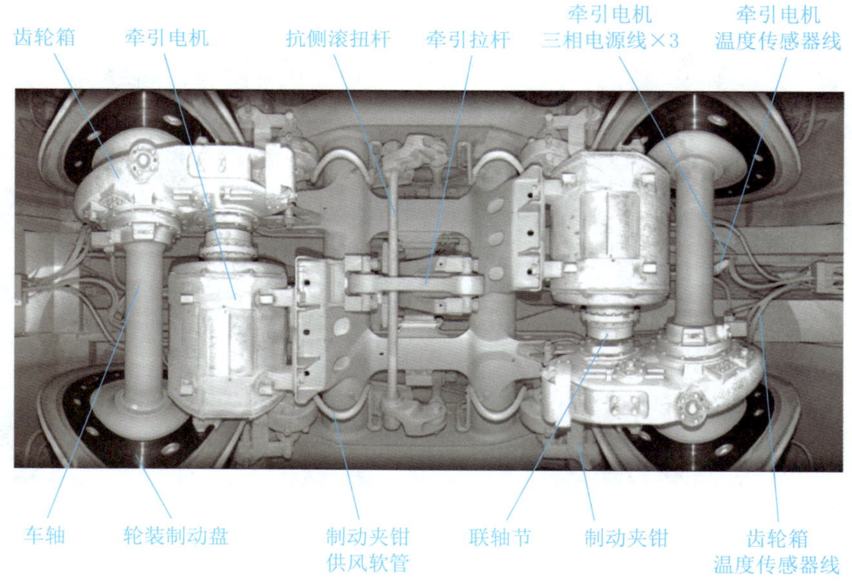

图 3-111　CRH380A 型动车组动车转向架(底部)

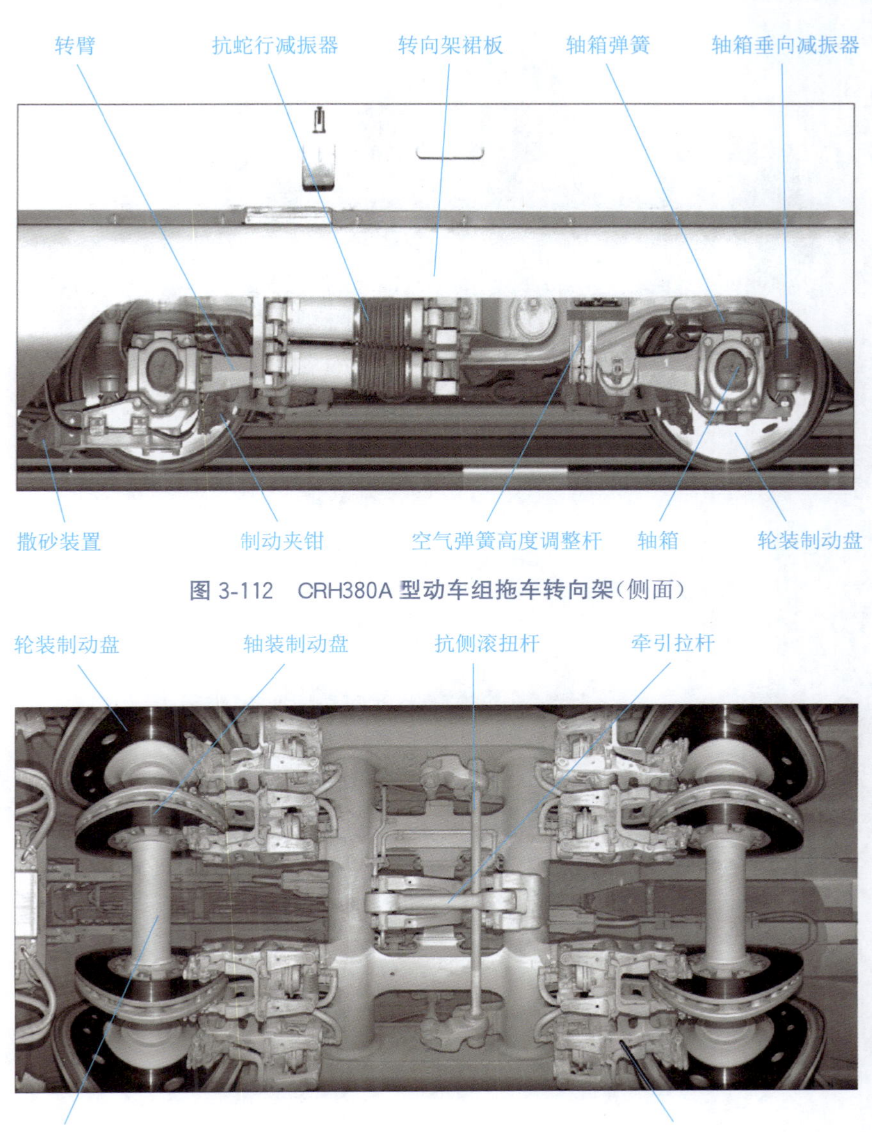

图 3-112　CRH380A 型动车组拖车转向架(侧面)

图 3-113　CRH380A 型动车组拖车转向架(底部)

三、CRH2A/CRH2C 平台动车组结构

1. 组成

CRH2A 平台动车组动、拖车转向架型号分别为 SKMB-200、SKTB-200，原装进口转向架型号分别为 KW-175、KW-176，均为无摇枕转向架。CRH2C 平台动车组转向架与 CRH2A 平台动车组转向架相比，结构完全相同，仅轴箱体结构有差异，CRH2C 平台动车组为铝合金轴箱，CRH2A 平台动车组为铸钢轴箱。另外，减振器阻尼参数有变化，但这对工装和设备无影响。CRH2A 平台动车组动力配置为 4M4T，CRH2C 平台动车组动力配置为 6M2T。CRH2A 平台动车组动、拖车转向架如图 3-114、图 3-115 所示。

图 3-114　CRH2A 平台动车组动车转向架

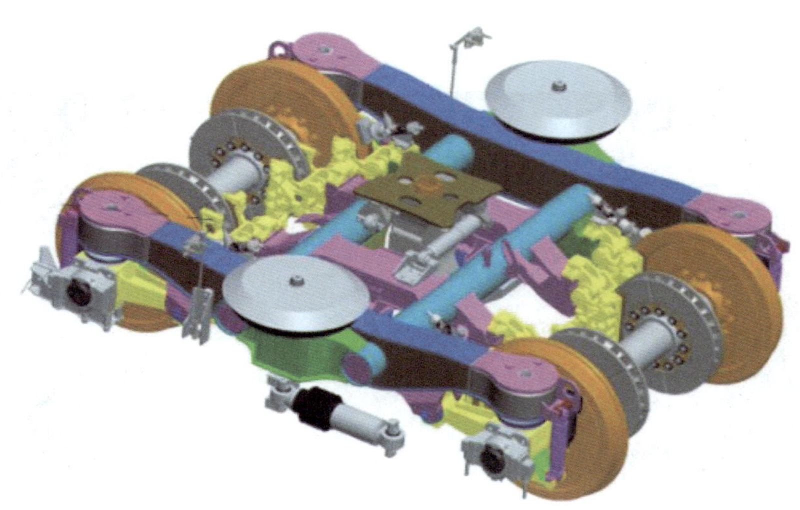

图 3-115　CRH2A 平台动车组拖车转向架

2. CRH2A/CRH2C 平台动车组转向架主要技术差异

(1)CRH2A 平台动车组转向架差异

①CRH2A 平台动车组动车转向架差异

全列共 4 种动车转向架。CRH2A/CRH2B/CRH2E 型动车组转向架采用锻钢制动盘、带有增压缸的液压夹钳;CRH2A 统/CRH2B 统/CRH2G 型动车组转向架采用铸钢制动盘、气动夹钳。CRH2A/CRH2G 型动车组 02/07 车 1、2 位转向架安装撒砂装置;03/06 车转向架无撒砂装置;CRH2B/CRH2E 型动车组 02/07/10/15 车 2 位、3 位轴安装撒砂装置。CRH2G 型动车组配置抗侧滚扭杆装置。动车转向架无停放制动。

②CRH2A 平台动车组拖车转向架差异

全列共 6 种拖车转向架。CRH2A/CRH2B/CRH2E 型动车组转向架采用锻钢制动盘、带有增压缸的液压夹钳；CRH2A 统/CRH2B 统/CRH2G 型动车组转向架采用铸钢制动盘、气动夹钳。01 车 1 位转向架、00 车 2 位转向架安装排障装置，01 车 3 轴、00 车 2 轴安装撒砂装置，其余车无排障、撒砂装置。CRH2A/CRH2A 统/CRH2G 型动车组 04/05 车转向架安装 BCU 传感器，CRH2B/CRH2B 统/CRH2E 型动车组 04/05/08/09/12/13 车转向架安装 BCU 传感器。CRH2G 型动车组配置抗侧滚扭杆装置。CRH2A 统/CRH2B 统/CRH2G 型拖车转向架安装停放制动。

(2)CRH2C 平台动车组转向架差异

①CRH2C 平台动车组动车转向架差异

全列共 4 种动车转向架。02/07 车 1、2 位转向架安装撒砂装置，03/04/05/06 车转向架无撒砂装置。CRH2C-1 型动车组采用锻钢制动盘、带有增压缸的液压夹钳，CRH2C-2 型动车组采用锻钢制动盘、气动夹钳。仅 CRH2C-2 型动车组配置抗侧滚扭杆装置。无停放制动。

②CRH2C 平台动车组拖车转向架差异

CRH2C-1 型动车组全列共 6 种拖车转向架，CRH2C-2 型动车组全列共 4 种拖车转向架。01 车 1 位转向架、00 车 2 位转向架安装排障装置，01 车 2 位转向架、00 车 1 位转向架安装撒砂装置。CRH2C-2 型动车组 01/00 车转向架安装 ATP 传感器、BCU 传感器、LKJ 传感器。CRH2C-1 型动车组 01/00 车转向架安装 ATP 传感器、BCU 传感器。CRH2C-2 型动车组转向架配置抗侧滚扭杆装置。无停放制动。

四、CRH380A 平台动车组转向架结构

1. 组成

CRH380A 型动车组动车转向架型号为 SWMB-400，拖车转向架型号为 SWTB-400。CRH380A 平台动车组动、拖车转向架如图 3-116、图 3-117 所示。

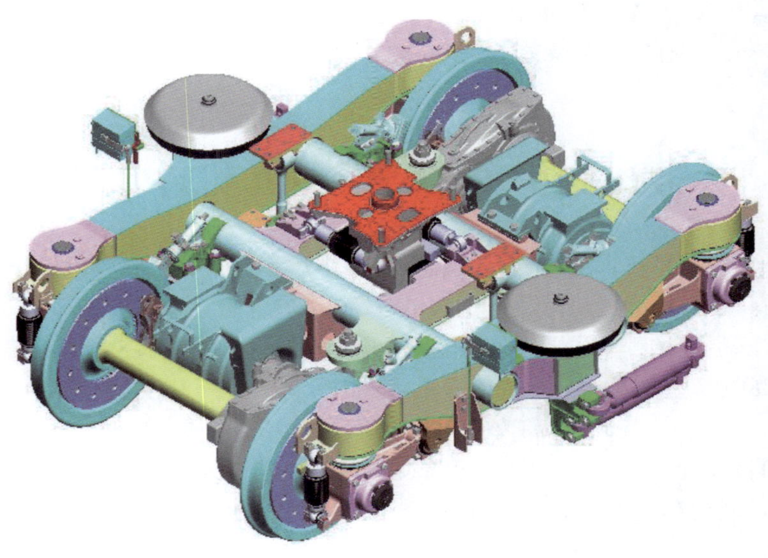

图 3-116　CRH380A 平台动车组动车转向架

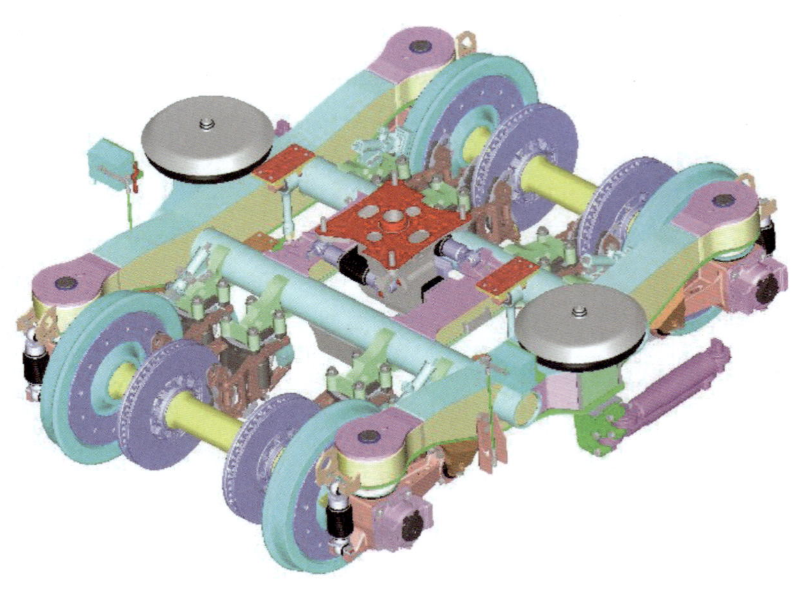

图 3-117　CRH380A 平台动车组拖车转向架

2. CRH380A 平台动车组转向架主要技术差异

(1)CRH380A 平台动车组动车转向架差异

全列共 4 种动车转向架。02/07 车 1、2 位转向架安装撒砂装置,03/04/05/06 车转向架无撒砂装置。03/07 车 1、2 位转向架安装停放制动,02/04/05/06 车转向架无停放制动。CRH380A(2501～2537/2539)、CRH380AL(2541～2640)全列无停放制动。

(2)CRH380A 平台动车组拖车转向架差异

全列共 4 种拖车转向架。01 车 1 位转向架、00 车 2 位转向架安装排障装置、ATP 传感器、BCU 传感器。01 车 2 位转向架、00 车 1 位转向架安装撒砂装置、ATP 传感器、BCU 传感器、停放制动。CRH380A(2501～2537/2539)、CRH380AL(2541～2640)全列无停放制动。

第五节　CRH3 平台动车组转向架

CRH3 平台动车组技术先进,设计理念、结构相对其他车型来说较为复杂,其中 CRH3C 型动车组以西门子公司为西班牙生产的 Velaro E 动车组为原型车开发研制,最高运行速度达到 350 km/h,引进过程中主要对车体进行了加宽设计,如图 3-118 所示。

在 CRH380BL 型动车组(图 3-119)的基础上,研发了 CRH380BG 型高寒型动车组。此外,在 CRH380BL 的基础上,将牵引与辅助系统重新进行集成,设计生产了 CRH380CL 型动车组,如图 3-120 所示。另外随着城际动车组需求的增大,分别在 CRH3C 型与 CRH380BL 型动车组的基础上设计生产了 CJ2 型与 CJ1 型城际动车组,如图 3-121、图 3-122 所示。

图 3-118　CRH3C 型动车组

图 3-119　CRH380BL 型动车组

图 3-120　CRH380CL 型动车组

图 3-121　CJ2 型城际动车组

图 3-122　CJ1 型城际动车组

一、CRH3 平台动车组转向架 TEDS 实拍图

1. CRH3A 型动车组

CRH3A 型动车组动、拖车转向架 TEDS 实拍图如图 3-123～图 3-126 所示。

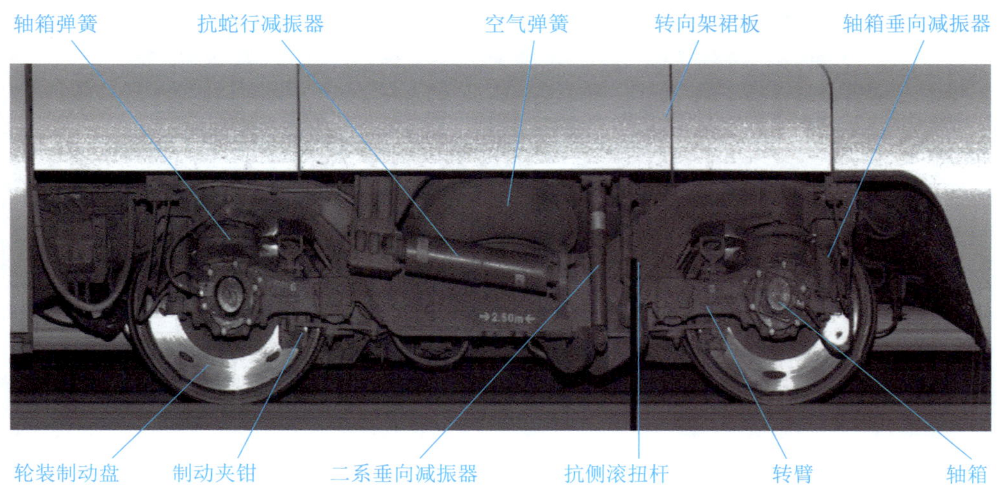

图 3-123　CRH3A 型动车组动车转向架(侧面)

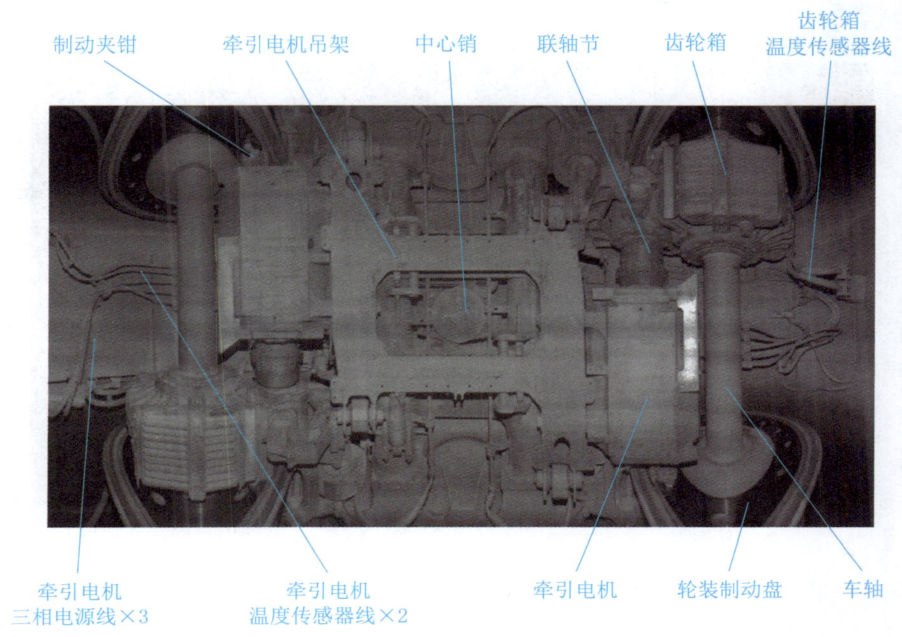

图 3-124 CRH3A 型动车组动车转向架(底部)

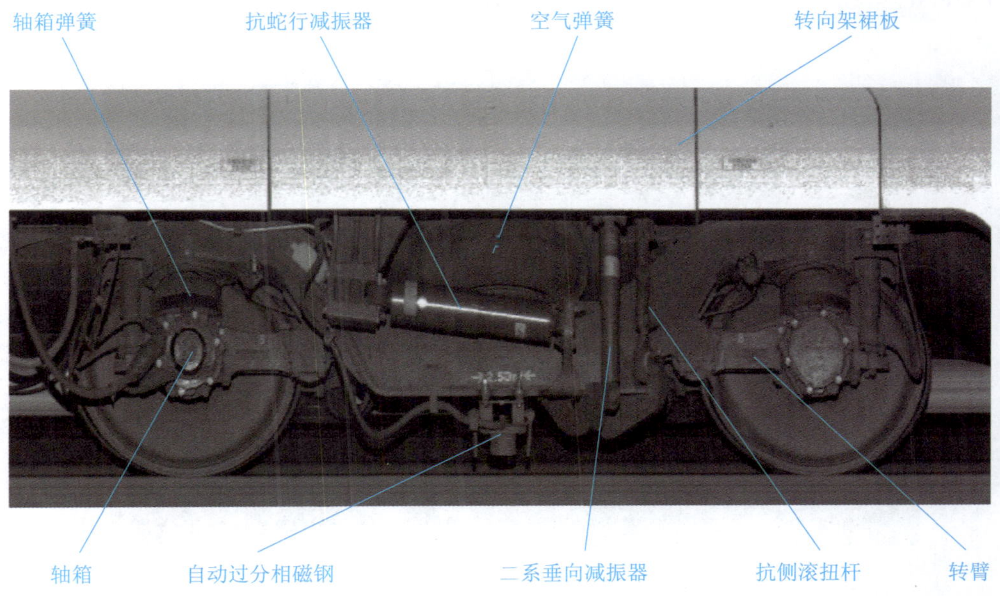

图 3-125 CRH3A 型动车组拖车转向架(侧面)

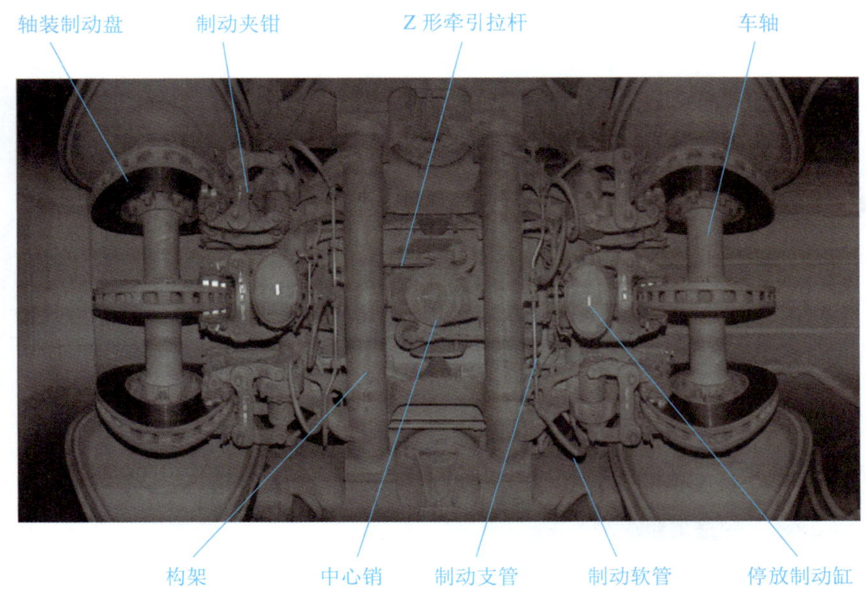

图 3-126　CRH3A 型动车组拖车转向架(底部)

2. CRH3C 型动车组

CRH3C 型动车组动、拖车转向架 TEDS 实拍图如图 3-127～图 3-130 所示。

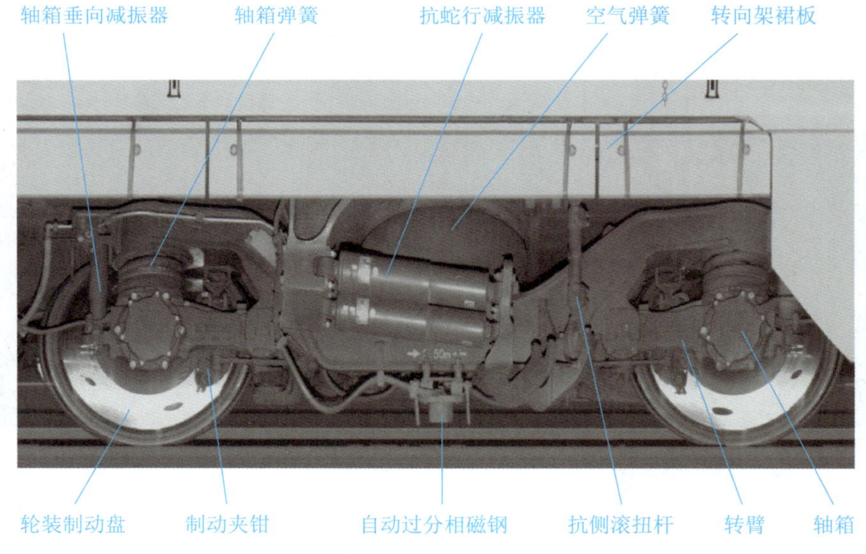

图 3-127　CRH3C 型动车组动车转向架(侧面)

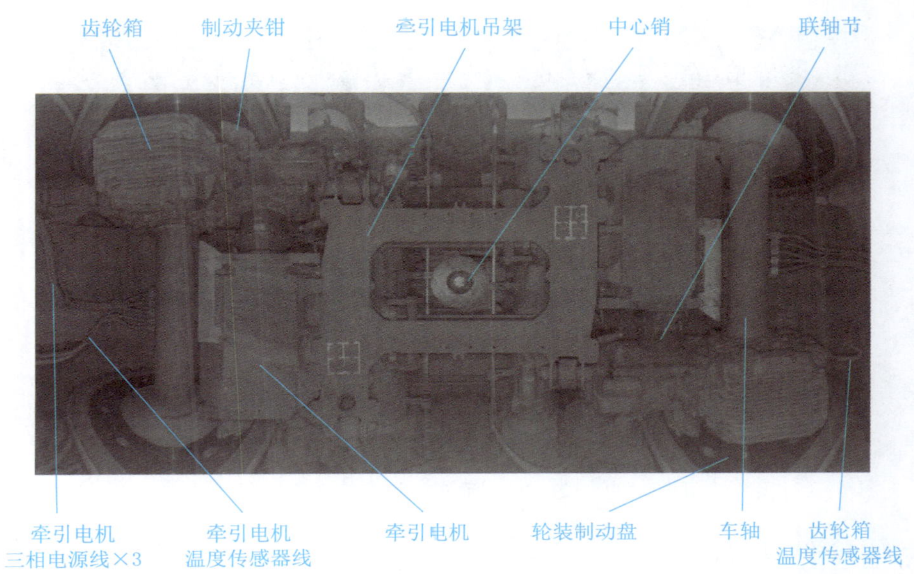

图 3-128　CRH3C 型动车组动车转向架(底部)

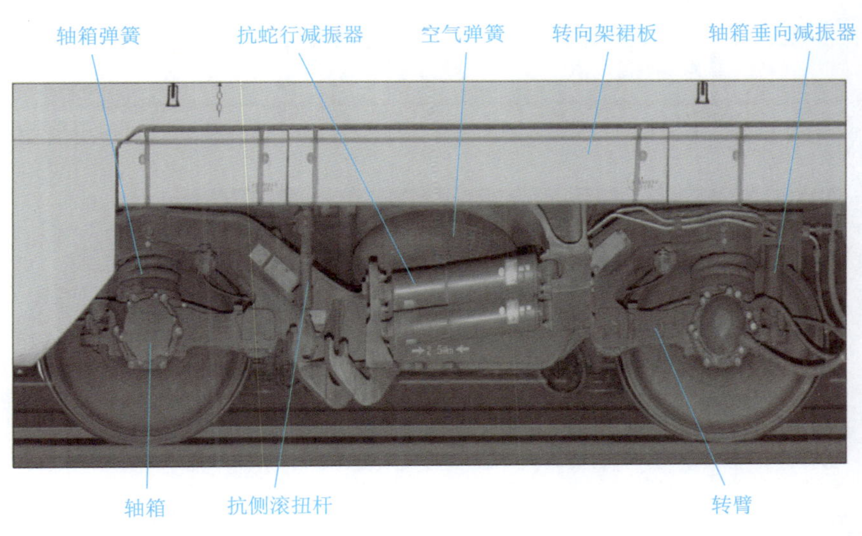

图 3-129　CRH3C 型动车组拖车转向架(侧面)

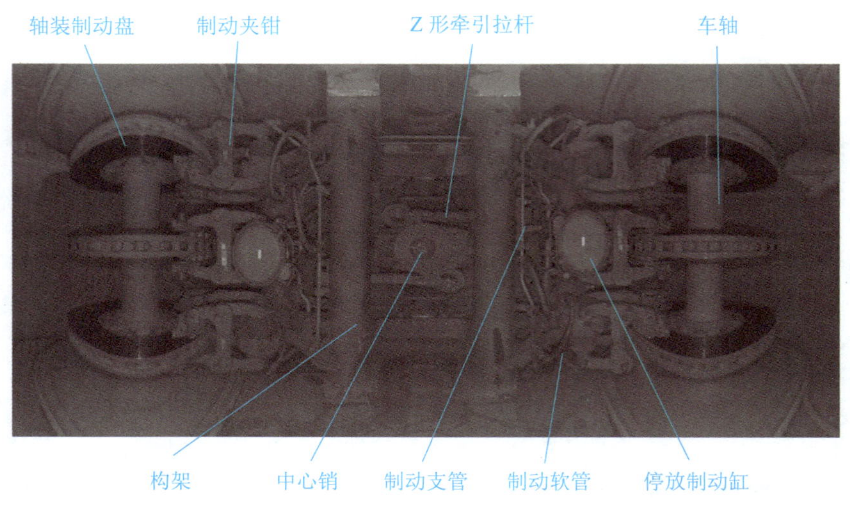

图 3-130　CRH3C 型动车组拖车转向架（底部）

3. CRH380B(L)型动车组

CRH380B(L)型动车组动、拖车转向架 TEDS 实拍图如图 3-131～图 3-134 所示。

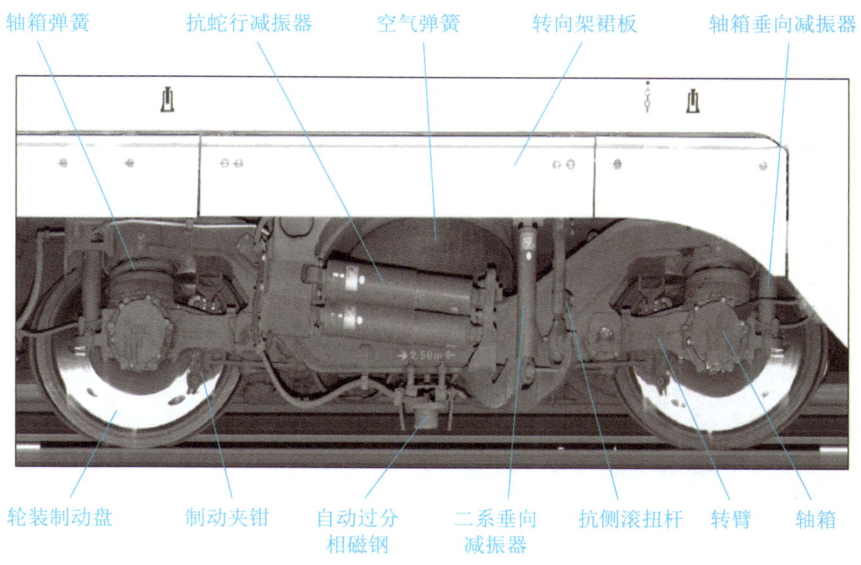

图 3-131　CRH380B(L)型动车组动车转向架（侧面）

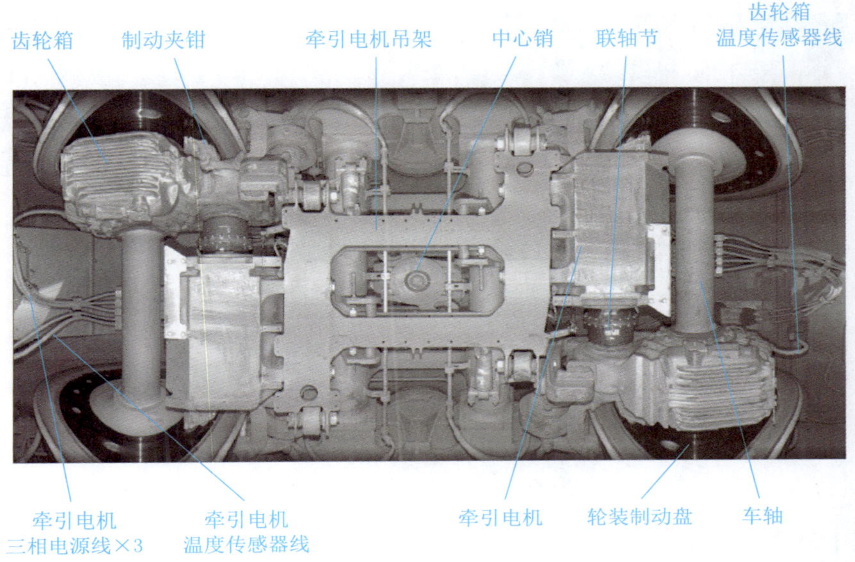

图 3-132 CRH380B(L)型动车组动车转向架(底部)

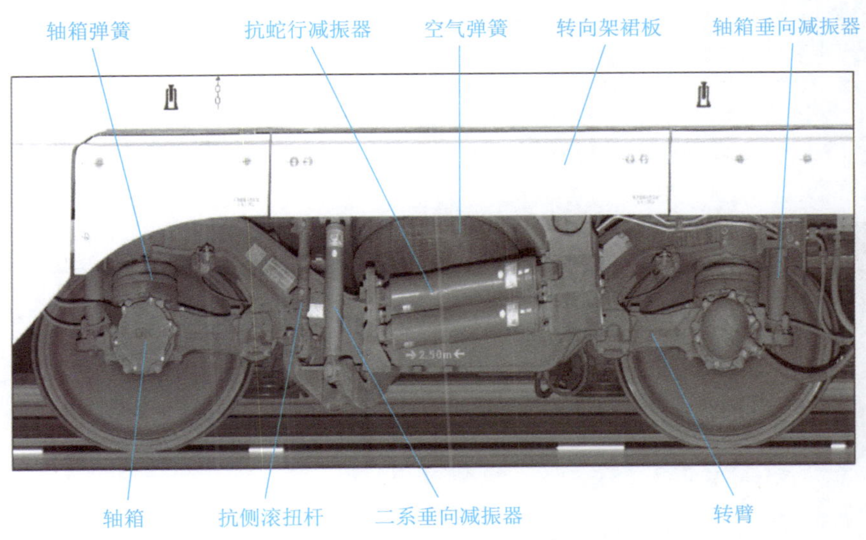

图 3-133 CRH380B(L)型动车组拖车转向架(侧面)

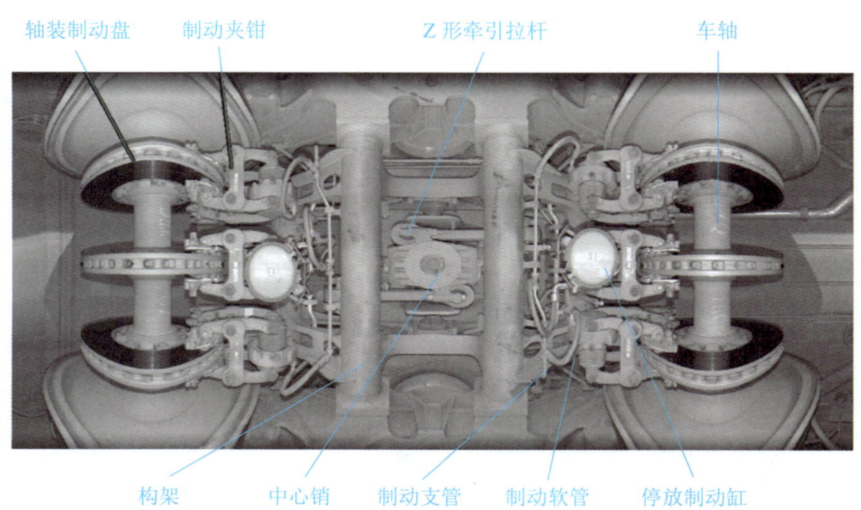

图 3-134 CRH380B(L)型动车组拖车转向架(底部)

4. CRH380CL 型动车组

CRH380CL 型动车组动、拖车转向架 TEDS 实拍图如图 3-135～图 3-138 所示。

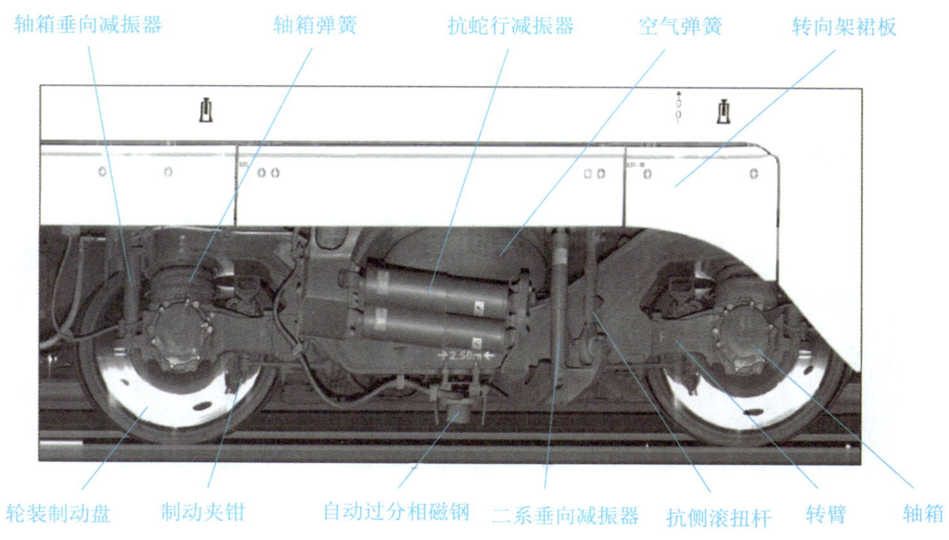

图 3-135 CRH380CL 型动车组动车转向架(侧面)

图 3-136 CRH380CL 型动车组动车转向架(底部)

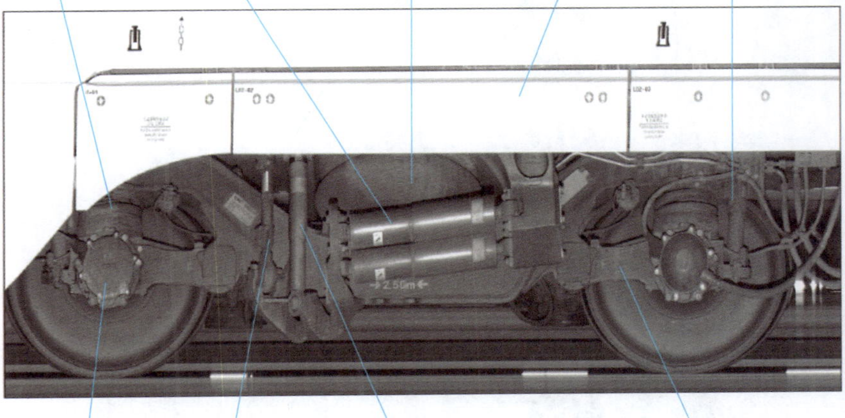

图 3-137 CRH380CL 型动车组拖车转向架(侧面)

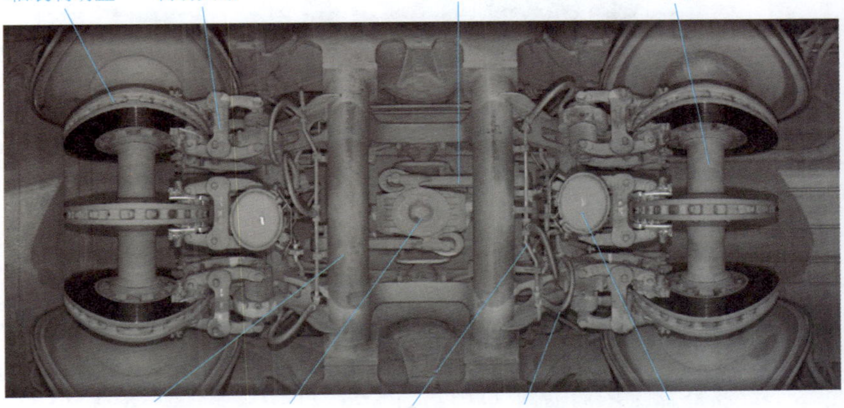

图 3-138 CRH380CL 型动车组拖车转向架(底部)

二、CRH380B 平台动车组转向架结构

1. 组成

CRH380B 平台动车组转向架分为动车转向架和拖车转向架，二者结构形式基本一致。CRH380B 平台动车组动、拖车转向架如图 3-139、图 3-140 所示。

图 3-139　CRH380B 平台动车组动车转向架

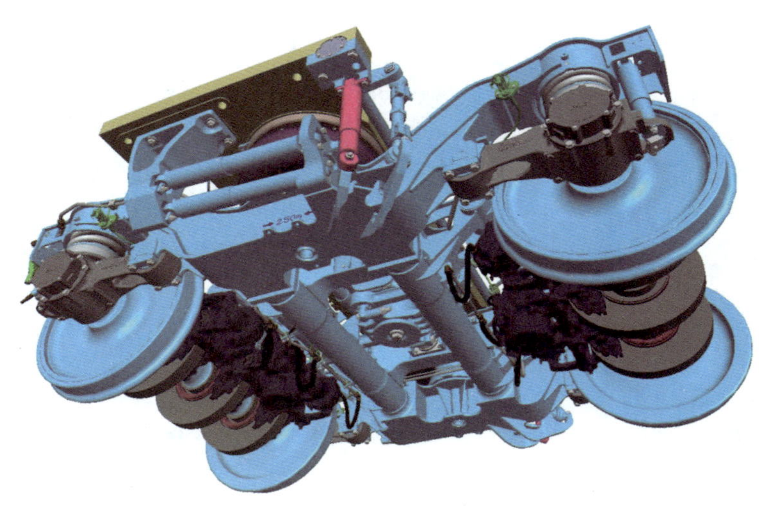

图 3-140　CRH380B 平台动车组拖车转向架

2. CRH380B 平台动车组转向架主要技术差异

CRH380BL 型动车组采用的抗蛇行减振器为 2 个 T70 抗蛇行减振器并联安装；CRH380B 型动车组采用的抗蛇行减振器为 1 个 T60 抗蛇行减振器与 1 个 T70 抗蛇行减振器并联安装，T70 减振器安装在上部。更换抗蛇行减振器时注意抗蛇行减振器的型号及 CRH380B 型动车组的 T60、T70 抗蛇行减振器并联安装。另外，CRH380B 型动车组采用了统型轴箱。针对 CRH380B 使用统型轴箱及装用不同品牌轴承，需特别注意在更换轮对时，不同品牌轴承需配列使用，不同轴箱组成应使用不同的防尘挡圈、轴箱盖螺栓及紧固力矩。

三、CRH380C 平台动车组转向架结构

CRH380C 平台动车组转向架主体结构与 CRH380B 平台动车组转向架相同，主要优化头车 1 位转向架枕梁、头车 1 位转向架扭杆、头车构架，全新设计头车辅助装置安装座、TC02/TC15 车轴端等。详细结构功能可参考 CR400 平台动车组转向架各组成与作用。CRH380C 平台动车组动、拖车转向架如图 3-141、图 3-142 所示。

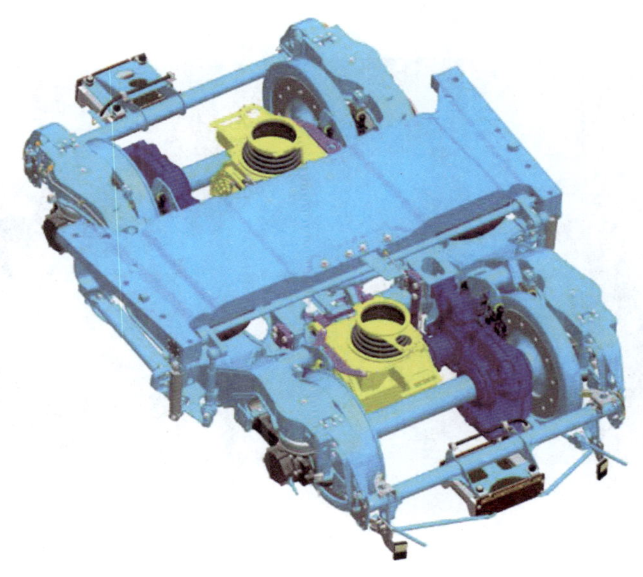

图 3-141　CRH380C 平台动车组动车转向架

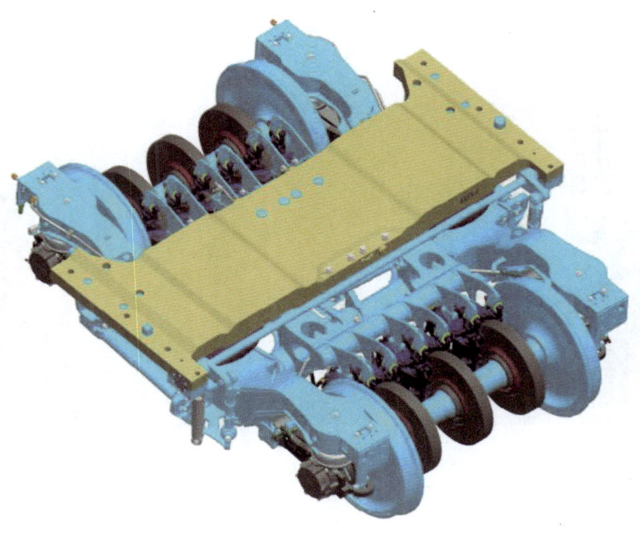

图 3-142　CRH380C 平台动车组拖车转向架

第六节　CRH5A 平台动车组转向架

CRH5A 平台动车组原型车 SM3，并不属于阿尔斯通公司 TGV 技术平台产品，该车型为阿尔斯通收购菲亚特公司为芬兰制造的摆式动车组，适合高寒地区使用。引进过程中改动较大，去除了转向架的摆式机构，用空气弹簧二系悬挂升级原钢簧，CRH5A 型动车组如图 3-143 所示。

图 3-143　CRH5A 型动车组

此外，在 CRH5A 型动车组基础上设计生产了抗风沙高寒动车组 CRH5E、CRH5G 型动车组，如图 3-144、图 3-145 所示。CRH5A 平台动车组由于未有 300 km/h 等级速度升级能力，后期未有 CRH380 平台的升级车型。其中，CRH5E 型动车组为 16 辆编组卧铺动车组。

图 3-144　CRH5E 型动车组

图 3-145 CRH5G 型动车组

一、CRH5A 平台动车组转向架 TEDS 实拍图

1. CRH5A 型动车组

CRH5A 型动车组动、拖车转向架 TEDS 实拍图如图 3-146～图 3-149 所示。

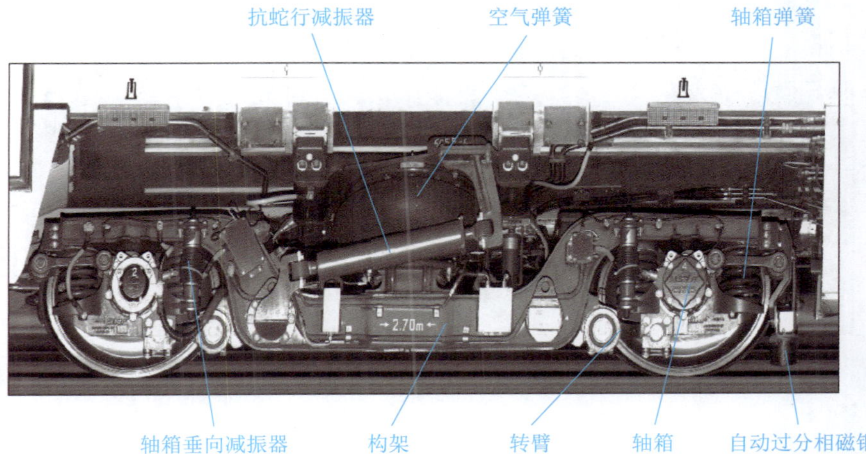

图 3-146 CRH5A 型动车组动车转向架(侧面)

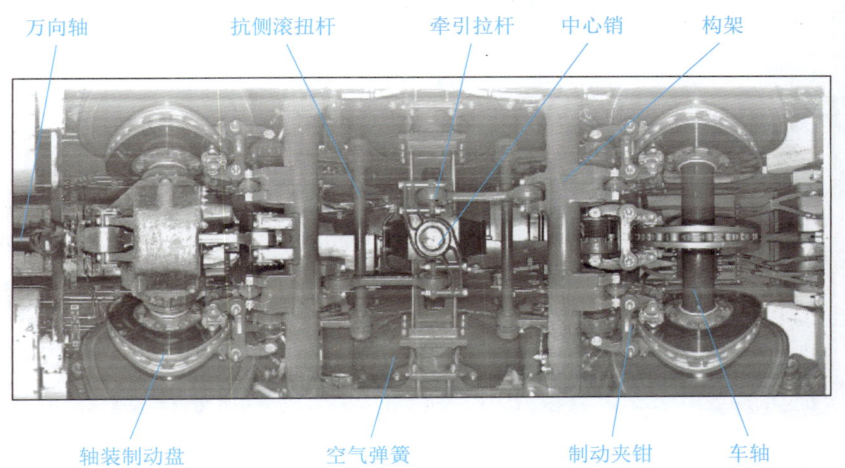

图 3-147 CRH5A 型动车组动车转向架(底部)

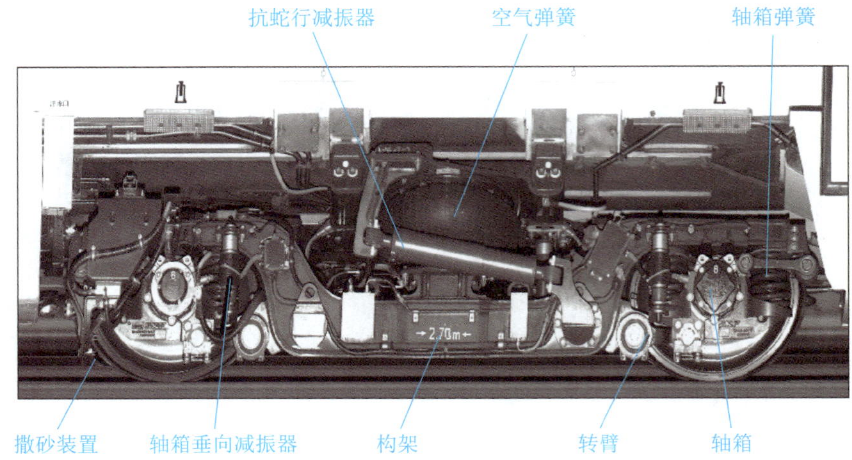

图 3-148　CRH5A 型动车组拖车转向架（侧面）

图 3-149　CRH5A 型动车组拖车转向架（底部）

2. CRH5G 型动车组

CRH5G 型动车组动、拖车转向架 TEDS 实拍图如图 3-150～图 3-153 所示。

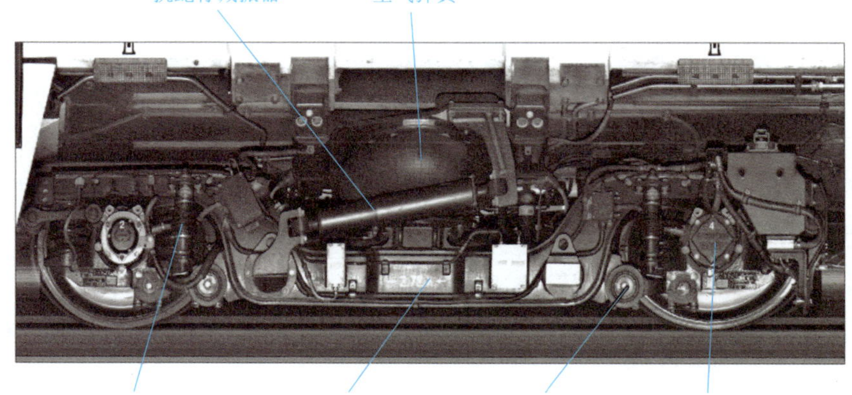

图 3-150　CRH5G 型动车组动车转向架（侧面）

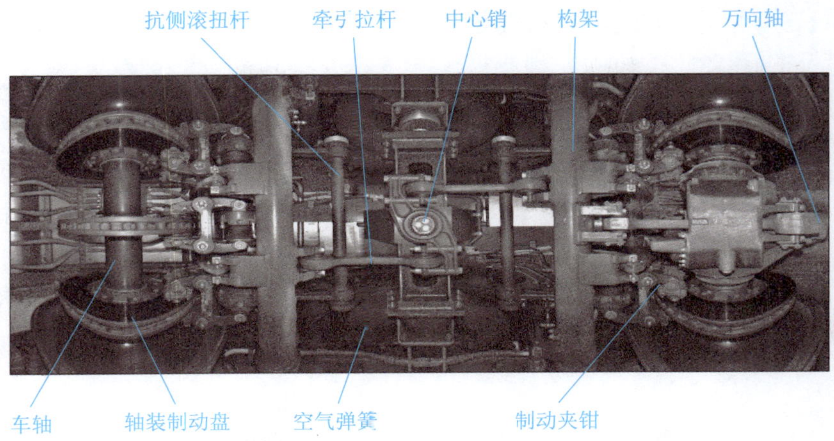

图 3-151　CRH5G 型动车组动车转向架（底部）

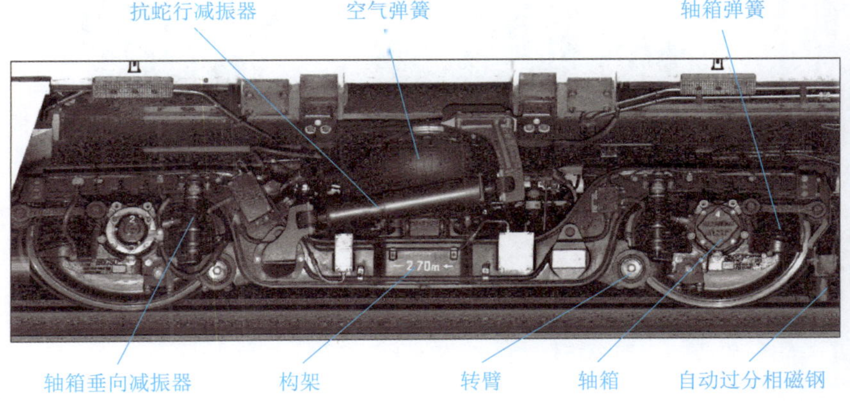

图 3-152　CRH5G 型动车组拖车转向架（侧面）

图 3-153　CRH5G 型动车组拖车转向架（底部）

二、CRH5A 平台动车组转向架结构

1. 组成

CRH5A 平台动车组转向架分为动车转向架和拖车转向架,二者主体结构基本相同。区别主要是动车转向架有 1 根动力轴和 1 根非动力轴,而拖车转向架有 2 根非动力轴;动力轴上装有两个制动盘和一组齿轮箱,非动力轴上装有三个制动轴盘;动车转向架构架比拖车转向架构架在横梁上多了一个齿轮箱拉杆座。转向架的基本结构包括构架组成、一系轴箱定位装置、二系悬挂装置、驱动装置、基础制动装置、辅助装置、管线布置等。CRH5A 平台动车组动、拖车转向架如图 3-154、图 3-155 所示。

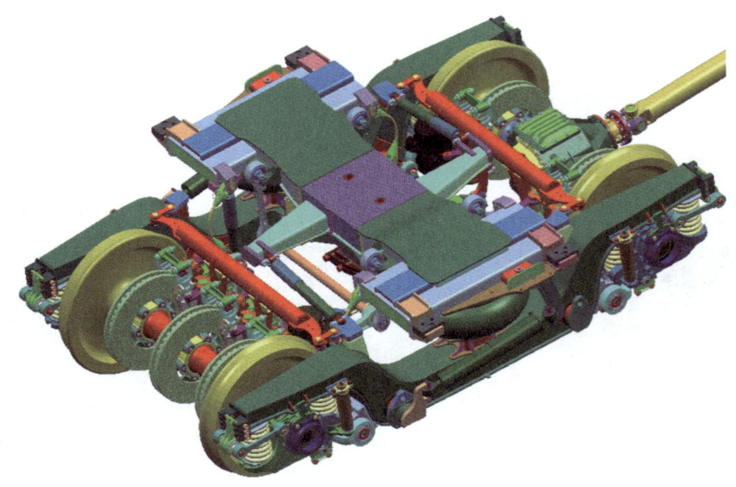

图 3-154 CRH5A 平台动车组动车转向架

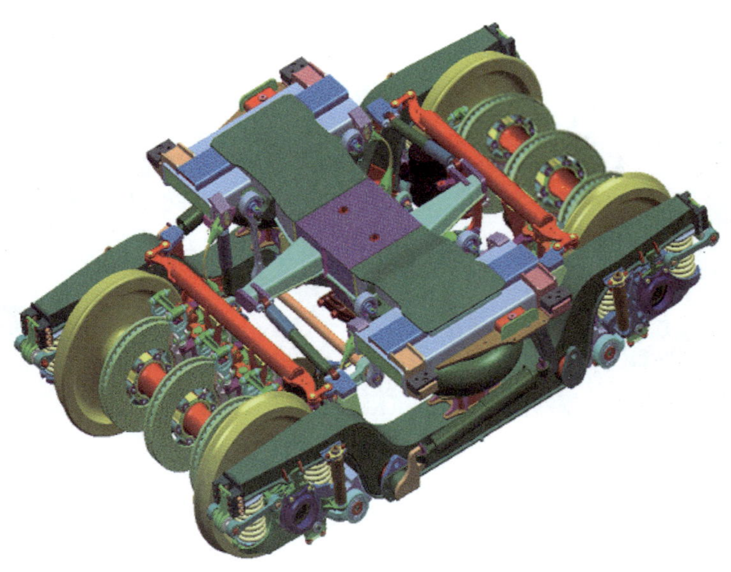

图 3-155 CRH5A 平台动车组拖车转向架

2. CRH5A 平台动车组转向架主要技术差异

(1)CRH5A 平台动车组动车转向架差异

以 CRH5G 型动车组为例,全列共 3 种动车转向架。01/00 车 1 位转向架安装撒砂装置、扫石排障装置、轮缘润滑装置和 ATP/LKJ 速度传感器。01/00 车 2 位转向架安装 ATP/LKJ 速度传感器。02/04/07 车转向架为普通动车转向架。

CRH5A 平台动车组动车转向架主要差异为 CRH5A 型动车组动车转向架上装有砂箱,CRH5G 型转向架无砂箱;CRH5J 型动车组动车转向架与 CRH5A 型相同;CRH5E 型动车组动车转向架钢弹簧结构与 CRH5G 型不同。

(2)CRH5A 平台动车组拖车转向架差异

以 CRH5G 型动车组为例,全列共 2 种拖车转向架。03/06 车 1 位转向架 2 轴安装自动过分相装置,2 位转向架 3 轴安装自动过分相装置。05 车转向架一系钢弹簧参数、二系垂向减振器、二系横向减振器与其他车不同。

CRH5A 平台动车组拖车转向架主要差异为 CRH5A 型动车组拖车转向架上装有砂箱,CRH5G 型转向架无砂箱;CRH5J 型动车组拖车转向架与 CRH5A 型相同;CRH5E 型动车组拖车转向架钢弹簧结构与 CRH5G 型不同。

第七节 动力分散动车组车辆方位及编号

一、动车组车辆方位编号

动车组车辆方位定义如图 3-156 所示。以观察者沿车辆 2 位端面向 1 位端方向站位为基准,右手侧为 1 位侧,左手侧为 2 位侧,图 3-156 中车端、车侧括号内容为主机厂及外方的方位名称。

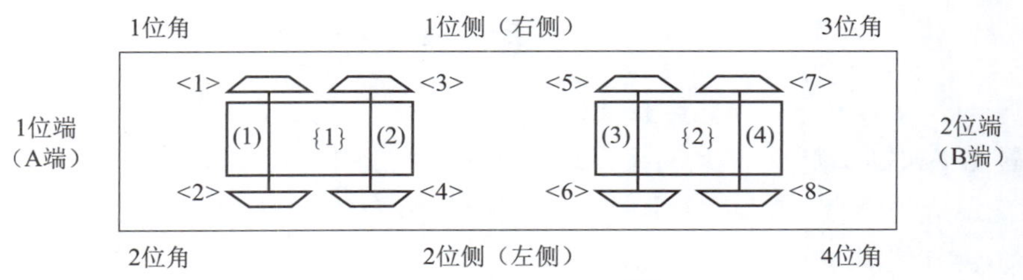

图 3-156 动车组车辆方位及配件位置编号示意

{x}—转向架位数;(x)—车轴位数;<x>—车轮位数

二、动车组同名零部件位置编号

对于排列在纵向对称轴上的零部件,由 1 位端顺次向 2 位端方向编号,如转向架、车轴、内端门等均可按此编号。

对于分布在纵向对称轴左右的零部件,按先从 1 位侧向 2 位侧、再从 1 位端向 2 位端方向的顺次进行编号,如车轮、轴箱、制动盘等均可按此编号。

对于上下排列的零部件按从上至下的顺序并结合左右、前后位置进行编号,如 CRH380B

统型动车组抗蛇行减振器等。

三、动力分散动车组车辆方位及编号

1. CR400 平台动车组车辆方位及编号

CR400 平台动车组车辆朝向每四节车厢调换一次，复兴号智能动车组同样适用。其中 CR400AF-B/CR400AF-BZ、CR400BF-B/CR400BF-BZ 型动车组 01～12 车每四节车厢调换一次，13～00 车为一个单元，车头方向为 1 位端。以 CR400BF 平台动车组车辆方位及编号为例，如图 3-157 所示。

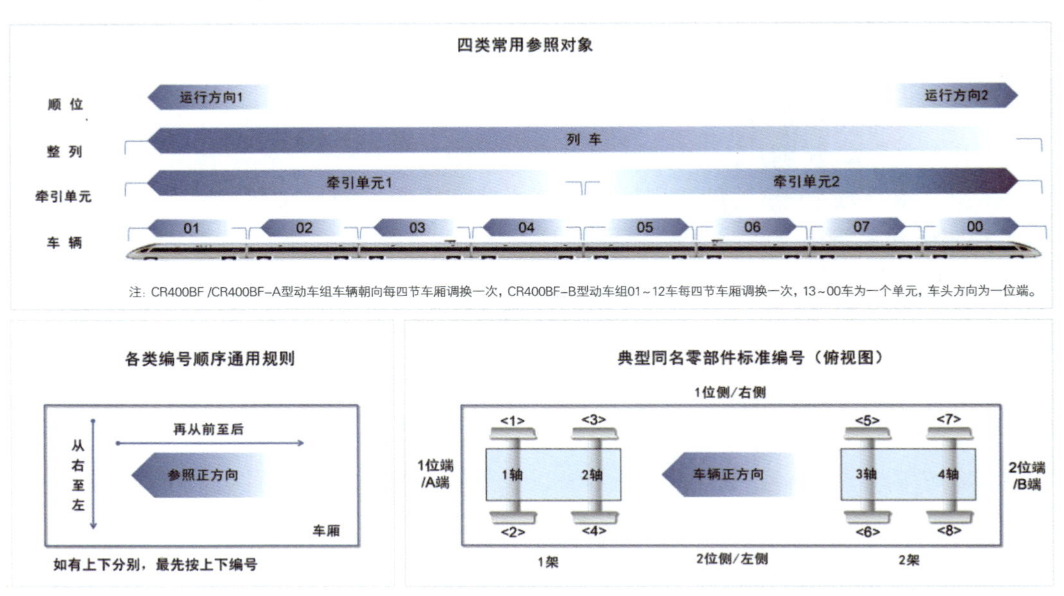

图 3-157　CR400BF 平台动车组车辆方位及编号

2. CRH1A 平台动车组车辆方位及编号

CRH1A 平台动车组：车辆所有头车均以司机室端为 1 位端，其他中间车辆以客室端门与端墙距离最近的端为 1 位端，其中 CRH1A-A 的餐车/CRH1B(2)批次（除餐车外）/CRH1E 的中间车车辆方位同以上表述相反。

CRH1A-200/CRH1A-250/CRH1B 型动车组：各车辆以靠近客室侧门端为 1 位端（主机厂及外方称 A 端），距离客室侧门较远端为 2 位端（B 端）。

CRH1A-A 型动车组：餐车以无客室侧门端为 1 位端，有客室侧门端为 2 位端；其他各车辆均以客室侧门所在端为 1 位端，距离客室侧门较远端为 2 位端。

CRH1E 型动车组：餐车以有配餐门端为 1 位端，无客室侧门端为 2 位端；其他各车辆均以无客室侧门端为 1 位端，有客室侧门端为 2 位端。

CRH1E 改进型卧铺动车组：Mc 车以有司机室端为 1 位端，有客室侧门端为 2 位端；其他各车辆均以有客室侧门端为 1 位端，无客室侧门端为 2 位端；CRH1A 平台动车组（CRH1A(1)、(2)批次型动车组为例）车辆方位及编号如图 3-158 所示。

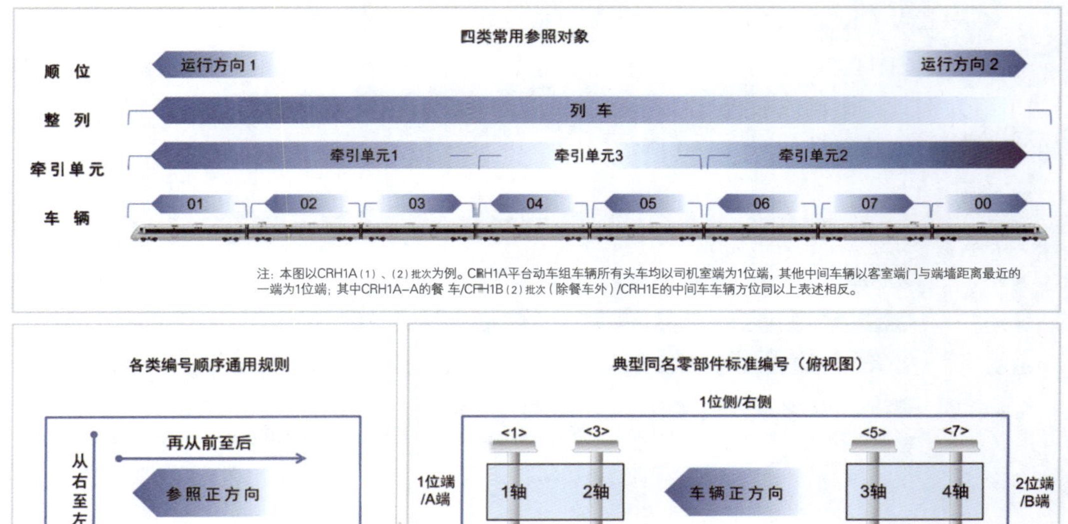

图 3-158 CRH1A 型动车组车辆方位及编号

3. CRH380D 平台动车组车辆方位及编号

CRH380D 平台动车组车辆朝向每四节车厢调换一次，其中仅 CRH380D（1）批次型动车组 05 车车辆方位同图示方向相反。CRH380D 平台动车组 Mc 车以有司机室端为 1 位端，有空调单元端为 2 位端；其他各车辆均以有空调单元端为 1 位端，另一端为 2 位端。CRH380D 平台动车组车辆方位及编号如图 3-159 所示。

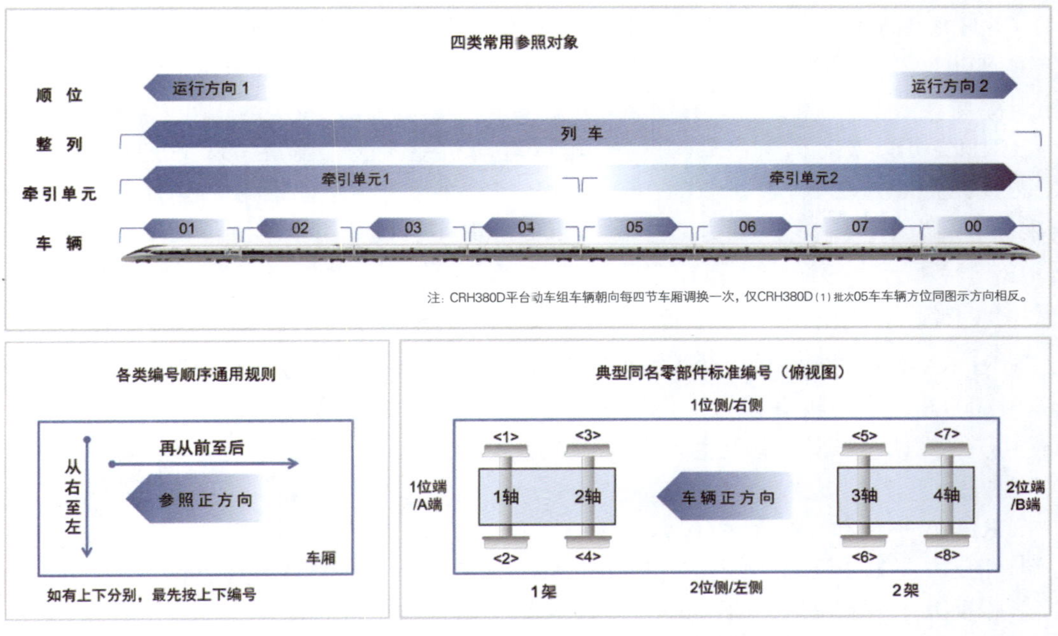

图 3-159 CRH380D 平台动车组车辆方位及编号

4. CRH2A/CRH2C/CRH380A 平台动车组车辆方位及编号

CRH2A/CRH2C/CRH380A 平台动车组车辆正方向朝向 01 车（以 CRH2A/CRH2C 型动车组为例），各车辆以靠近 01 车车头方向为 1 位端，相反方向为 2 位端。CRH2A 平台动车组车辆方位及编号如图 3-160 所示。

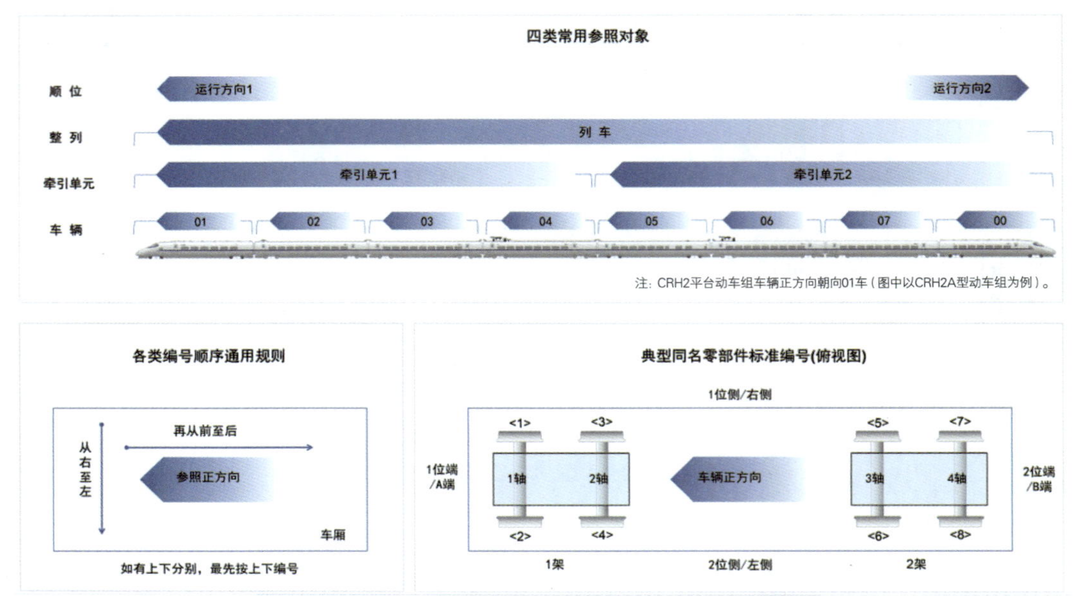

图 3-160　CRH2A 平台动车组车辆方位及编号

5. CRH380B 平台动车组车辆方位及编号

CRH380B/CRH380BG 型动车组：EC（01、00）车以有司机室端为 1 位端，TC（02、07）、IC（06）、FC（03、04）车以有卫生间端为 1 位端，BC（05）车以有乘务室端为 1 位端，另一端为 2 位端。

CRH380BL 型动车组：EC（01、00）车以有司机室端为 1 位端，TC（02、07、10、15）、VC（03）、IC（06、08、11、14）、FC（04、05）、SC（12、13）车以有卫生间端为 1 位端，BC（09）车以有乘务室端为 1 位端，另一端为 2 位端。CRH380B 平台动车组车辆方位及编号如图 3-161 所示。

6. CRH5A/CRH380C 平台动车组车辆方位及编号

CRH5A/CRH380C 平台动车组车辆朝向每四节车厢调换一次。CRH380CL 型动车组 EC（01、00）车以有司机室端为 1 位端，TC（02、07、10、15）、VC（03）、IC（06、08、11、14）、FC（04、05）、SC（12、13）车以有卫生间端为 1 位端，BC（09）车以有乘务室端为 1 位端，另一端为 2 位端。

CRH5A 平台动车组 Mc2（01）、M2s（02）、Tp（03）、T2（05）车以靠近 01 车车头方向为 1 位端，相反方向为 2 位端；M2（04）、Tpb（06）、Mh（07）、Mc1（00）车以靠近 00 车车头方向为 1 位端，相反方向为 2 位端。CRH5A 平台动车组车辆方位及编号如图 3-162 所示。

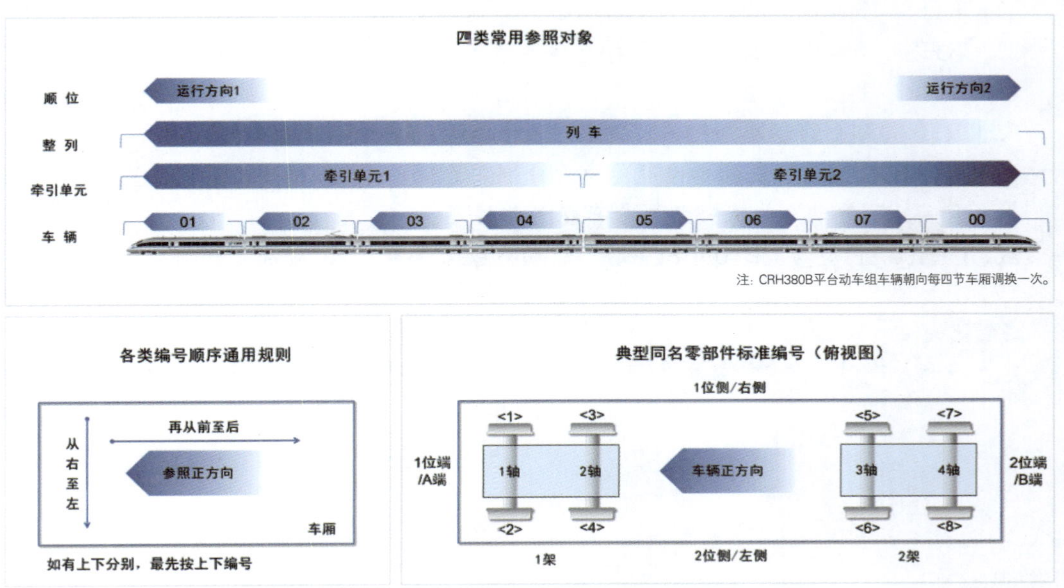

图 3-161 CRH380B 平台动车组车辆方位及编号

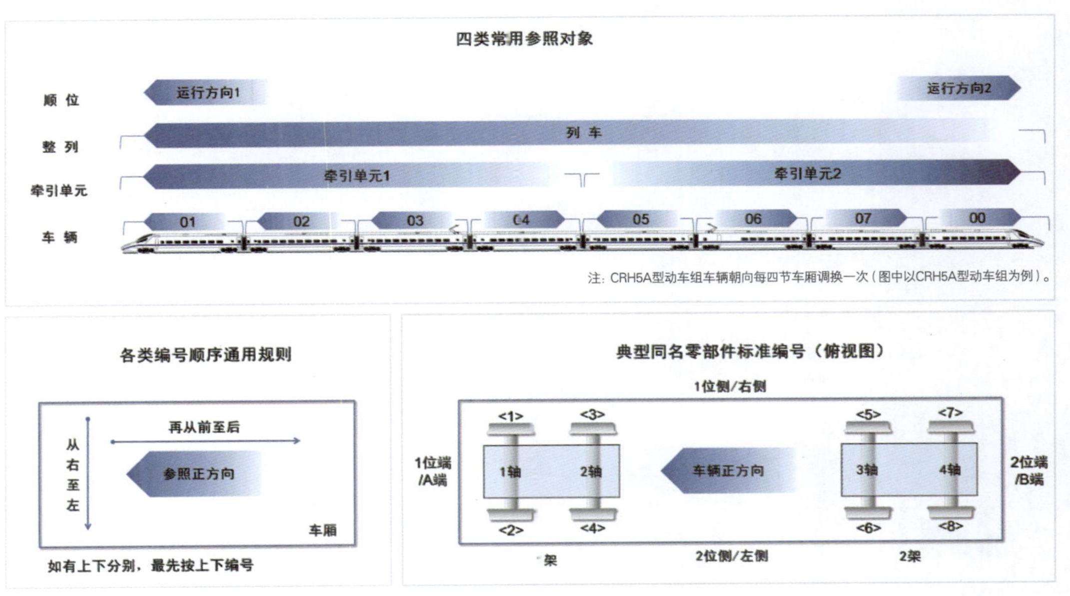

图 3-162 CRH5A 平台动车组车辆方位及编号

思 考 题

1. CRH1A 平台动车组动车转向架和拖车转向架的制动盘分布区别是什么？
2. CRH1A 平台动车组 H 形构架由哪些部件组成？
3. CRH380D 平台动车组基础制动采用什么方式制动？

4. CRH2A 平台和 CRH2C 平台动车组分别是几动几拖?
5. CRH2A 平台动车组转向架支撑车体的装置由哪些部件组成?
6. CRH2A 平台动车组一系悬挂和二系悬挂分别由哪些部件组成?
7. CRH380A 平台动车组动车转向架主要由哪些部件组成?
8. CR400AF 型动车组轴端速度传感器分别用于哪些系统,分布在哪些位置?
9. CR400BF 型动车组撒砂装置分布在哪些位置?
10. CR400AF 型与 CR400BF 型动车组动拖分布是否一致,分别是如何分布的?

第四章　动车组 TEDS 检查内容、质量标准及故障案例

第一节　CR400AF(CR400AF-A/CR400AF-B)型动车组检查内容、质量标准及故障案例

一、底中检查内容、质量标准及故障案例

序号	顺序	检查内容及质量标准	故障案例
1	头车头罩（01、00车）	① ①检查头罩开闭机构外观正常，闭合良好。 ②其他底板外观良好，无缺失	头罩未关闭到位 ※**重要提示**：部件位于车厢端部，易出现图片跳跃，作业时需缓慢滚动图片

续上表

<table>
<tr><th>序号</th><th>顺序</th><th>检查内容及质量标准</th><th>故障案例</th></tr>
<tr><td rowspan="2">2</td><td rowspan="2">动车转向架（02、04、05、07车）</td><td rowspan="2"> 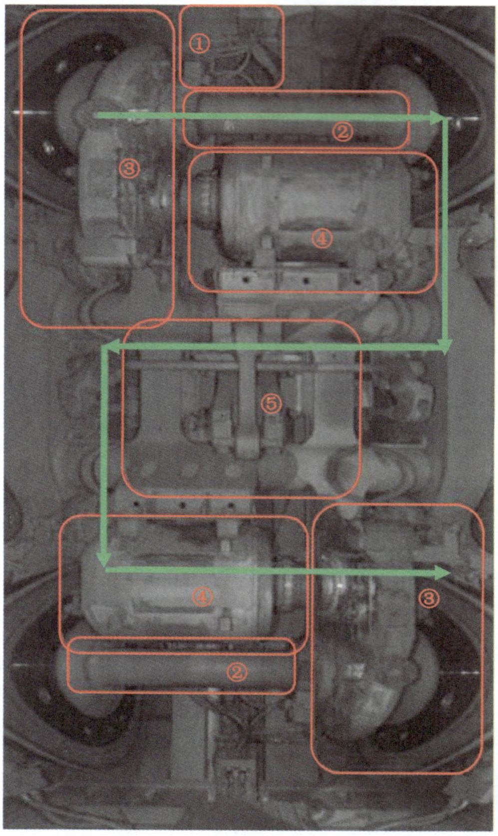①检查牵引电机电源线、温度传感器接线、牵引电机接地线无断裂，安装状态良好。
②检查车轴外观状态良好，表面无击打损伤。
③检查齿轮箱外观良好，无裂纹、漏油；注、排油堵安装状态良好，安装螺栓无缺失；齿轮箱吊杆外观状态良好，安装螺栓无缺失；联轴节可视范围内外观状态良好，紧固螺栓无缺失；检查车底各管路无变形、断裂、脱落。
④检查牵引电机外观状态良好，安装座螺栓无缺失。
⑤检查牵引拉杆外观状态良好，安装螺栓无缺失，横向止挡安装状态良好</td><td> 齿轮箱渗油
※重要提示：雨天易与雨水混淆，可根据油迹分布及反光情况综合判断 </td></tr>
<tr><td>牵引电机安装座螺栓防松铁丝断裂
※重要提示：观察螺栓防松标记是否错位，提前预防螺栓松脱可能</td></tr>
</table>

续上表

序号	顺序	检查内容及质量标准	故障案例
3	BTM 天线盒 （01、00 车）	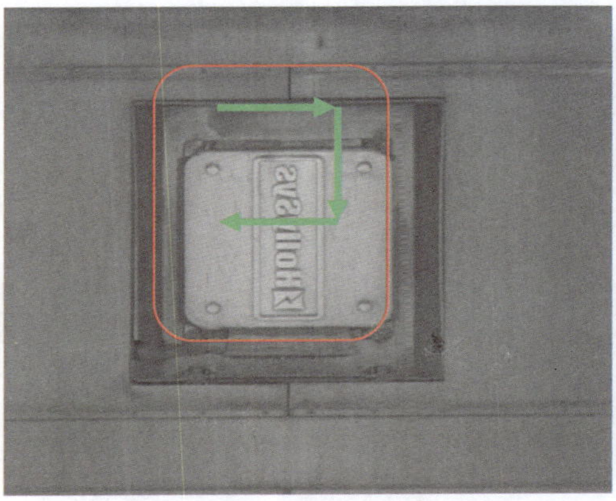 检查 BTM 天线盒外观状态良好，外观无缺损	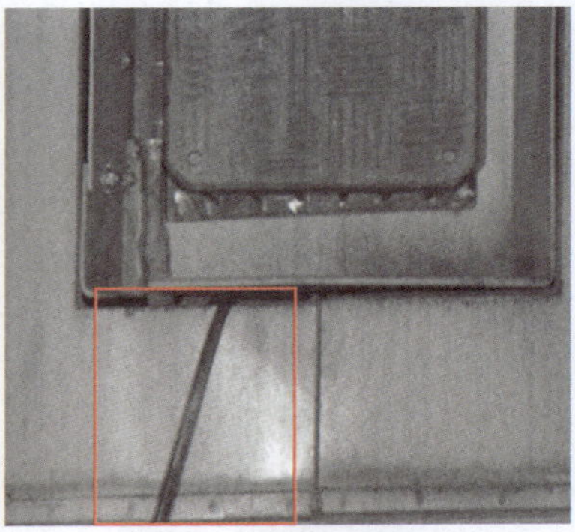 BTM 天线胶条脱出
4	车端连接 （全列）	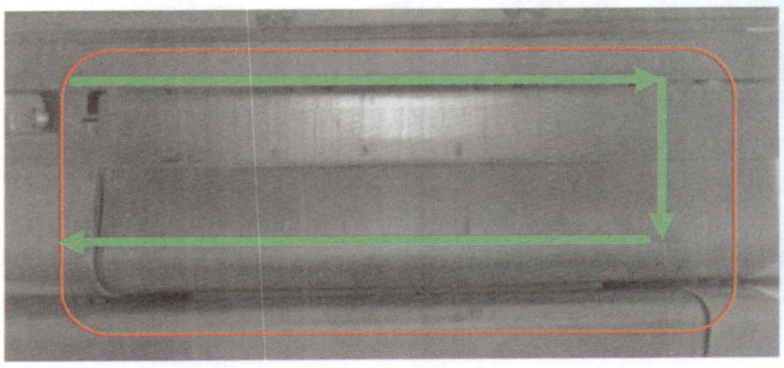 检查外风挡外观良好无破损	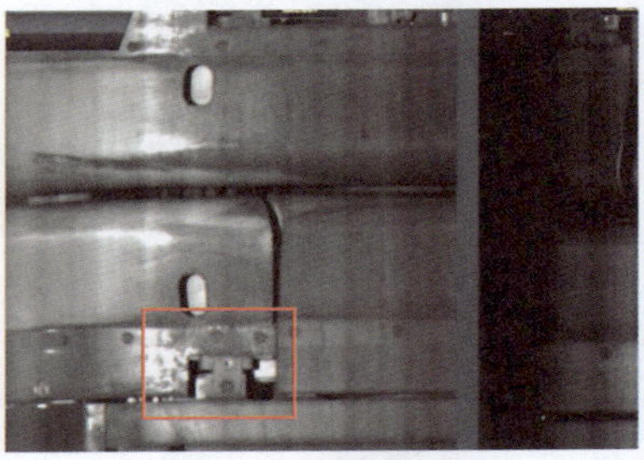 外风挡螺栓缺失 ※**重要提示**：部件位于车厢端部，易出现图片跳跃，作业时需缓慢滚动图片
5	牵引变流器底板 （02、04、05、07 车）	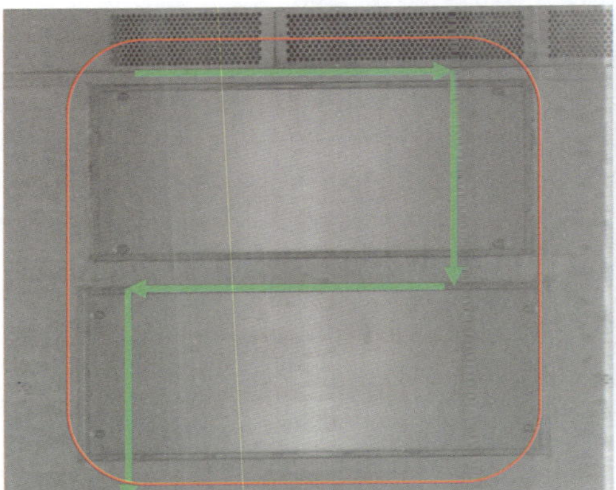 检查牵引变流器底板安装状态良好，安装螺栓无缺失	 牵引变流器底板格栅破损 ※**重要提示**：多发生于冰雪天及途经有砟轨道交路

续上表

序号	顺序	检查内容及质量标准	故障案例
6	主变压器底板（03、06 车）	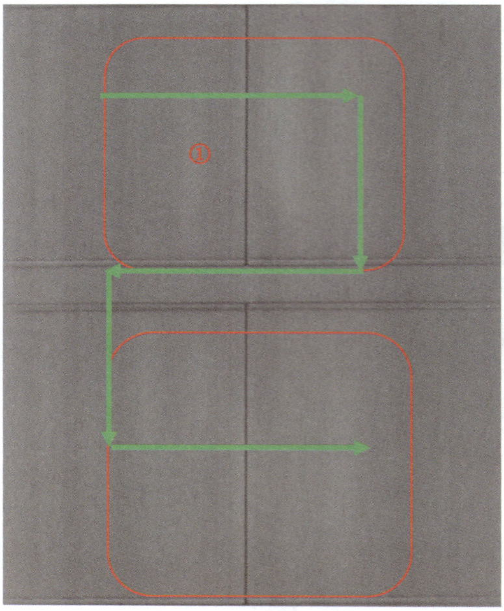 ① ①检查主变压器底板外观状态良好，主变压器无漏油，安装螺栓无缺失。 ②检查主变压器冷却风机底板外观状态良好，安装螺栓无缺失	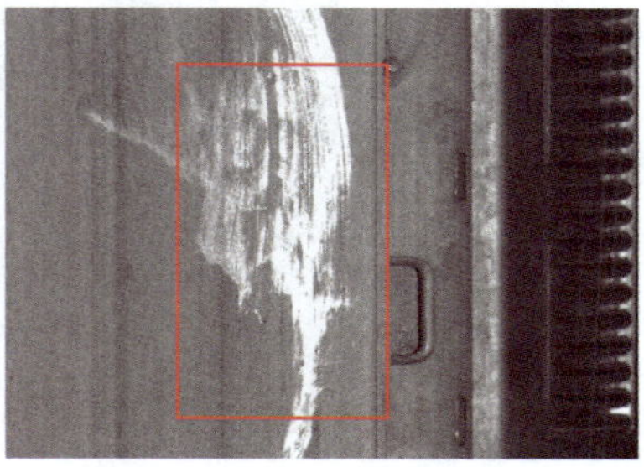 底板异物击打划痕 ※**重要提示：**多发生于有砟轨道
7	主空压机底板（03、06 车）	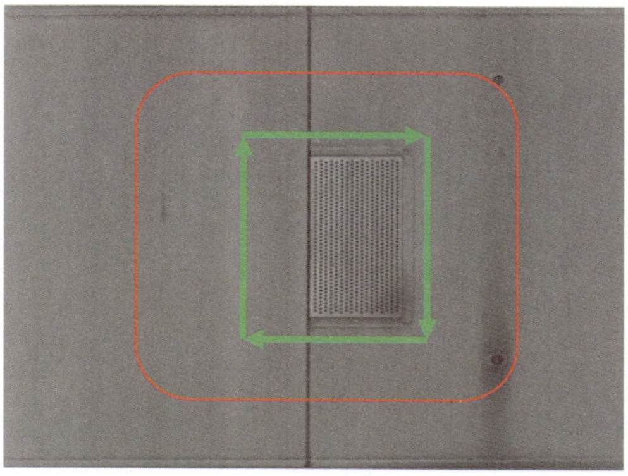 ①检查主空压机底板外观状态良好，主空压机无漏油。 ②检查其他底板外观状态良好，安装螺栓无缺失	—

续上表

序号	顺序	检查内容及质量标准	故障案例
8	其他底板（全列）	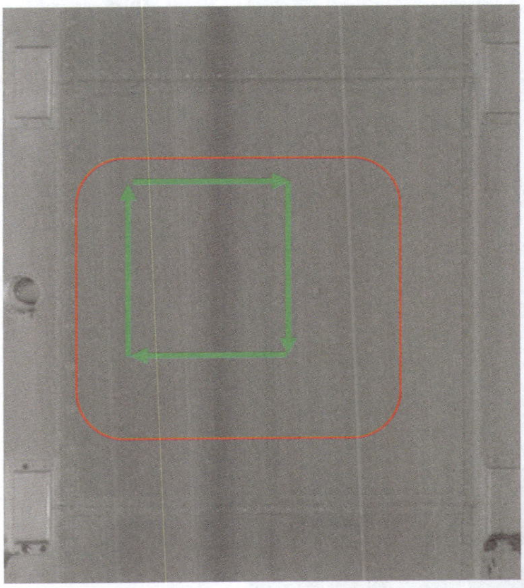 检查底板外观状态良好，安装螺栓无缺失	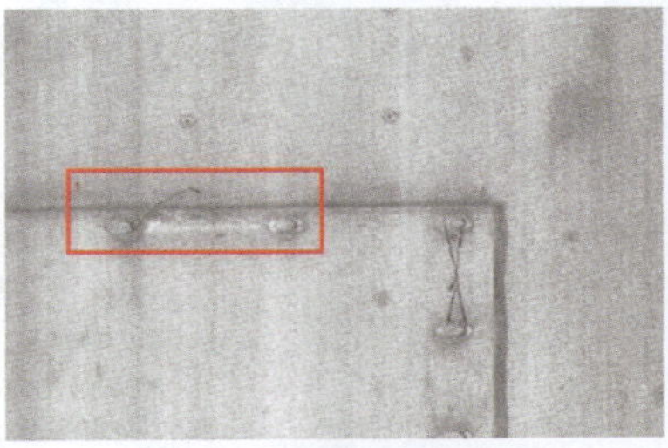 底板防松铁丝断裂 ※**重要提示：**多发生于冰雪天及途经有砟轨道交路
			 底板异物击打破损 ※**重要提示：**多发生于有砟轨道，可能为轨旁设备

续上表

序号	顺序	检查内容及质量标准	故障案例
9	拖车转向架(01、03、06、00车)	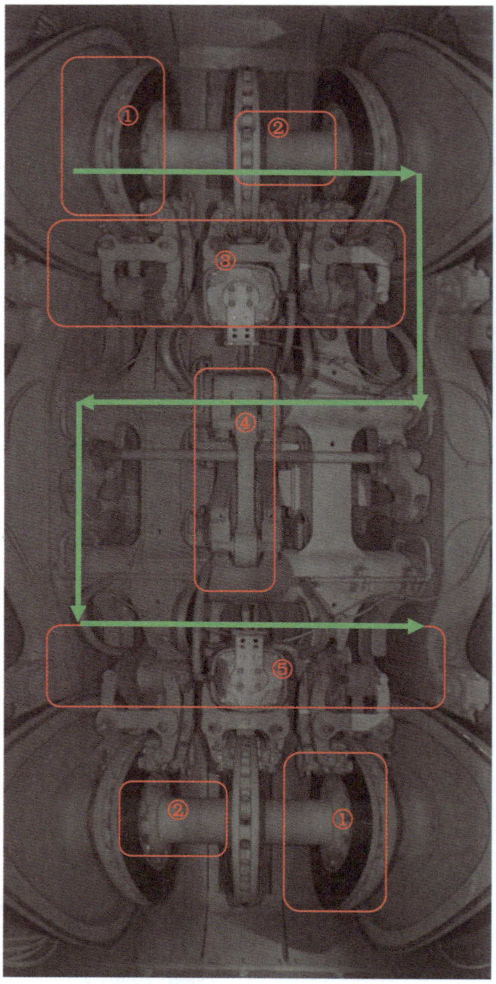 ①②③④⑤②① ①检查制动盘外观状态良好,安装螺栓无缺失。 ②检查车轴外观状态良好,表面无击打损伤。 ③检查制动夹钳外观良好,闸片托外观正常,闸片安装良好无缺失,开口销外观正常无缺失。 ④检查牵引拉杆外观状态良好,安装螺栓无缺失,横向止挡外观状态良好。 ⑤检查车底各供风管路无变形、断裂、脱落	 停放制动缸螺栓丢失 ※**重要提示:**停放制动缸螺栓较小,不易发现,需加强盯控
			—

二、底部轨内检查内容、质量标准及故障案例

序号	顺序	检查内容及质量标准	故障案例
1	头车头罩（01、00车）	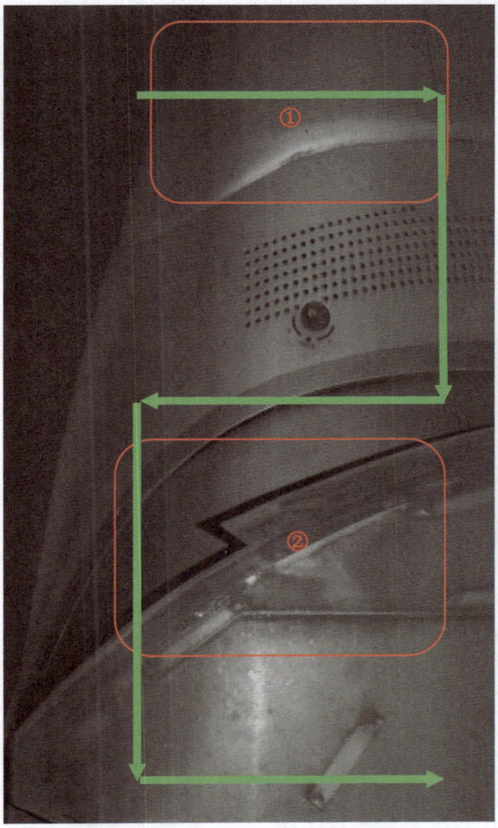 ①检查头罩开闭机构外观正常，无裂损及外物击打的痕迹。 ②检查主排障器外观良好，无破损、无变形；车头底板外观良好，安装螺栓无缺失	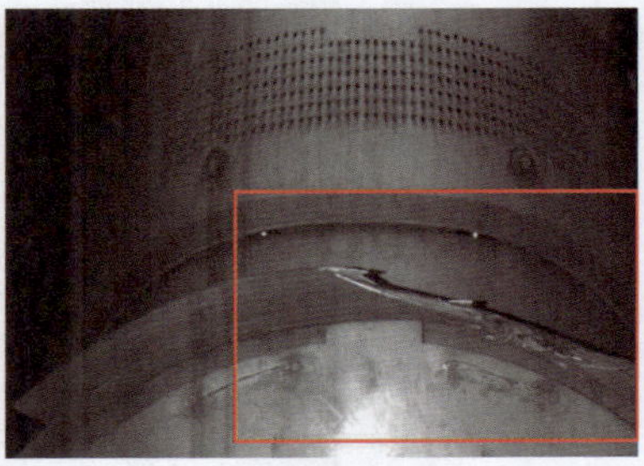 排障器破损 ※**重要提示：**需加强盯控附近其他部件是否存在击打情况

续上表

序号	顺序	检查内容及质量标准	故障案例
2	动车转向架轮对、齿轮箱前半部分(02、04、05、07 车)	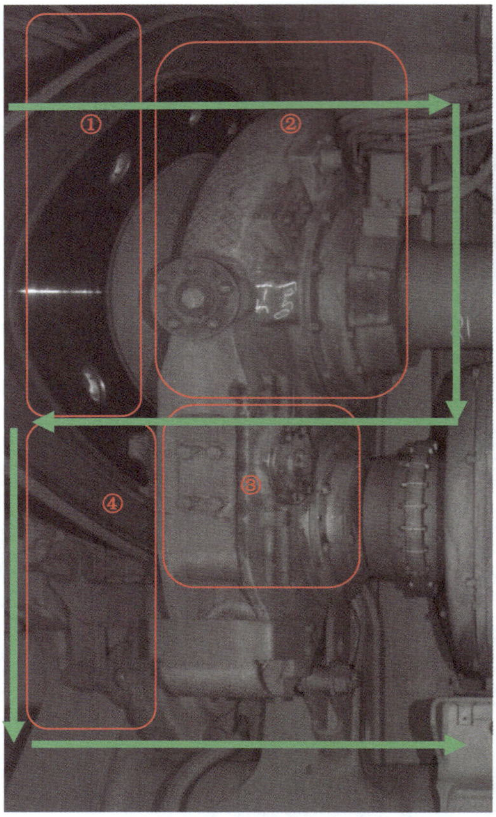 ①检查轮盘外观状态良好,安装螺栓无缺失;闸片安装状态良好无缺失;闸片托螺栓无缺失;开口销外观正常无缺失;齿轮箱大齿轮轴承安装螺栓无缺失。 ②检查齿轮箱排油堵安装良好,安装螺栓无缺失;防松铁丝绑扎良好,接地装置罩壳安装螺栓无缺失。 ③检查齿轮箱吊杆保护罩外观状态良好;联轴节外观状态良好,安装螺栓无缺失。 ④检查制动夹钳外观正常,安装座螺栓无缺失;各供风管路连接良好、无破损断裂	 齿轮箱渗油 ※**重要提示:**雨天易与雨水混淆,可根据油迹分布及反光情况综合判断  牵引电机挂异物 ※**重要提示:**多发生于大风天

续上表

序号	顺序	检查内容及质量标准	故障案例
3	动车转向架轮对、齿轮箱后半部分（02、04、05、07车）	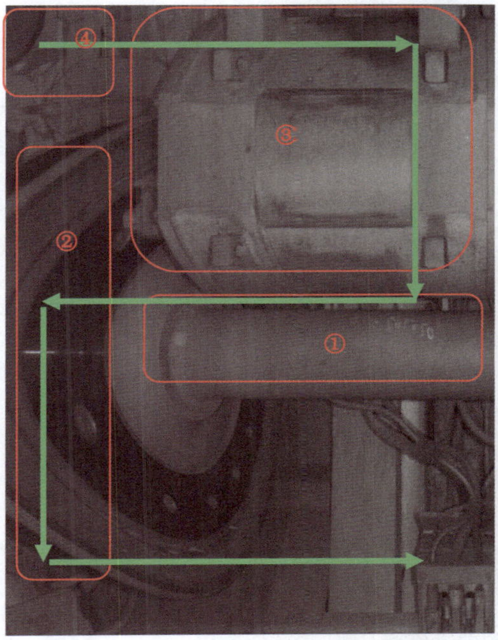 ①检查车轴外观状态良好，表面无击打损伤。 ②检查轮盘外观状态良好，安装螺栓无缺失；闸片安装状态良好无缺失，闸片托螺栓无缺失，开口销外观正常无缺失。 ③检查牵引电机外观状态良好，安装座螺栓无缺失。 ④检查制动夹钳外观正常，安装螺栓无缺失；各供风管路连接良好、无破损、无断裂	 闸片缺失 ※**重要提示：**多发生于动车所更换闸片后
4	底板（全列）	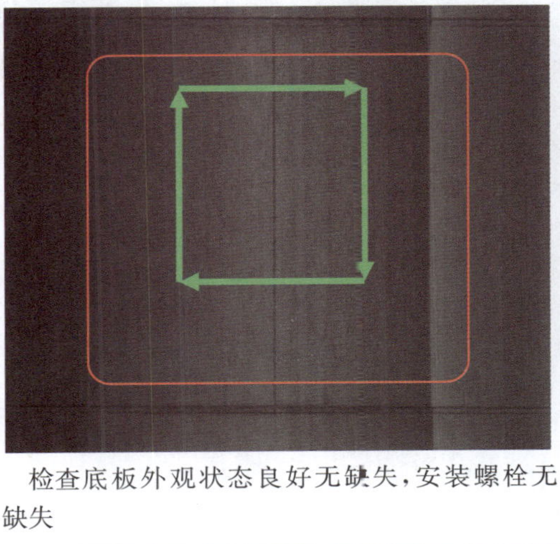 检查底板外观状态良好无缺失，安装螺栓无缺失	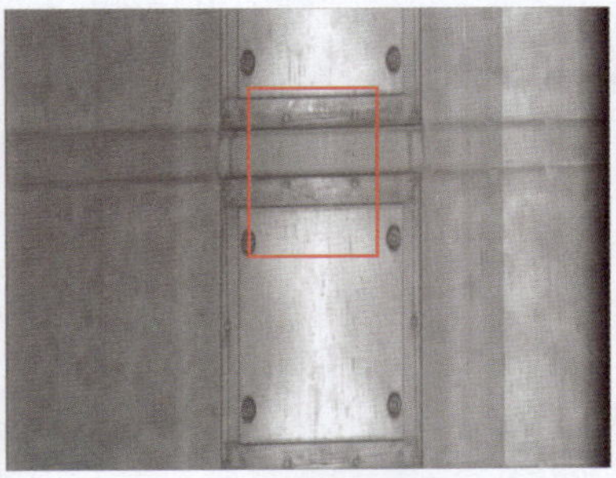 底板防松铁丝断裂 ※**重要提示：**多发生于冰雪天及途经有砟轨道交路

续上表

序号	顺序	检查内容及质量标准	故障案例
5	车端连接（全列）	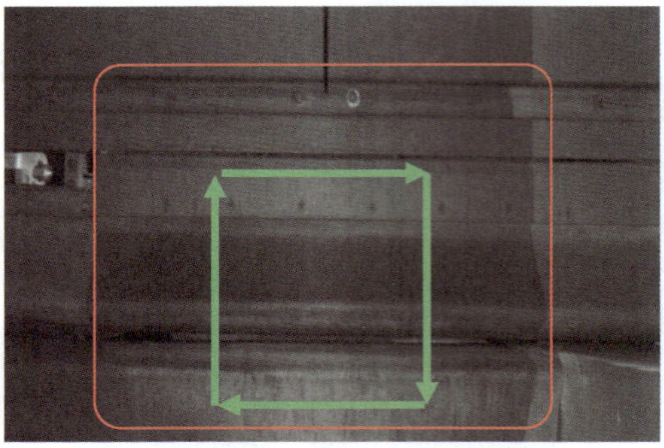 检查外风挡外观状态良好	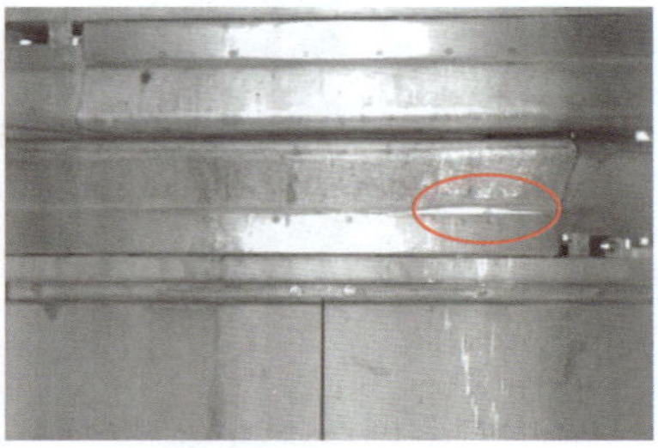 风挡断裂脱开
6	拖车转向架前半部分（01、03、06、00车）	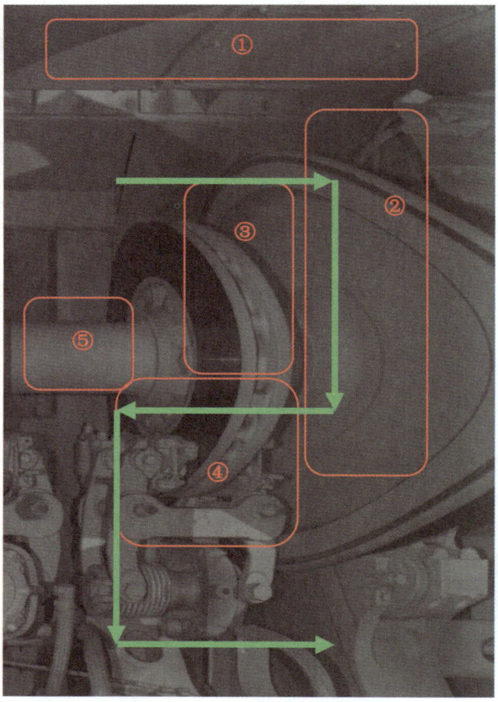 ①检查转向架端板安装螺栓无缺失。 ②检查轮对外观状态良好。 ③检查轴盘外观状态良好，安装螺栓无缺失；车轴外观状态良好，无裂损、击打痕迹；闸片安装状态良好无缺失，闸片托安装无缺失，安装螺栓无缺失，开口销外观正常无缺失。 ④检查制动夹钳外观正常，安装螺栓无缺失；各供风管路连接良好、无破损、无断裂。 ⑤检查车轴外观状态良好，表面无击打损伤	 制动夹钳单元缸呼吸堵缺失

续上表

序号	顺序	检查内容及质量标准	故障案例
7	拖车转向架后半部分（01、03、06、00车）	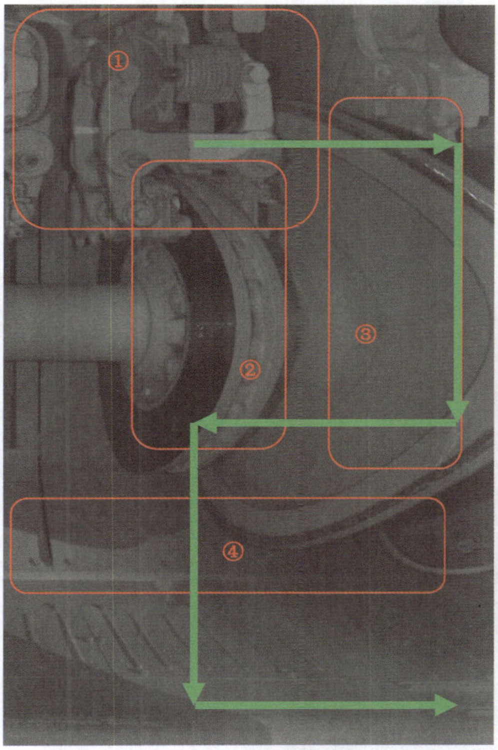 ①检查制动夹钳外观正常，安装座螺栓无缺失；各供风管路连接良好，无破损、无断裂。 ②检查轴盘外观状态良好 安装螺栓无缺失；车轴外观状态良好，无裂损、击打痕迹；闸片安装状态良好无缺失；闸片托安装无缺失，安装螺栓无缺失，开口销外观正常无缺失。 ③检查轮对外观状态良好。 ④检查转向架端板安装螺栓无缺失	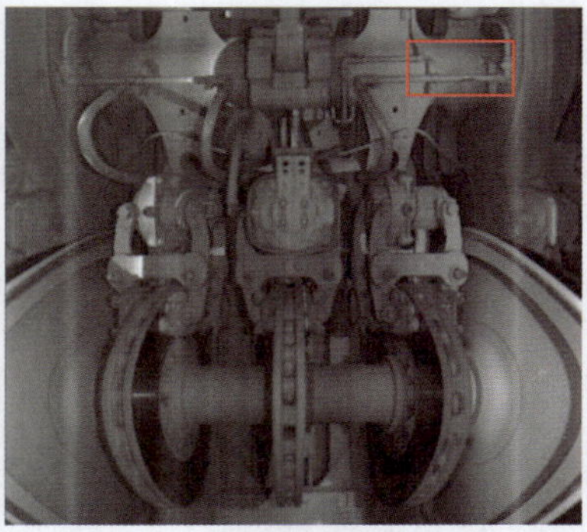 制动供风管路破损 ※**重要提示：**多为异物击打破损

三、底部轨外检查内容、质量标准及故障案例

序号	顺序	检查内容及质量标准	故障案例
1	头车头罩(01、00车)	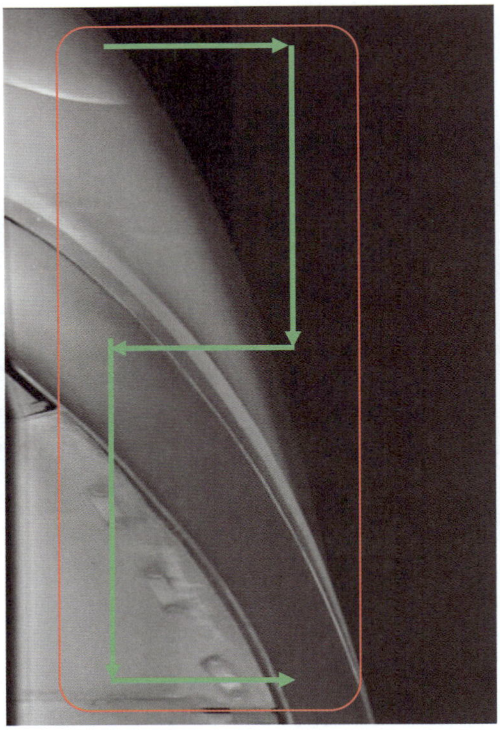 检查头罩开闭机构外观正常,无裂损及外物击打痕迹	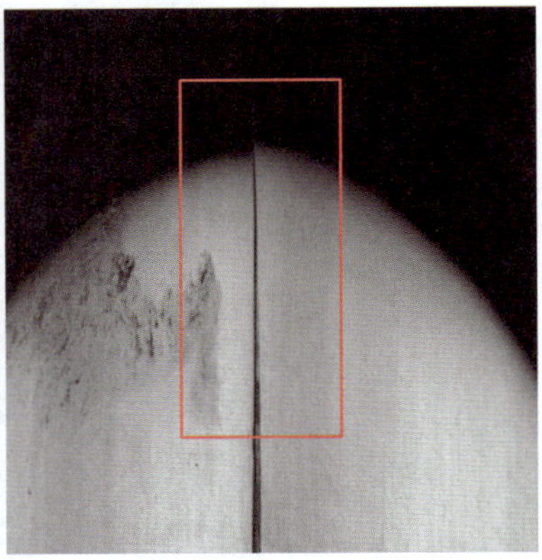 头罩错位 ※**重要提示:**部件位于车厢端部,易出现图片跳跃,作业时需缓慢滚动图片

续上表

序号	顺序	检查内容及质量标准	故障案例
2	转向架拖车部分（全列）	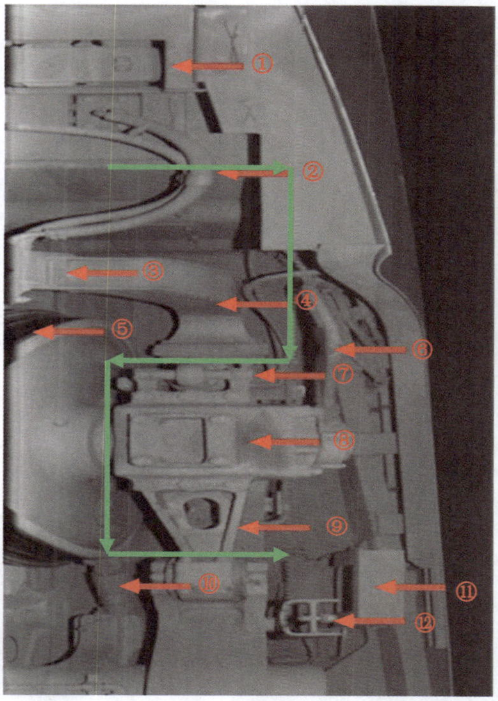 ①检查 TCR 天线外观状态良好，无破损缺失（仅 01、00 车）。 ②检查撒砂管及电伴热线外观状态良好，无断裂、破损。 ③检查排障（撒砂）托架外观状态良好，无断裂、破损、变形。 ④检查转向架排障（撒砂）安装臂外观状态良好，安装螺栓无缺失，止转垫片无断裂、缺失。 ⑤检查车轮外观状态良好，踏面无严重硌伤、擦伤，螺栓堵无缺失。 ⑥检查各传感器及电气线缆外观状态良好，无断裂、破损。 ⑦检查轴箱垂向减振器安装座状态良好，减振器无漏油。 ⑧检查轴箱外观状态良好，无漏油，螺栓无缺失。 ⑨检查轴箱转臂安装状态良好，橡胶节点外观良好，安装螺栓无缺失。 ⑩检查踏面清扫装置外观状态良好，安装牢固无缺失。 ⑪检查空气弹簧截断阀保护罩外观状态良好无缺失。 ⑫检查空气弹簧高度调整杆安装状态良好	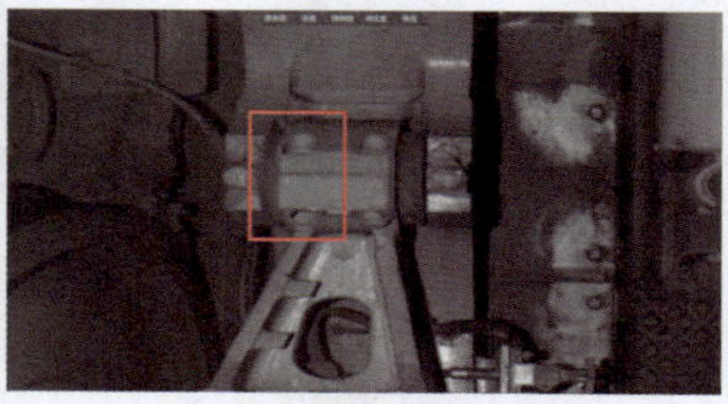 轴箱转臂节点压盖螺栓丢失 ※**重要提示**：检查其余螺栓是否也存在松脱情况  制动夹钳闸片缺失

续上表

序号	顺序	检查内容及质量标准	故障案例
3	转向架动车部分(全列)	①检查各传感器及电气线缆外观状态良好,无断裂、破损。 ②检查车轮外观状态良好,踏面无严重硌伤、擦伤,螺栓堵无缺失。 ③检查轴箱垂向减振器安装座状态良好,减振器无漏油。 ④检查轮装制动盘外观状态良好,无破损,安装状态良好,安装螺栓无缺失。 ⑤检查轴箱外观状态良好,无漏油,螺栓无缺失。 ⑥检查轴箱转臂安装状态良好;橡胶节点外观良好,安装螺栓无缺失。 ⑦检查制动夹钳装置安装状态良好,安装螺栓无缺失,闸片安装无缺失;闸片托外观状态良好,无破损;单元制动缸外观状态良好,防尘橡胶堵无缺失。 ⑧检查抗蛇行减振器外观状态良好,无漏油、变形,安装螺栓无缺失;橡胶保护套安装状态良好,无破损、缺失	抗蛇行减振器渗油 ※**重要提示:**雨天易与雨水混淆,可根据油迹分布及反光情况综合判断

续上表

序号	顺序	检查内容及质量标准	故障案例
4	底板（全列）	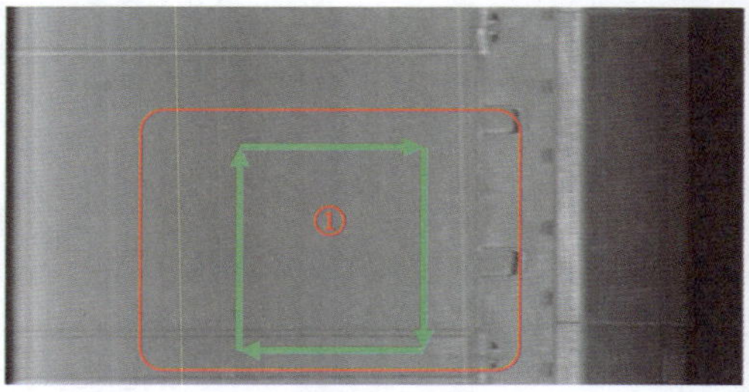 ①检查底板安装螺栓无缺失。 ②检查底板外观状态良好，无破损、缺失	 牵引变流器底板格栅破损 ※ **重要提示：**多发生于冰雪天及途经有砟轨道交路
5	车端连接（全列）	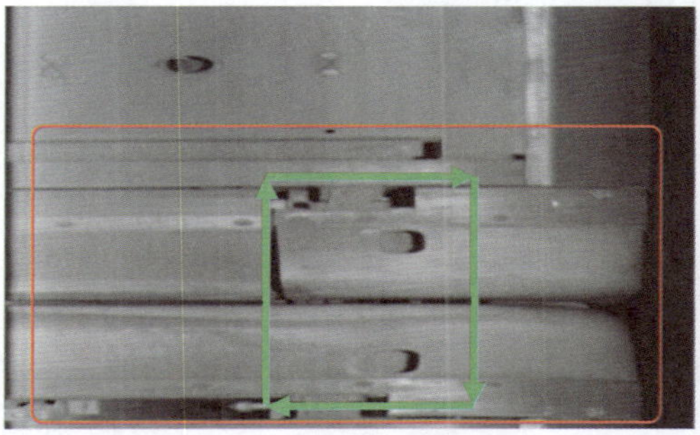 检查外风挡外观状态良好，无破损、缺失	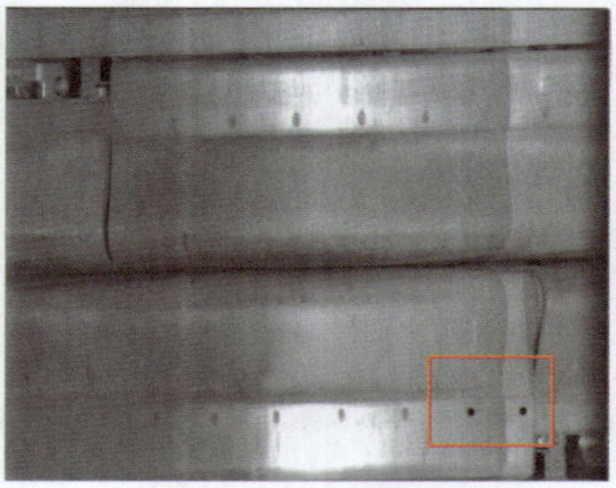 车底风挡螺栓丢失

四、侧部上检查内容、质量标准及故障案例

序号	顺序	检查内容及质量标准	故障案例
1	头车头罩（01、00车）	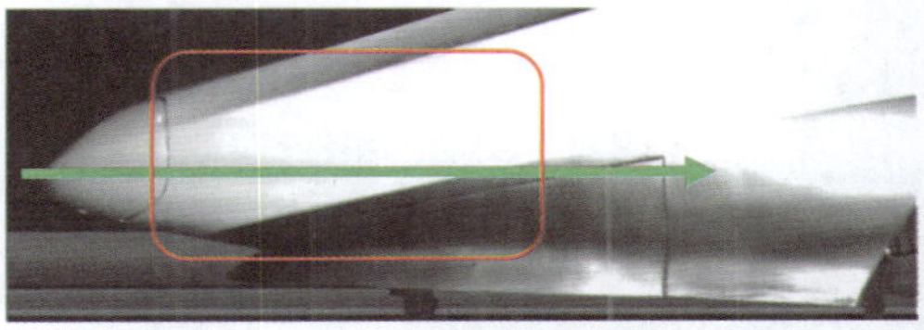 检查头罩开闭机构外观正常，闭合良好	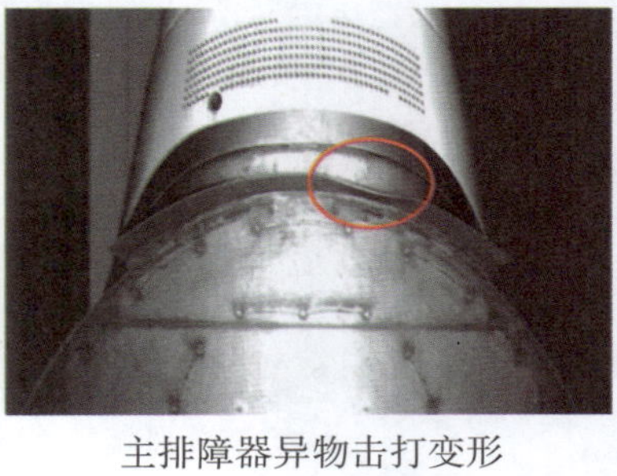 主排障器异物击打变形

续上表

序号	顺序	检查内容及质量标准	故障案例
2	裙板（全列）	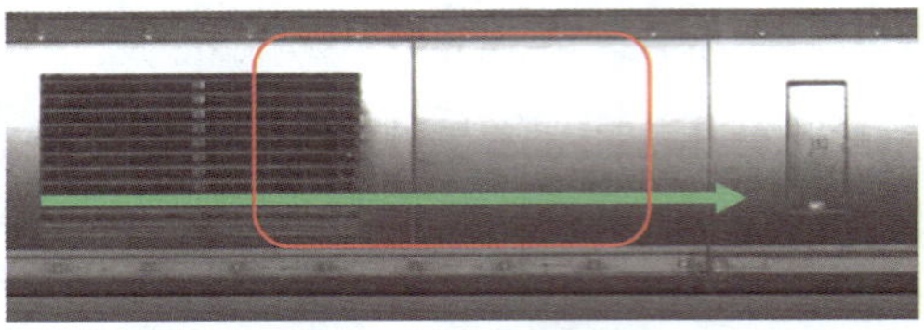 检查各裙板外观良好，无变形、缺失、开裂及异物击打痕迹，安全锁锁闭良好	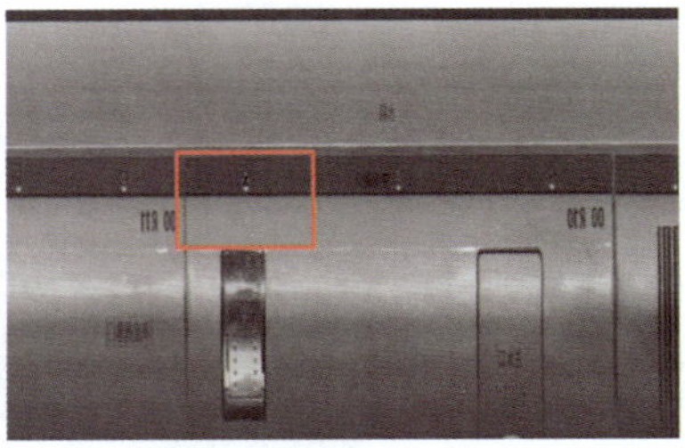 裙板固定螺栓缺失 ※**重要提示：**故障现象较小，检查裙板时需注意是否存在异常亮点或小黑点
3	栅格裙板（全列）	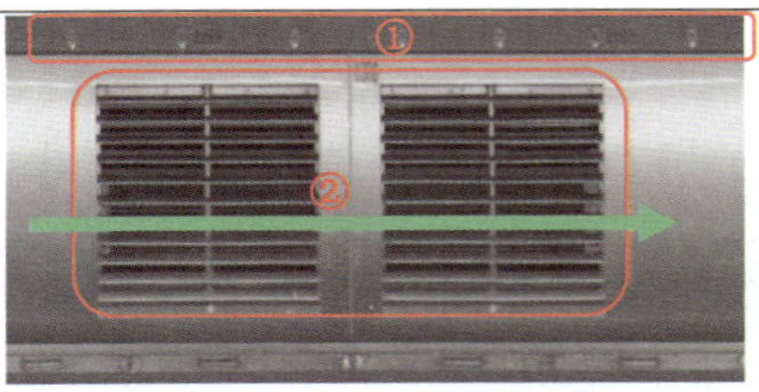 ①检查安全锁外观良好，安装牢固无缺失。 ②检查栅格裙板外观良好，栅格无变形、断裂、缺失	 裙板格栅变形 ※**重要提示：**多发生于冰雪天及途经有砟轨道交路
4	注水口、污物箱盖板（全列）	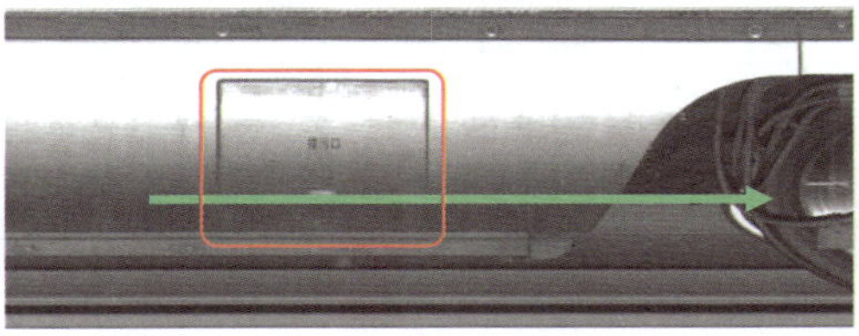 检查注水口、污物箱盖板外观良好，关闭到位	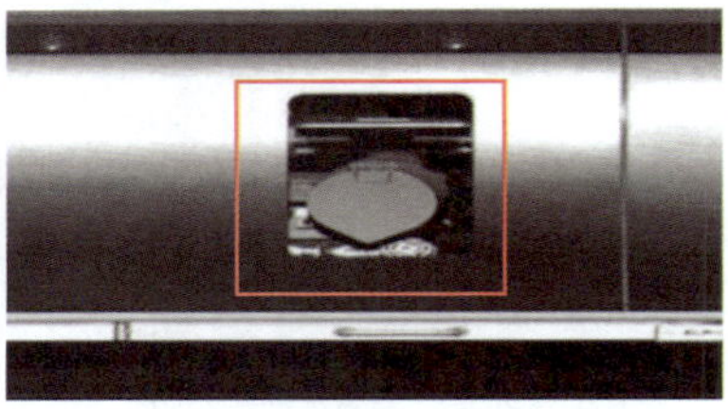 注水口盖板未关闭
5	车端连接（全列）	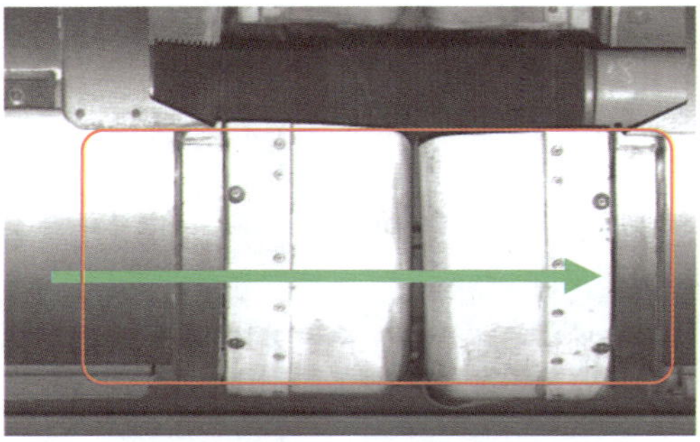 检查外风挡外观状态良好，无破损、缺失	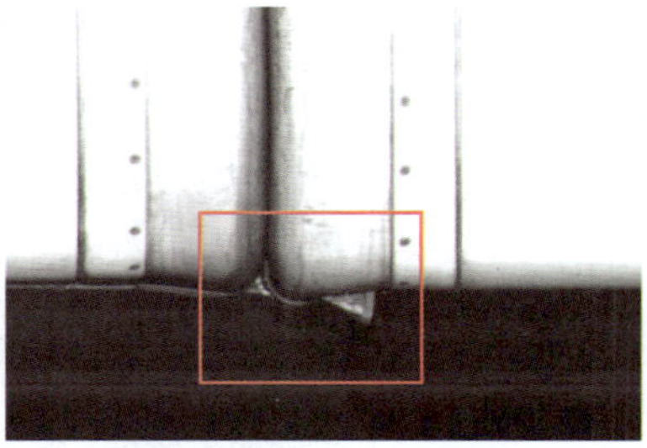 风挡卡异物 ※**重要提示：**多发生于大风天

五、侧部下检查内容、质量标准及故障案例

<table>
<tr><th>序号</th><th>顺序</th><th>检查内容及质量标准</th><th>故障案例</th></tr>
<tr><td rowspan="2">1</td><td rowspan="2">转向架（全列）</td><td rowspan="2">①检查排障托架外观状态良好，安装螺栓无缺失；扫石器外观状态良好，无缺失、破损（仅01、00车）。
②检查撒砂装置外观状态良好，安装螺栓无缺失、窜出；撒砂喷嘴外观状态良好、无缺失。
③检查轴箱垂向减振器外观状态良好，无漏油，橡胶保护套状态良好。
④检查轴箱弹簧外观良好，无断裂，冰雪覆盖情况符合相关文件要求。
⑤检查轴箱端盖外观良好，安装螺栓无缺失，防尘盖安装状态良好。
⑥检查转臂安装状态良好，橡胶节点状态良好，安装螺栓无缺失。
⑦检查空气弹簧截断阀保护罩外观状态良好，无缺失。
⑧检查空气弹簧高度调整杆安装状态良好，无断裂。
⑨检查构架空气弹簧供给腔状态良好，螺栓堵无缺失。
⑩检查空气弹簧外观状态良好，无干瘪，无明显破损痕迹。
⑪检查抗蛇行减振器外观状态良好，无漏油、变形，安装螺栓无缺失；橡胶保护套安装状态良好，无破损、缺失。
⑫检查各速度传感器、温度传感器安装状态良好，及其他管线无断裂、缺失。
⑬检查自动过分相装置安装状态良好，无缺失、变形；防护挡板无缺失、变形（仅01、00车）</td><td>自动过分相异物击打变形
※重要提示：可与底部左右侧同部件对比</td></tr>
<tr><td>撒砂装置喷嘴丢失
※重要提示：多发生于冰雪天及途经有砟轨道交路</td></tr>
</table>

第二节　CR400BF（CR400BF-A/CR400BF-B）型动车组检查内容、质量标准及故障案例

一、底中检查内容、质量标准及故障案例

序号	顺序	检查内容及质量标准	故障案例
1	头车头罩（01、00车）	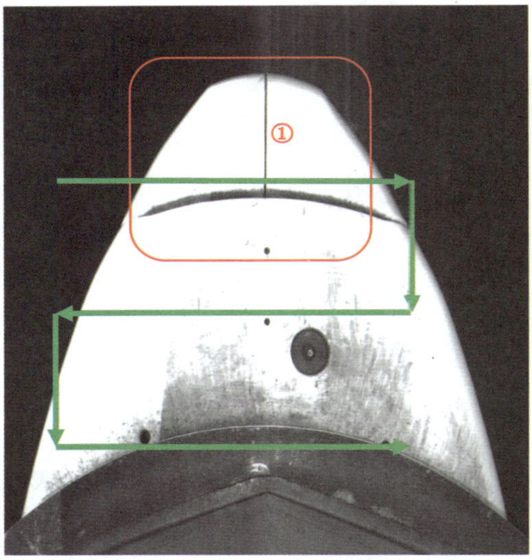 ①检查头罩开闭机构外观正常，闭合良好。 ②其他底板外观良好，无缺失	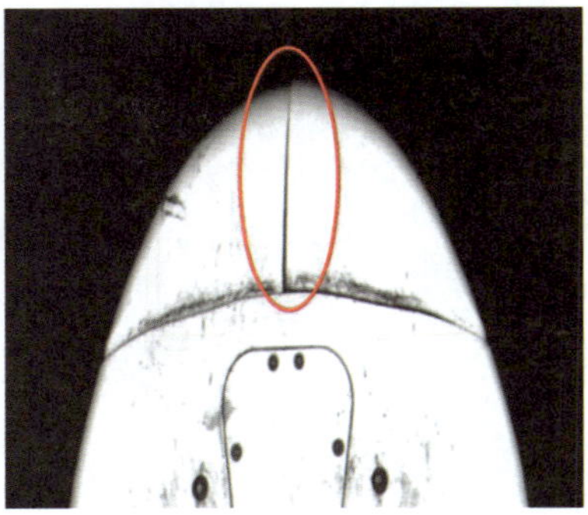 头罩错位 ※**重要提示：**部件位于车厢端部，易出现图片跳跃，作业时需缓慢滚动图片

续上表

序号	顺序	检查内容及质量标准	故障案例
2	动车转向架（02、04、05、07车）	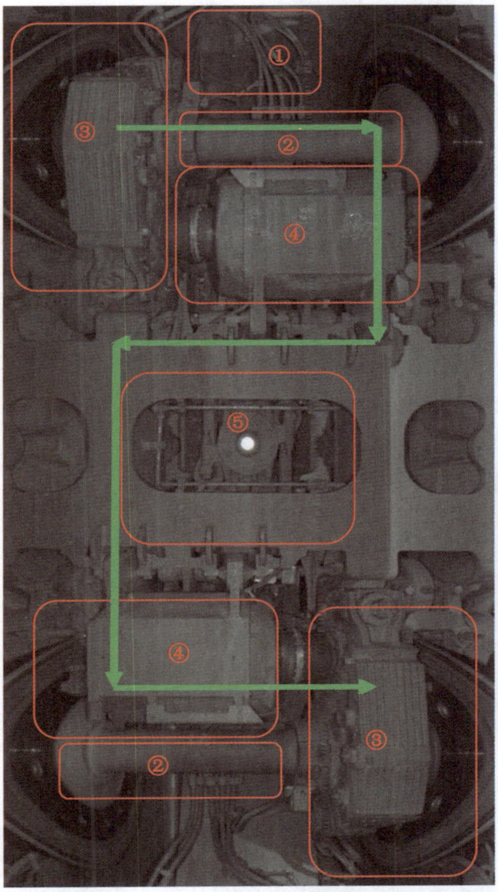 ①检查牵引电机电源线、温度传感器接线、牵引电机接地线无断裂，安装状态良好。 ②检查车轴外观状态良好，表面无击打损伤。 ③检查齿轮箱外观良好，无裂纹、漏油；注、排油堵安装状态良好，安装螺栓无缺失；齿轮箱吊杆外观状态良好，安装螺栓无缺失；联轴节可视范围内外观状态良好，紧固螺栓无缺失。 ④检查牵引电机外观状态良好，安装座螺栓无缺失。 ⑤检查牵引拉杆外观状态良好，安装螺栓无缺失，横向止挡安装状态良好。 ⑥检查车底各供风管路无变形、断裂、脱落	 齿轮箱护板螺栓丢失 ※**重要提示：**可与上下转向架同部件对比

续上表

序号	顺序	检查内容及质量标准	故障案例
3	BTM 天线盒 (01、00 车)	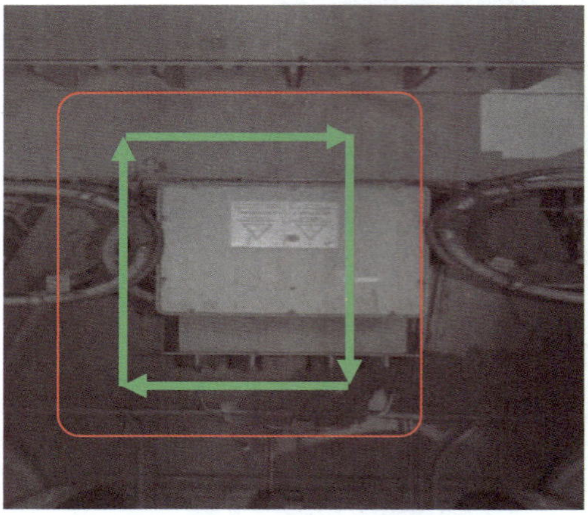 检查 BTM 天线盒外观状态良好,外观无缺损	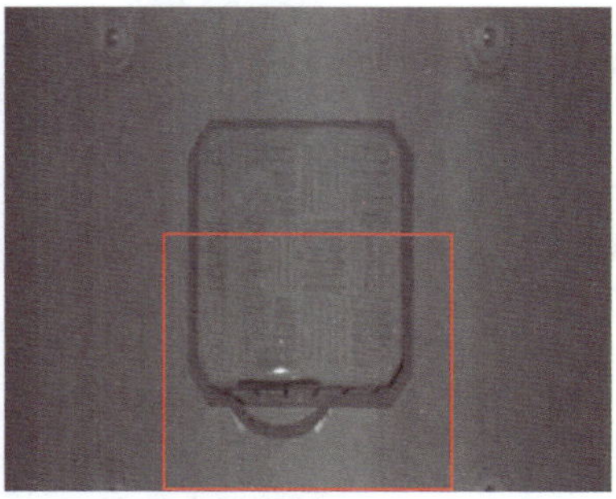 BTM 天线胶条脱出
4	车端连接 (全列)	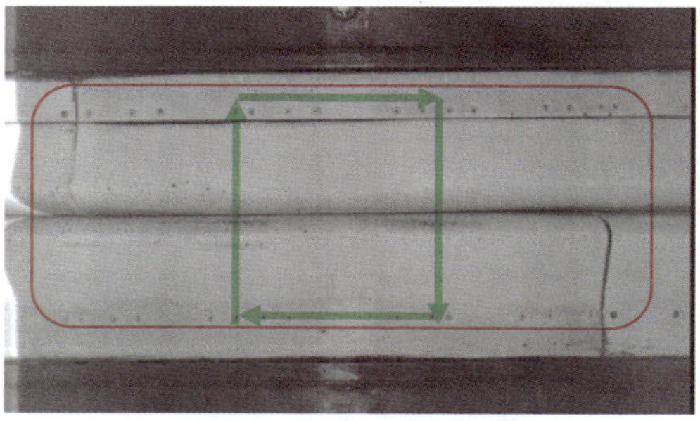 检查外风挡外观良好无破损	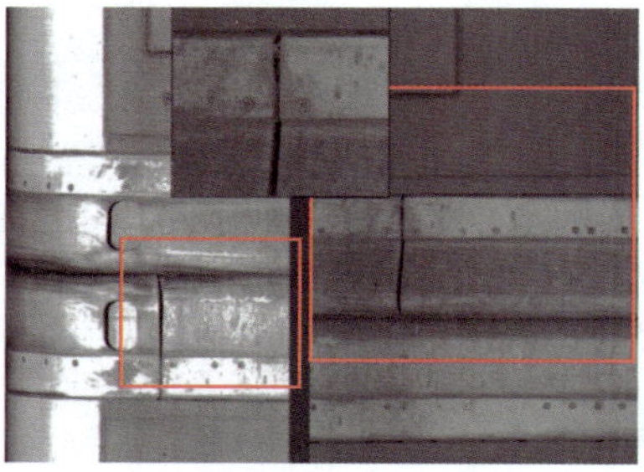 风挡螺栓缺失 ※**重要提示:**部件位于车厢端部,易出现图片跳跃,作业时需缓慢滚动图片

续上表

序号	顺序	检查内容及质量标准	故障案例
5	牵引变流器底板（02、04、05、07车）	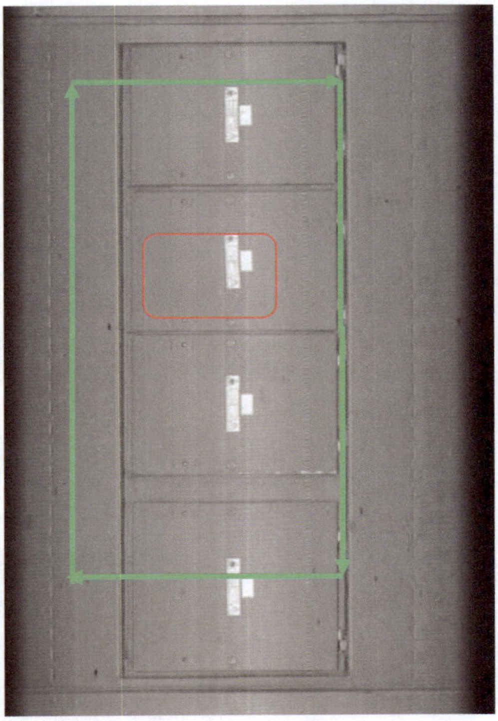 检查牵引变流器底板安装状态良好，安装螺栓无缺失	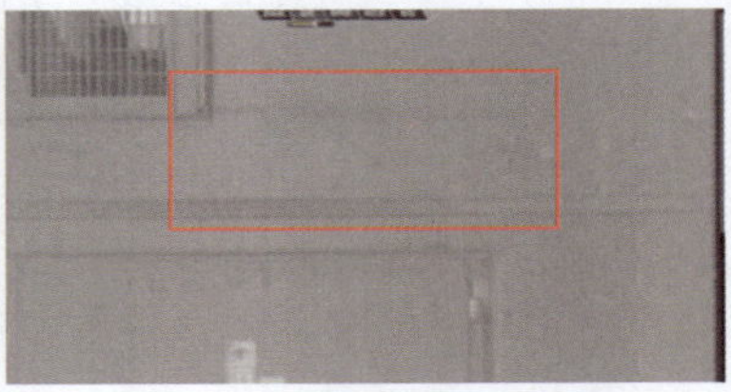 牵引变流器底板防松铁丝断裂 ※**重要提示：**多发生于冰雪天及途经有砟轨道交路
6	主变压器底板（03、06车）	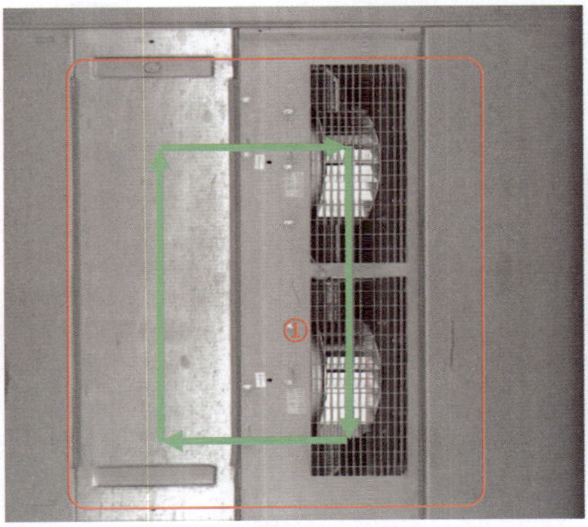 ①检查主变压器底板外观状态良好，主变压器无漏油，安装螺栓无缺失。 ②检查主变压器冷却风机底板外观状态良好，底板格栅无破损变形，安装螺栓无缺失	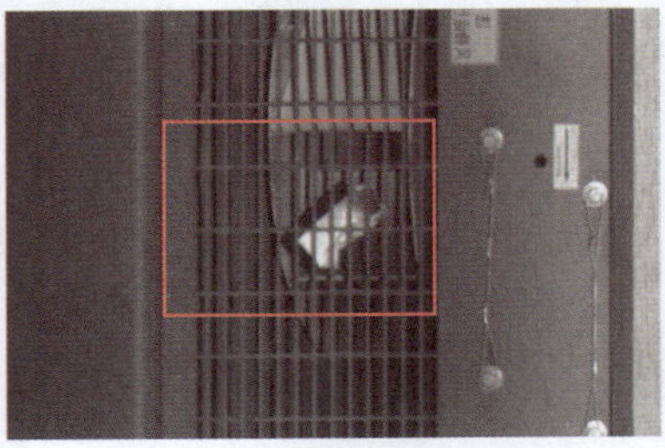 底板格栅异物 ※**重要提示：**多发生于大风天

续上表

序号	顺序	检查内容及质量标准	故障案例
7	主空压机底板（02、07车）	 ①检查主空压机底板外观状态良好，主空压机无漏油。 ②检查其他底板外观状态良好，安装螺栓无缺失	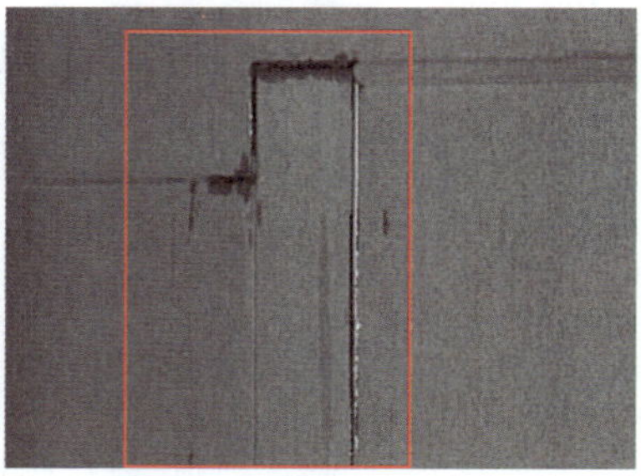 主空压机底板渗油 ※**重要提示：**雨天易与雨水混淆，可根据油迹分布及反光情况综合判断
8	其他底板（全列）	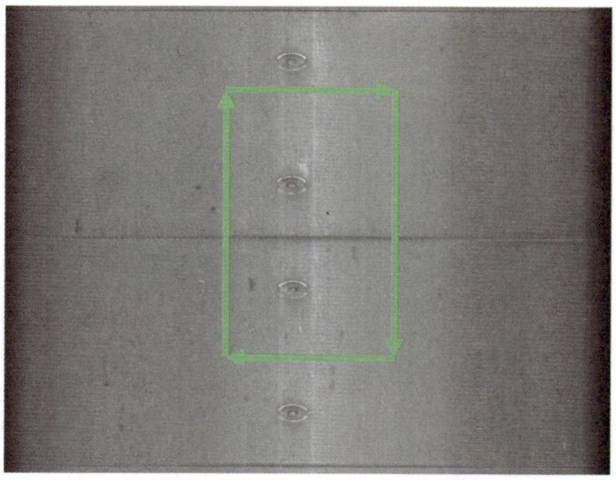 检查底板外观状态良好，安装螺栓无缺失	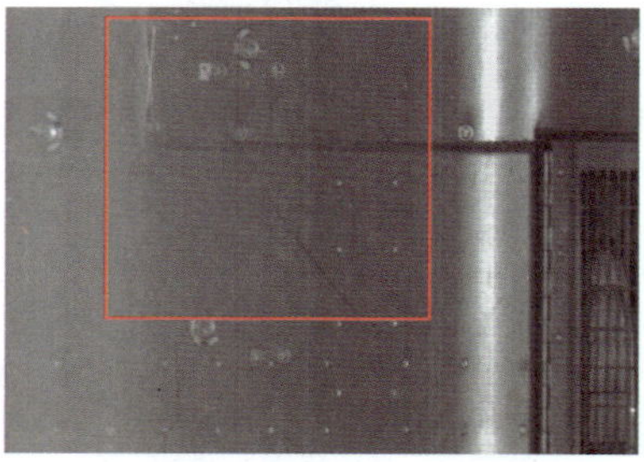 底板防松铁丝断裂 ※**重要提示：**雨天易与雨水混淆，可根据油迹分布及反光情况综合判断 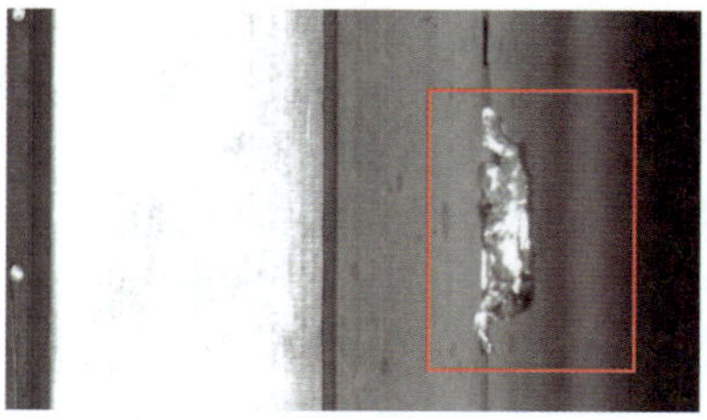 底板挂有异物 ※**重要提示：**多发生于大风天

续上表

序号	顺序	检查内容及质量标准	故障案例
9	拖车转向架（01、03、06、00车）	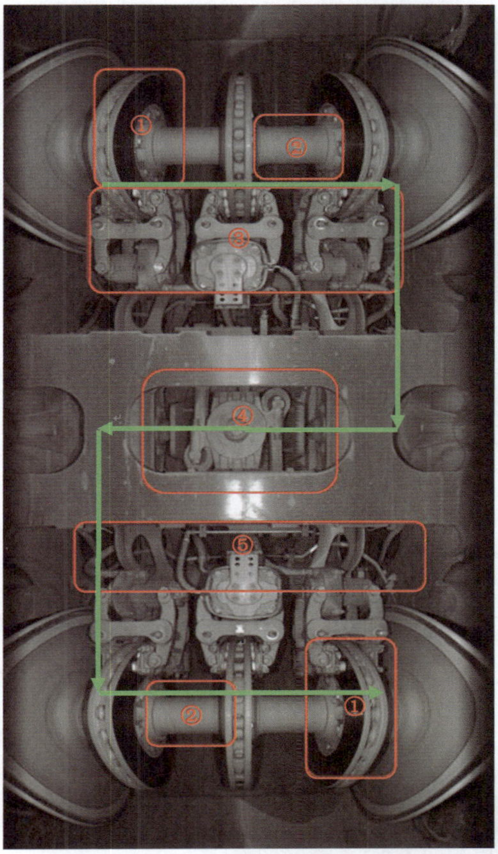 ①检查制动轴盘外观状态良好，安装螺栓无缺失。 ②检查车轴外观状态良好，表面无击打损伤。 ③检查制动夹钳外观良好，闸片外观正常无缺失，闸片安装螺栓无缺失，开口销外观正常无缺失。 ④检查牵引拉杆外观状态良好，安装螺栓无缺失，横向止挡外观状态良好。 ⑤检查车底各供风管路无变形、断裂、脱落	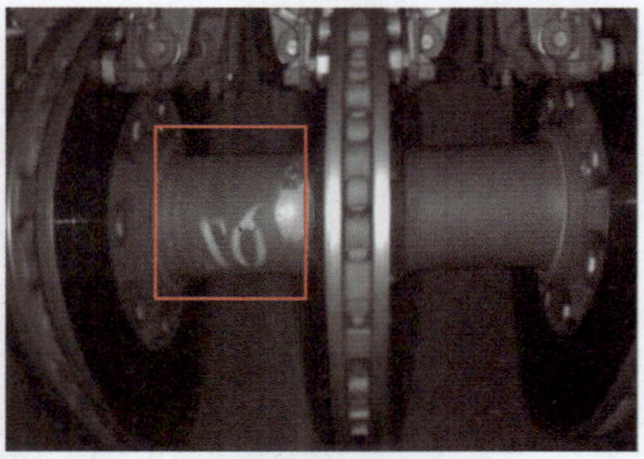 轴身降噪层脱落 ※**重要提示**：多发生于冰雪天及途经有砟轨道交路 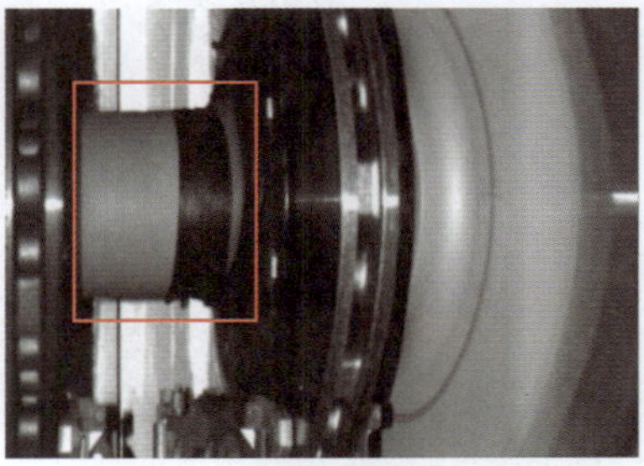 轴身包裹异物 ※**重要提示**：多发生于大风天

二、底部轨内检查内容、质量标准及故障案例

序号	顺序	检查内容及质量标准	故障案例
1	头车头罩（01、00车）	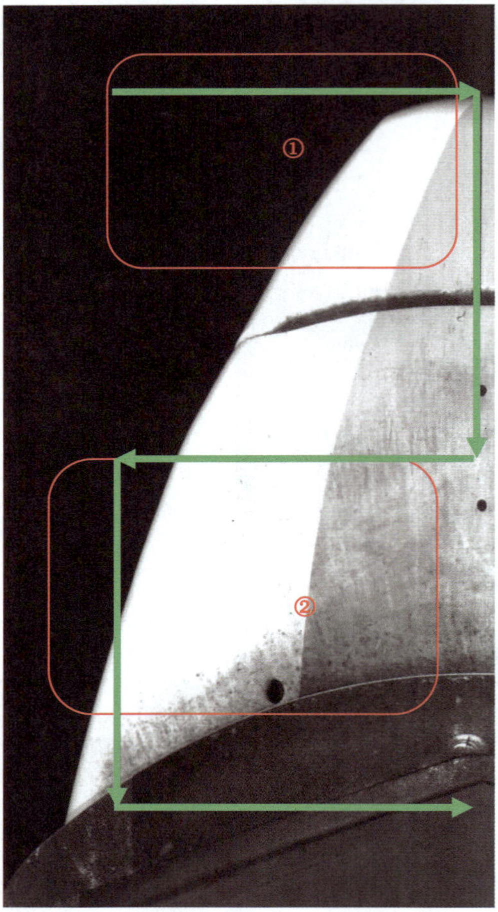 ① ② ①检查头罩开闭机构外观正常，无裂损及外物击打痕迹。 ②检查底部安装螺栓无缺失	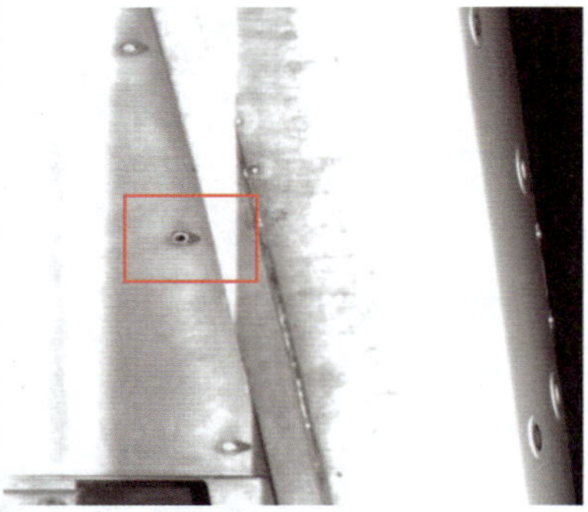 车头底板螺栓丢失

续上表

序号	顺序	检查内容及质量标准	故障案例
2	动车转向架轮对、齿轮箱前半部分（01、03、06、00车）	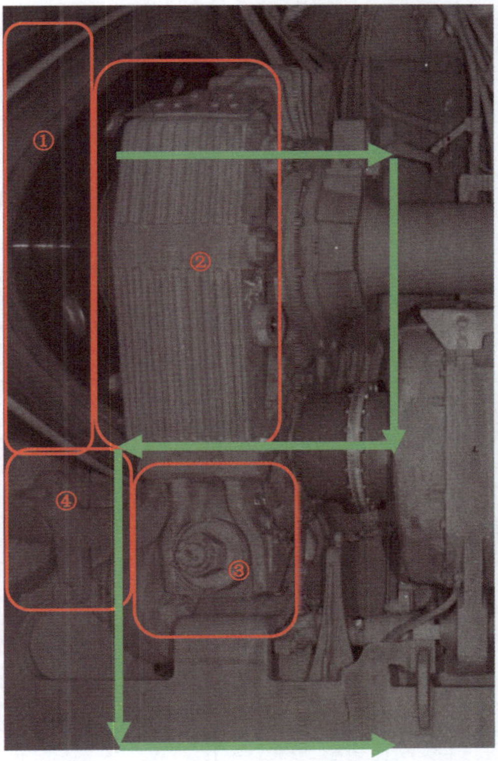 ①检查轮盘外观状态良好，安装螺栓无缺失；闸片安装状态良好无缺失；闸片托螺栓无缺失，开口销外观正常无缺失，齿轮箱大齿轮轴承安装螺栓无缺失。 ②检查齿轮箱排油堵安装良好，安装螺栓无缺失；防松铁丝绑扎良好，接地装置罩壳安装螺栓无缺失。 ③检查齿轮箱吊杆保护罩外观状态良好，联轴节外观状态良好，安装螺栓无缺失。 ④检查制动夹钳外观正常，安装螺栓无缺失；各供风管路连接良好、无破损、无断裂	 齿轮箱护板螺栓丢失 ※**重要提示**：可与上下转向架同部件对比

续上表

序号	顺序	检查内容及质量标准	故障案例
3	动车转向架轮对、齿轮箱后半部分(01、03、06、00车)	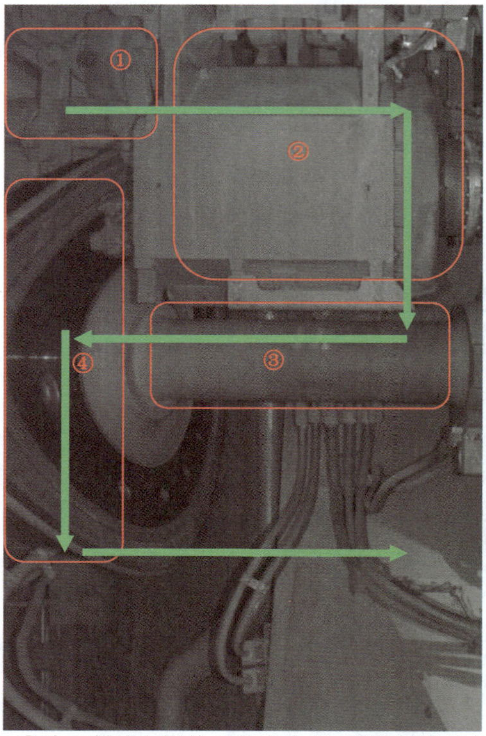 ①检查制动夹钳外观状态良好,安装螺栓无缺失;各制动管路连接良好,无破损、无断裂。 ②检查牵引电机外观状态良好,安装座螺栓无缺失。 ③检查车轴外观状态良好,表面无击打损伤。 ④检查轮盘外观状态良好,安装螺栓无缺失;闸片安装状态良好无缺失,闸片托螺栓无缺失,开口销外观正常无缺失	 牵引电机温度传感器挡板螺栓丢失 ※**重要提示:**故障现象较小,检查底板时需注意是否存在异常亮点或小黑点
4	底板(全列)	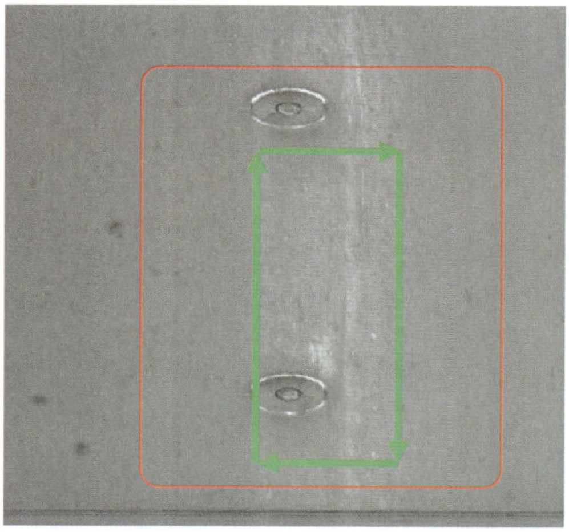 检查底板外观状态良好无缺失,安装螺栓无缺失	—

续上表

序号	顺序	检查内容及质量标准	故障案例
5	车端连接（全列）	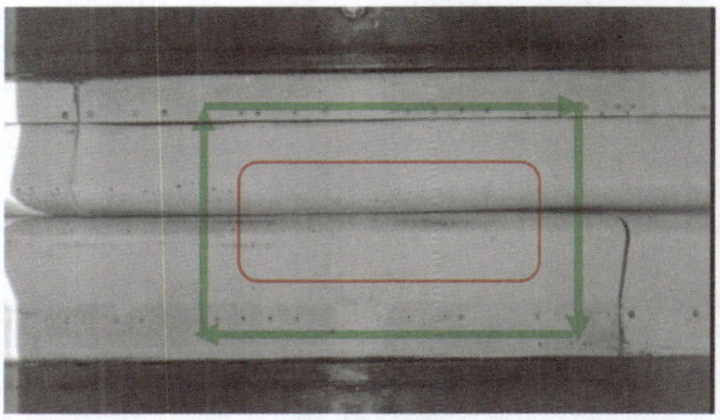 检查外风挡外观状态良好	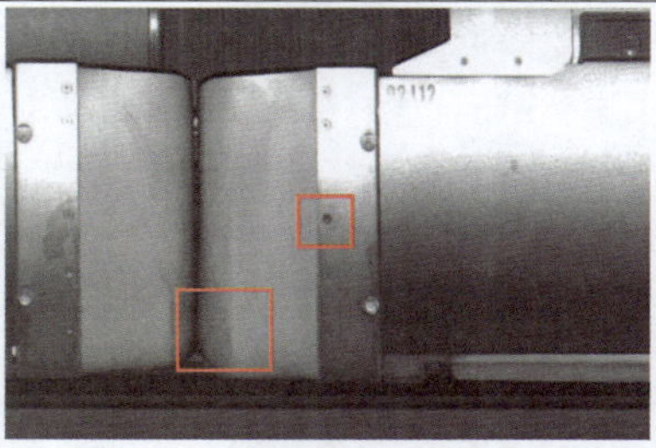 风挡螺栓丢失 ※**重要提示：**故障现象较小，检查底板时需注意是否存在异常亮点或小黑点
6	拖车转向架前半部分（01、03、06、00车）	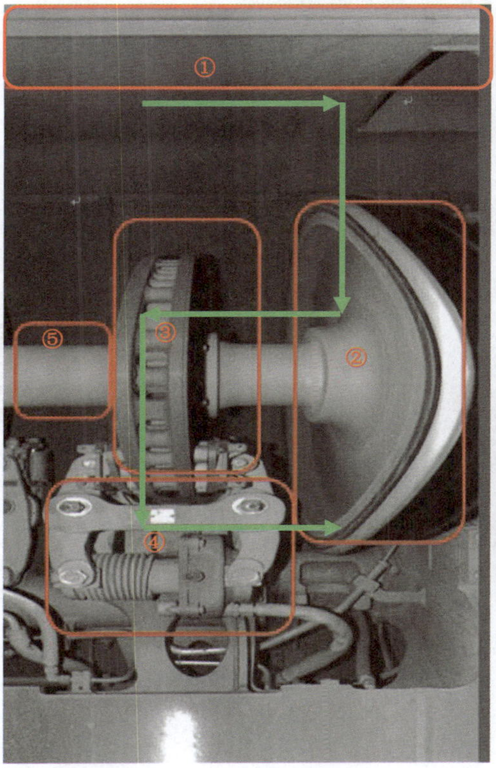 ①检查转向架端板安装螺栓无缺失。 ②检查轮对外观状态良好。 ③检查轴盘外观状态良好，安装螺栓无缺失；车轴外观状态良好，无裂损、击打痕迹；闸片安装状态良好无缺失，闸片托安装无缺失，安装螺栓无缺失，开口销外观正常无缺失。 ④检查制动夹钳外观正常无损伤，安装座螺栓无缺失；夹钳风管外观良好，无损伤、断裂。 ⑤检查车轴外观状态良好，表面无击打损伤	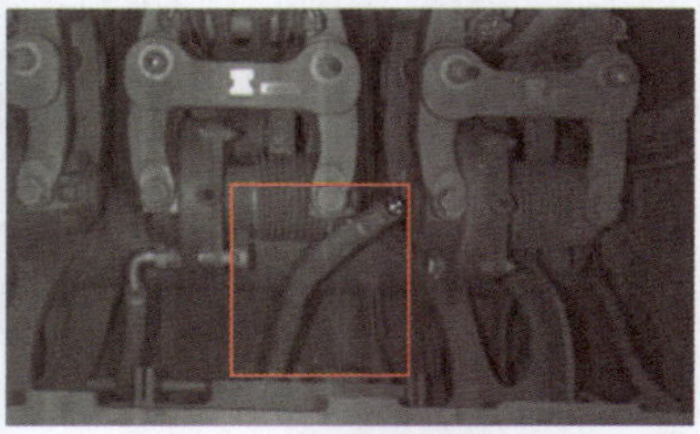 制动单元缸制动软管断裂 ※**重要提示：**可与左右侧同部件对比

续上表

序号	顺序	检查内容及质量标准	故障案例
7	拖车转向架后半部分（01、03、06、00车）	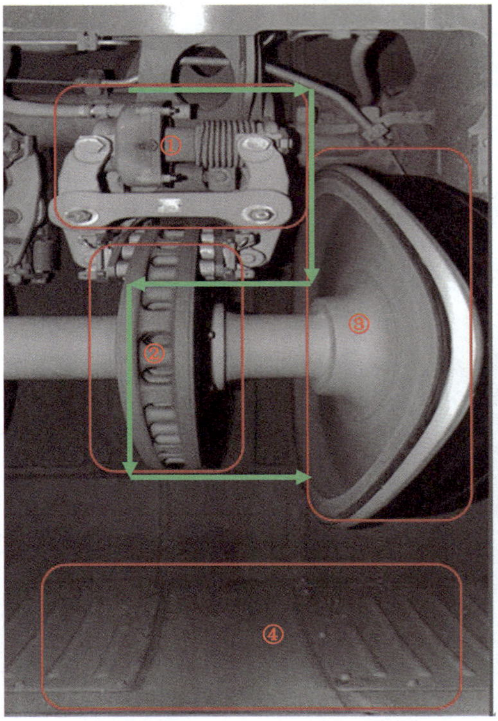 ① ② ③ ④ ①检查制动夹钳外观正常无损伤，安装座螺栓无缺失；夹钳风管外观良好，无损伤、断裂。 ②检查轴盘外观状态良好，安装螺栓无缺失；车轴外观状态良好，无裂损、击打痕迹；闸片安装状态良好无缺失，闸片托安装无缺失，安装螺栓无缺失，开口销外观正常无缺失。 ③检查轮对外观状态良好。 ④检查转向架端板安装螺栓无缺失	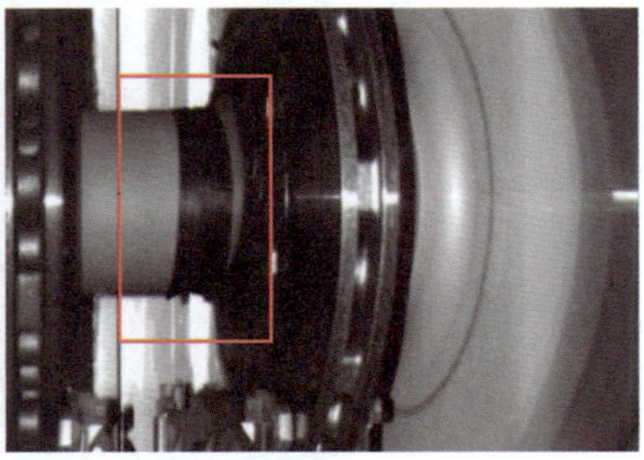 轴身包裹异物 ※**重要提示：**多发生于大风天

三、底部轨外检查内容、质量标准及故障案例

序号	顺序	检查内容及质量标准	故障案例
1	头车头罩（01、00 车）	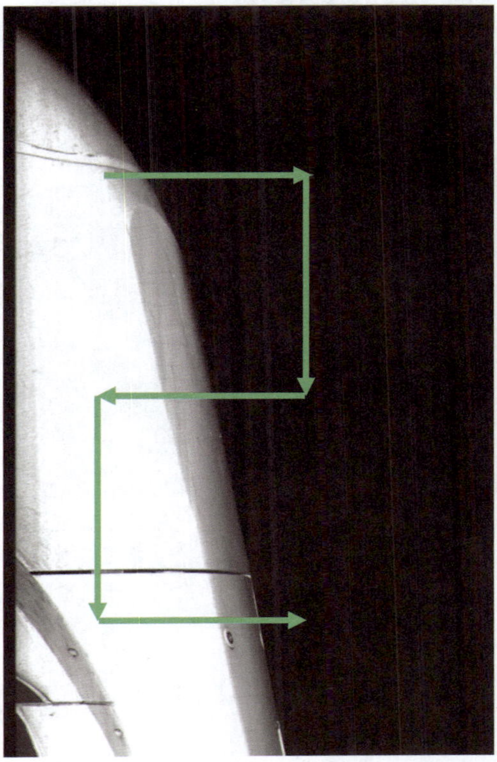 检查头罩开闭机构外观正常，无裂损及外物击打痕迹	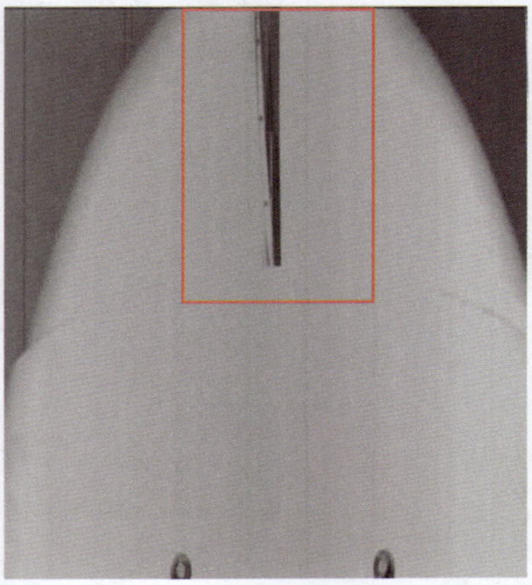 头罩未关闭到位 ※**重要提示：**部件位于车厢端部，易出现图片跳跃，作业时需缓慢滚动图片

续上表

序号	顺序	检查内容及质量标准	故障案例
2	转向架前半部分(全列)	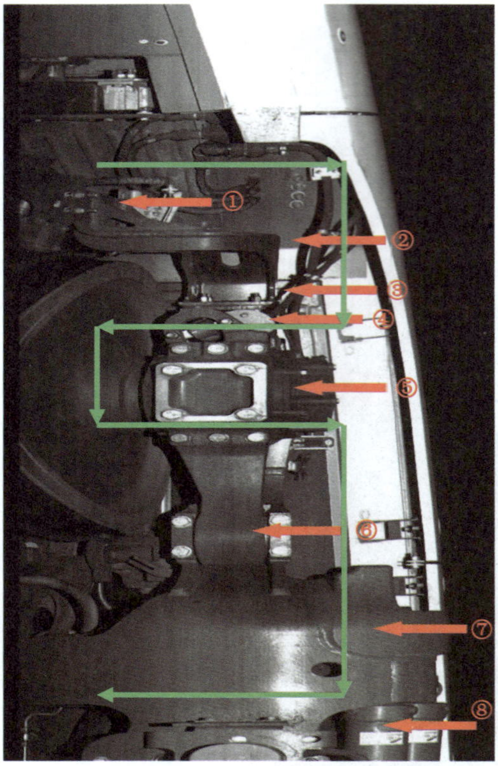 ①检查转向架排障器、撒砂装置安装状态良好,无变形、缺失。 ②检查转向架排障器、撒砂装置安装座螺栓良好无缺失。 ③检查轴温传感器外观状态良好,无断裂、缺失。 ④检查轴箱垂向减振器安装状态良好,螺栓无缺失。 ⑤检查轴箱防尘盖安装状态良好。 ⑥检查转臂安装状态良好,橡胶节点外观良好,安装螺栓无缺失。 ⑦检查抗侧滚扭杆安装状态良好。 ⑧检查抗蛇行减振器外观状态良好,无漏油变形,安装螺栓无缺失;橡胶保护套安装状态良好,无破损、缺失	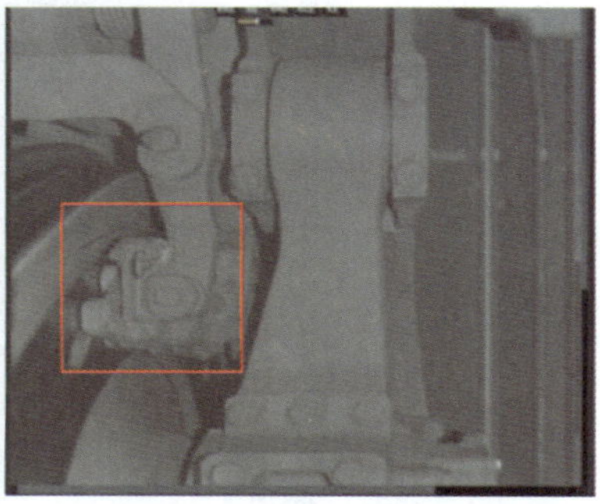 闸片卡簧变形锁铁未锁闭到位 ※ **重要提示:**多发生于冰雪天及途经有砟轨道交路

续上表

序号	顺序	检查内容及质量标准	故障案例
3	转向架后半部分（全列）	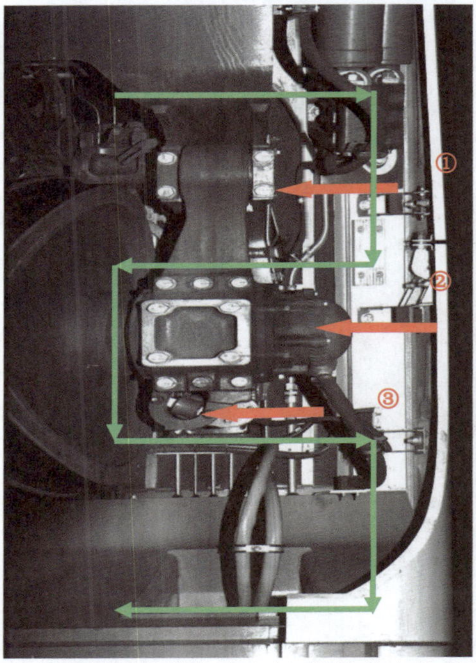 ①检查转臂安装状态良好，橡胶节点外观良好，安装螺栓无缺失。 ②检查轴温传感器及速度传感器安装状态良好，无断裂、缺失。 ③检查轴箱垂向减振器安装状态良好，螺栓无缺失，防松铁丝绑扎良好	 传感器线断裂 ※**重要提示：**可与左右侧同部件对比
4	底板（全列）	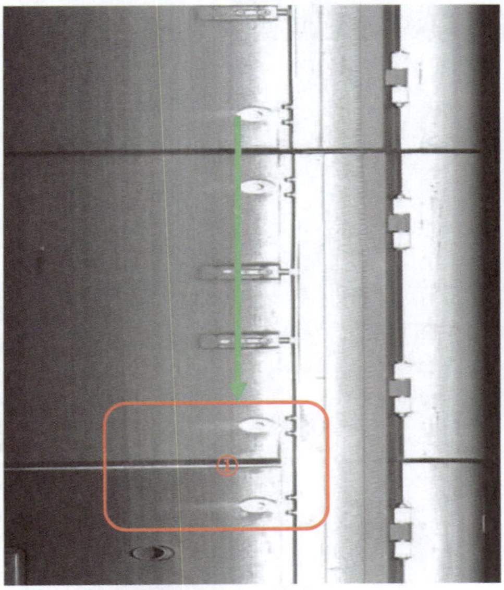 ①检查底板安装螺栓无缺失。 ②检查底板外观状态良好，无破损、缺失	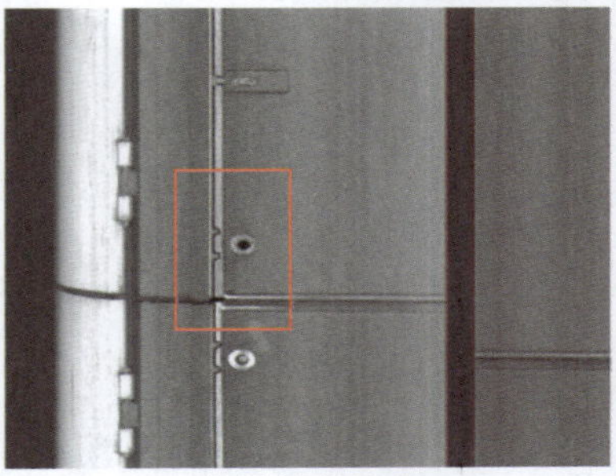 底板锁芯缺失 ※**重要提示：**故障现象较小，检查底板时需注意是否存在异常亮点或小黑点

续上表

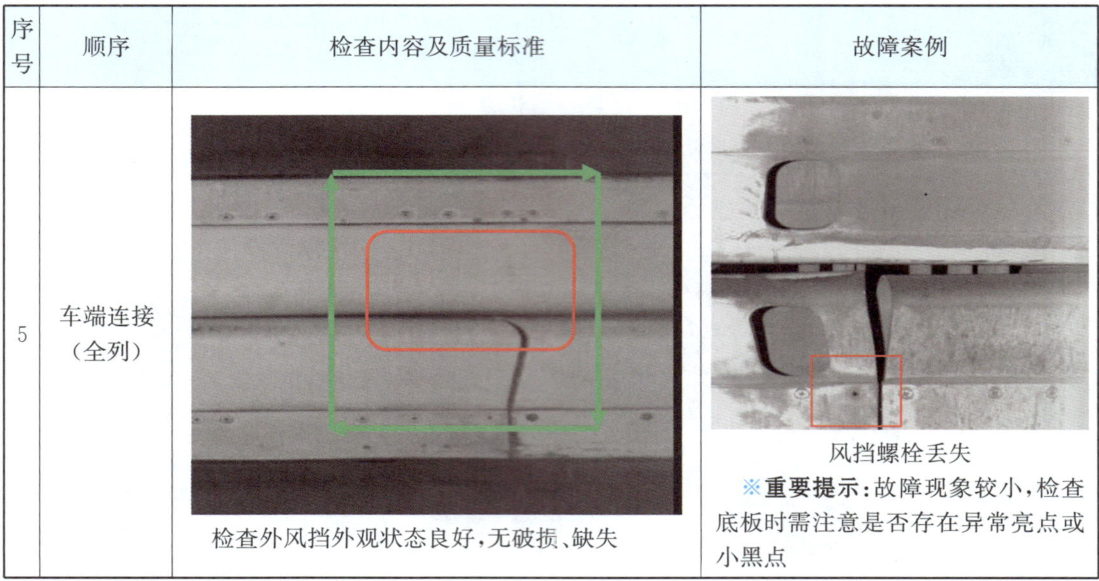

序号	顺序	检查内容及质量标准	故障案例
5	车端连接（全列）	检查外风挡外观状态良好，无破损、缺失	风挡螺栓丢失 ※**重要提示：**故障现象较小，检查底板时需注意是否存在异常亮点或小黑点

四、侧部上检查内容、质量标准及故障案例

序号	顺序	检查内容及质量标准	故障案例
1	头车头罩（01、00车）	检查头罩开闭机构外观正常，闭合良好	—
2	裙板（全列）	检查各裙板外观良好，无变形、缺失、开裂及异物击打痕迹，安全锁锁闭良好	裙板锁锁芯丢失 ※**重要提示：**故障现象较小，检查裙板时需注意是否存在异常亮点或小黑点

续上表

序号	顺序	检查内容及质量标准	故障案例
3	栅格裙板（全列）	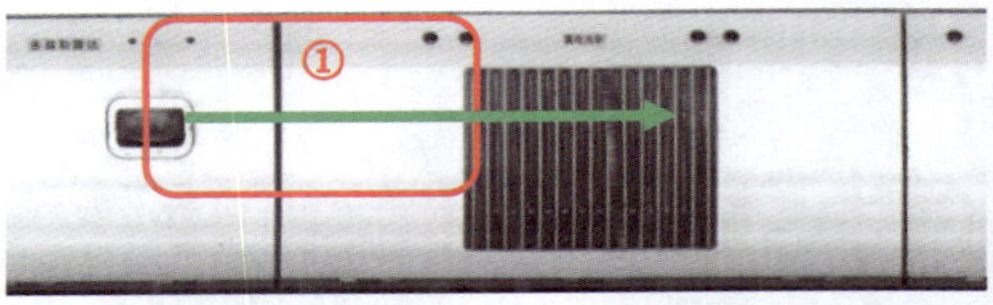 ①检查安全锁外观良好，安装牢固无缺失。 ②检查栅格裙板外观良好，栅格无变形、断裂、缺失	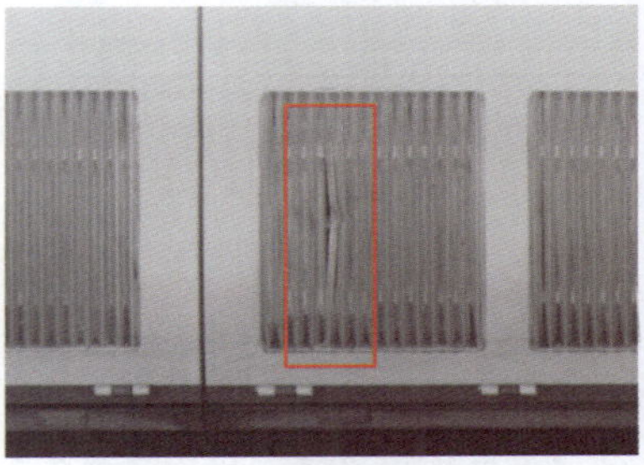 裙板格栅变形 ※**重要提示：**多发生于冰雪天及途经有砟轨道交路
4	注水口、污物箱盖板（全列）	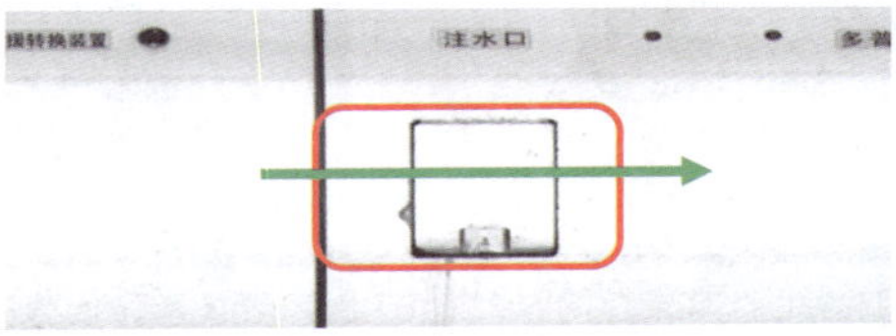 检查注水口、污物箱盖板外观良好，关闭到位	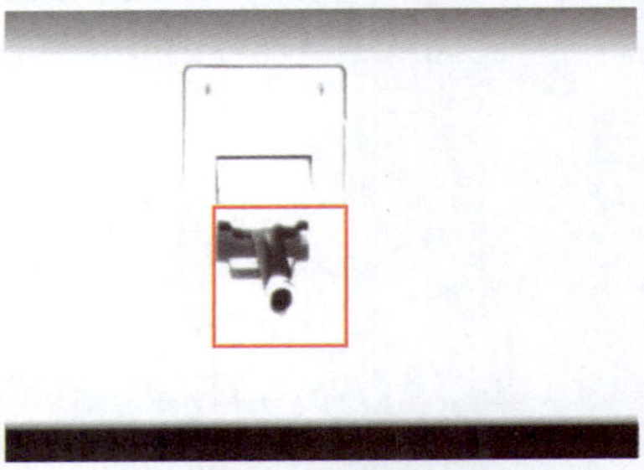 注水管未拔出
5	车端连接（全列）	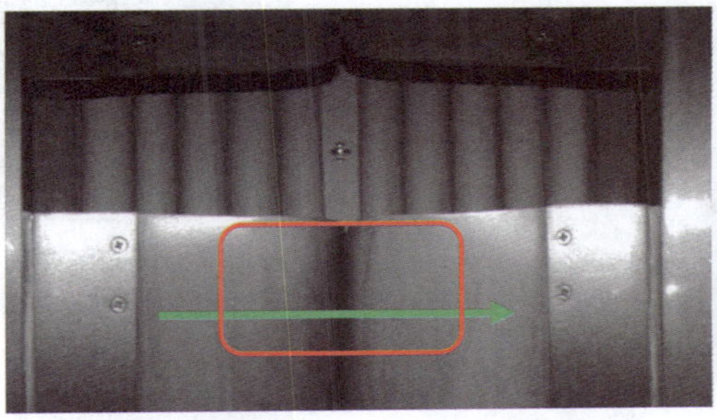 检查外风挡外观状态良好，无破损、缺失	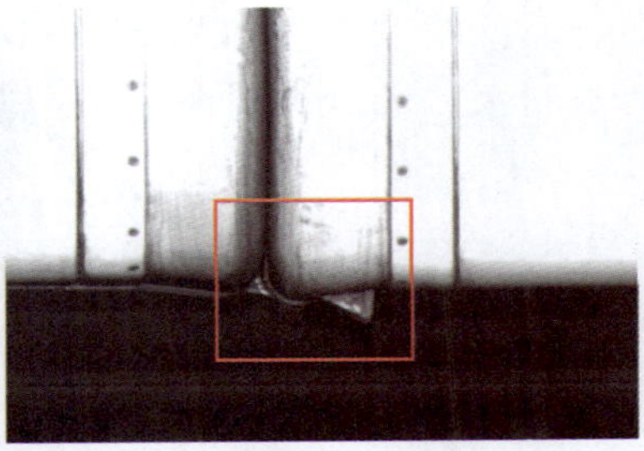 左侧风挡卡异物 ※**重要提示：**可与底部左右侧同部件对比

五、侧部下检查内容、质量标准及故障案例

<table>
<tr><th>序号</th><th>顺序</th><th>检查内容及质量标准</th><th>故障案例</th></tr>
<tr><td rowspan="2">1</td><td rowspan="2">转向架
(全列)</td><td rowspan="2"> 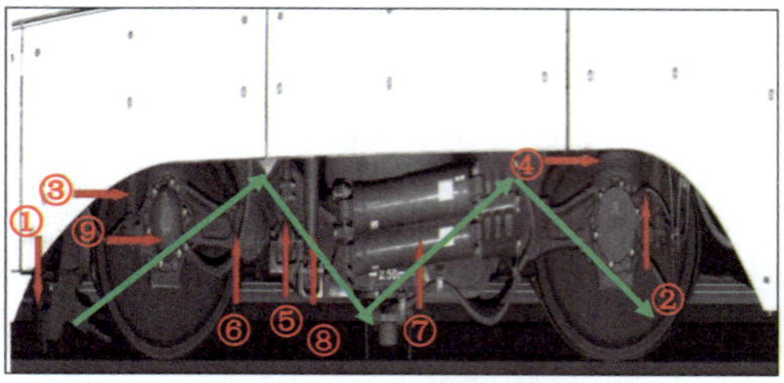①检查转向架排障器、撒砂装置安装状态良好、无异常;托架安装状态良好,安装螺栓无缺失(仅01、00车)。
②检查速度传感器安装状态良好,无断裂、缺失。
③检查轴箱垂向减振器外观状态良好,无漏油,橡胶保护套状态良好。
④检查轴箱弹簧外观良好,无断裂,冰雪覆盖情况符合相关文件要求。
⑤检查抗侧滚扭杆连杆安装状态良好。
⑥检查转臂安装状态良好,橡胶节点外观良好,安装螺栓无缺失。
⑦检查抗蛇行减振器外观状态良好,无漏油变形,安装螺栓无缺失。
⑧检查二系垂向减振器外观状态良好,无漏油。
⑨检查轴箱端盖外观良好,安装螺栓无缺失;速度传感器连接线外观良好,无破损、断裂</td><td> 排障器丢失
※重要提示:多发生于冰雪天及途经有砟轨道交路 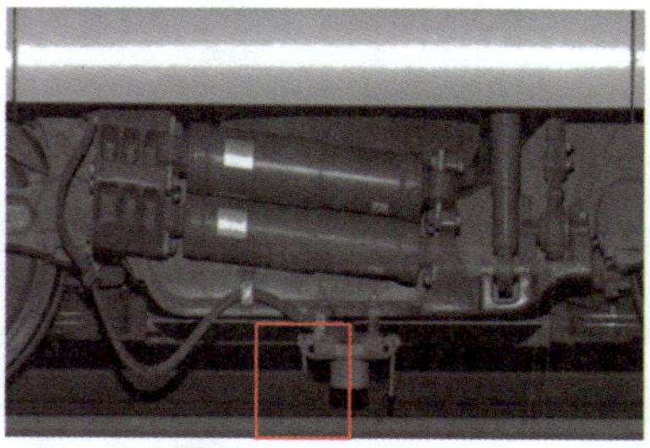</td></tr>
<tr><td>自动过分相装置挡板丢失
※重要提示:可与底部左右侧同部件对比</td></tr>
</table>

第三节　CRH1B/CRH1E 型动车组检查内容、质量标准及故障案例

一、底中检查内容、质量标准及故障案例

序号	顺序	检查内容及质量标准	故障案例
1	头车头罩（01、00 车）	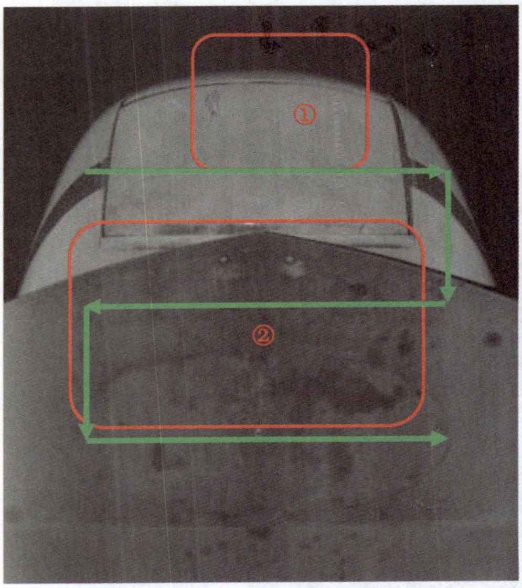 ①检查头罩开闭机构外观正常，闭合良好。 ②车端排障器外观状态良好，无损伤	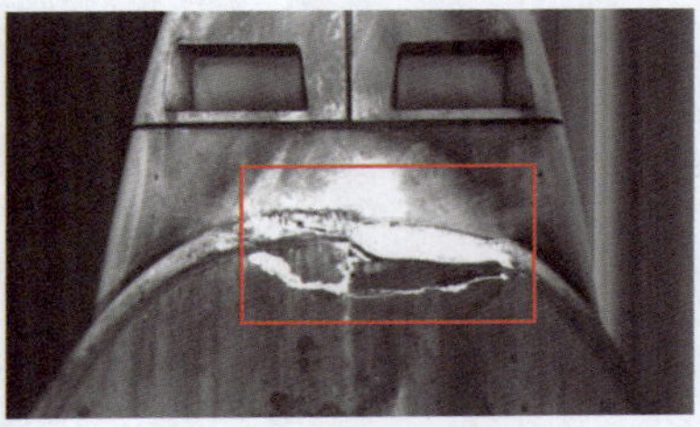 主排障器破损 ※**重要提示：**多发生于冰雪天及途经有砟轨道交路
2	STM 天线（01、00 车）	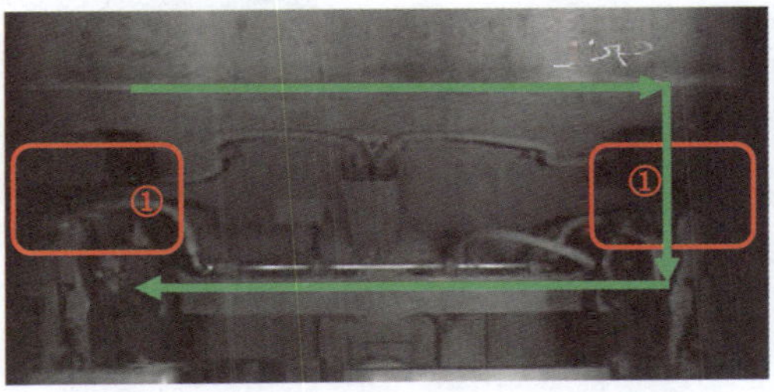 ①检查 STM 天线安装状态良好，外观无异常。 ②检查底板各安装螺栓外观状态良好，无缺失	—

续上表

<table>
<tr><th>序号</th><th>顺序</th><th>检查内容及质量标准</th><th>故障案例</th></tr>
<tr><td rowspan="2">3</td><td rowspan="2">动车转向架（01、03、04、06、08、09、11、13、14、00 车）</td><td rowspan="2"> 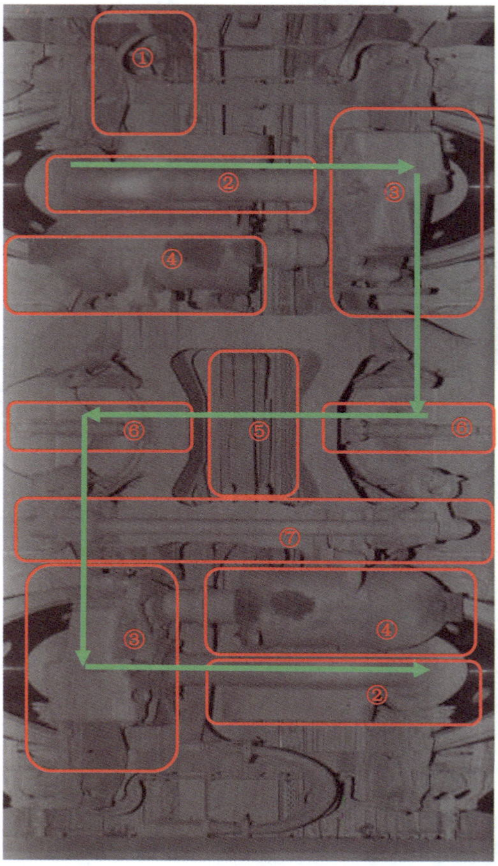①检查牵引电机电源线、温度传感器接线、牵引电机接地线无断裂，安装状态良好。
②检查车轴外观状态良好，表面无击打损伤。
③检查齿轮箱外观良好，无裂纹、漏油；注、排油堵安装状态良好，安装螺栓无缺失；齿轮箱吊杆外观状态良好，安装螺栓无缺失；联轴节可视范围内外观状态良好，紧固螺栓无缺失。
④检查牵引电机外观状态良好，安装座螺栓无缺失。
⑤检查牵引拉杆外观状态良好，安装螺栓无缺失，横向止挡安装状态良好。
⑥检查横向减振器外观状态良好，无漏油。
⑦检查抗侧滚扭杆外观状态良好，无裂纹</td><td> 牵引电机油封盖丢失
※重要提示：易与油迹、污渍类故障混淆，可采用放大图观察 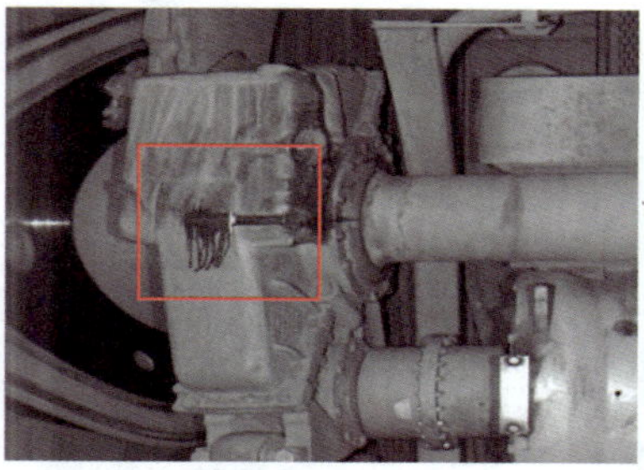</td></tr>
<tr><td>齿轮箱渗油
※重要提示：多发于夏季高温天气及头车 1 轴</td></tr>
</table>

续上表

序号	顺序	检查内容及质量标准	故障案例
4	BTM 天线（01、00 车）	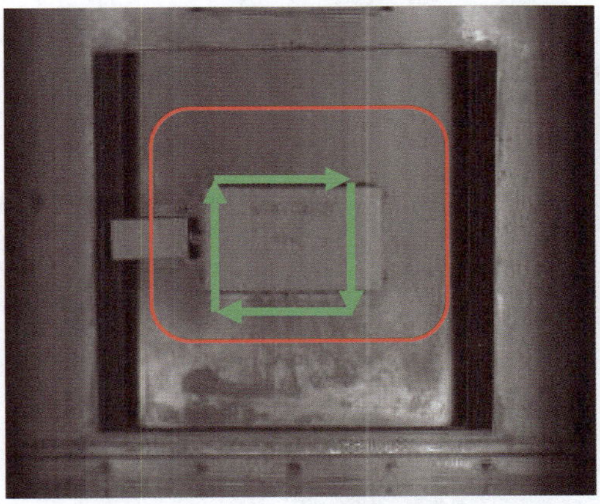 检查 BTM 天线外观状态良好，外观无缺损	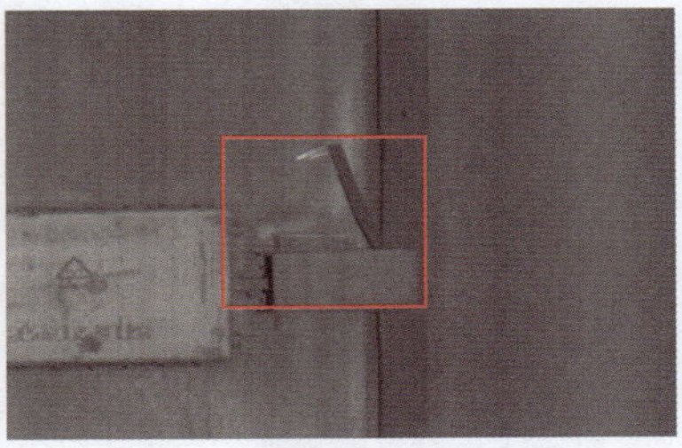 BTM 天线盒底板胶条脱出 ※**重要提示：**易与异物类故障混淆
5	空调冷凝器底板（全列车厢中部）	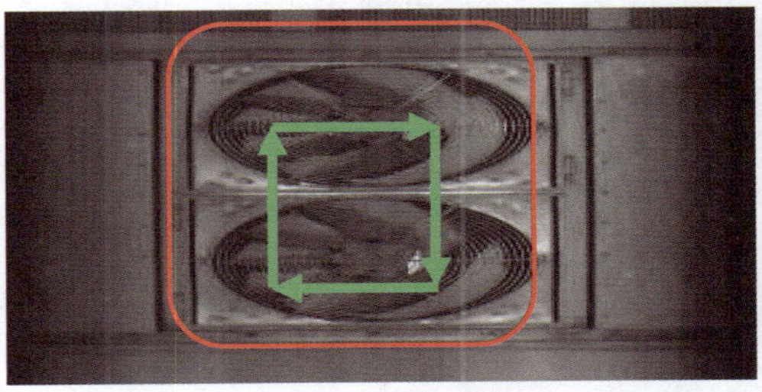 检查空调冷凝器底板外观良好，安装螺栓无缺失	 空调冷凝风扇底板格栅变形 ※**重要提示：**多发生于冰雪天及途经有砟轨道交路
6	车端连接（全列）	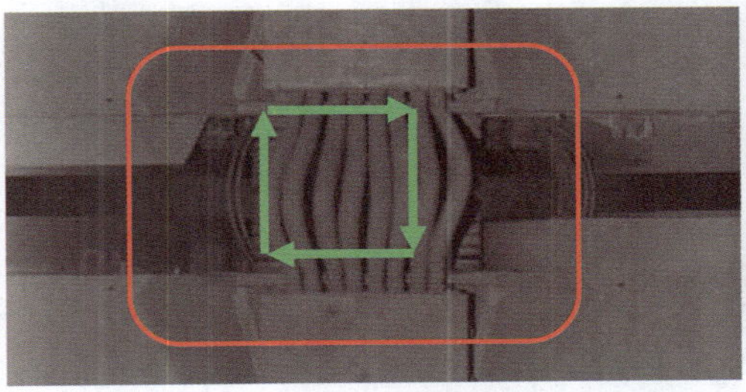 检查连接处跨接电缆可视范围内外观良好，无破损、断裂	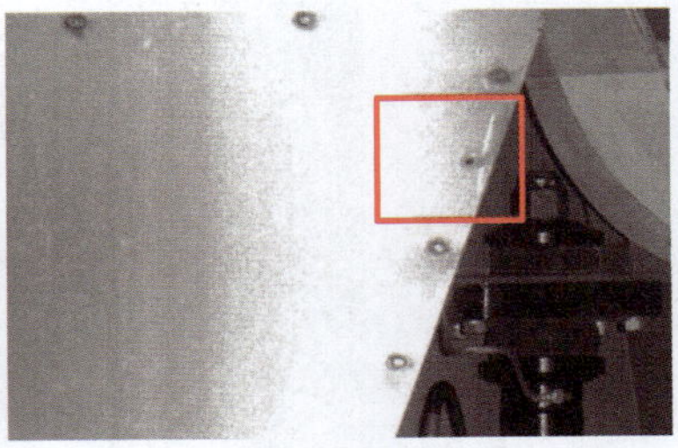 车端底板螺栓丢失 ※**重要提示：**部件位于车厢端部，易出现图片跳跃，作业时需缓慢滚动图片

续上表

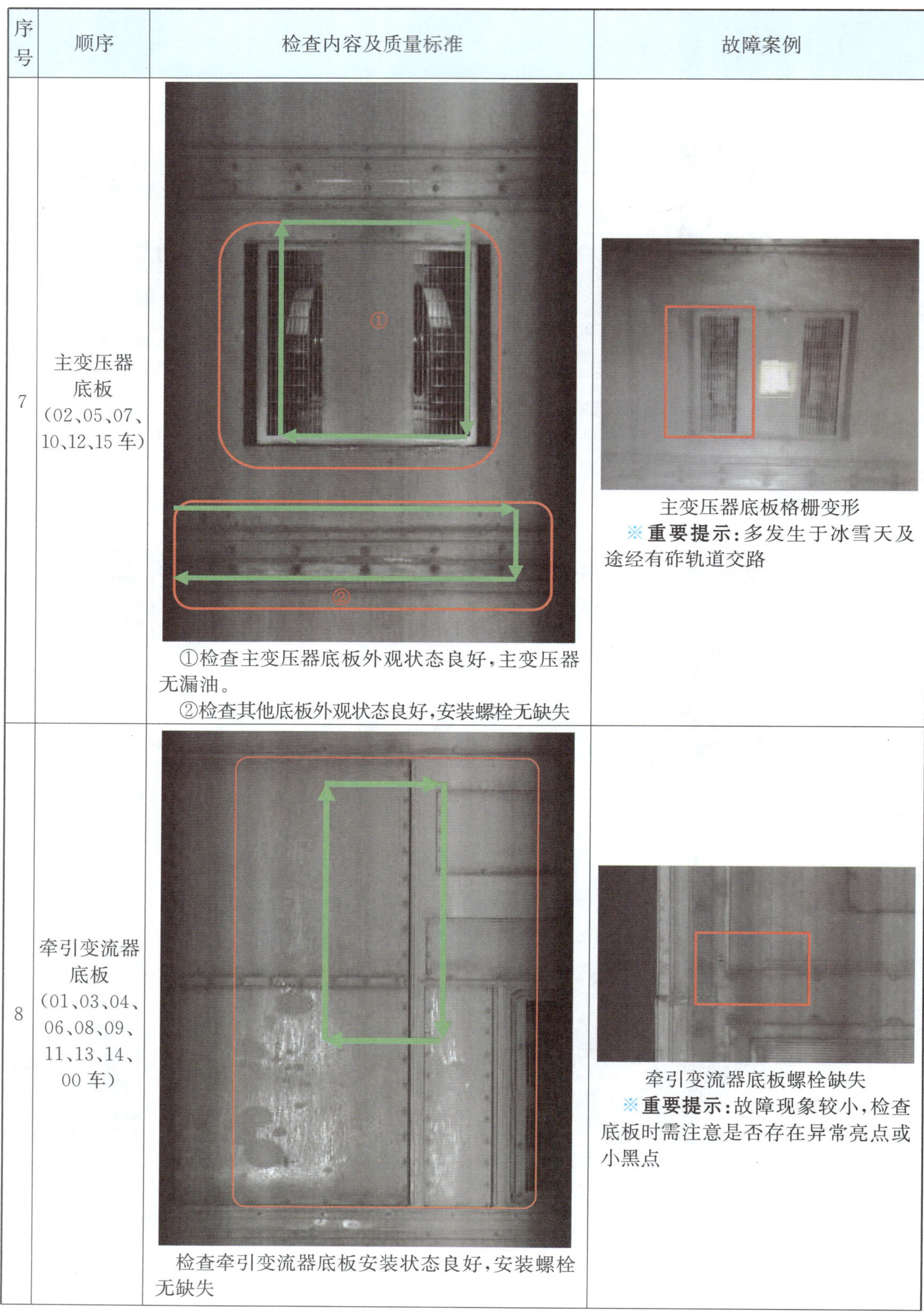

序号	顺序	检查内容及质量标准	故障案例
7	主变压器底板（02、05、07、10、12、15车）	①检查主变压器底板外观状态良好，主变压器无漏油。 ②检查其他底板外观状态良好，安装螺栓无缺失	主变压器底板格栅变形 ※**重要提示：**多发生于冰雪天及途经有砟轨道交路
8	牵引变流器底板（01、03、04、06、08、09、11、13、14、00车）	检查牵引变流器底板安装状态良好，安装螺栓无缺失	牵引变流器底板螺栓缺失 ※**重要提示：**故障现象较小，检查底板时需注意是否存在异常亮点或小黑点

续上表

序号	顺序	检查内容及质量标准	故障案例
9	主空压机底板（02、05、07、10、12、15车）	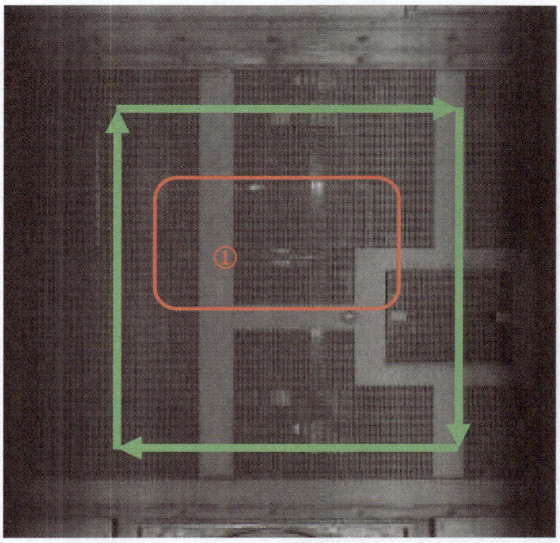 ①检查主空压机底板外观状态良好，空压机无漏油。 ②检查其他底板外观状态良好，安装螺栓无缺失	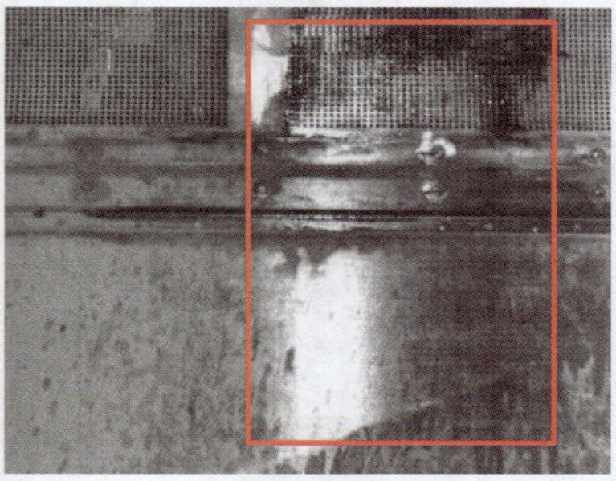 主空压机底板油迹 ※**重要提示：**雨天时，易与雨水混淆，可联系附近部件对比观察
10	其他底板（全列）	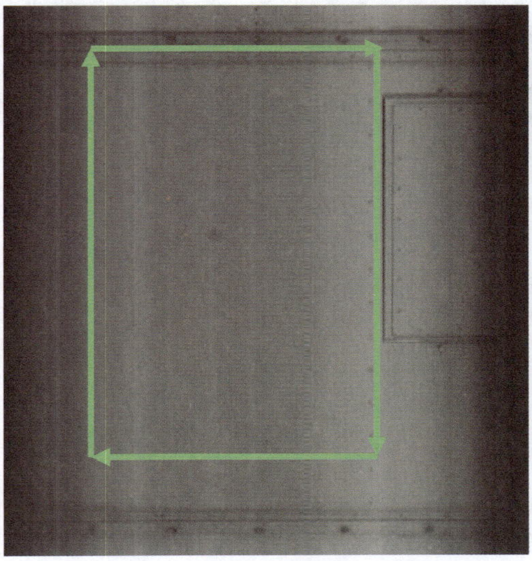 检查底板外观状态良好，安装螺栓无缺失	 底板油迹 ※**重要提示：**检查底板时需注意是否存在异常亮点或黑色油迹

续上表

序号	顺序	检查内容及质量标准	故障案例
11	拖车转向架（02、05、07、10、12、15车）	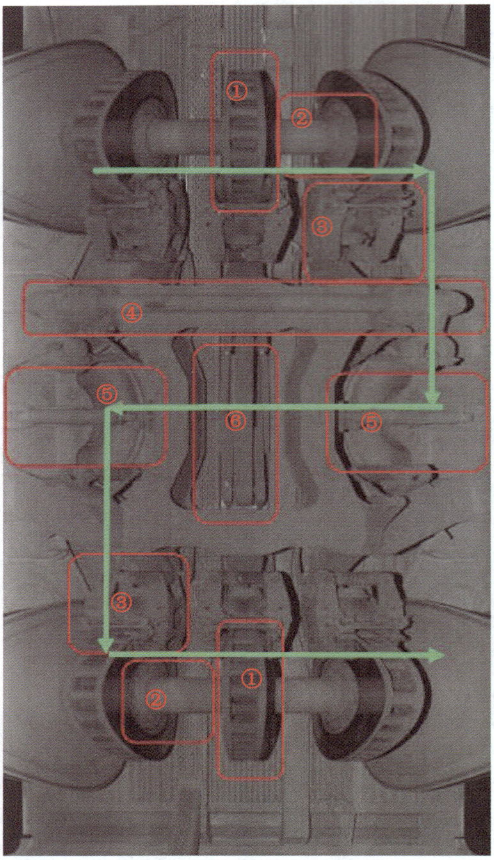 ①检查制动轴盘外观状态良好，安装螺栓无缺失。 ②检查车轴外观状态良好，表面无击打损伤。 ③检查制动夹钳外观状态良好，闸片外观正常无缺失，闸片安装螺栓无缺失，开口销外观正常无缺失。 ④检查抗侧滚扭杆外观状态良好，无裂纹。 ⑤检查横向减振器外观状态良好，无漏油。 ⑥检查牵引拉杆外观状态良好，安装螺栓无缺失，横向止挡外观状态良好	 制动夹钳U形卡簧变形错位 ※**重要提示：**多发生于冰雪天及途经有砟轨道交路

二、底部轨内动车组检查内容、质量标准及故障案例

序号	顺序	检查内容及质量标准	故障案例
1	头车头罩（01、00车）	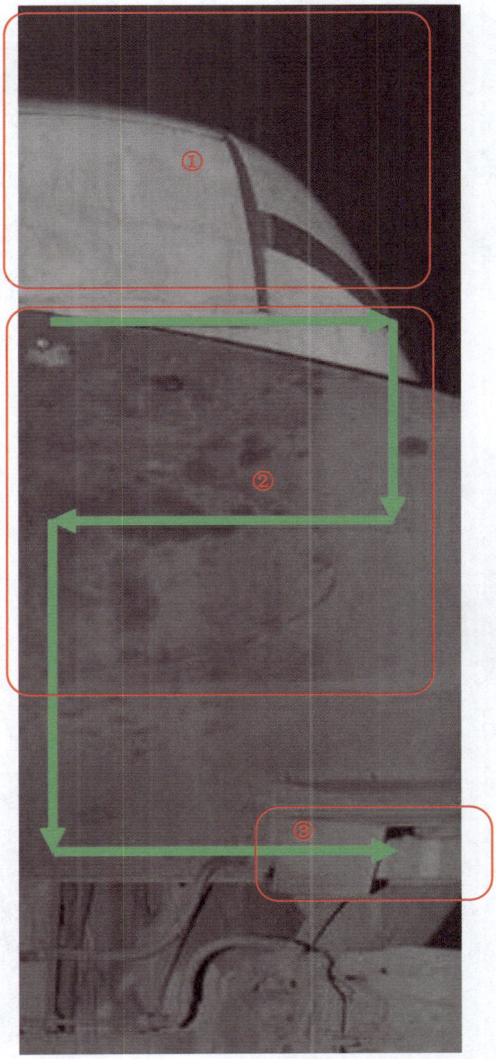 ①②③ ①检查头罩开闭机构外观正常，无裂损及外物击打痕迹。 ②检查辅助排障器外观状态良好，无破损，检查底部安装螺栓无缺失。 ③检查STM天线外观状态良好	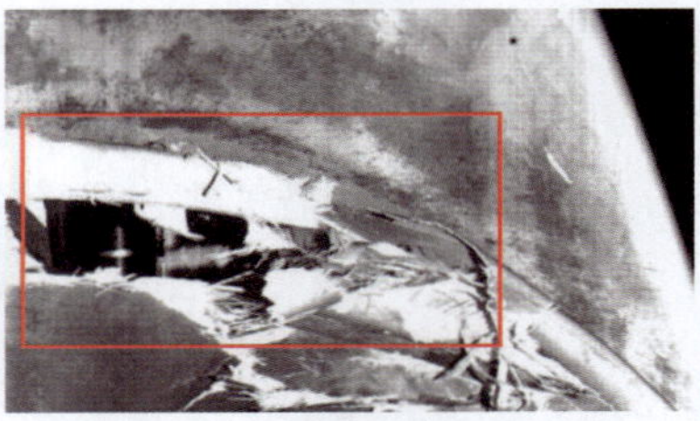 主排障器破损 ※**重要提示：**多发生于冰雪天及途经有砟轨道交路

续上表

序号	顺序	检查内容及质量标准	故障案例
2	动车转向架轮对、齿轮箱前半部分(01、03、04、06、08、09、11、13、14、00车)	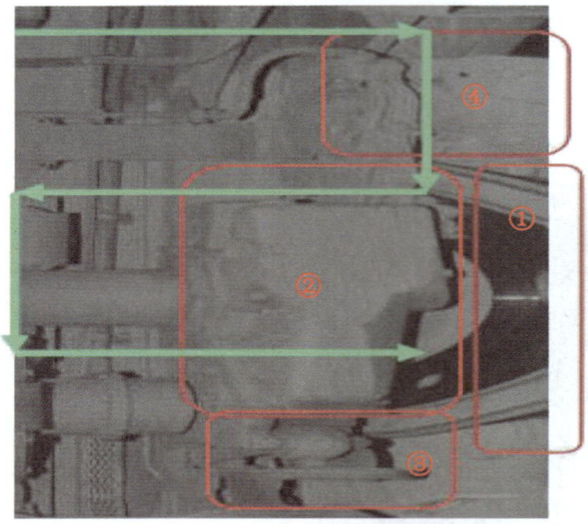 ①检查轮盘外观状态良好,安装螺栓无缺失;闸片安装状态良好无缺失,闸片托螺栓无缺失,开口销外观正常无缺失,齿轮箱大齿轮轴承安装螺栓无缺失。 ②检查齿轮箱排油堵安装良好,安装螺栓无缺失;防松铁丝绑扎良好,接地装置罩壳安装螺栓无缺失。 ③检查齿轮箱吊杆外观状态良好,联轴节外观状态良好,安装螺栓无缺失。 ④检查制动夹钳外观状态良好,安装螺栓无缺失;各供风管路连接良好、无破损、无断裂	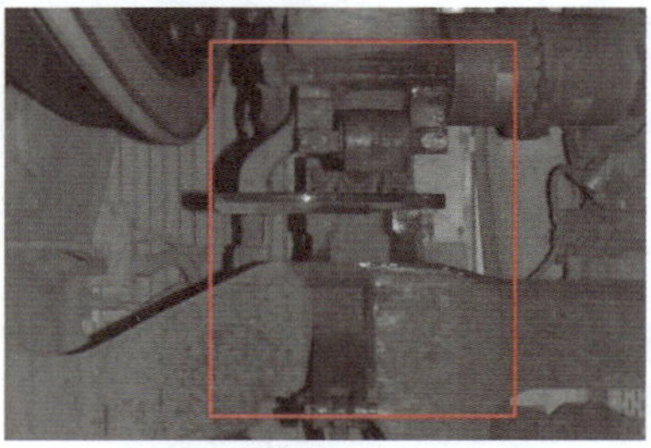 齿轮箱油迹 ※**重要提示:**易与老油灰混淆,可与历史过车对比观察
3	动车转向架轮对、齿轮箱后半部分(01、03、04、06、08、09、11、13、14、00车)	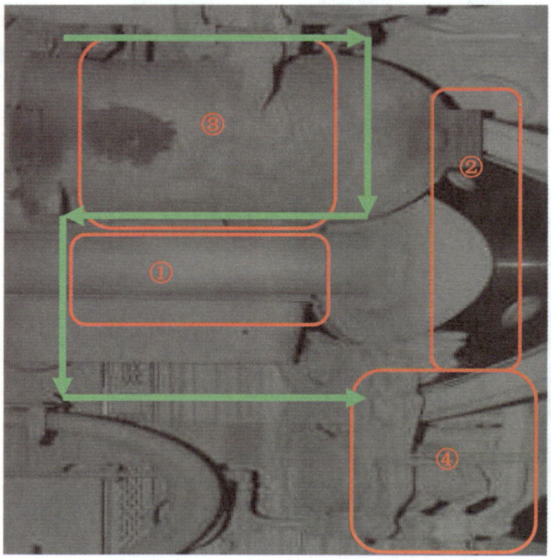 ①检查车轴外观状态良好,表面无击打损伤。 ②检查轮盘外观状态良好,安装螺栓无缺失;闸片安装状态良好无缺失,闸片托螺栓无缺失,开口销外观正常无缺失。 ③检查牵引电机外观状态良好,安装座螺栓无缺失。 ④检查制动夹钳外观状态良好,安装螺栓无缺失;各供风管路连接良好、无破损、无断裂	 联轴节油迹 ※**重要提示:**多发生于冰雪天及途经有砟轨道交路

续上表

序号	顺序	检查内容及质量标准	故障案例
4	底板（全列）	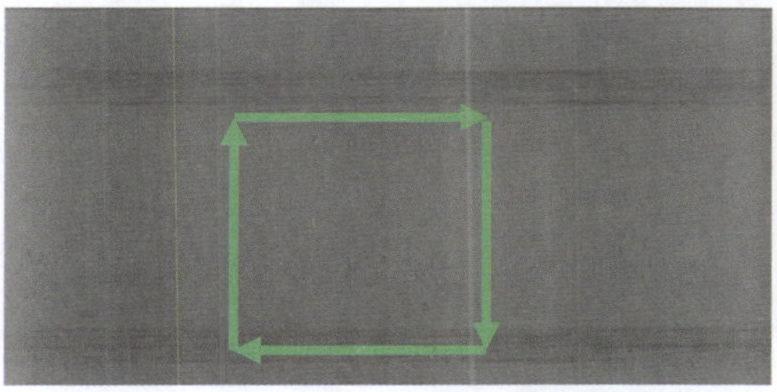 检查底板外观状态良好无缺失，安装螺栓无缺失	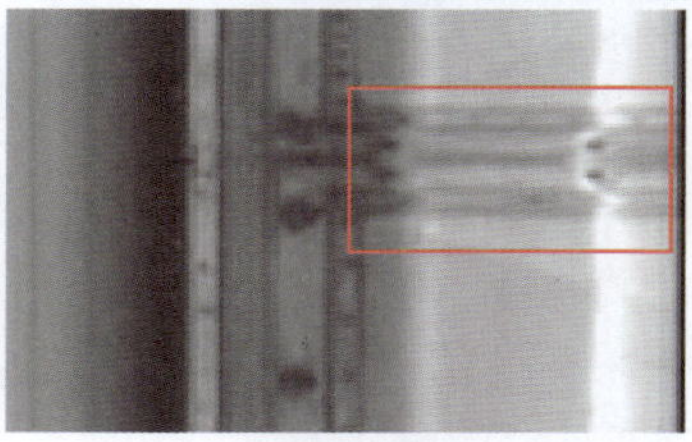 底板铆钉丢失 ※**重要提示：**故障现象较小，检查底板时需注意是否存在异常亮点或小黑点
5	车端连接（全列）	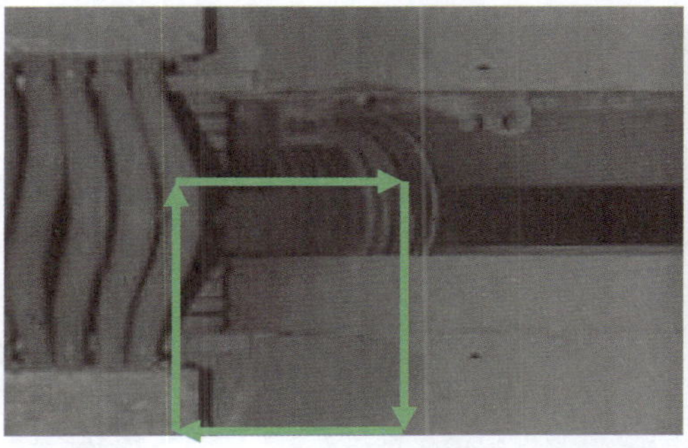 检查内风挡外观状态良好，卡扣锁闭状态良好，检查跨接线外观良好，无断裂，无破损	 车端连接处跨接线保护套脱开 ※**重要提示：**部件位于车厢端部，易出现图片跳跃，作业时需缓慢滚动图片
6	拖车转向架前半部分（02、05、07、10、12、15）	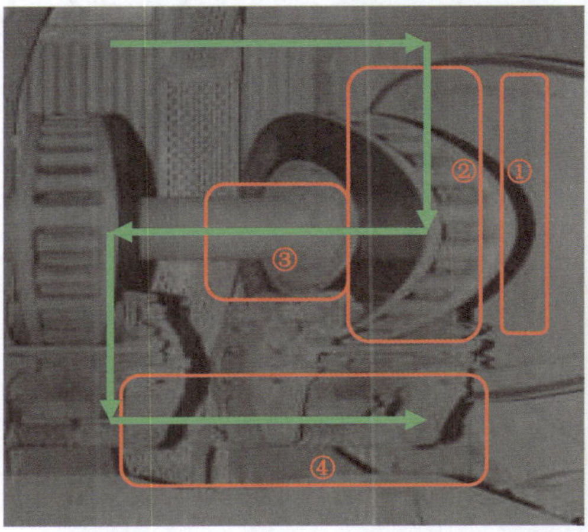 ①②③④ ①检查轮对外观状态良好，安装螺栓无缺失。 ②检查轴盘外观状态良好，安装螺栓无缺失；车轴外观状态良好，无裂损、击打痕迹；闸片安装状态良好，闸片托安装无缺失，安装螺栓无缺失，防松铁丝绑扎良好。 ③检查车轴外观状态良好，表面无击打损伤。 ④检查制动夹钳外观状态良好，安装螺栓无缺失；各供风管路连接良好、无破损、无断裂	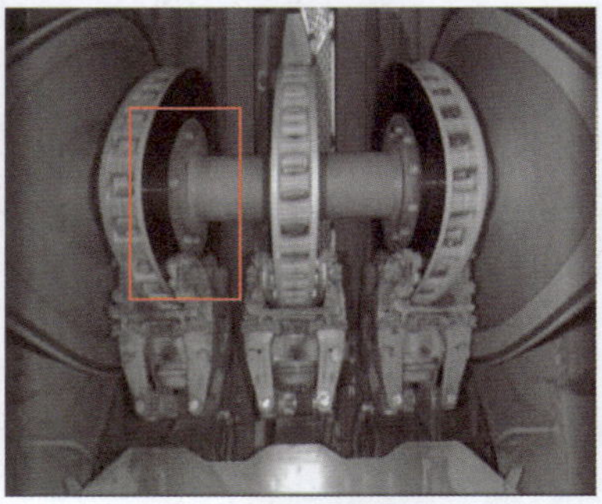 轴盘螺栓丢失 ※**重要提示：**多发于高级修修竣及新造车组

三、底部轨外检查内容、质量标准及故障案例

序号	顺序	检查内容及质量标准	故障案例
1	头车头罩(01、00车)	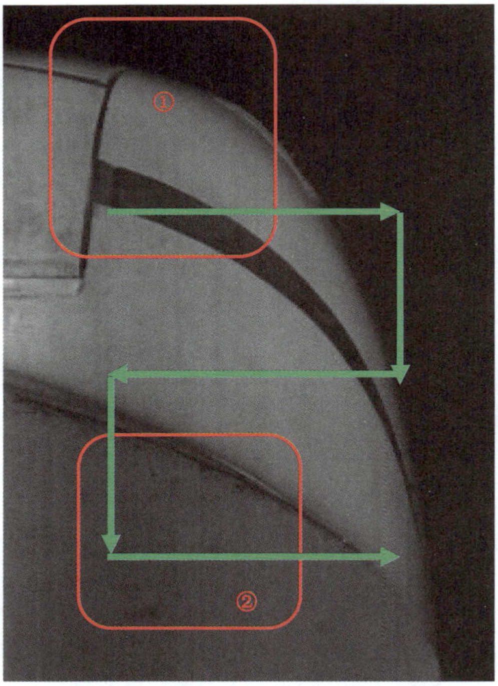 ① ② ①检查头罩开闭机构外观正常,无裂损及外物击打痕迹。 ②检查辅助排障器外观状态良好无变形	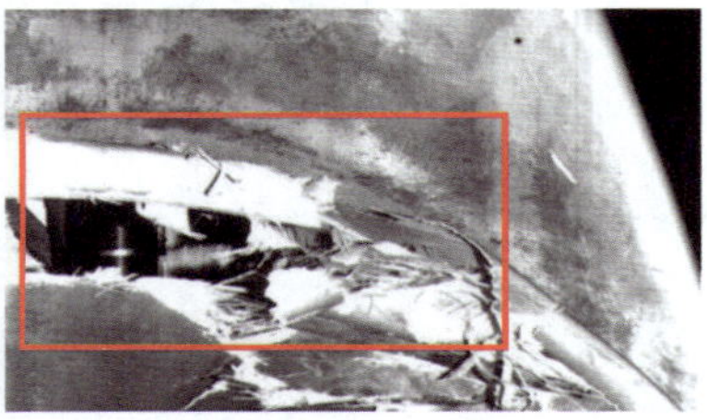 主排障器破损 ※**重要提示:**多发生于冰雪天及途经有砟轨道交路

续上表

<table>
<tr><th>序号</th><th>顺序</th><th>检查内容及质量标准</th><th>故障案例</th></tr>
<tr><td rowspan="2">2</td><td rowspan="2">转向架
前半部分
(全列)</td><td rowspan="2"> 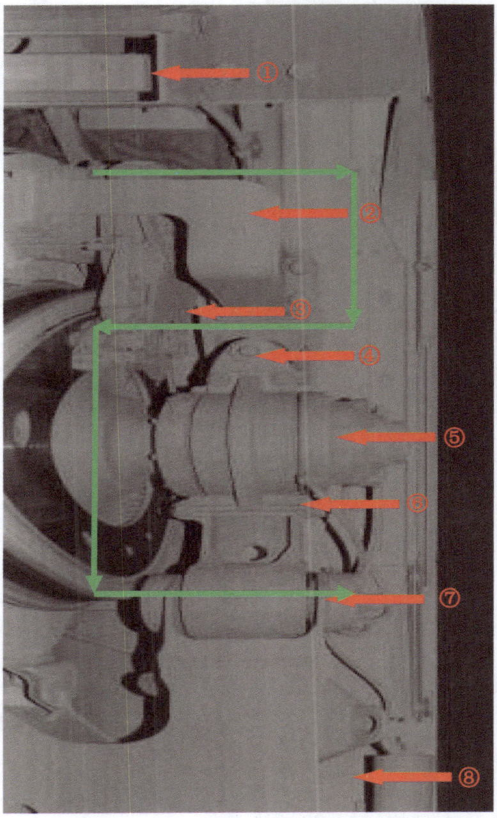①检查 STM 天线外观状态良好，无破损缺失。
②检查转向架排障器安装状态良好，无变形、缺失，安装座螺栓良好无缺失。
③检查制动夹钳外观状态良好，安装座螺栓无缺失；轮盘闸片外观正常无缺失，闸片托螺栓无缺失，开口销外观正常无缺失。
④检查轴箱垂向减振器安装状态良好，螺栓无缺失。
⑤检查轴箱防尘盖安装状态良好。
⑥检查轴温传感器外观状态良好，无断裂、缺失。
⑦检查转臂安装状态良好，橡胶节点外观良好，安装螺栓无缺失。
⑧检查抗蛇行减振器外观状态良好，无漏油变形，安装螺栓无缺失；橡胶保护套安装状态良好，无破损、缺失</td><td> ATP 固定线卡螺栓丢失
※重要提示：故障特征不明显，可与同部件对比 </td></tr>
<tr><td>轴箱渗油
※重要提示：雨天易与雨水混淆，可根据油迹分布及反光情况综合判断</td></tr>
</table>

续上表

序号	顺序	检查内容及质量标准	故障案例
3	转向架后半部分(全列)	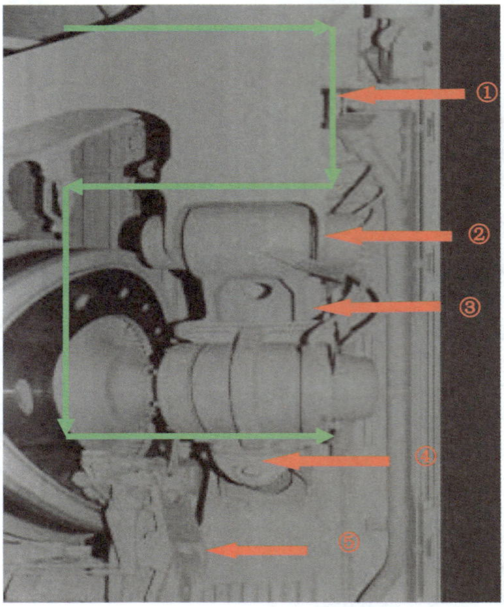 ①检查空气弹簧高度调整杆安装状态良好。 ②检查转臂安装状态良好,橡胶节点外观良好,安装螺栓无缺失。 ③检查轴温传感器及速度传感器安装状态良好,无断裂、缺失。 ④检查轴箱垂向减振器安装状态良好,螺栓无缺失,防松铁丝绑扎良好。 ⑤检查制动夹钳外观状态良好,安装座螺栓无缺失;轮盘闸片外观正常无缺失,闸片托螺栓无缺失,开口销外观正常无缺失	 制动夹钳卡簧变形脱出 ※**重要提示:**多发生于冰雪天及途经有砟轨道交路  车门处遗留工具 ※**重要提示:**分析作业时,需关注车体外部图片
4	底板(全列)	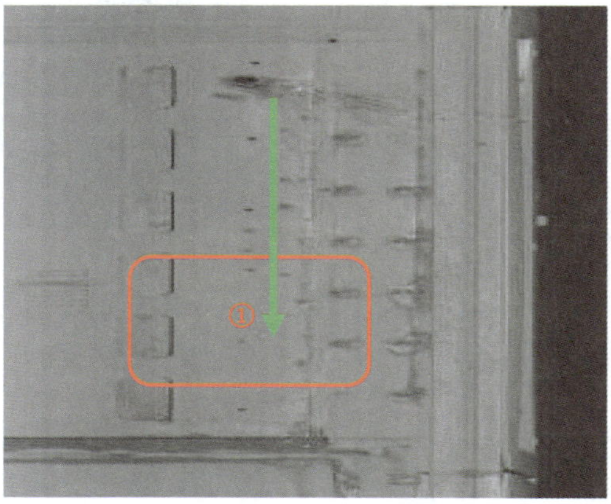 ①检查底板安装螺栓无缺失。 ②检查底板外观状态良好,无破损、缺失	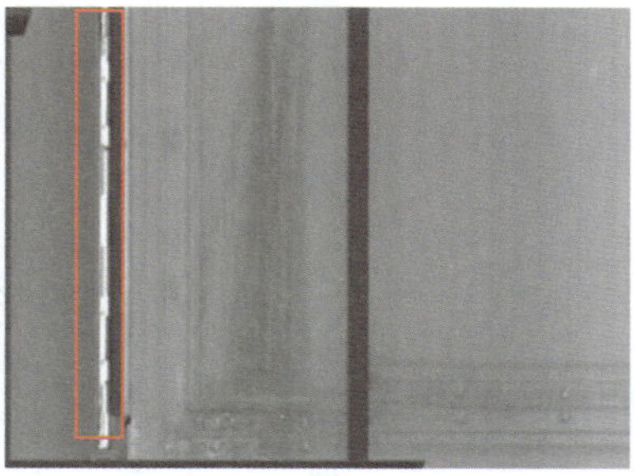 车门未压紧 ※**重要提示:**可与左右侧同部件对比

续上表

序号	顺序	检查内容及质量标准	故障案例
5	车端连接（全列）	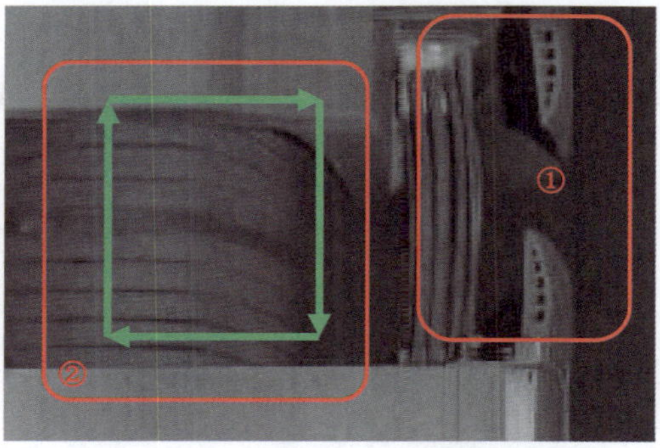 ①检查外风挡外观状态良好，无破损、缺失。 ②检查车端跨接线外观状态良好，无断裂、缺失。 ③检查内挡外观良好	—

四、侧部上检查内容、质量标准及故障案例

序号	顺序	检查内容及质量标准	故障案例
1	头车头罩（01、00车）	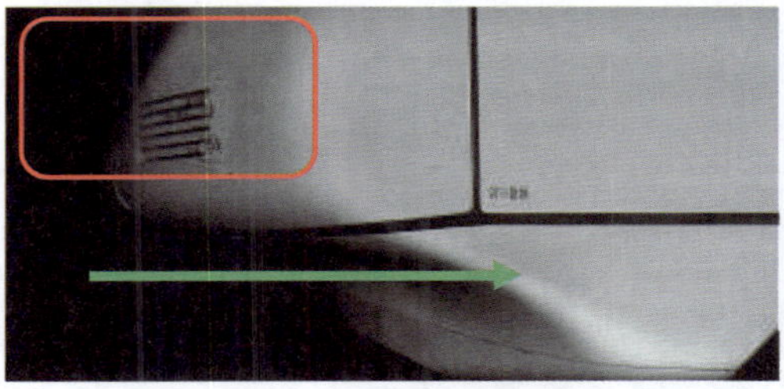 检查头罩开闭机构外观正常，闭合良好	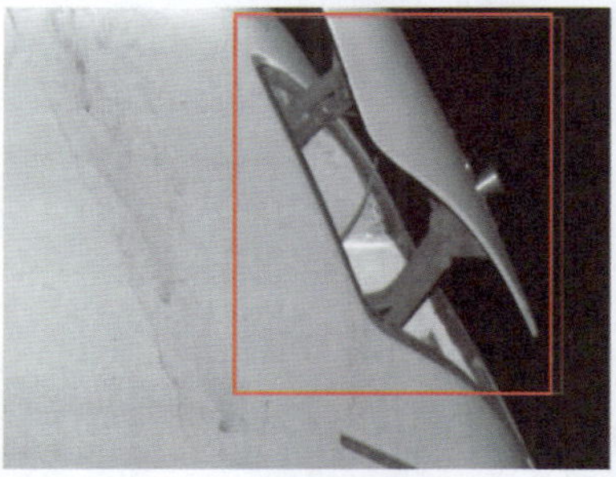 外接电源盖板打开 ※**重要提示：**部件位于车厢端部，易出现图片跳跃，作业时需缓慢滚动图片
2	裙板（全列）	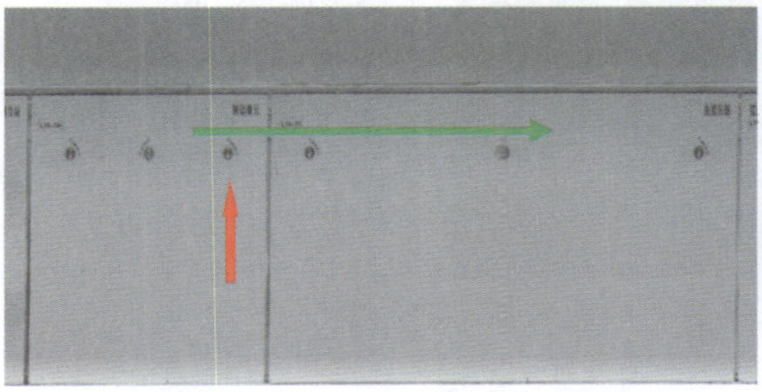 检查各裙板外观良好，无变形、缺失、开裂及异物击打痕迹，安全锁锁闭良好	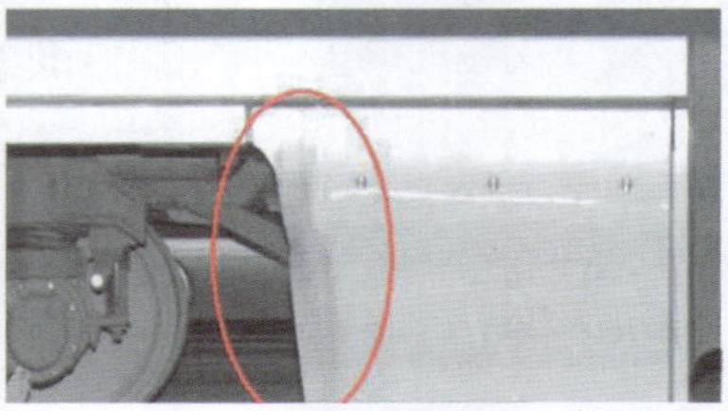 裙板变形 ※**重要提示：**多发生于冰雪天及途经有砟轨道交路

续上表

序号	顺序	检查内容及质量标准	故障案例
3	栅格裙板（全列）	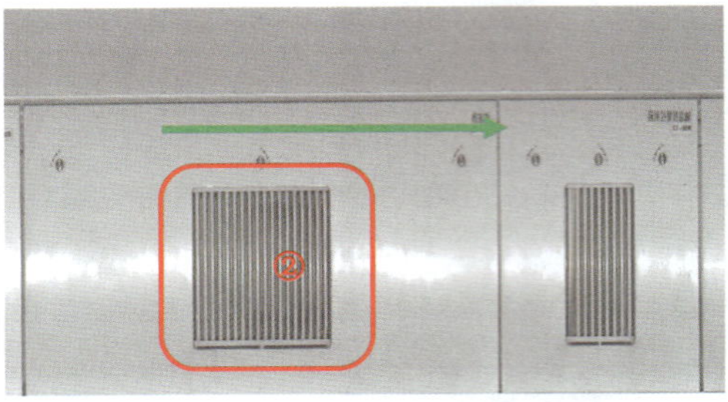 ①检查安全锁外观良好,安装牢固无缺失。 ②检查栅格裙板外观良好,栅格无变形、断裂、缺失	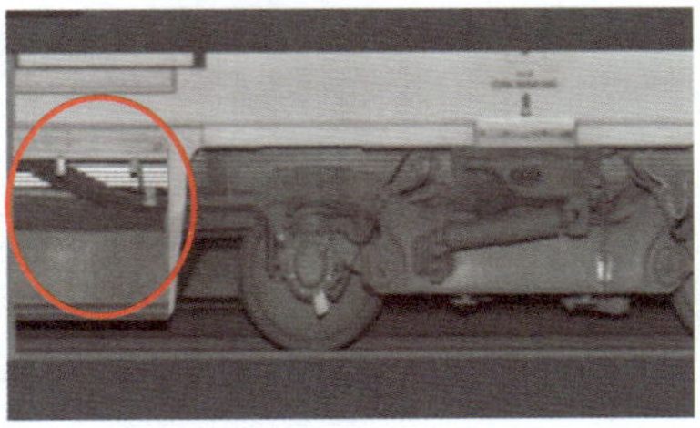 裙板丢失 ※**重要提示:**故障前期多为裙板锁松脱
4	注水口、污物箱盖板（全列）	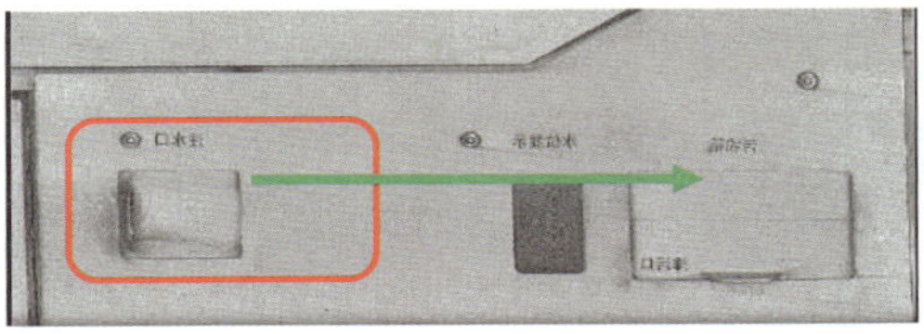 检查注水口、污物箱盖板外观良好,关闭到位	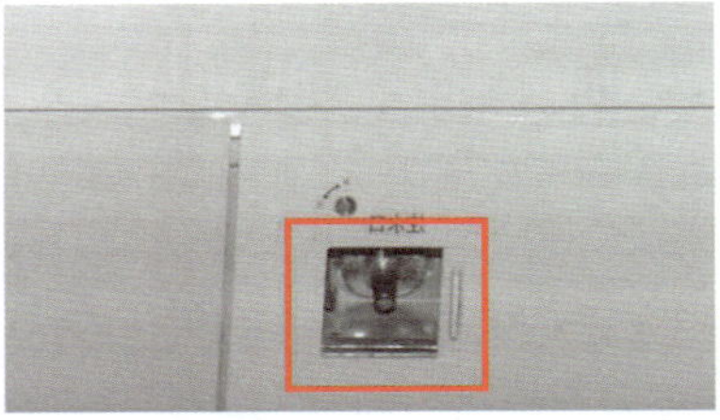 注水口盖板未关闭 ※**重要提示:**少数车组注水口盖板无法锁闭到位,运行途中易被振开
5	车端连接（全列）	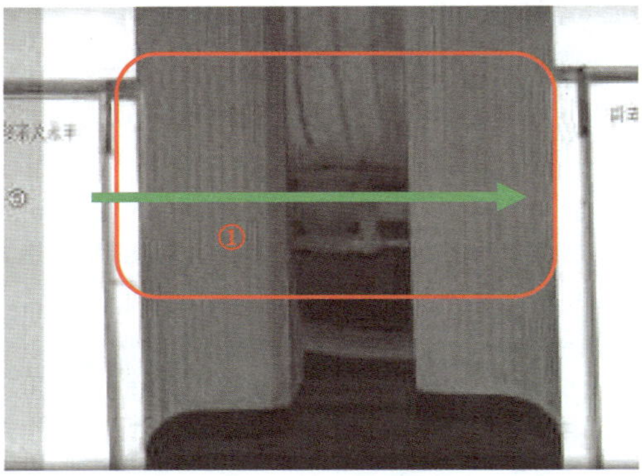 ①检查内、外风挡可视范围内无破损,内风挡锁闭良好,密接式车钩外观状态良好。 ②检查车端跨接线无断裂、缺失	—

五、侧部下检查内容、质量标准及故障案例

序号	顺序	检查内容及质量标准	故障案例
1	头车头罩（01、00车）	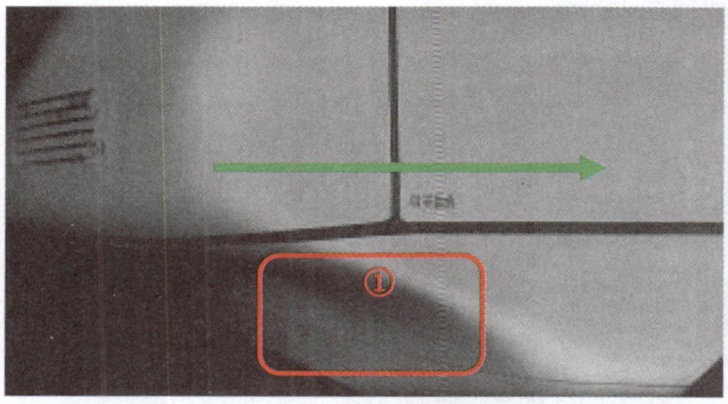 ①检查主排障器外观良好，无异物击打痕迹。 ②检查头罩开闭机构外观正常，闭合良好	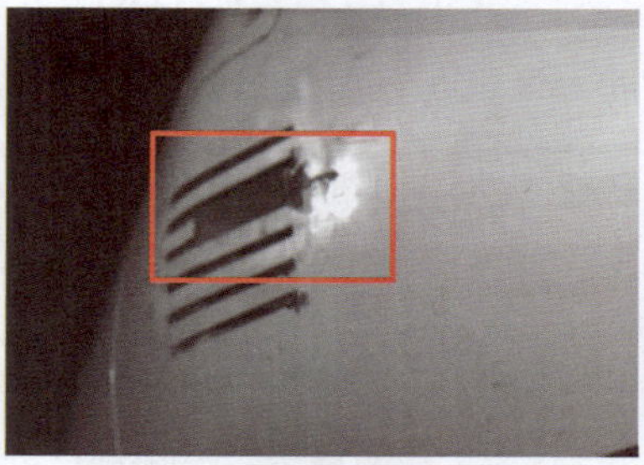 风笛格栅异物击打破损 ※ **重要提示**：该类故障多为撞击鸟类产生
2	转向架（全列）	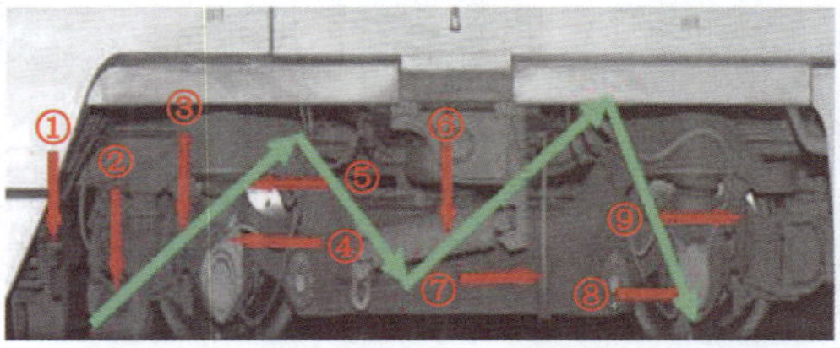 ①检查STM天线安装状态良好，外观无异常。 ②检查转向架排障器安装状态良好，无异常；托架安装状态良好，安装螺栓无缺失（仅头车）。 ③检查轴箱垂向减振器外观状态良好，无漏油，橡胶保护套状态良好。 ④检查速度传感器安装状态良好，无断裂、缺失。 ⑤检查轴箱弹簧外观良好，无断裂，冰雪覆盖情况符合相关文件要求。 ⑥检查抗蛇行减振器外观状态良好，无漏油变形，安装螺栓无缺失；橡胶保护套安装状态良好，无破损、缺失。 ⑦检查空气弹簧高度调整杆安装状态良好。 ⑧检查轴箱端盖外观良好，安装螺栓无缺失；速度传感器连接线外观良好，无破损、断裂。 ⑨检查制动夹钳外观良好，闸片外观正常无缺失，闸片托螺栓无松动缺失，开口销外观正常无缺失	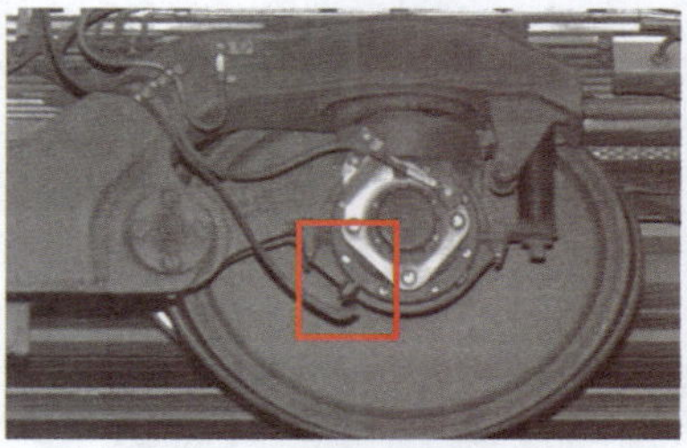 轴温传感器线断开 ※ **重要提示**：可与左右侧同部件对比

第四节　CRH2A/CRH2B/CRH2C/CRH2E/CRH380A(L)型动车组检查内容、质量标准及故障案例

一、CRH2A/CRH2B/CRH2E 型动车组检查内容、质量标准及故障案例

1. 底中检查内容、质量标准及故障案例

序号	顺序	检查内容及质量标准	故障案例
1	头车头罩(01、00 车)	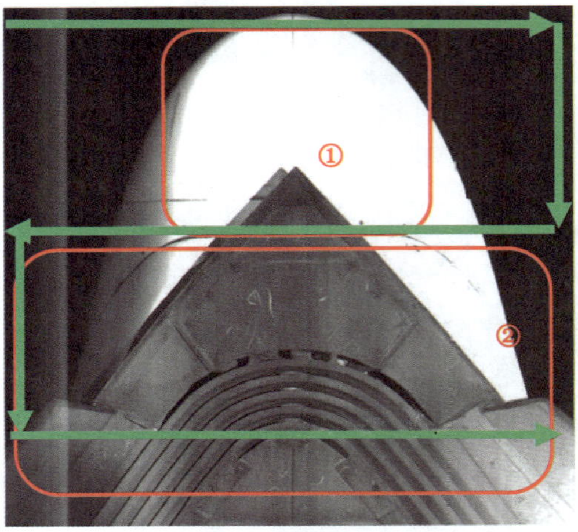 ① ② ①检查头罩开闭机构外观正常,闭合良好。 ②辅助排障器外观状态良好,无损伤。 ③其他底板外观良好,无缺失	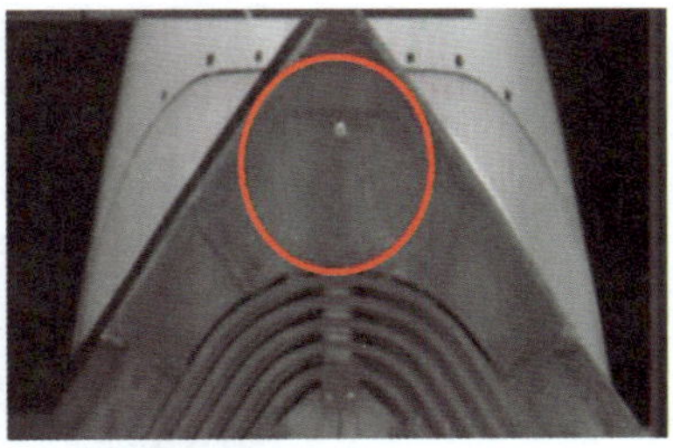 排障器下方螺栓丢失 ※**重要提示:**故障现象较小,检查底板时需注意是否存在异常亮点或小黑点
2	STM 天线(01、00 车)	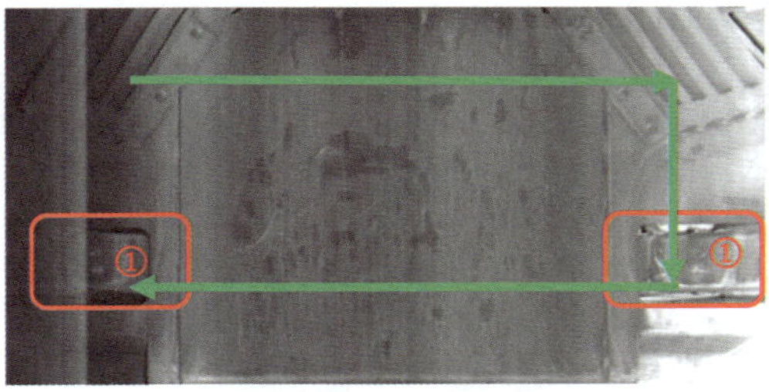 ①　① ①检查 STM 天线安装状态良好,外观无异常。 ②检查底板各安装螺栓外观状态良好,无缺失	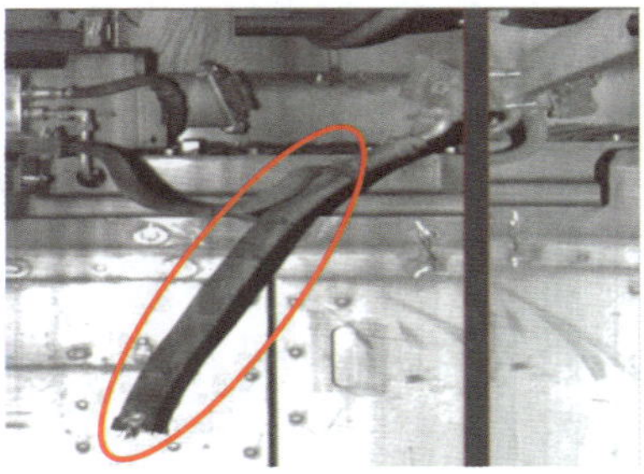 撒砂管受异物击打折断 ※**重要提示:**可与左右侧同部件对比

续上表

序号	顺序	检查内容及质量标准	故障案例
3	拖车转向架（01、04、05、00 车）	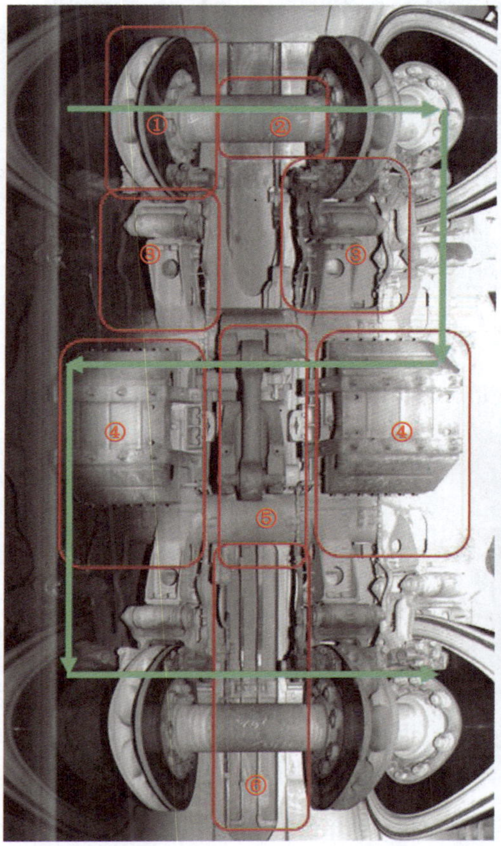 ①检查制动轴盘外观状态良好，安装螺栓无缺失。 ②检查车轴外观状态良好，表面无击打损伤。 ③检查制动夹钳外观良好无漏油，闸片安装螺栓无缺失，防松铁丝安装状态良好。 ④检查增压缸保护罩外观良好无破损，吊装螺栓无缺失。 ⑤检查牵引拉杆外观状态良好，安装螺栓无缺失，横向止挡外观状态良好。 ⑥检查车底各供风管路无变形、断裂、脱落	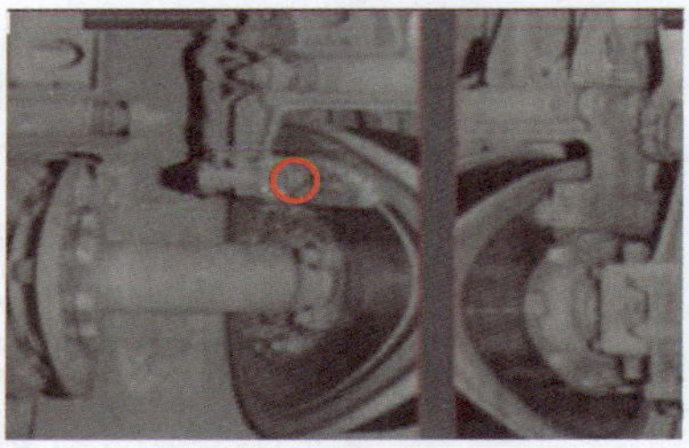 闸片部分丢失 ※**重要提示**：可与上下转向架同部件对比

续上表

序号	顺序	检查内容及质量标准	故障案例
4	BTM 天线(01、00 车)	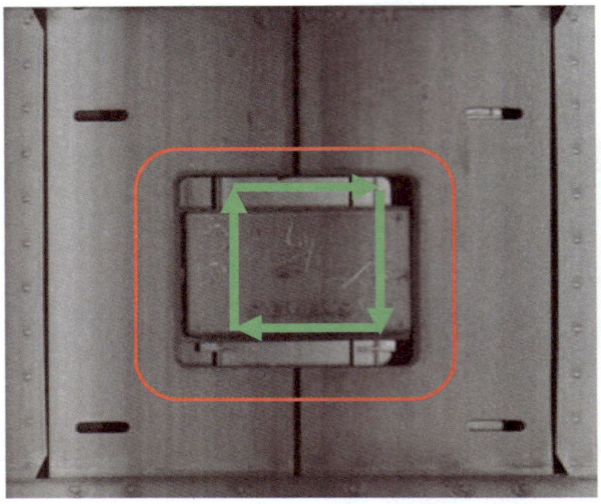 检查 BTM 天线外观状态良好,外观无缺损	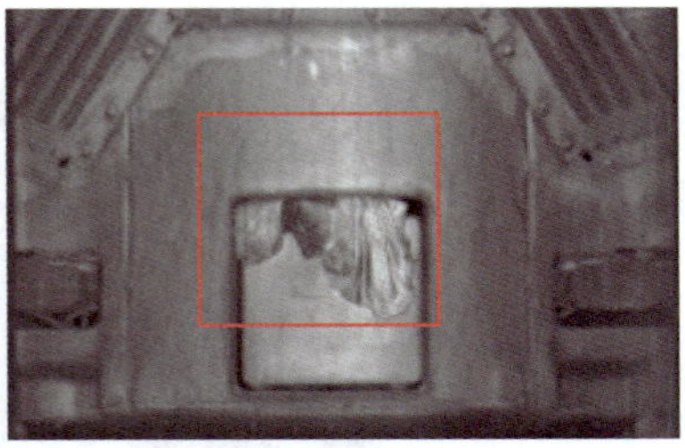 BTM 天线异物 ※**重要提示:**多发生于大风天气
5	空调冷凝器底板(全列车厢两端)	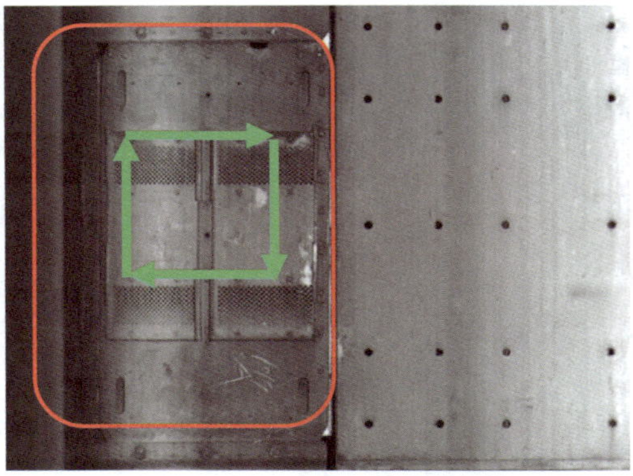 检查空调冷凝器底板外观良好,安装螺栓无缺失	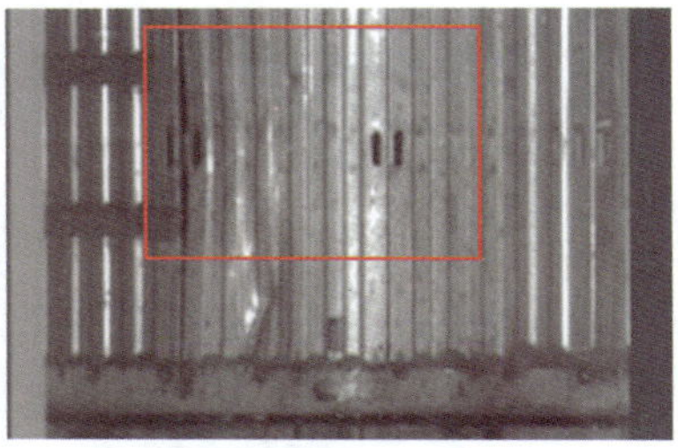 冷凝器底板疑似变形 ※**重要提示:**多发生于冰雪天及途经有砟轨道交路
6	空调蒸发器底板(全列车厢两端)	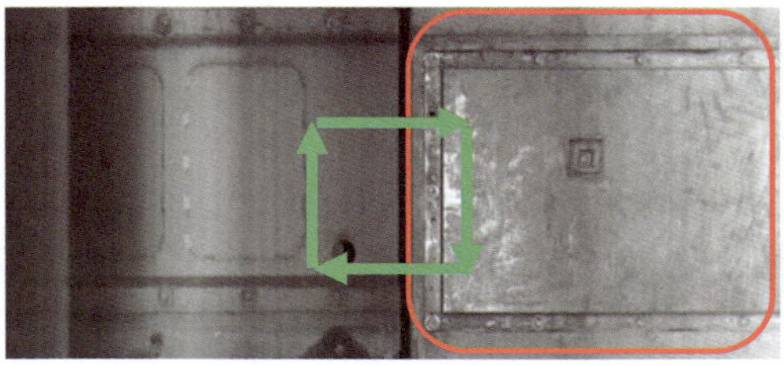 检查空调蒸发器底板外观良好,安装螺栓无缺失,排水堵安装无缺失	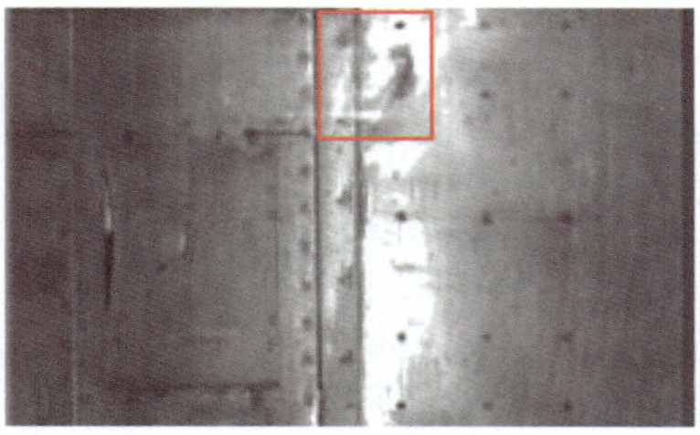 蒸发器底板变形 ※**重要提示:**多发生于冰雪天及途经有砟轨道交路

续上表

序号	顺序	检查内容及质量标准	故障案例
7	BCU 底板（全列）	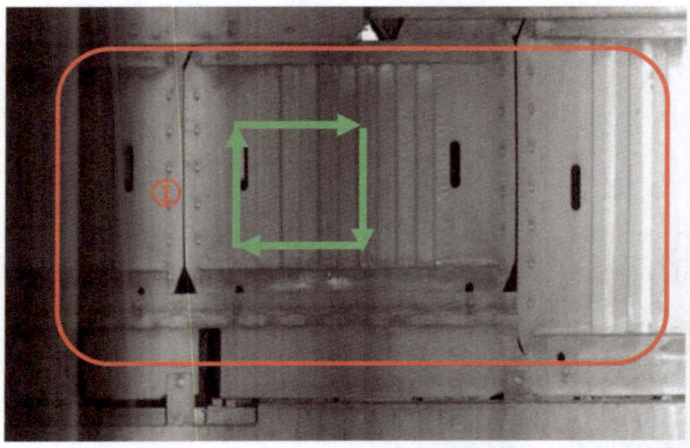 ①检查 BCU 底板安装状态良好，安装螺栓无缺失。 ②检查其余底板安装状态良好，安装螺栓无缺失	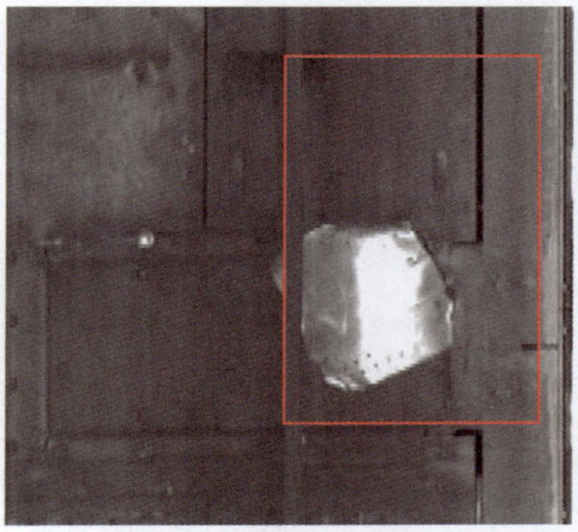 BCU 底板挂金属异物 ※**重要提示：**多发生于大风天气
8	车端连接（全列）	 ①检查防雪风挡安装螺栓无缺失，防雪风挡外观良好无破损。 ②检查连接处跨接电缆可视范围内外观良好，无破损、断裂。 ③检查车端密接式车钩锁闭状态良好	 风挡破损 ※**重要提示：**多发生于冰雪天及途经有砟轨道交路

续上表

序号	顺序	检查内容及质量标准	故障案例
9	主变压器底板(02、06车)	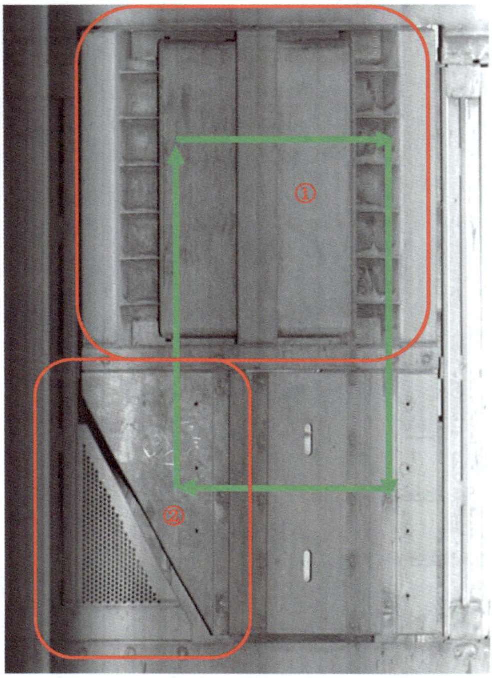 ①检查主变压器底板外观状态良好,主变压器无漏油。 ②检查主变压器散热器底板外观良好,安装螺栓无缺失。 ③检查其他底板外观状态良好,安装螺栓无缺失	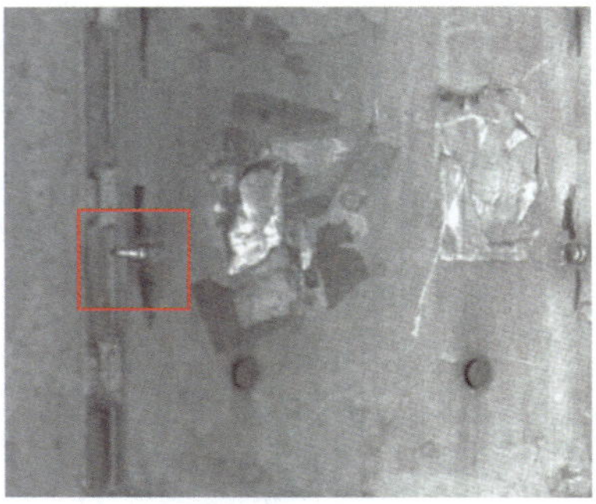 底板螺栓反装 ※**重要提示:**可与同部位其他螺栓对比

续上表

序号	顺序	检查内容及质量标准	故障案例
10	牵引变流器底板（02、03、06、07车）	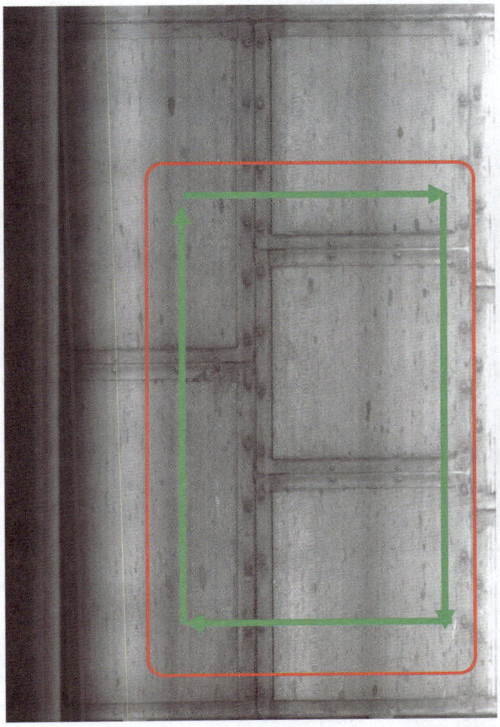 检查牵引变流器底板安装状态良好，安装螺栓无缺失	 牵引变流器通风机底板丢失 ※**重要提示：**故障前期多为底板螺栓松脱
11	其他底板（全列）	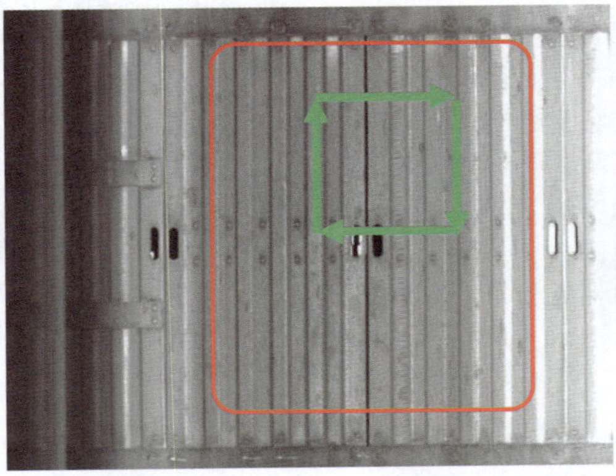 检查底板外观状态良好，安装螺栓无缺失	 底板螺栓丢失 ※**重要提示：**故障现象较小，检查底板时需注意是否存在异常亮点或小黑点

续上表

序号	顺序	检查内容及质量标准	故障案例
12	动车转向架（02、03、06、07 车）	 ①检查牵引电机电源线×3、温度传感器接线×2、牵引电机接地线×1 无断裂，安装状态良好。 ②检查车轴外观状态良好，表面无击打损伤。 ③检查齿轮箱外观良好，无裂纹、漏油；注、排油堵安装状态良好；接地装置外观良好，安装螺栓无缺失；齿轮箱吊杆保护罩外观状态良好，安装螺栓无缺失；联轴节可视范围内外观状态良好，紧固螺栓无缺失。 ④检查牵引电机外观状态良好，安装座螺栓无缺失。 ⑤检查增压缸保护罩外观良好无破损，吊装螺栓无缺失。 ⑥检查牵引拉杆外观状态良好，安装螺栓无缺失，横向止挡安装状态良好。 ⑦检查车底各供风管路无变形、断裂、脱落	 撒砂管接头脱开 ※**重要提示：**可与左右侧同部件对比  轴身划痕 ※**重要提示：**多发生于冰雪天及途经有砟轨道交路

2. 底部轨内检查内容、质量标准及故障案例

序号	顺序	检查内容及质量标准	故障案例
1	头车头罩 (01、00车)	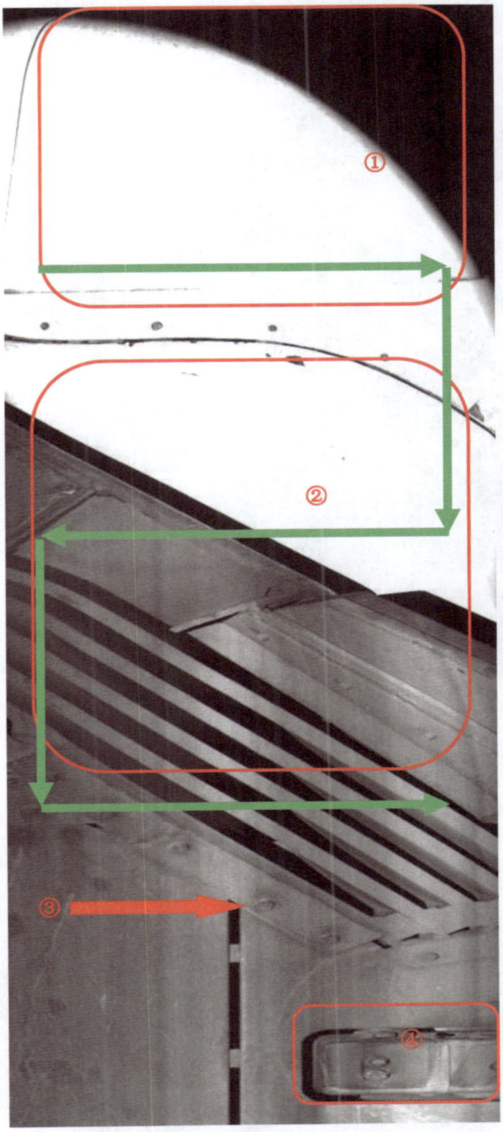 ①检查头罩开闭机构外观正常，无裂损及外物击打痕迹。 ②检查辅助排障器外观状态良好，无破损。 ③检查底部安装螺栓无缺失。 ④检查STM天线外观状态良好	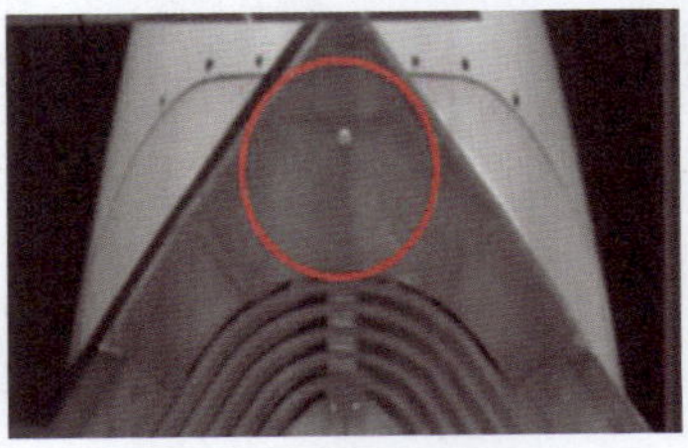 排障器下方螺栓丢失 ※**重要提示**：故障现象较小，检查底板时需注意是否存在异常亮点或小黑点

续上表

序号	顺序	检查内容及质量标准	故障案例
2	拖车转向架前半部分（01、04、05、00车）	 ①检查转向架端板安装螺栓无缺失。 ②检查轮对外观状态良好，安装螺栓无缺失。 ③检查轴盘外观状态良好，安装螺栓无缺失；车轴外观状态良好，无裂损、击打痕迹；闸片安装状态良好，闸片托安装无缺失，安装螺栓无缺失；防松铁丝绑扎良好。 ④检查制动夹钳外观正常无漏油，安装座螺栓无缺失；夹钳油管外观良好，无漏油、无断裂	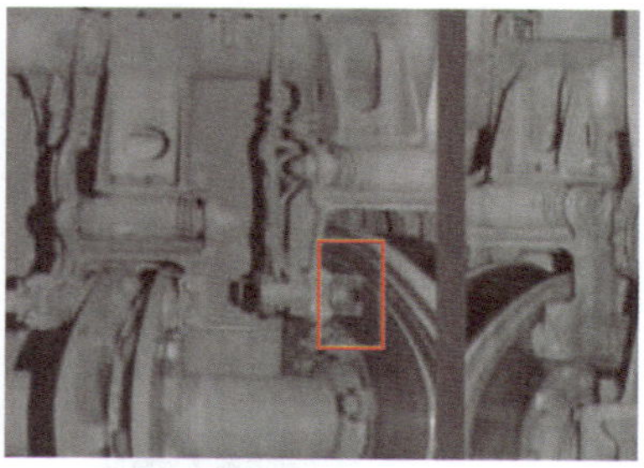 制动夹钳闸片丢失 ※**重要提示**：可与上下转向架同部件对比
3	拖车转向架中部（01、04、05、00车）	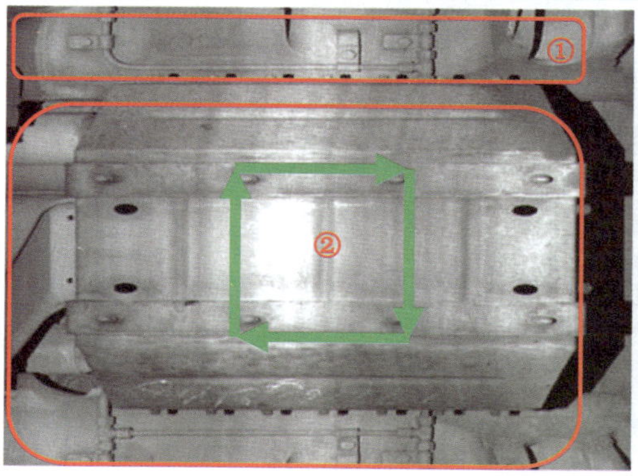 ①检查转向架供风管路可视范围内安装状态良好，固定卡扣无松动、缺失。 ②检查增压缸保护罩外观良好无破损，吊装螺栓安装牢固无缺失	 增压缸破损 ※**重要提示**：多发生于冰雪天及途经有砟轨道交路

续上表

序号	顺序	检查内容及质量标准	故障案例
4	拖车转向架后半部分（01、04、05、00车）	 ①检查制动夹钳外观正常无漏油，安装座螺栓无缺失；夹钳油管外观良好，无漏油、无断裂。 ②检查轴盘外观状态良好，安装螺栓无缺失；车轴外观状态良好，无裂损、击打痕迹；闸片安装状态良好，闸片托安装无缺失，安装螺栓无缺失；防松铁丝绑扎良好。 ③检查轮盘外观状态良好，安装螺栓无缺失。 ④检查转向架端板安装螺栓无缺失	—
5	底板（全列）	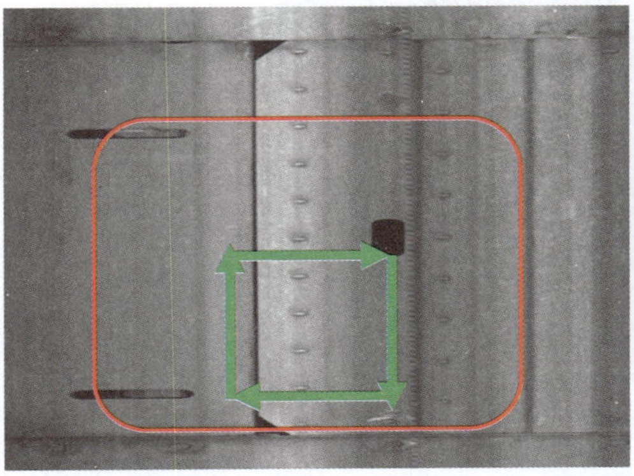 检查底板外观状态良好无缺失，安装螺栓无缺失	 底板螺栓缺失 ※**重要提示：**故障现象较小，检查底板时需注意是否存在异常亮点或小黑点

续上表

序号	顺序	检查内容及质量标准	故障案例
6	蒸发器底板（全列车厢两端）	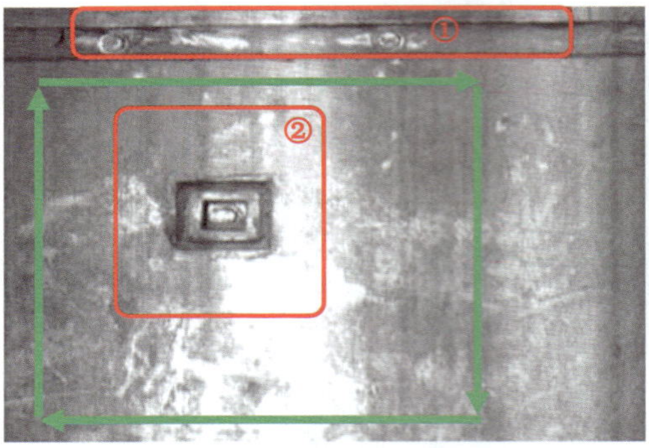 ①检查蒸发器底板安装螺栓无缺失。 ②检查蒸发器底板排水堵无缺失。 ③检查蒸发器底板外观状态良好无破损、缺失	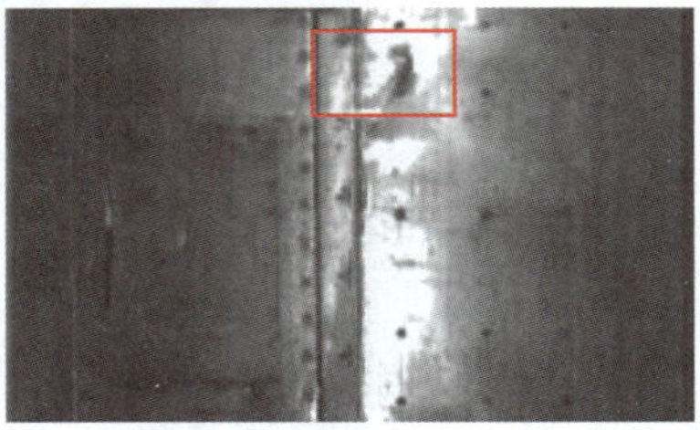 蒸发器底板变形 ※**重要提示：**多发生于冰雪天及途经有砟轨道交路
7	车端连接（全列）	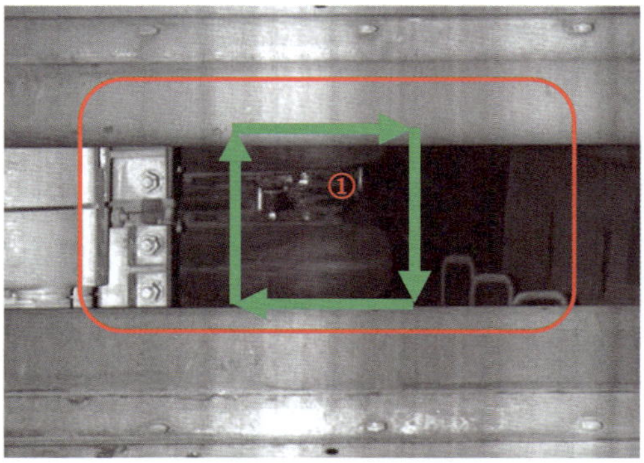 ①检查防雪风挡外观状态良好，安装螺栓无缺失。 ②检查内风挡外观状态良好，卡扣锁闭状态良好。 ③检查密接式车钩外观状态良好，安装螺栓无缺失	—

续上表

序号	顺序	检查内容及质量标准	故障案例
8	动车转向架轮对、齿轮箱（02、03、06、07车）	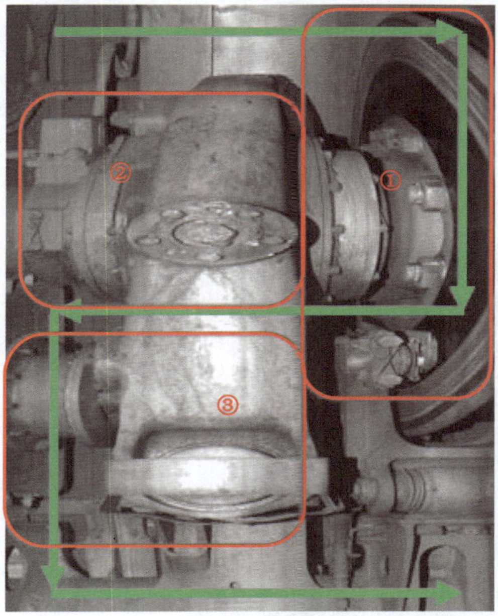 ①检查轮盘外观状态良好，安装螺栓无缺失；闸片安装状态良好，闸片托螺栓无缺失；防松铁丝绑扎良好，齿轮箱大齿轮轴承安装螺栓无缺失。 ②检查齿轮箱排油堵安装良好，安装螺栓无缺失；防松铁丝绑扎良好，接地装置罩壳安装螺栓无缺失。 ③检查齿轮箱吊杆保护罩外观状态良好，联轴节外观状态良好，安装螺栓无缺失	—
9	增压缸保护罩（全列）	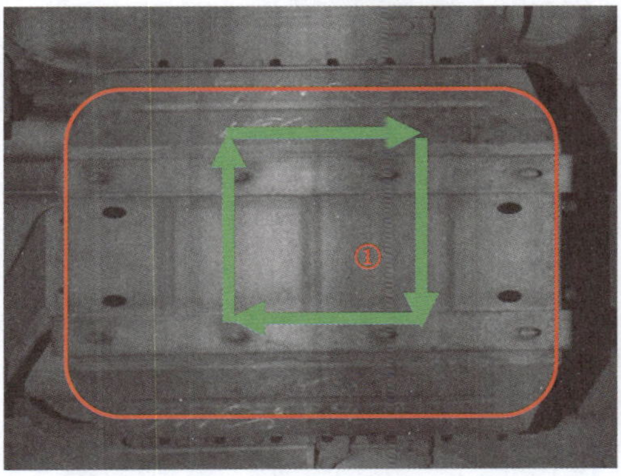 ①检查转向架供风管路安装状态良好，固定卡扣无松动、缺失。 ②检查增压缸保护罩外观良好无破损，吊装螺栓安装牢固无缺失	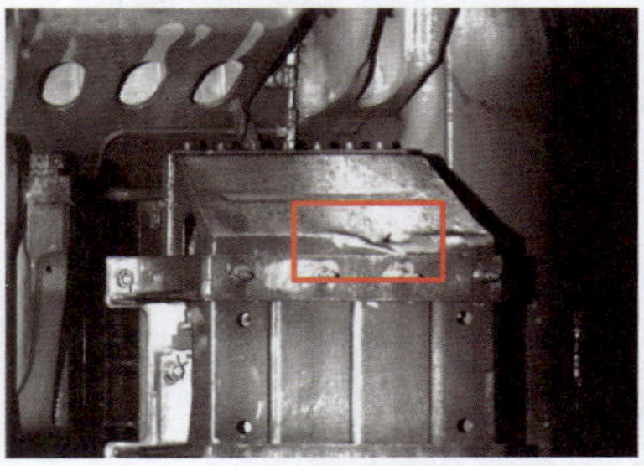 增压缸外罩破损 ※**重要提示：**多发生于冰雪天及途经有砟轨道交路

3. 底部轨外检查内容、质量标准及故障案例

序号	顺序	检查内容及质量标准	故障案例
1	头车头罩 (01、00车)	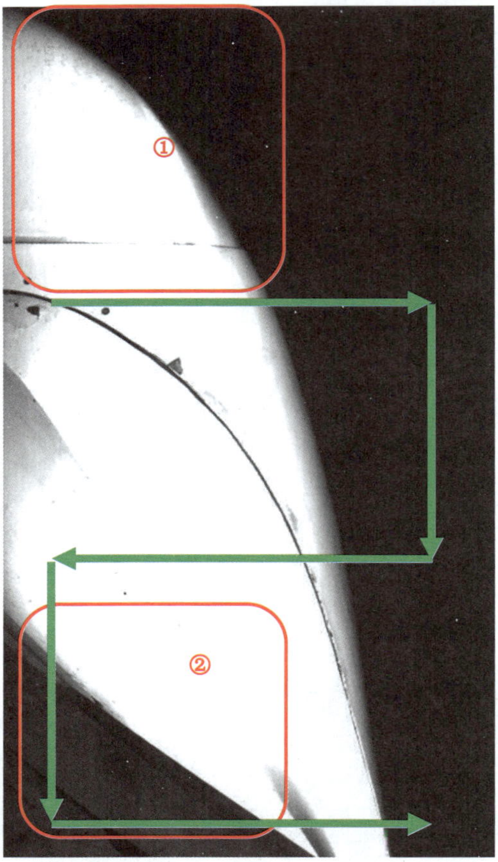 ① ② ①检查头罩开闭机构外观正常，无裂损及外物击打痕迹。 ②检查辅助排障器外观状态良好无变形	—

续上表

序号	顺序	检查内容及质量标准	故障案例
2	转向架前半部分（全列）	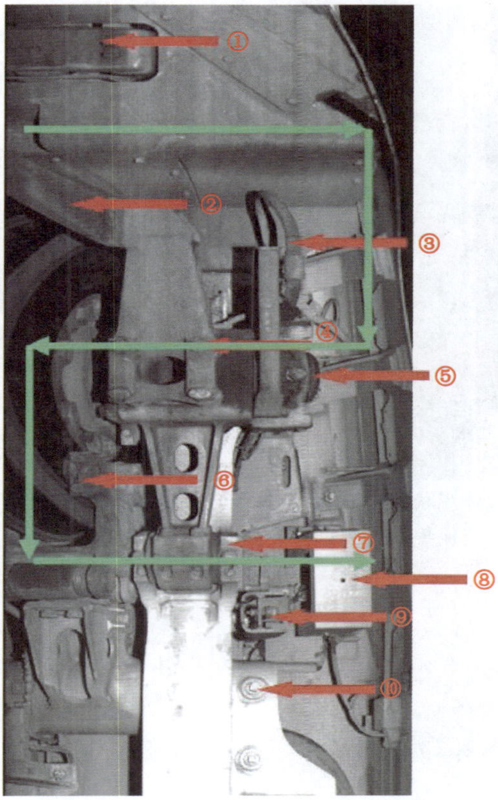 ①检查STM天线外观状态良好，无破损缺失。 ②检查转向架排障器安装状态良好，无变形、缺失。 ③检查轴温传感器外观状态良好，无断裂、缺失。 ④检查转向架排障器安装座螺栓良好无缺失。 ⑤检查轴箱防尘盖安装状态良好。 ⑥检查轮盘闸片安装状态良好，闸片托螺栓无缺失，防松铁丝绑扎良好。 ⑦检查转臂安装状态良好，橡胶节点外观良好，安装螺栓无缺失。 ⑧检查空气弹簧截断阀保护罩外观状态良好无缺失。 ⑨检查空气弹簧高度调整杆安装状态良好。 ⑩检查构架空气弹簧供给腔螺堵安装状态良好无缺失	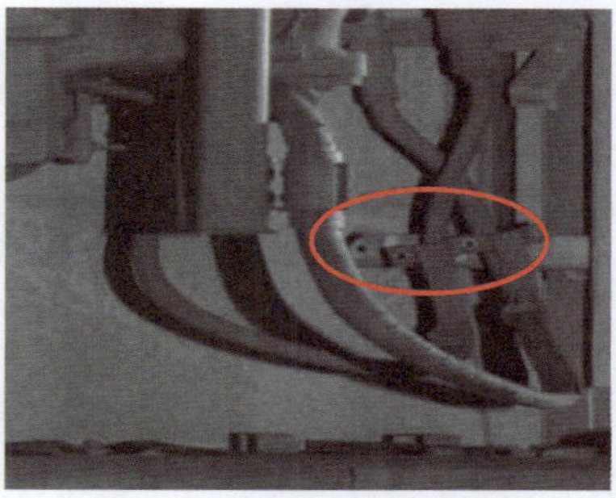 速度传感器线卡螺栓丢失 ※**重要提示：**可与上下转向架同部件对比  轴箱后盖螺栓缺失 ※**重要提示：**故障现象较小，检查底板时需注意是否存在异常亮点或小黑点

续上表

序号	顺序	检查内容及质量标准	故障案例
3	转向架后半部分(全列)	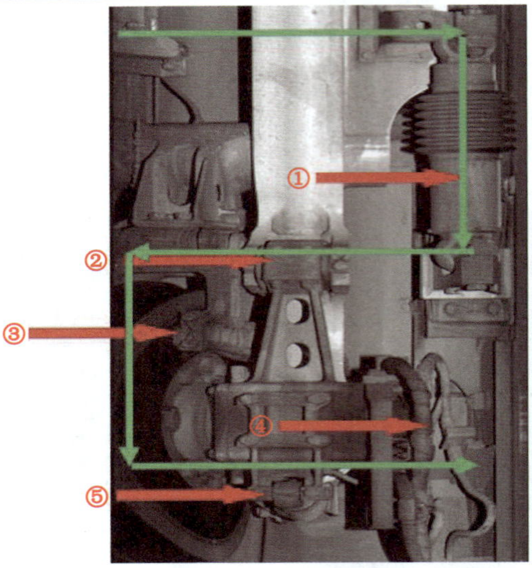 ①②③④⑤ ①检查抗蛇行减振器外观状态良好,无漏油变形,安装螺栓无缺失;橡胶保护套安装状态良好,无破损、缺失。 ②检查转臂安装状态良好,橡胶节点外观良好,安装螺栓无缺失。 ③检查轮盘闸片安装状态良好,闸片托螺栓无缺失,防松铁丝绑扎良好。 ④检查轴温传感器及速度传感器安装状态良好,无断裂、缺失。 ⑤检查轴箱垂向减振器安装状态良好,螺栓无缺失,防松铁丝绑扎良好	 轴箱安装螺栓松脱 ※**重要提示:**可与左右侧同部件对比
4	底板(全列)	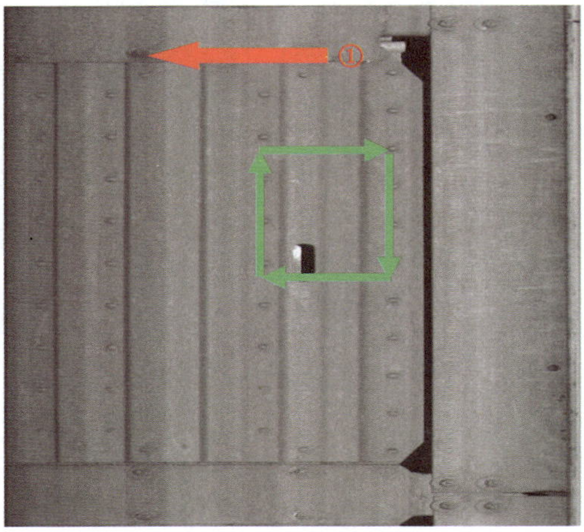 ① ①检查底板安装螺栓无缺失。 ②检查底板外观状态良好,无破损、缺失	—

续上表

序号	顺序	检查内容及质量标准	故障案例
5	车端连接（全列）	①检查外风挡外观状态良好，无破损、缺失。 ②检查车端跨接线外观状态良好，无断裂、缺失。 ③检查内挡外观良好	—

4. 侧部上检查内容、质量标准及故障案例

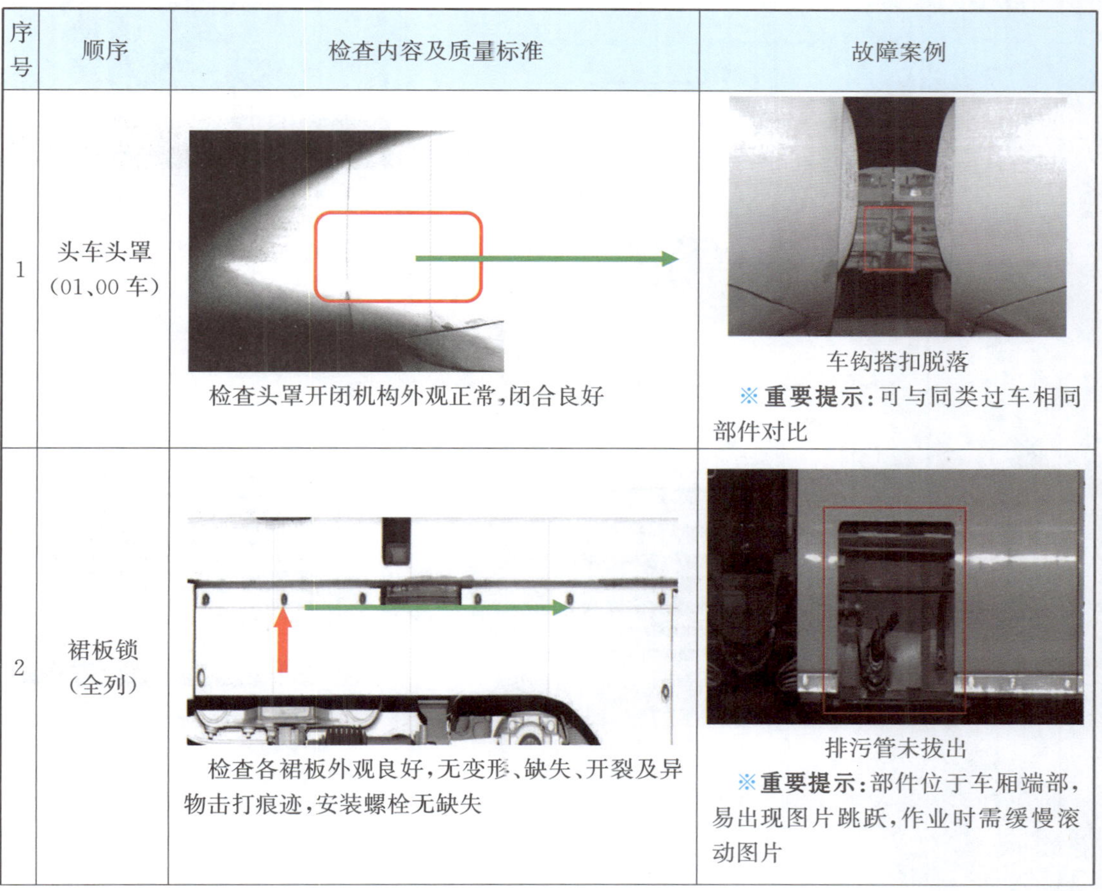

序号	顺序	检查内容及质量标准	故障案例
1	头车头罩（01、00 车）	检查头罩开闭机构外观正常，闭合良好	车钩搭扣脱落 ※**重要提示：**可与同类过车相同部件对比
2	裙板锁（全列）	检查各裙板外观良好，无变形、缺失、开裂及异物击打痕迹，安装螺栓无缺失	排污管未拔出 ※**重要提示：**部件位于车厢端部，易出现图片跳跃，作业时需缓慢滚动图片

续上表

序号	顺序	检查内容及质量标准	故障案例
3	栅格裙板(全列)	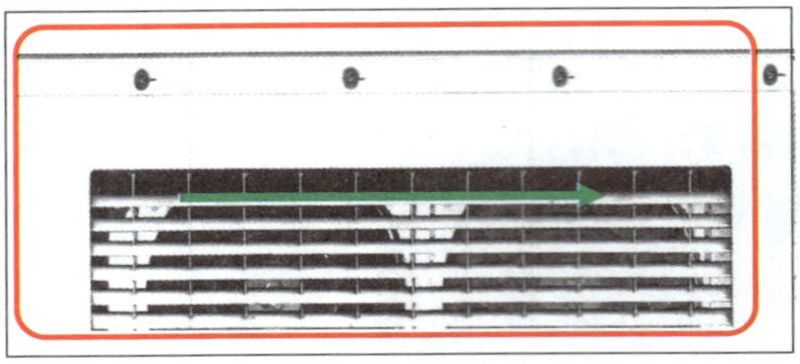 ①检查裙板锁外观良好,安装牢固无缺失。 ②检查栅格裙板外观良好,栅格无变形、断裂、缺失	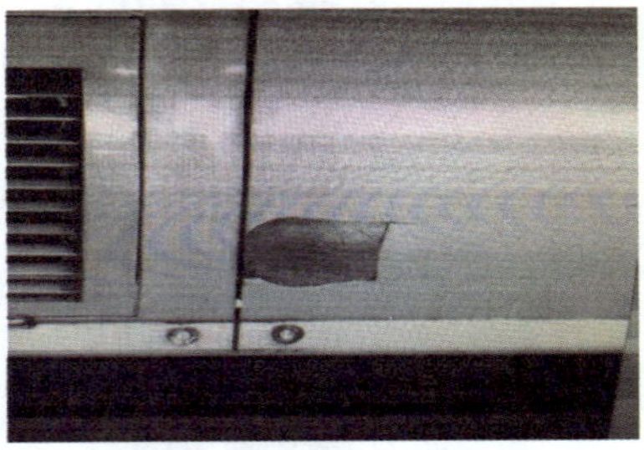 裙板脱漆掉块
4	注水口、门总、污物箱盖板(全列)	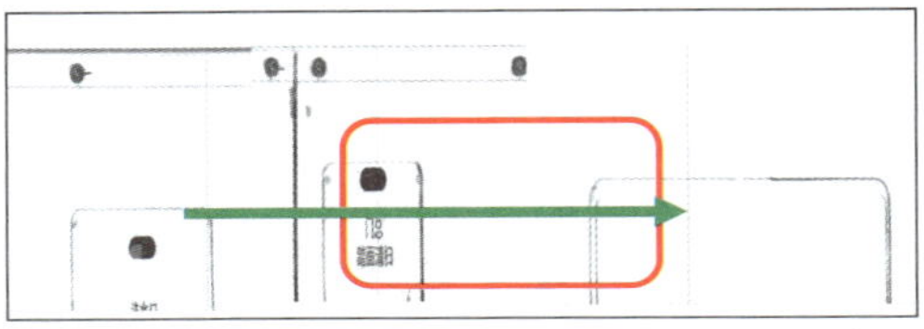 检查注水口、门总、污物箱盖板外观良好,关闭到位	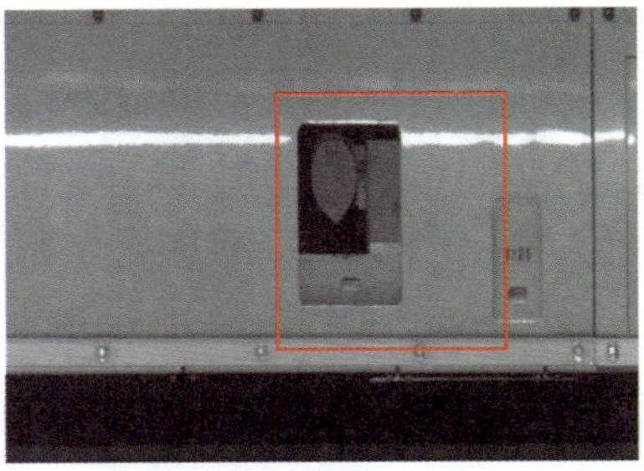 注水口盖板打开
5	牵引电机送风机裙板(全列)	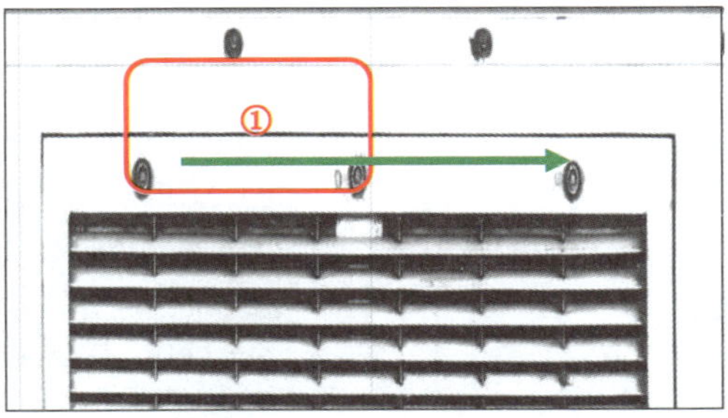 ①检查牵引电机送风机活动裙板锁无缺失。 ②检查栅格裙板外观良好,栅格无变形、断裂、缺失	 裙板格栅内滤网未安装 ※**重要提示:**可能涉及检修未按标准作业,故障比较隐秘,需对比历史过车图片

续上表

序号	顺序	检查内容及质量标准	故障案例
6	车端连接（全列）	①检查内、外风挡可视范围内无破损，内风挡锁闭良好，密接式车钩外观状态良好。 ②检查车端跨接线无断裂、缺失	跨接线脱开 ※**重要提示：**部件位于车厢端部，易出现图片跳跃，作业时需缓慢滚动图片

5. 侧部下检查内容、质量标准及故障案例

序号	顺序	检查内容及质量标准	故障案例
1	头车头罩（01、00 车）	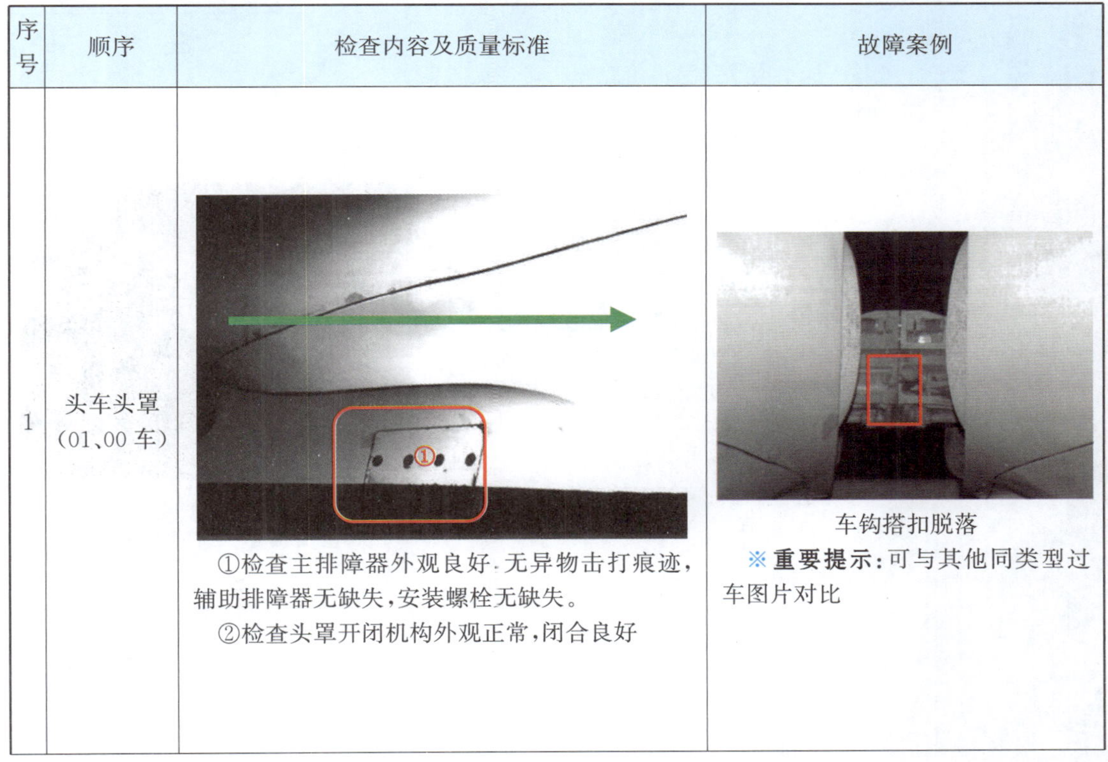 ①检查主排障器外观良好，无异物击打痕迹，辅助排障器无缺失，安装螺栓无缺失。 ②检查头罩开闭机构外观正常，闭合良好	车钩搭扣脱落 ※**重要提示：**可与其他同类型过车图片对比

续上表

<table>
<tr><th>序号</th><th>顺序</th><th>检查内容及质量标准</th><th>故障案例</th></tr>
<tr><td rowspan="2">2</td><td rowspan="2">转向架
(全列)</td><td rowspan="2"> 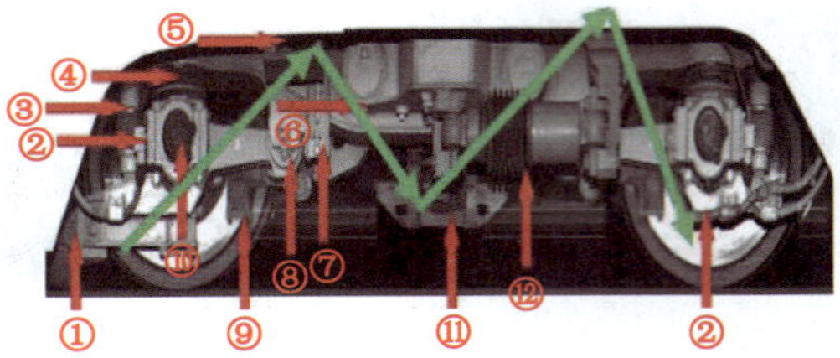⑤ ④ ③ ② ⑥ ⑩ ⑧⑦ ⑫ ① ⑨ ⑪ ②
①检查转向架排障器安装状态良好,无异常;托架安装状态良好,安装螺栓无缺失(仅头车)。
②检查速度传感器安装状态良好,无断裂、缺失(仅头车)。
③检查轴箱垂向减振器外观状态良好,无漏油,橡胶保护套状态良好。
④检查轴箱弹簧外观良好,无断裂,冰雪覆盖情况符合相关文件要求。
⑤检查空气弹簧截断阀保护罩外观状态良好无缺失。
⑥检查构架空气弹簧供给腔螺堵安装状态良好无缺失。
⑦检查空气弹簧高度调整杆安装状态良好。
⑧检查转臂安装状态良好,橡胶节点外观良好,安装螺栓无缺失。
⑨检查制动夹钳外观良好,闸片安装良好,闸片托螺栓无松动缺失,防松铁丝绑扎良好。
⑩检查轴箱端盖外观良好,安装螺栓无缺失;速度传感器连接线外观良好,无破损、断裂。
⑪检查增压缸保护罩安装状态良好,无变形、缺失。
⑫检查抗蛇行减振器外观状态良好,无漏油变形,安装螺栓无缺失;橡胶保护套安装状态良好,无破损、缺失</td><td> 轴箱传感器连接线线卡断裂
※重要提示:可与底部图片同部件对比 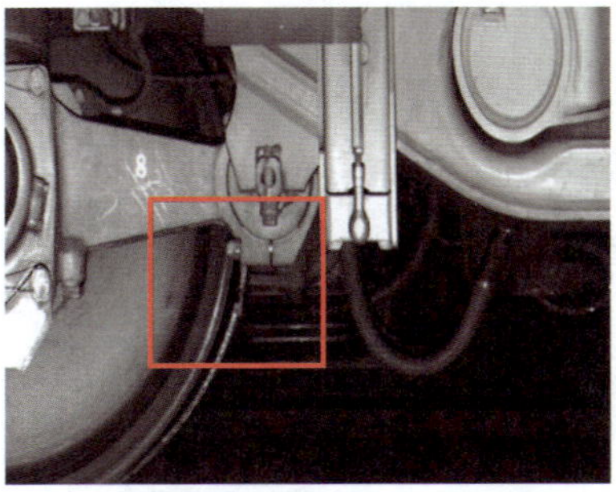</td></tr>
<tr><td>转臂定位螺栓松脱
※重要提示:可与底部图片同部件对比</td></tr>
</table>

续上表

序号	顺序	检查内容及质量标准	故障案例
3	车端连接（全列）	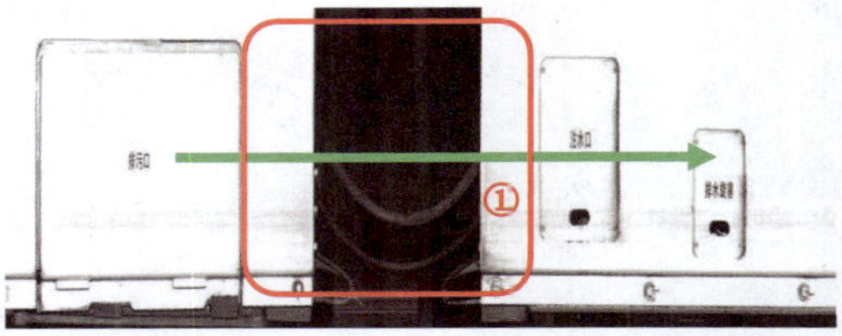 ①检查车端跨接电缆外观良好，无破损、断裂。 ②检查注水口、排污口、排水塞门盖板关闭到位，无变形、缺失	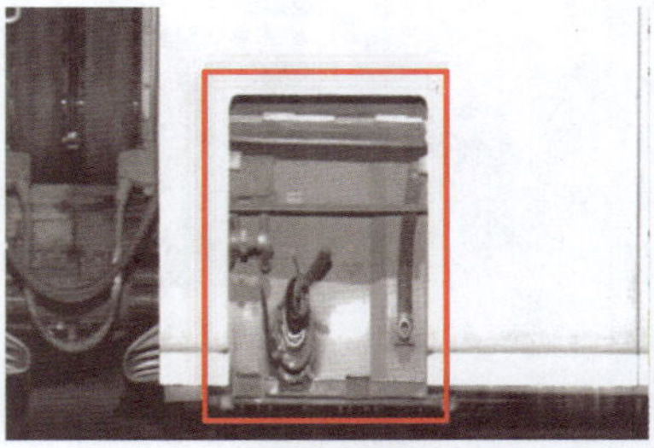 排污管未拔出 ※**重要提示**：部件位于车厢端部，易出现图片跳跃，作业时需缓慢滚动图片

二、CRH2C（二阶段）型动车组检查内容、质量标准及故障案例

1. 底中检查内容、质量标准及故障案例

序号	顺序	检查内容及质量标准	故障案例
1	头车头罩（01、00车）	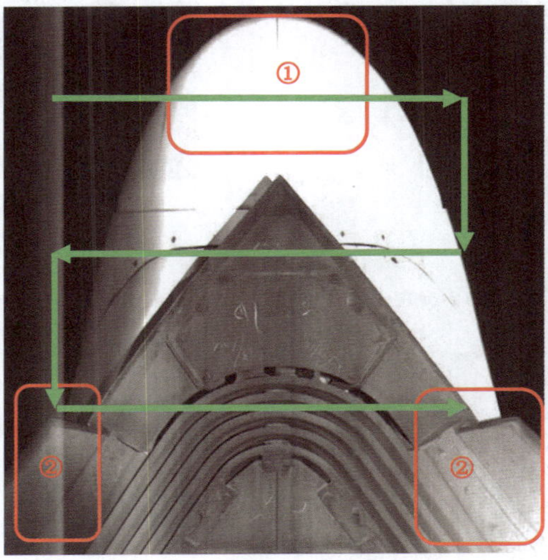 ①检查头罩开闭机构外观正常，闭合良好。 ②检查辅助排障器外观状态良好，无损伤。 ③其他底板外观良好，无缺失	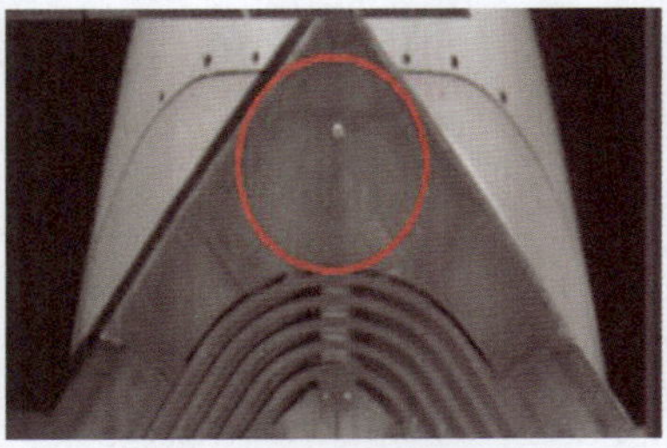 排障器下方螺栓丢失 ※**重要提示**：故障现象较小，检查底板时需注意是否存在异常亮点或小黑点

续上表

序号	顺序	检查内容及质量标准	故障案例
2	STM 天线 （01、00 车）	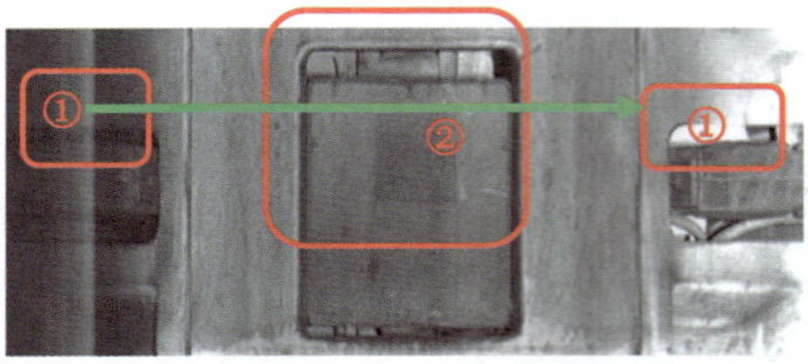 ①检查 STM 天线安装状态良好，外观无异常。 ②检查 BTM 天线外观状态良好，无破损	 撒砂管接头断裂 ※**重要提示：**可与左右侧同部件对比
3	拖车转向架 （01、00 车）	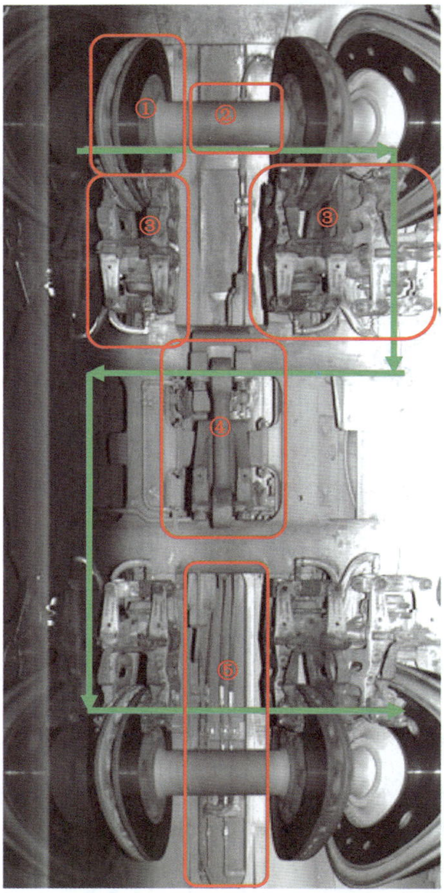 ①检查制动轴盘外观状态良好，安装螺栓无缺失。 ②检查车轴外观状态良好，表面无击打损伤。 ③检查制动夹钳外观良好，供风管路无断裂、破损，闸片安装螺栓无缺失，开口销安装到位无缺失。 ④检查牵引拉杆外观状态良好，安装螺栓无缺失，横向止挡安装状态良好。 ⑤检查车底各供风管路无断裂脱落，连接油拧安装到位	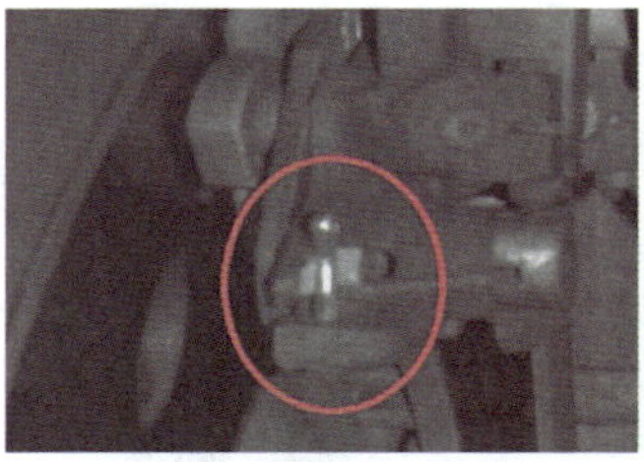 闸片开口销安装座掉块 ※**重要提示：**多发生于冰雪天及途经有砟轨道交路

续上表

序号	顺序	检查内容及质量标准	故障案例
4	BTM 天线（01、00 车）	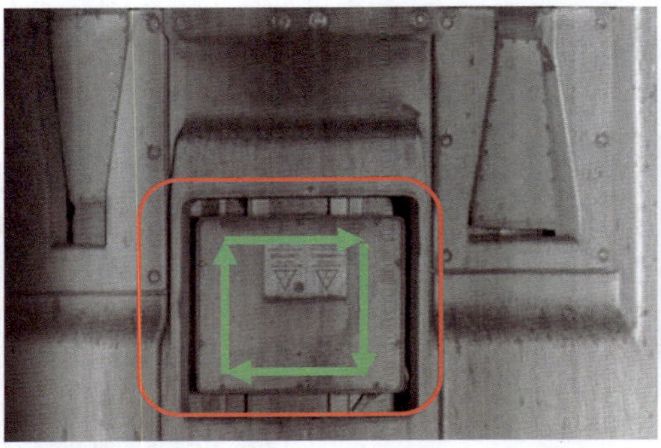 检查 BTM 天线外观状态良好，外观无缺损	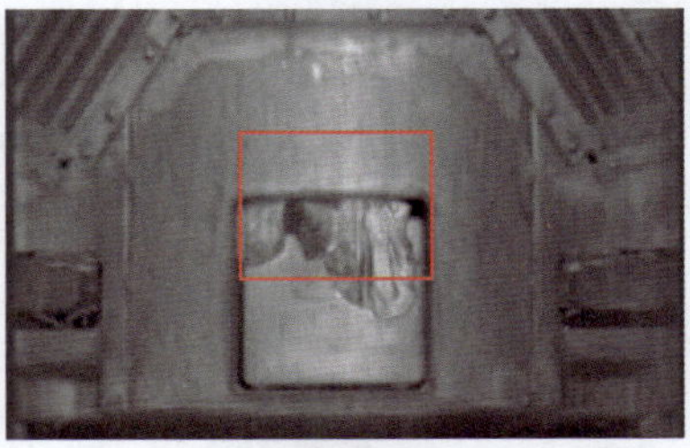 BTM 天线异物 ※**重要提示：**多发生于大风天气
5	空调冷凝器底板（全列车厢两端）	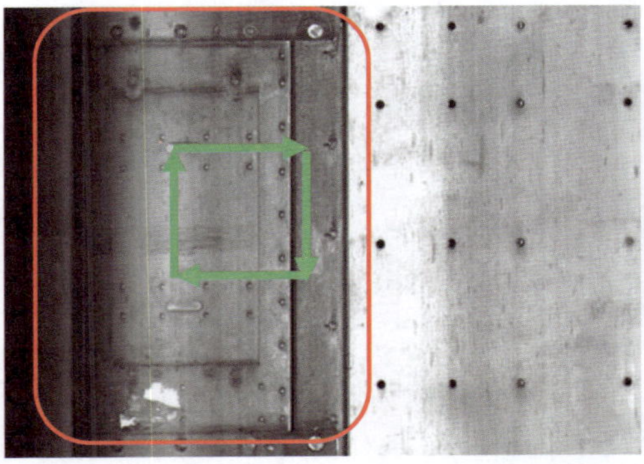 检查空调冷凝器底板外观良好，安装螺栓无缺失	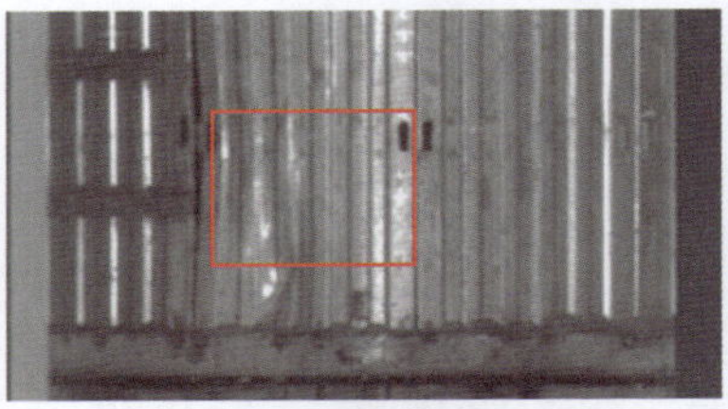 冷凝器底板疑似变形 ※**重要提示：**多发生于冰雪天及途经有砟轨道交路
6	空调蒸发器底板（全列车厢两端）	 检查空调蒸发器底板外观良好，安装螺栓无缺失，排水堵安装无缺失	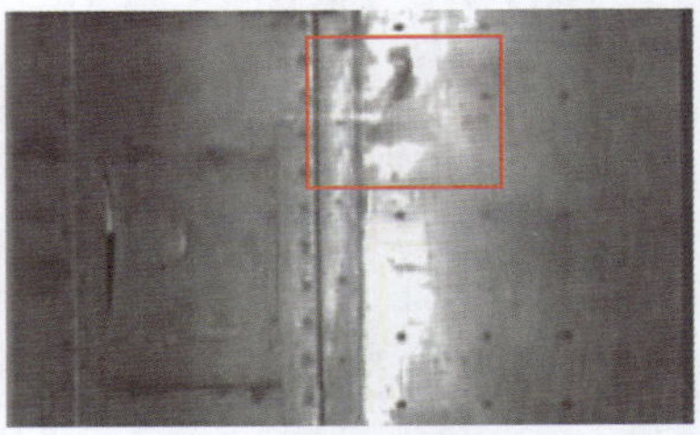 蒸发器底板变形 ※**重要提示：**多发生于冰雪天及途经有砟轨道交路

续上表

序号	顺序	检查内容及质量标准	故障案例
7	BCU 底板 (全列)	 ①检查 BCU 底板安装状态良好,安装螺栓无缺失。 ②检查其余底板安装状态良好,安装螺栓无缺失	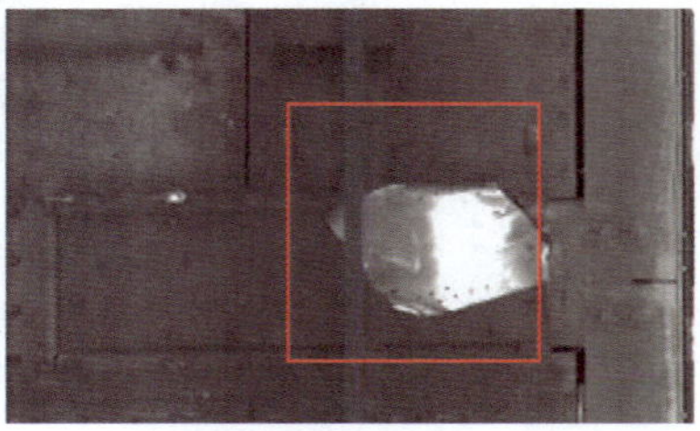 BCU 底板挂金属异物 ※**重要提示:**多发生于大风天气
8	车端连接 (全列)	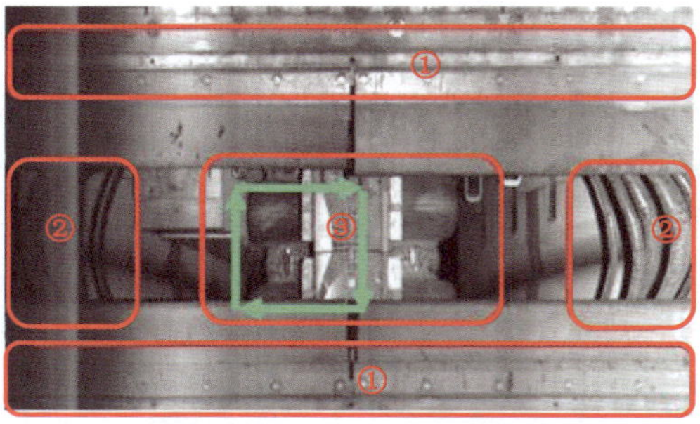 ①检查防雪风挡安装螺栓无缺失,防雪风挡外观良好无破损。 ②检查连接处跨接电缆外观良好,无破损、断裂。 ③检查车端密接式车钩锁闭状态良好	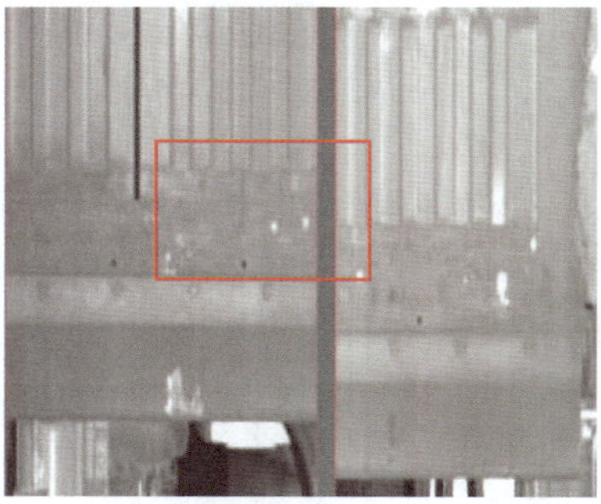 风挡破损 ※**重要提示:**多发生于冰雪天及途经有砟轨道交路

续上表

序号	顺序	检查内容及质量标准	故障案例
9	主变压器底板（02、04、06车）	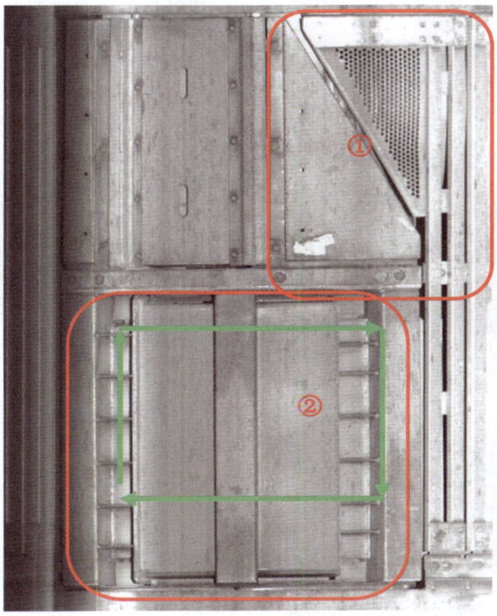 ①检查主变压器散热器底板外观良好，安装螺栓无缺失。 ②检查主变压器底板外观状态良好，主变压器无漏油。 ③检查其他底板外观状态良好，无缺失	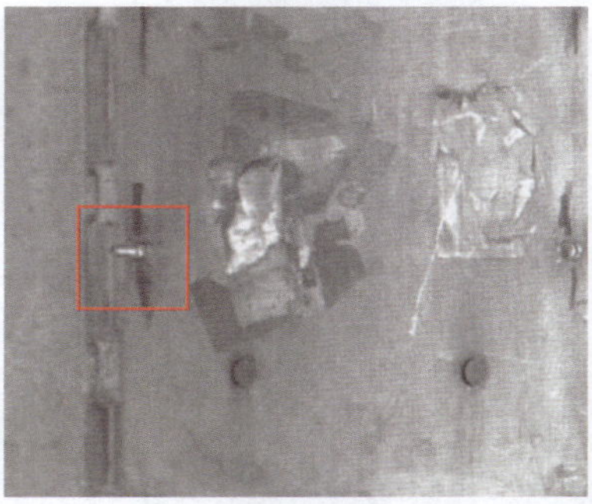 底板螺栓反装 ※**重要提示：**可与同部位其他螺栓对比
10	牵引变流器底板（02、03、04、05、06、07车）	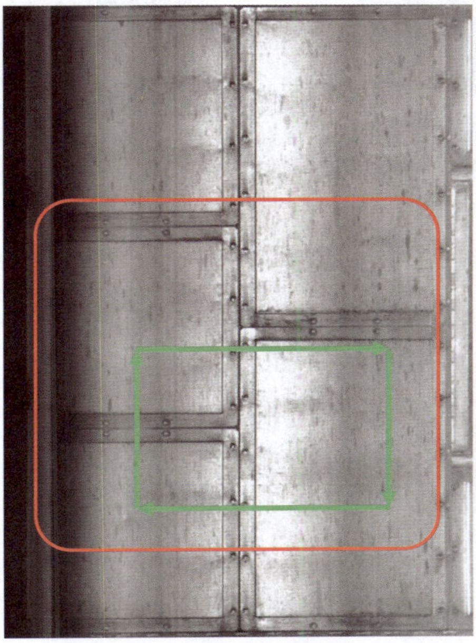 检查牵引变流器底板安装状态良好，安装螺栓无缺失	 牵引变流器通风机底板丢失 ※**重要提示：**故障前期多为底板螺栓松脱

续上表

序号	顺序	检查内容及质量标准	故障案例
11	其他底板（全列）	检查底板外观状态良好，安装螺栓无缺失	底板螺栓丢失 ※**重要提示**：故障现象较小，检查底板时需注意是否存在异常亮点或小黑点
12	动车转向架（02、03、04、05、06、07车）	①检查牵引电机电源线×3、温度传感器接线×2、牵引电机接地线×1无断裂，安装状态良好。 ②检查车轴外观状态良好，表面无击打损伤。 ③检查齿轮箱外观良好，无裂纹、漏油；注、排油堵安装状态良好；接地装置外观良好，安装螺栓无缺失；齿轮箱吊杆保护罩外观状态良好，安装螺栓无缺失；联轴节外观状态良好，紧固螺栓无缺失。 ④检查牵引电机外观状态良好，安装座螺栓无缺失。 ⑤检查牵引拉杆外观状态良好，安装螺栓无缺失，横向止挡安装状态良好。 ⑥检查车底各供风管路无断裂脱落，连接油拧安装到位	航空插头松脱 ※**重要提示**：可与上下转向架同部件对比

2. 底部轨内检查内容、质量标准及故障案例

序号	顺序	检查内容及质量标准	故障案例
1	头车头罩 (01、00 车)	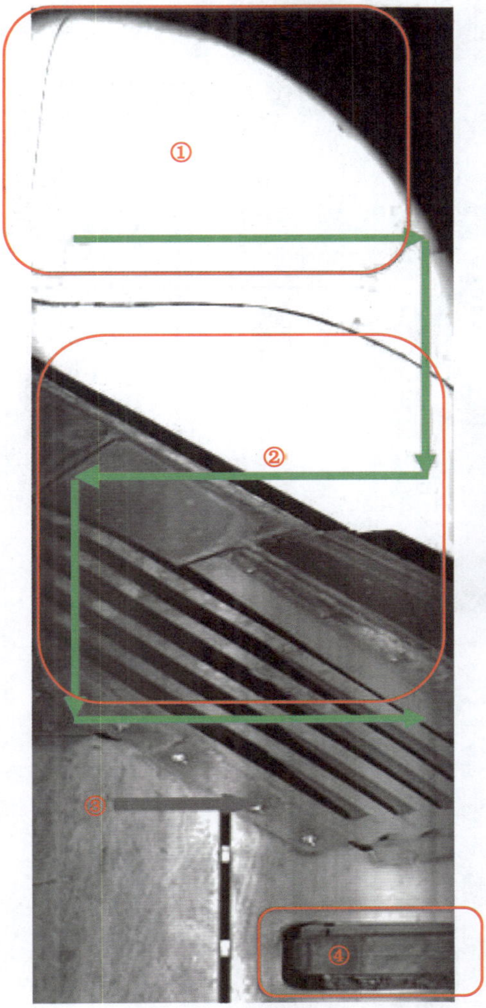 ① ② ③ ④ ①检查头罩开闭机构外观正常,无裂损及外物击打痕迹。 ②检查辅助排障器外观状态良好,无破损。 ③检查底部安装螺栓无缺失。 ④检查 STM 天线外观状态良好,无缺失	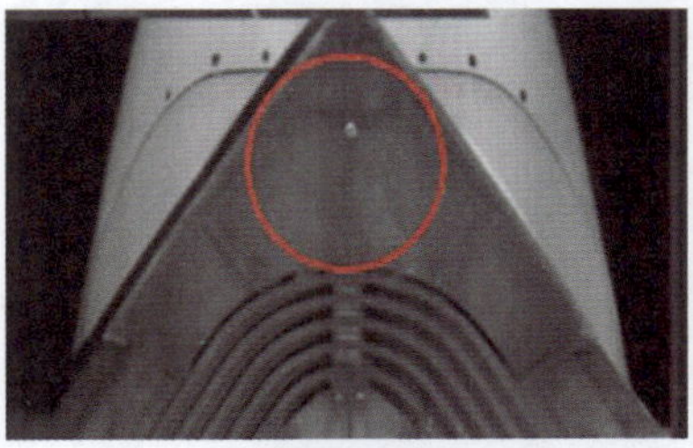 排障器下方螺栓丢失 ※**重要提示:**故障现象较小,检查底板时需注意是否存在异常亮点或小黑点

续上表

序号	顺序	检查内容及质量标准	故障案例
2	拖车转向架前半部分(01、00车)	 ①检查转向架端板安装螺栓无松脱。 ②检查轮对外观状态良好,安装螺栓无缺失。 ③检查轴盘外观状态良好,安装螺栓无缺失;车轴外观状态良好,无裂损、击打痕迹;闸片安装状态良好,开口销安装状态良好。 ④检查制动夹钳外观正常,安装座螺栓无缺失;供风管路外观良好,无断裂、无缺失	 制动夹钳平衡杆滑槽丢失 ※**重要提示:**可与转向架同部件对比
3	拖车转向架中部(01、00车)	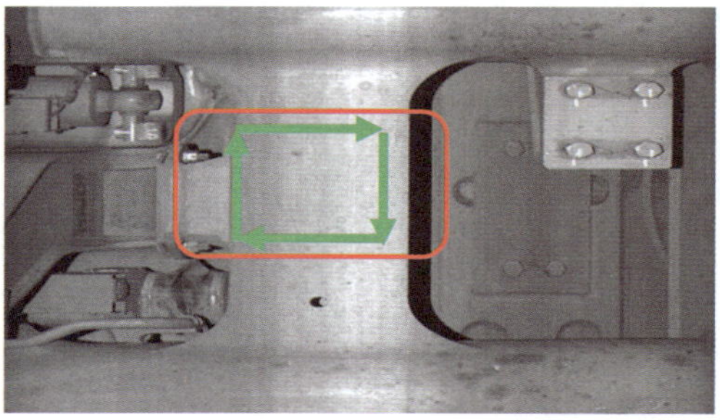 检查转向架构架外观状态良好,牵引拉杆横向止挡状态良好	—

续上表

序号	顺序	检查内容及质量标准	故障案例
4	拖车转向架后半部分(01、00车)	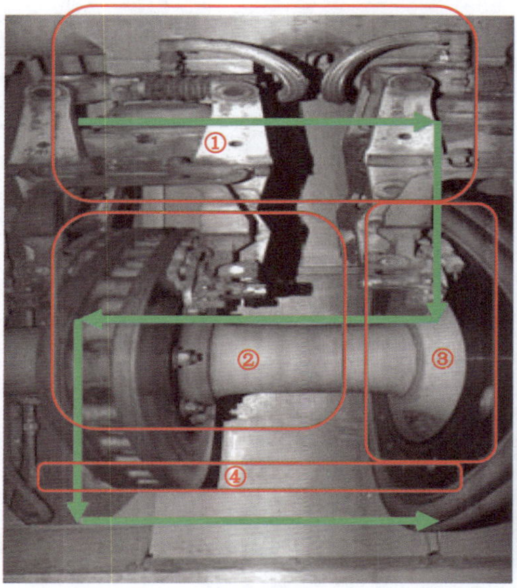 ①检查制动夹钳外观良好，安装座螺栓无缺失；夹钳供风管路外观良好，无断裂、无缺失。 ②检查轴盘外观状态良好，安装螺栓无缺失；车轴外观状态良好，无裂损、击打痕迹；闸片安装状态良好，开口销安装状态良好。 ③检查轮盘外观状态良好，安装螺栓无缺失。 ④检查转向架端板安装螺栓无松脱	 U形卡簧变形错位 ※**重要提示：**多发生于冰雪天及途经有砟轨道交路
5	底板(全列)	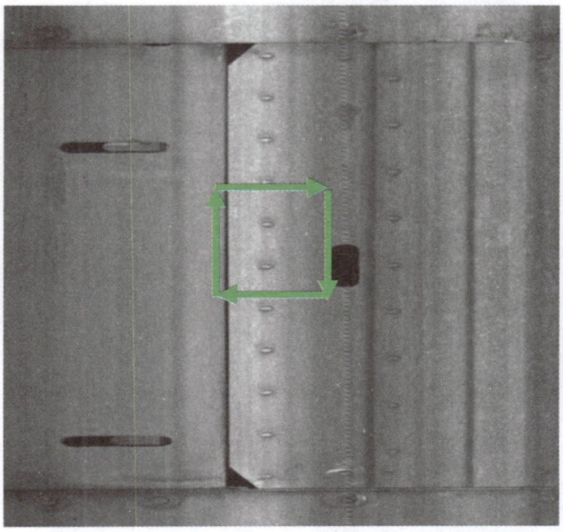 检查底板外观状态良好无缺失，安装螺栓无缺失	 底板螺栓缺失 ※**重要提示：**故障现象较小，检查底板时需注意是否存在异常亮点或小黑点

续上表

序号	顺序	检查内容及质量标准	故障案例
6	蒸发器底板（全列车厢两端）	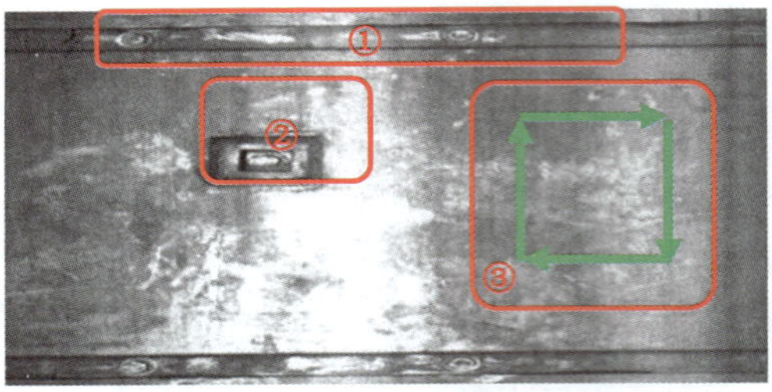 ①检查蒸发器底板安装螺栓无缺失。 ②检查蒸发器底板排水堵无缺失。 ③检查蒸发器底板外观状态良好无破损、缺失	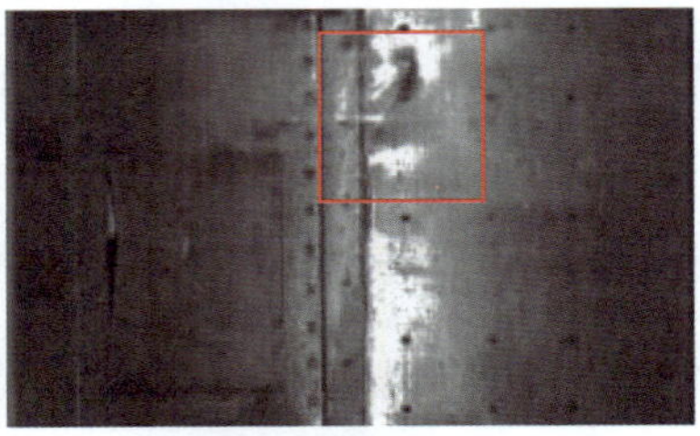 蒸发器底板变形 ※**重要提示**：多发生于冰雪天及途经有砟轨道交路
7	车端连接（全列）	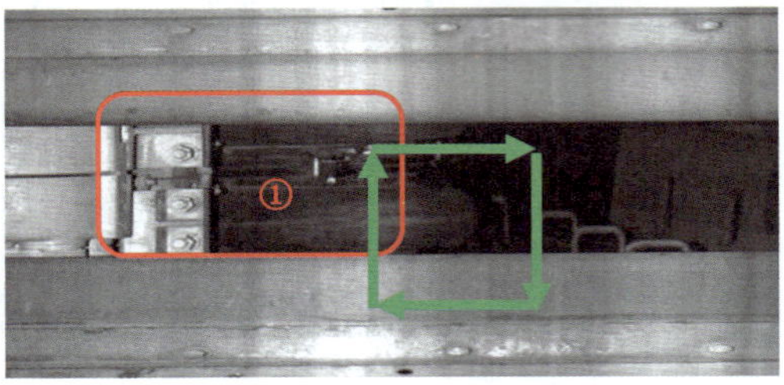 ①检查防雪风挡外观状态良好，安装螺栓无缺失。 ②检查内风挡外观状态良好，卡扣锁闭状态良好。 ③检查密接式车钩外观状态良好，安装螺栓无缺失	—
8	动车转向架（02、03、04、05、06、07车）	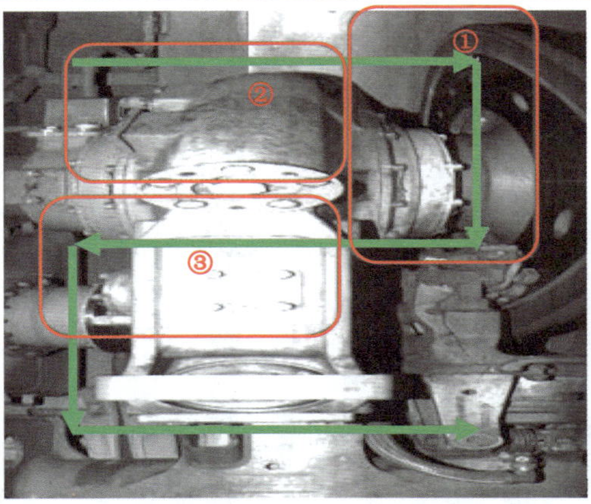 ①检查轮盘外观状态良好，安装螺栓无缺失；闸片安装状态良好，开口销安装状态良好，齿轮箱大齿轮轴承安装螺栓无缺失。 ②检查齿轮箱排油堵安装良好，安装螺栓无缺失；放松铁丝绑扎良好，接地装置罩壳安装螺栓无缺失。 ③检查齿轮箱吊杆保护罩外观状态良好，联轴节外观状态良好，安装螺栓无缺失	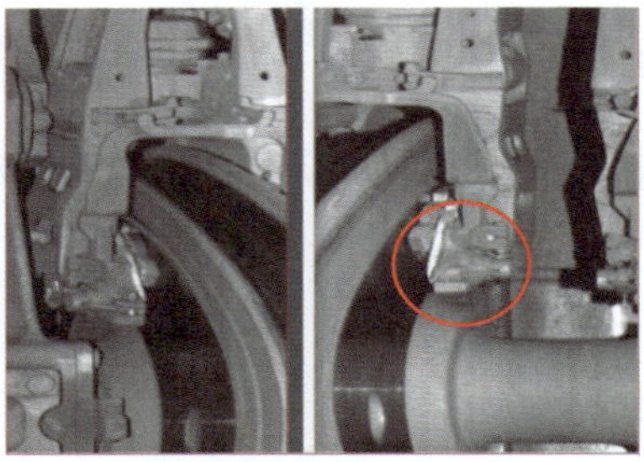 制动夹钳闸片托开口销缺失 ※**重要提示**：多发生于冰雪天及途经有砟轨道交路

3. 底部轨外检查内容、质量标准及故障案例

序号	顺序	检查内容及质量标准	故障案例
1	头车头罩 (01、00车)	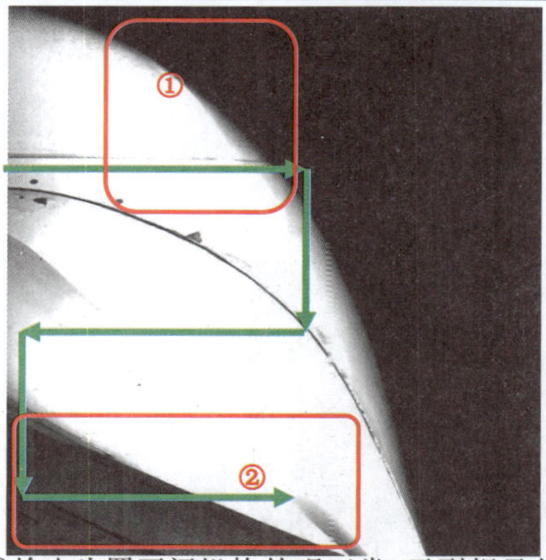 ①检查头罩开闭机构外观王常,无裂损及外物击打痕迹。 ②检查辅助排障器外观状态良好无变形	—
2	转向架 前半部分 (全列)	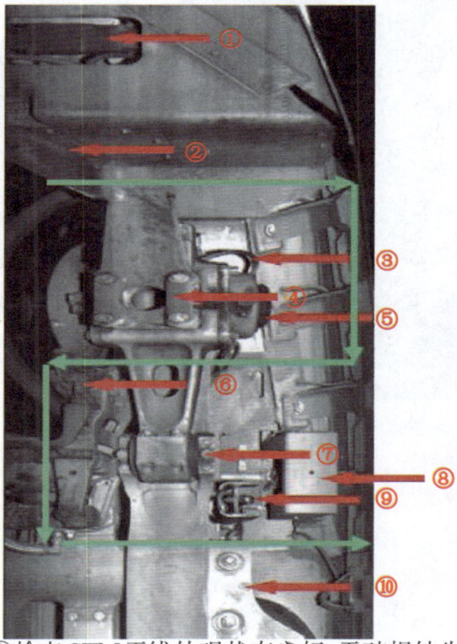 ①检查STM天线外观状态良好,无破损缺失(仅头车)。 ②检查转向架排障器安装状态良好,无变形、缺失。 ③检查轴温传感器外观状态良好,无断裂、缺失。 ④检查转向架排障器安装座螺栓良好无缺失。 ⑤检查轴箱无漏油,防尘盖安装状态良好。 ⑥检查轮盘闸片安装状态良好,开口销安装状态良好。 ⑦检查转臂安装状态良好,橡胶节点外观良好,安装螺栓无缺失。 ⑧检查空气弹簧截断阀保护罩外观状态良好无缺失。 ⑨检查空气弹簧高度调整杆安装状态良好。 ⑩检查构架空气弹簧供给腔螺堵安装状态良好无缺失	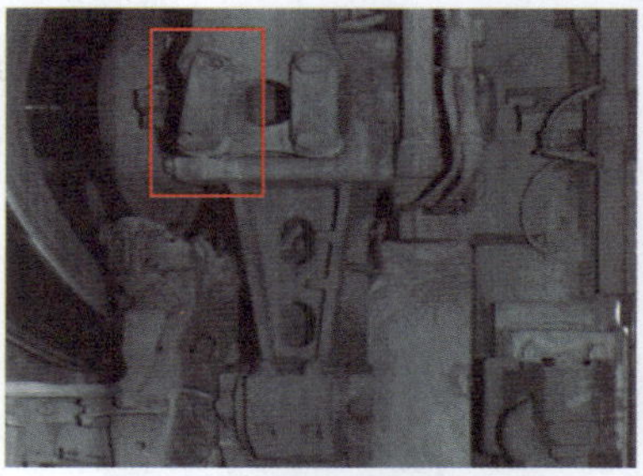 扫石器安装臂螺栓断裂 ※**重要提示:**可与上下转向架同部件对比

续上表

序号	顺序	检查内容及质量标准	故障案例
3	转向架后半部分(全列)	 ①②③④⑤ ①检查抗蛇行减振器外观状态良好,无漏油变形,安装螺栓无缺失;橡胶保护套安装状态良好,无破损、缺失。 ②检查转臂安装状态良好,橡胶节点外观良好,安装螺栓无缺失。 ③检查轮盘闸片安装状态良好,开口销安装状态良好。 ④检查轴温传感器及速度传感器安装状态良好,无断裂、缺失。 ⑤检查轴箱垂向减振器安装状态良好,螺栓无缺失,防松铁丝绑扎良好	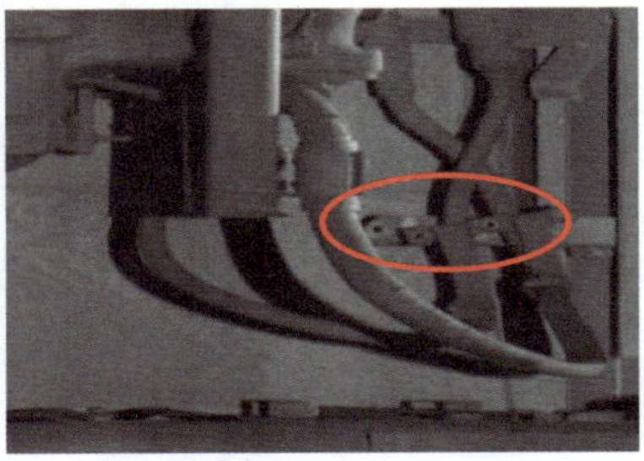 速度传感器线卡螺栓丢失 ※**重要提示:**可与上下转向架同部件对比

续上表

序号	顺序	检查内容及质量标准	故障案例
4	底板（全列）	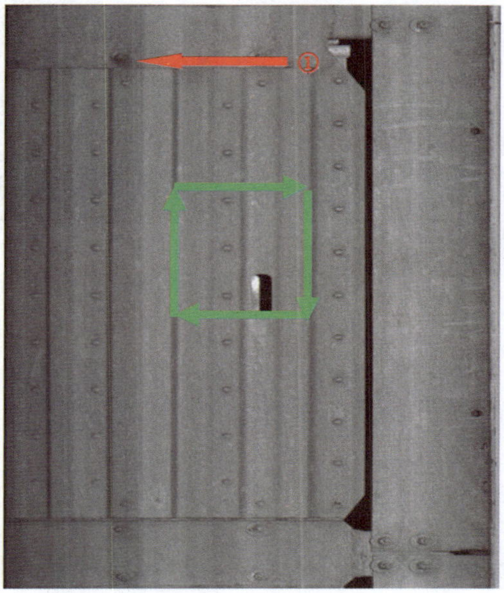 ①检查底板安装螺栓无缺失。 ②检查底板外观状态良好，无破损、缺失	—
5	车端连接（全列）	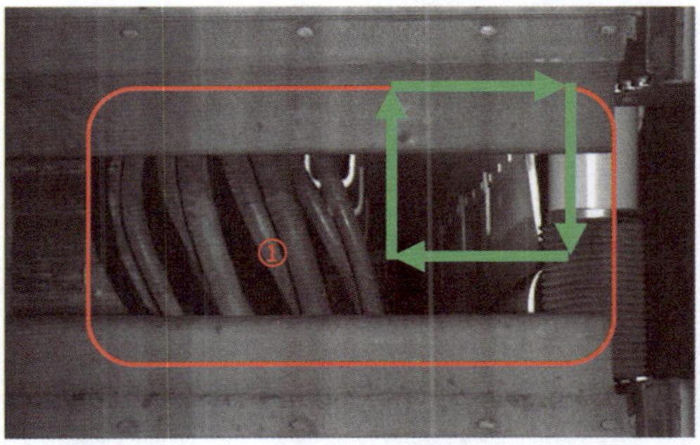 ①检查外风挡外观状态良好，无破损、缺失。 ②检查车端跨接线外观状态良好，无断裂、缺失。 ③检查内挡外观良好，安装螺栓无缺失	—

4. 侧部上检查内容、质量标准及故障案例

序号	顺序	检查内容及质量标准	故障案例
1	头车头罩(01、00车)	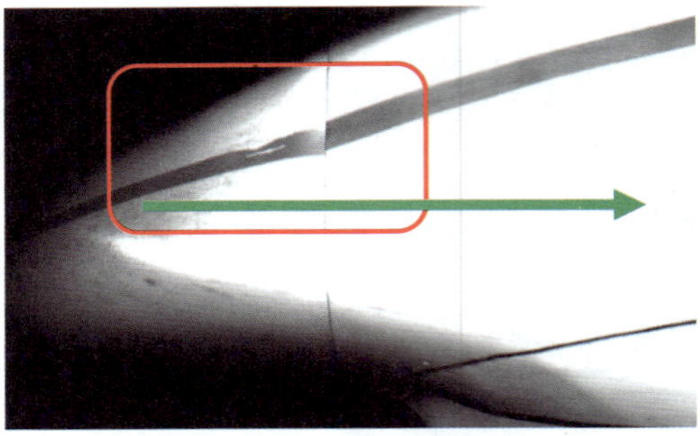 检查头罩开闭机构外观正常,闭合良好	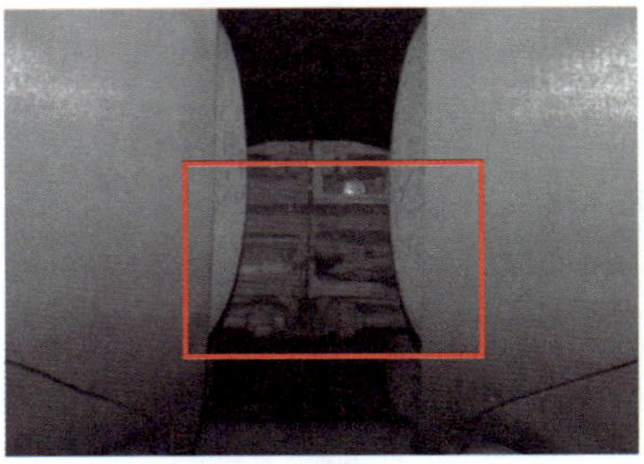 车钩搭扣脱落 ※**重要提示**:可与同类过车相同部件对比
2	裙板锁(全列)	 ①检查裙板锁外观良好,安装牢固无缺失。 ②检查各裙板外观良好,无变形、缺失、开裂及异物击打痕迹	 排污管未拔出 ※**重要提示**:部件位于车厢端部,易出现图片跳跃,作业时需缓慢滚动图片
3	栅格裙板(全列)	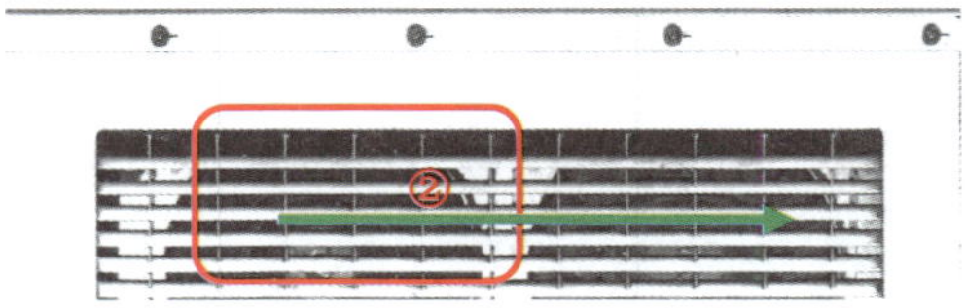 ①检查裙板锁外观良好,安装牢固无缺失。 ②检查栅格裙板外观良好,栅格无变形、断裂、缺失,空调通风机风扇状态正常	 裙板滤网未装

续上表

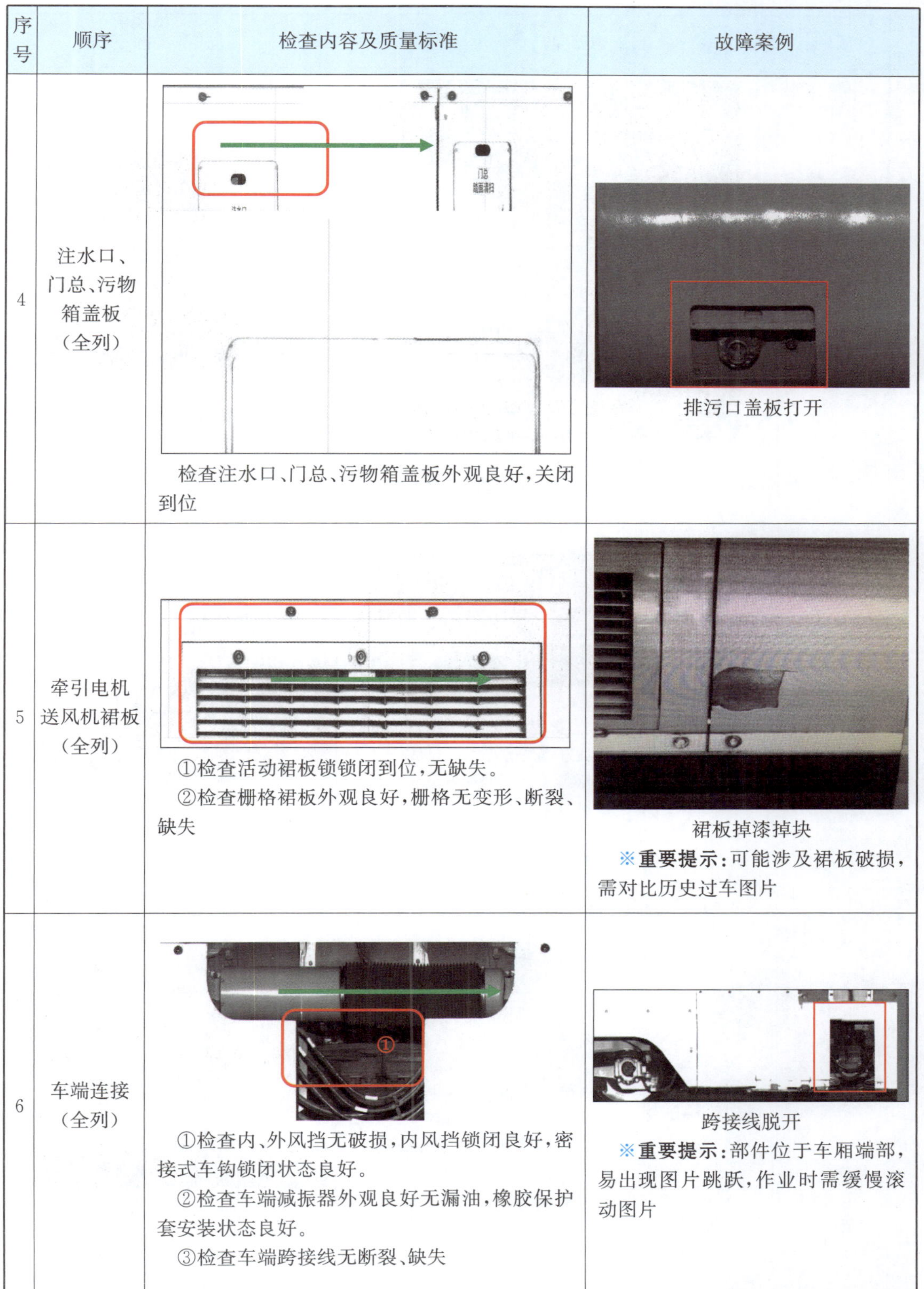

序号	顺序	检查内容及质量标准	故障案例
4	注水口、门总、污物箱盖板（全列）	检查注水口、门总、污物箱盖板外观良好，关闭到位	排污口盖板打开
5	牵引电机送风机裙板（全列）	①检查活动裙板锁锁闭到位，无缺失。 ②检查栅格裙板外观良好，栅格无变形、断裂、缺失	裙板掉漆掉块 ※**重要提示**：可能涉及裙板破损，需对比历史过车图片
6	车端连接（全列）	①检查内、外风挡无破损，内风挡锁闭良好，密接式车钩锁闭状态良好。 ②检查车端减振器外观良好无漏油，橡胶保护套安装状态良好。 ③检查车端跨接线无断裂、缺失	跨接线脱开 ※**重要提示**：部件位于车厢端部，易出现图片跳跃，作业时需缓慢滚动图片

5. 侧部下检查内容、质量标准及故障案例

序号	顺序	检查内容及质量标准	故障案例
1	头车头罩 （01、00车）	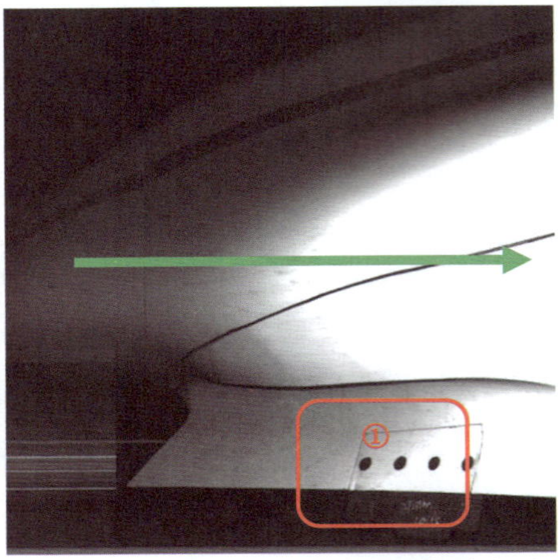 ①检查主排障器外观良好，无异物击打痕迹，辅助排障器无缺失，安装螺栓无缺失。 ②检查头罩开闭机构外观正常，闭合良好	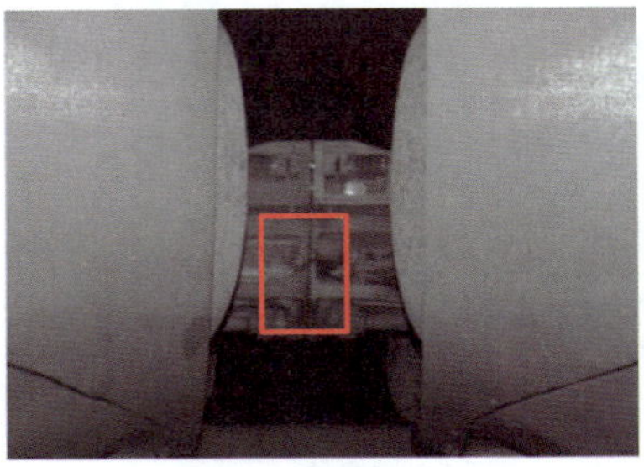 车钩搭扣脱落 ※**重要提示：**可与其他同类型过车图片对比
2	转向架 （全列）	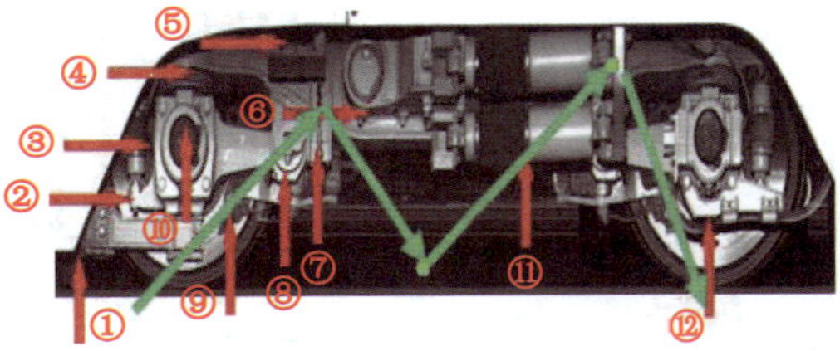 ①检查转向架排障器安装状态良好，距轨面的高度正常，托架安装状态良好，安装螺栓无松动（仅头车）。 ②检查轴箱垂向减振器外观状态良好，无漏油，橡胶保护套状态良好。 ③检查轴温传感器安装状态良好，无断裂、缺失。 ④检查轴箱弹簧外观良好，无断裂，冰雪覆盖情况符合相关文件要求。 ⑤检查空气弹簧截断阀保护罩外观状态良好无缺失。 ⑥检查构架空气弹簧供给腔螺堵安装状态良好无缺失。 ⑦检查空气弹簧高度调整杆安装状态良好。 ⑧检查转臂安装状态良好，橡胶节点外观良好，安装螺栓无缺失。 ⑨检查制动夹钳外观良好，闸片安装良好，开口销安装状态良好。 ⑩检查轴箱端盖外观良好，安装螺栓无缺失。 ⑪检查抗蛇行减振器外观状态良好，无漏油变形，安装螺栓无缺失；橡胶保护套安装状态良好，无破损、缺失。 ⑫检查速度传感器安装状态良好，线路无断裂、松脱	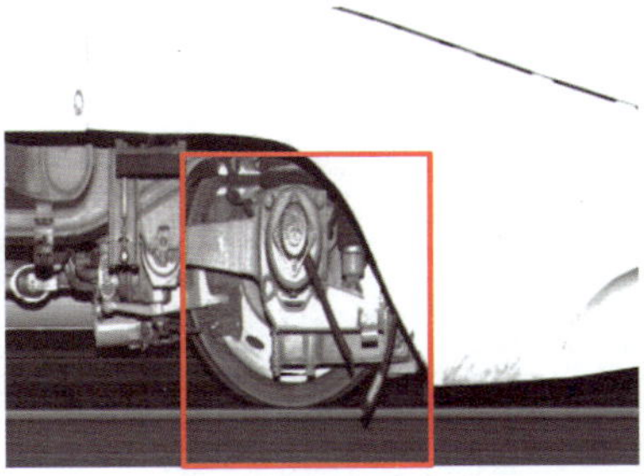 速度传感器接线被击打 ※**重要提示：**可与上下转向架同部件对比 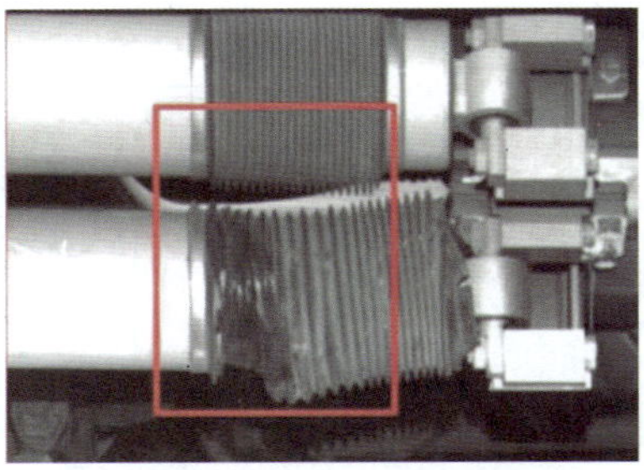 抗蛇行减振器防尘罩喉箍松脱

续上表

序号	顺序	检查内容及质量标准	故障案例
3	车端连接（全列）	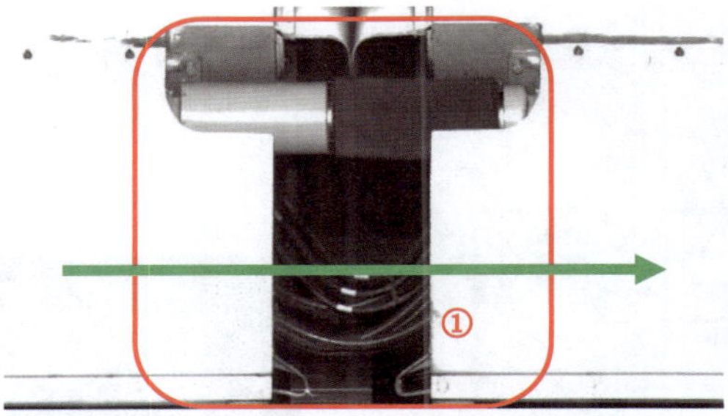 ①检查车端跨接电缆外观良好，无破损、断裂。 ②检查车端减振器外观良好无漏油，橡胶保护套安装状态良好	 排污管未拔出 ※**重要提示**：部件位于车厢端部，易出现图片跳跃，作业时需缓慢滚动图片
4	外接电源（03、07车）	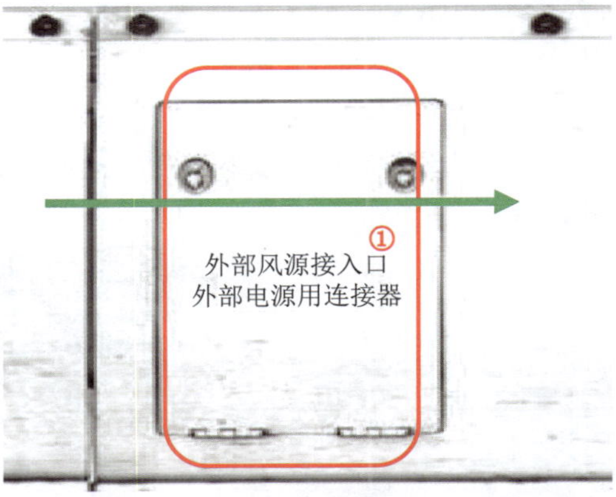 ①检查外接电源盖板安装状态良好，安装螺栓无缺失。 ②检查裙板螺栓安装状态良好无缺失	—

三、CRH380A(L)型动车组检查内容、质量标准及故障案例

1. 底中检查内容、质量标准及故障案例

序号	顺序	检查内容及质量标准	故障案例
1	头车头罩 (01、00车)	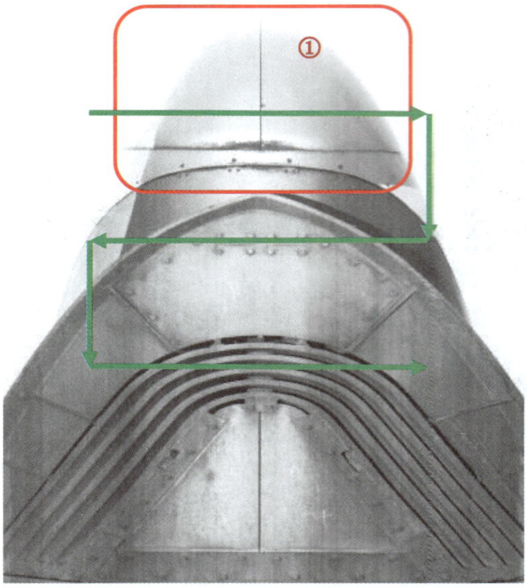 ①检查头罩开闭机构外观正常,闭合良好。 ②检查主排障器外观状态良好,无损伤。 ③其他底板外观良好,安装螺栓无缺失	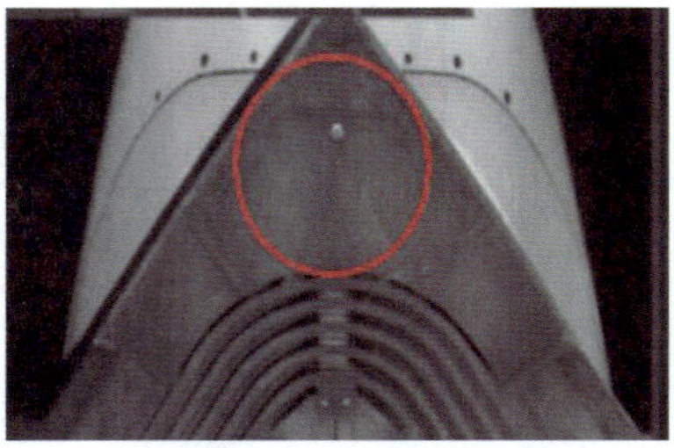 排障器下方螺栓丢失 ※**重要提示:**故障现象较小,检查底板时需注意是否存在异常亮点或小黑点
2	STM天线 (01、00车)	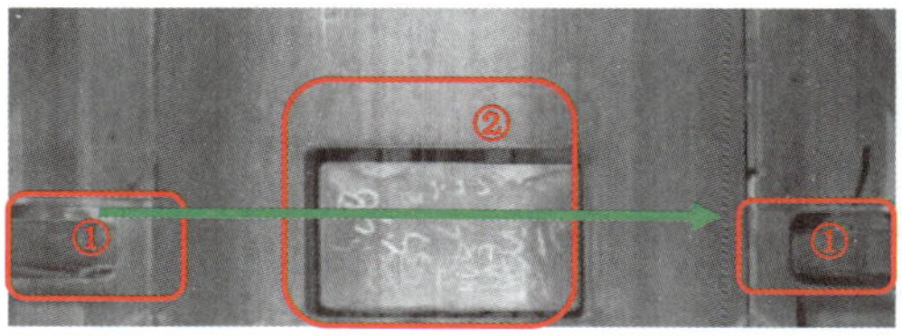 ①检查STM天线安装状态良好,外观无异常。 ②检查BTM天线外观状态良好,无破损	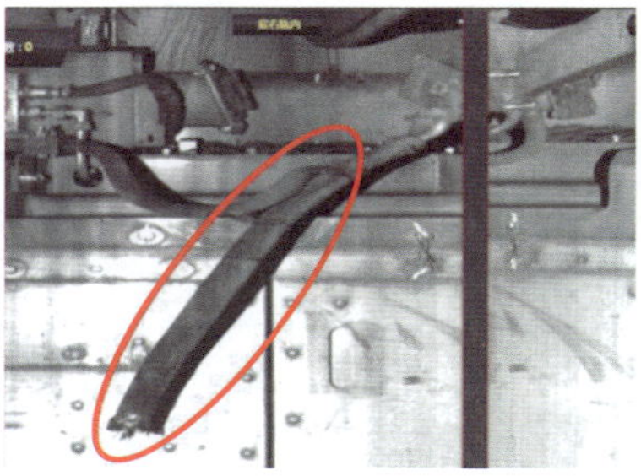 撒砂管受异物击打折断 ※**重要提示:**可与左右侧同部件对比

续上表

序号	顺序	检查内容及质量标准	故障案例
3	拖车转向架（01、00车）	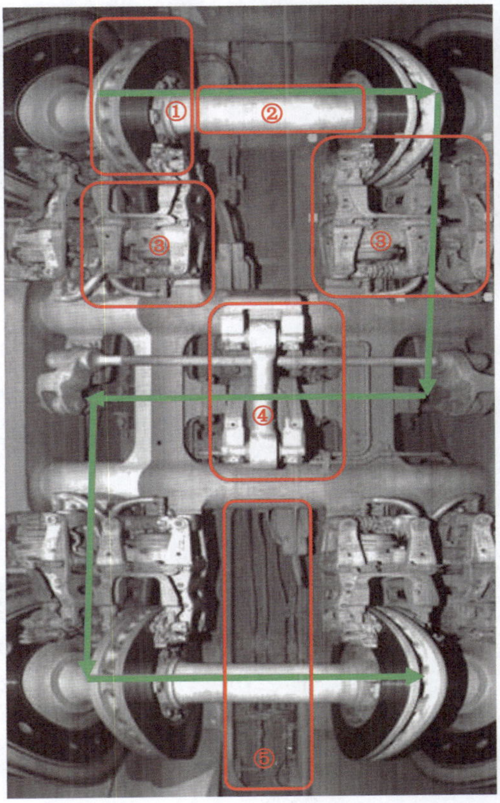 ①检查制动轴盘外观状态良好，安装螺栓无缺失。 ②检查车轴外观状态良好，表面无击打损伤。 ③检查制动夹钳外观良好，供风管路无断裂、破损，闸片安装螺栓无缺失，开口销安装到位无缺失。 ④检查牵引拉杆外观状态良好，安装螺栓无缺失，横向止挡安装状态良好。 ⑤检查车底各供风管路无断裂脱落，连接油拧安装到位	 制动夹钳闸片缺失 ※**重要提示：**多发生于冰雪天及途经有砟轨道交路
			 停放制动缸异物击打变形 ※**重要提示：**多发生于冰雪天及途经有砟轨道交路

续上表

序号	顺序	检查内容及质量标准	故障案例
4	BTM天线(01、00车)	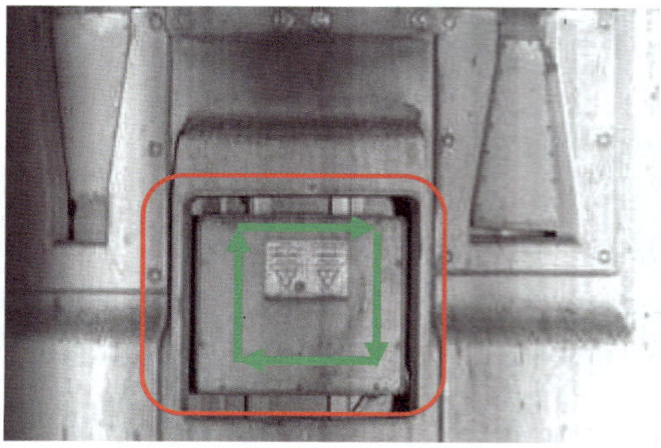 检查BTM天线外观状态良好,外观无缺损	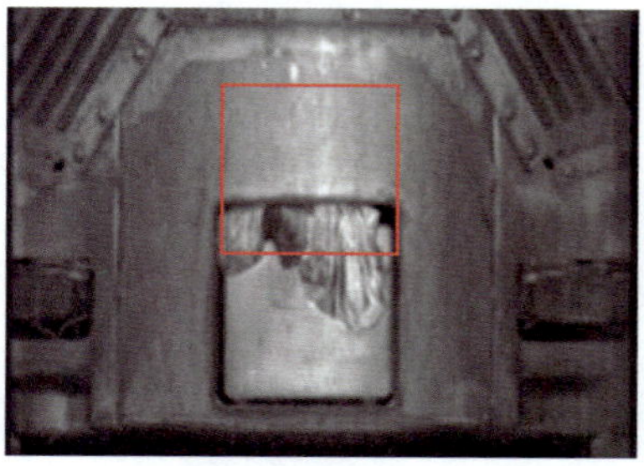 BTM天线异物 ※**重要提示:**多发生于大风天气
5	空调冷凝器底板(全列车厢两端)	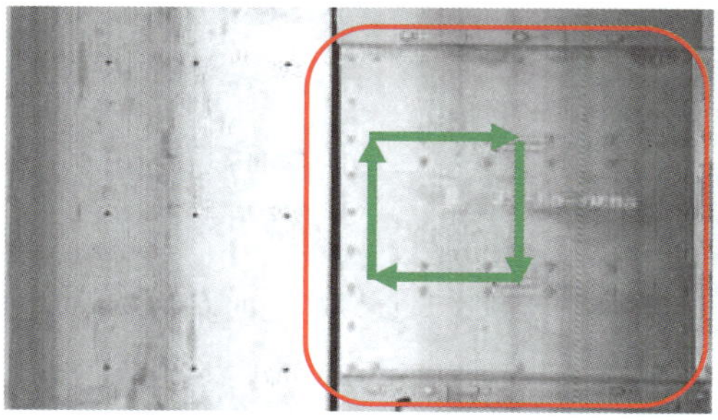 检查空调冷凝器底板外观良好,安装螺栓无缺失	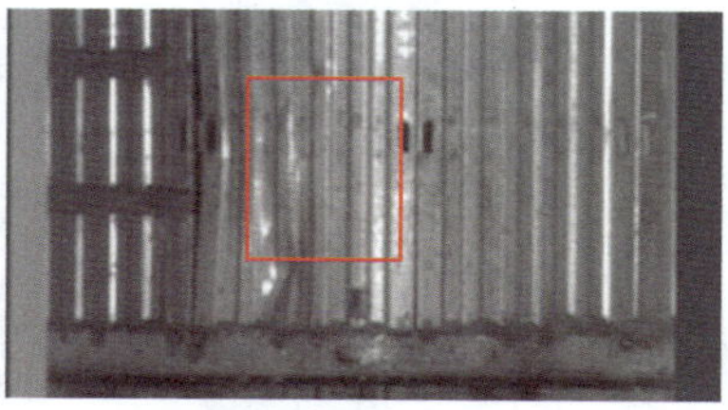 冷凝器底板疑似变形 ※**重要提示:**多发生于冰雪天及途经有砟轨道交路
6	空调蒸发器底板(全列车厢两端)	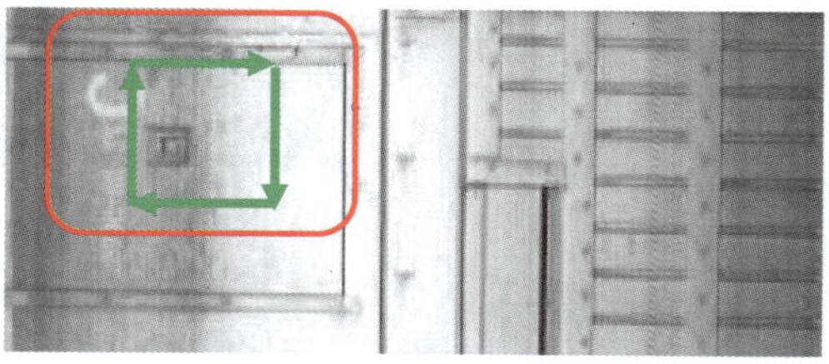 检查空调蒸发器底板外观良好,安装螺栓无缺失,排水堵无缺失	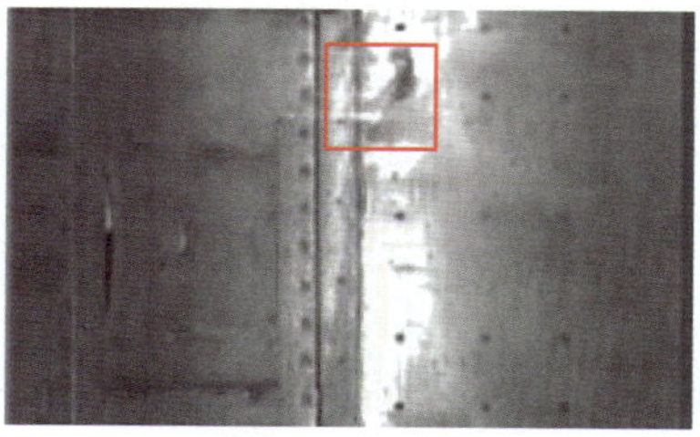 蒸发器底板变形 ※**重要提示:**多发生于冰雪天及途经有砟轨道交路

续上表

序号	顺序	检查内容及质量标准	故障案例
7	BCU 底板（全列）	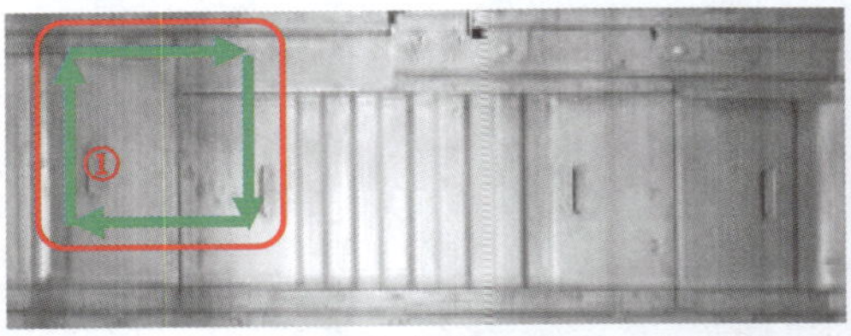 ①检查 BCU 底板安装状态良好，安装螺栓无缺失。 ②检查其余底板安装状态良好，安装螺栓无缺失	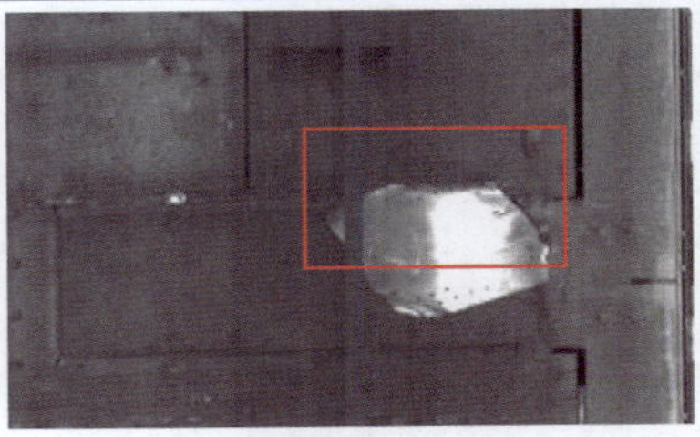 BCU 底板挂金属异物 ※**重要提示**：多发生于大风天气
8	车端连接（全列）	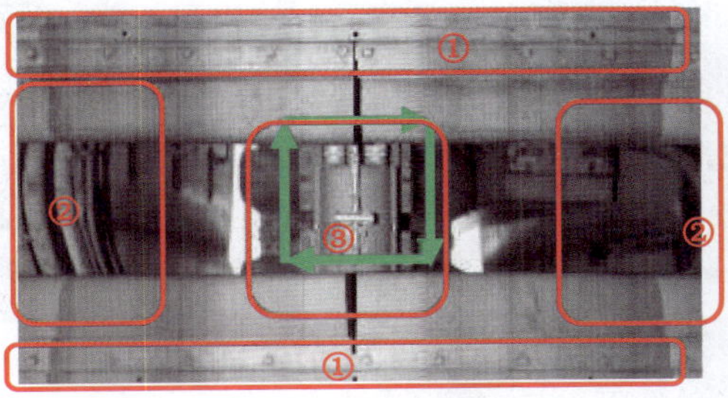 ①检查防雪风挡安装螺栓无缺失，防雪风挡外观良好无破损。 ②检查连接处跨接电缆外观良好，无破损、断裂。 ③检查车端密接式车钩锁闭状态良好	 风挡破损 ※**重要提示**：多发生于冰雪天及途经有砟轨道交路
9	主变压器底板（CRH380A：02、04、06 车；CRH380AL：02、04、06、08、10、12、14 车）	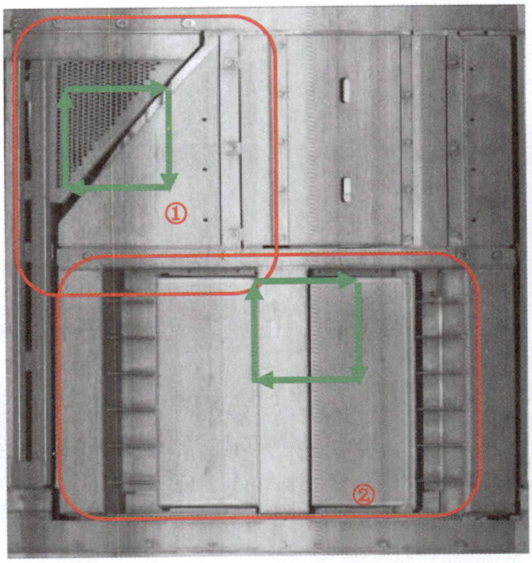 ①检查主变压器散热器底板外观良好，安装螺栓无缺失。 ②检查主变压器底板外观状态良好，主变压器无漏油。 ③检查其他底板外观状态良好，无缺失	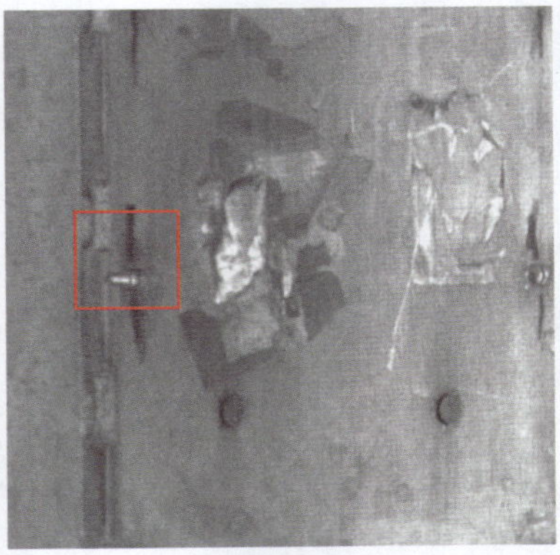 底板螺栓反装 ※**重要提示**：可与同部位其他螺栓对比

续上表

序号	顺序	检查内容及质量标准	故障案例
10	牵引变流器底板（除头车外其余车）	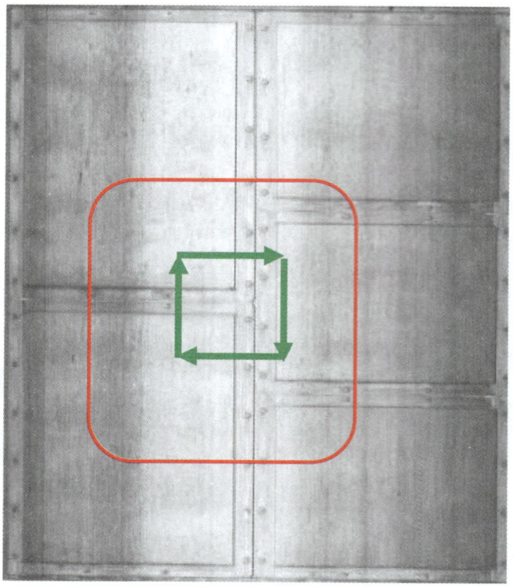 检查牵引变流器底板安装状态良好，安装螺栓无缺失	 牵引变流器通风机底板丢失 ※**重要提示：**故障前期多为底板螺栓松脱
11	其他底板（全列）	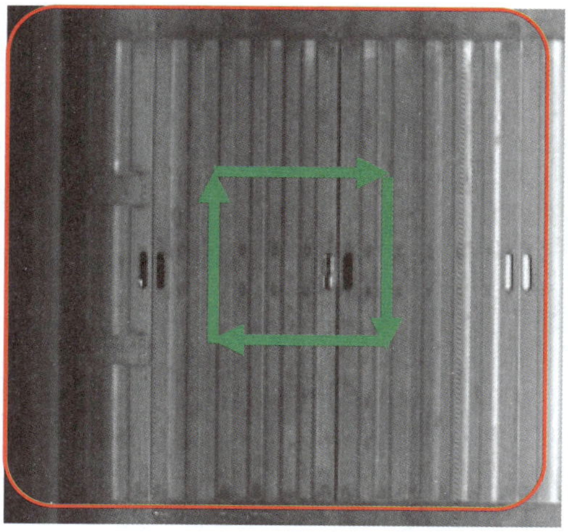 检查底板外观状态良好，安装螺栓无缺失	 底板螺栓丢失 ※**重要提示：**故障现象较小，检查底板时需注意是否存在异常亮点或小黑点

续上表

序号	顺序	检查内容及质量标准	故障案例
12	动车转向架（除头车外其余车）	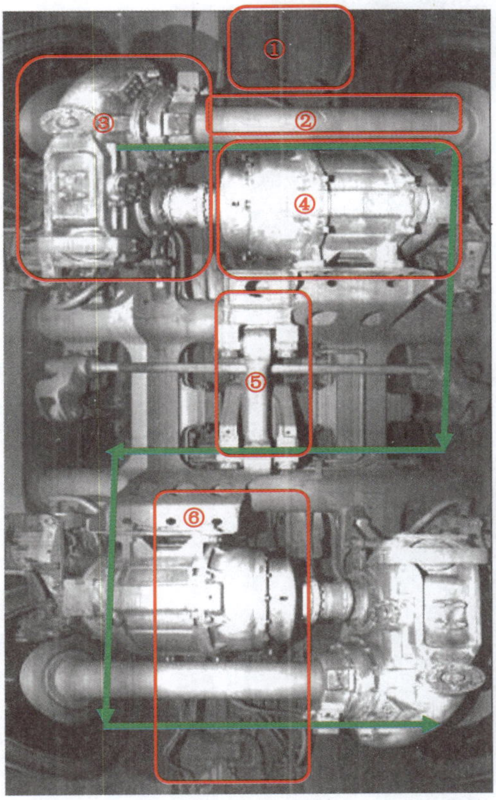 ①检查牵引电机电源线×3、温度传感器接线×2、牵引电机接地线×1无断裂，安装状态良好。 ②检查车轴外观状态良好，表面无击打损伤。 ③检查齿轮箱外观良好，无裂纹、漏油；注、排油堵安装状态良好；接地装置外观良好，安装螺栓无缺失；齿轮箱吊杆保护罩外观状态良好，安装螺栓无缺失；联轴节外观状态良好，紧固螺栓无缺失。 ④检查牵引电机外观状态良好，安装座螺栓无缺失。 ⑤检查牵引拉杆外观状态良好，安装螺栓无缺失，横向止挡安装状态良好。 ⑥检查车底各供风管路无断裂脱落，连接油拧安装到位	 航空插头脱开 ※**重要提示**：可与上下转向架同部件对比

2. 底部轨内检查内容、质量标准及故障案例

序号	顺序	检查内容及质量标准	故障案例
1	头车头罩(01、00车)	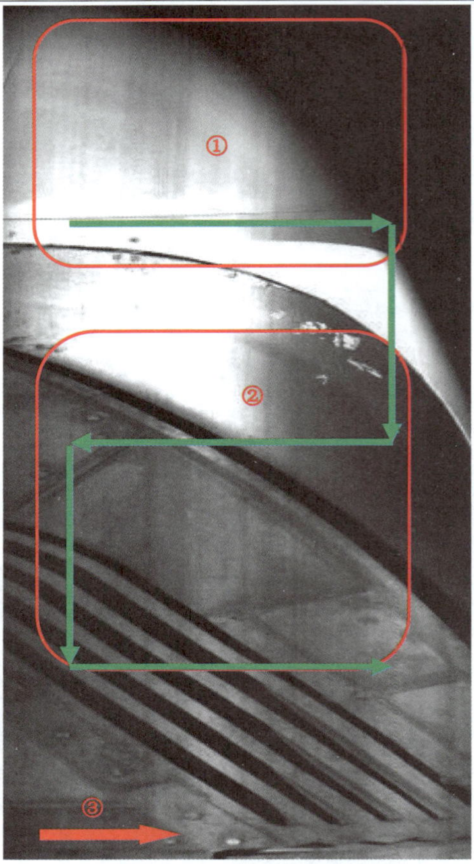 ①检查头罩开闭机构外观正常,无裂损及外物击打痕迹。 ②检查辅助排障器外观状态良好,无破损。 ③检查底部安装螺栓无缺失	—
2	STM天线(01、00车)	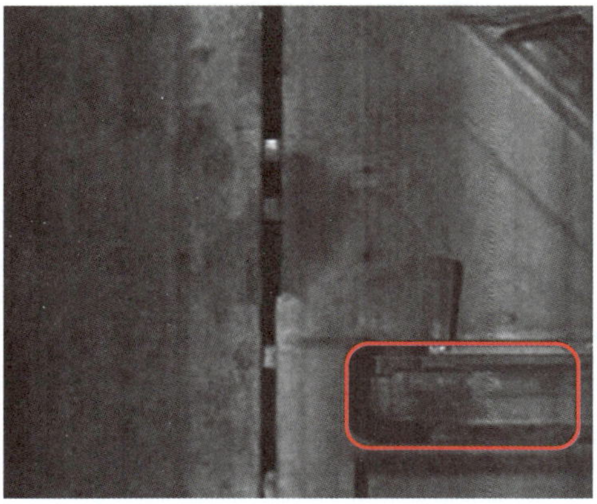 检查STM天线外观状态良好,安装状态良好	—

续上表

序号	顺序	检查内容及质量标准	故障案例
3	拖车转向架前半部分(除头车外其余车)	 ①检查转向架端板安装螺栓无松脱。 ②检查轮对外观状态良好,安装螺栓无缺失。 ③检查轴盘外观状态良好,安装螺栓无缺失;车轴外观状态良好,无裂损、击打痕迹;闸片安装状态良好,开口销安装状态良好。 ④检查制动夹钳外观正常,安装座螺栓无缺失;供风管路外观良好,无断裂、缺失	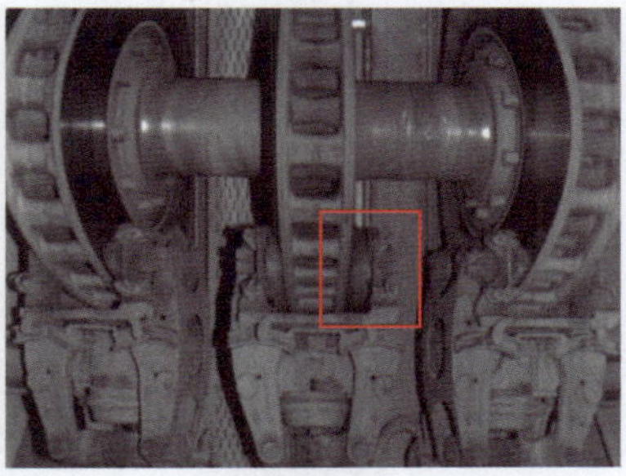 U形卡簧变形错位 ※**重要提示:**多发生于冰雪天及途经有砟轨道交路
4	拖车转向架中部(01、00车)	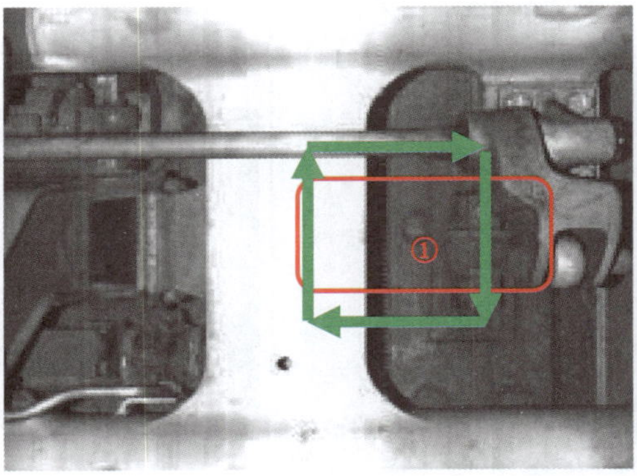 ①检查转向架构架外观状态良好,牵引拉杆横向止挡状态良好。 ②检查抗侧滚扭杆组件安装状态良好,无松脱	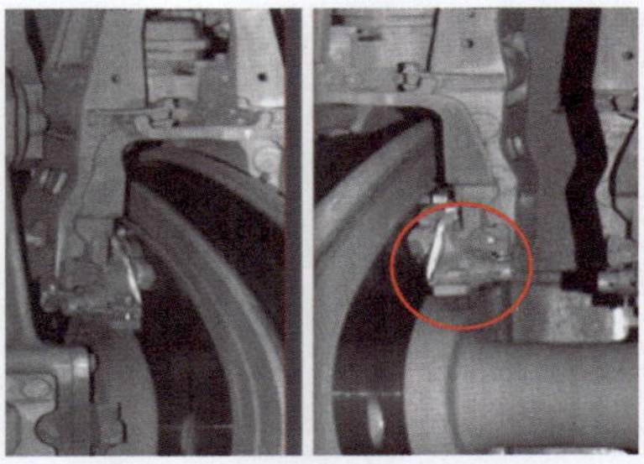 轮盘内侧制动闸片托开口销缺失 ※**重要提示:**多发生于冰雪天及途经有砟轨道交路

续上表

序号	顺序	检查内容及质量标准	故障案例
5	拖车转向架后半部分（01、00车）	 ①检查制动夹钳外观良好，安装座螺栓无缺失；夹钳供风管路外观良好，无断裂、缺失。 ②检查轴盘外观状态良好，安装螺栓无缺失；车轴外观状态良好，无裂损、击打痕迹；闸片安装状态良好，开口销安装状态良好。 ③检查轮对外观状态良好，安装螺栓无缺失。 ④检查转向架端板安装螺栓无松脱	 制动夹钳闸片脱落 ※**重要提示**：多发生于冰雪天及途经有砟轨道交路
6	底板（全列）	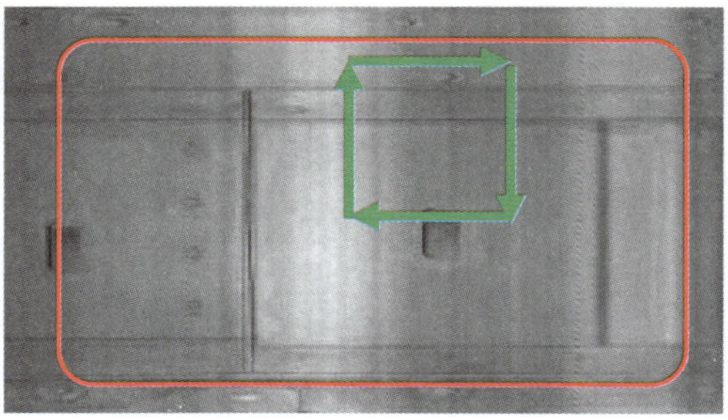 检查底板外观状态良好无缺失，安装螺栓无缺失	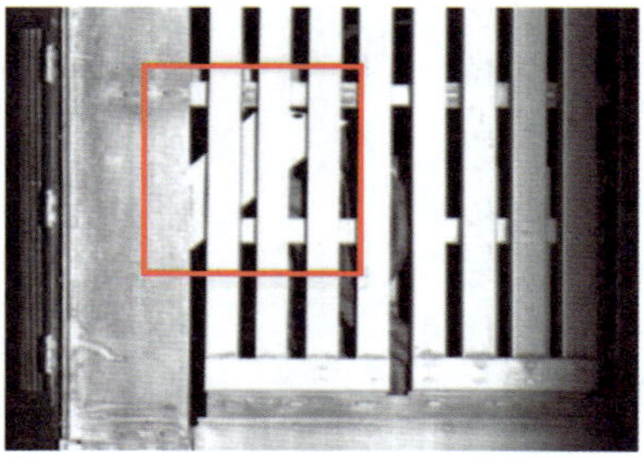 底板内板脱落 ※**重要提示**：可与上下转向架同部件对比

续上表

序号	顺序	检查内容及质量标准	故障案例
7	蒸发器底板（全列车厢两端）	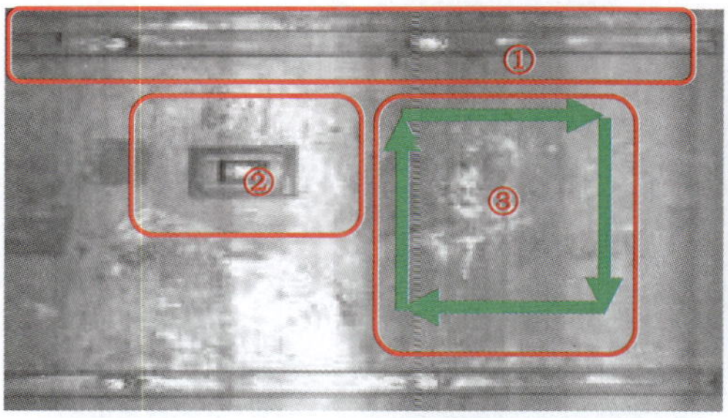 ①检查蒸发器底板安装螺栓无缺失。 ②检查蒸发器底板排水堵无缺失。 ③检查蒸发器底板外观状态良好无破损、缺失	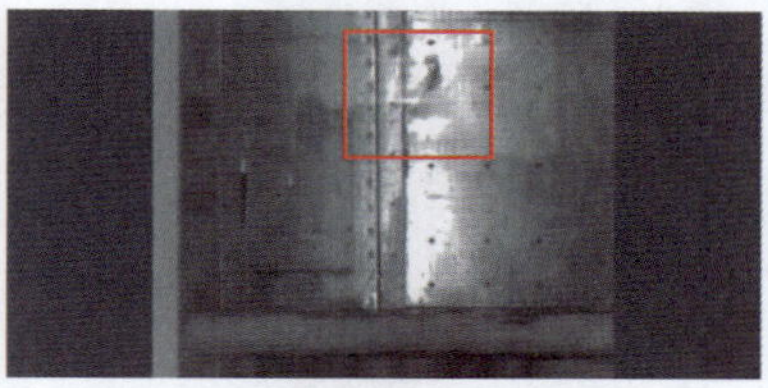 蒸发器底板疑似变形 ※**重要提示：**多发生于冰雪天及途经有砟轨道交路
8	车端连接（全列）	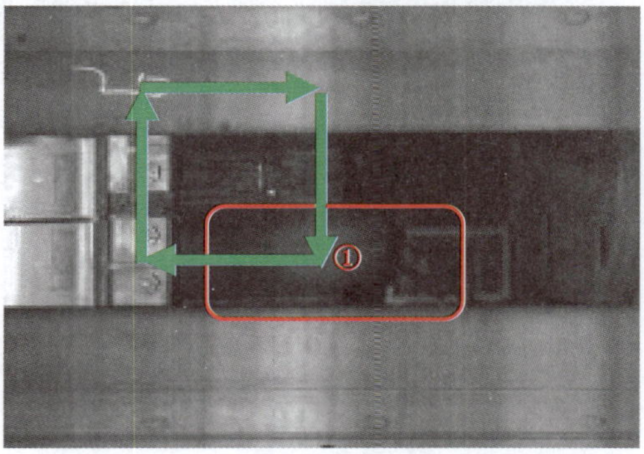 ①检查防雪风挡外观状态良好，安装螺栓无缺失。 ②检查内风挡外观状态良好，卡扣锁闭状态良好。 ③检查密接式车钩外观状态良好，安装螺栓无缺失	—

续上表

序号	顺序	检查内容及质量标准	故障案例
9	动车转向架（除头车外其余车）	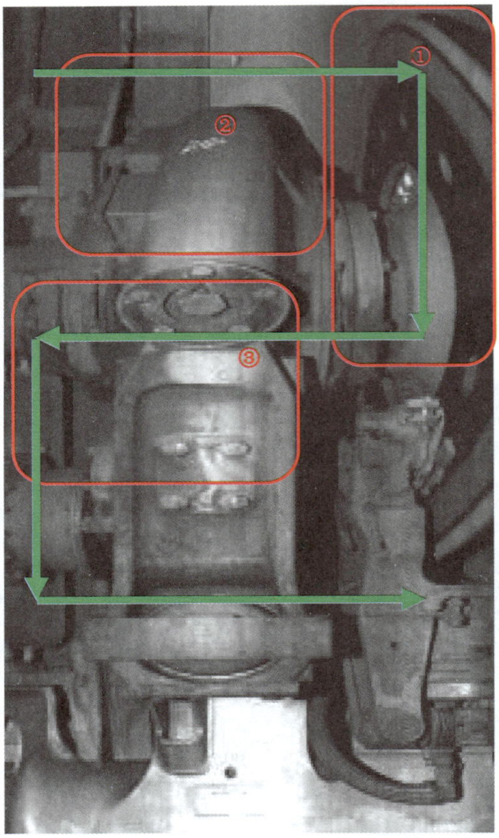 ①检查轮盘外观状态良好，安装螺栓无缺失；闸片安装状态良好，开口销安装状态良好，齿轮箱大齿轮轴承安装螺栓无缺失。 ②检查齿轮箱排油堵安装良好，安装螺栓无缺失；放松铁丝绑扎良好，接地装置罩壳安装螺栓无缺失。 ③检查齿轮箱吊杆保护罩外观状态良好，联轴节外观状态良好，安装螺栓无缺失	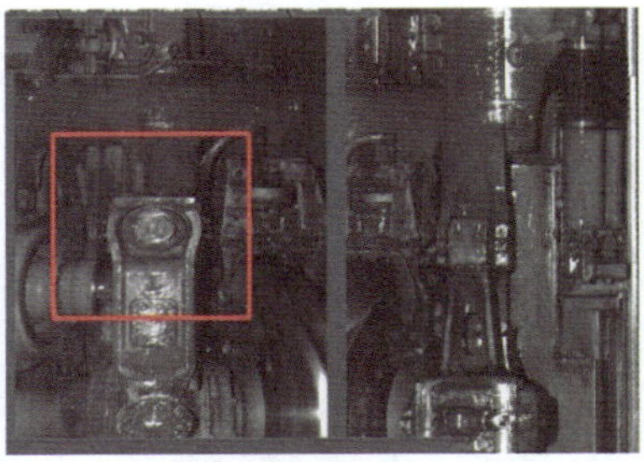 齿轮箱U形防护挡板缺失 ※**重要提示：**多发生于冰雪天及途经有砟轨道交路

3. 底部轨外检查内容、质量标准及故障案例

序号	顺序	检查内容及质量标准	故障案例
1	头车头罩（01、00车）	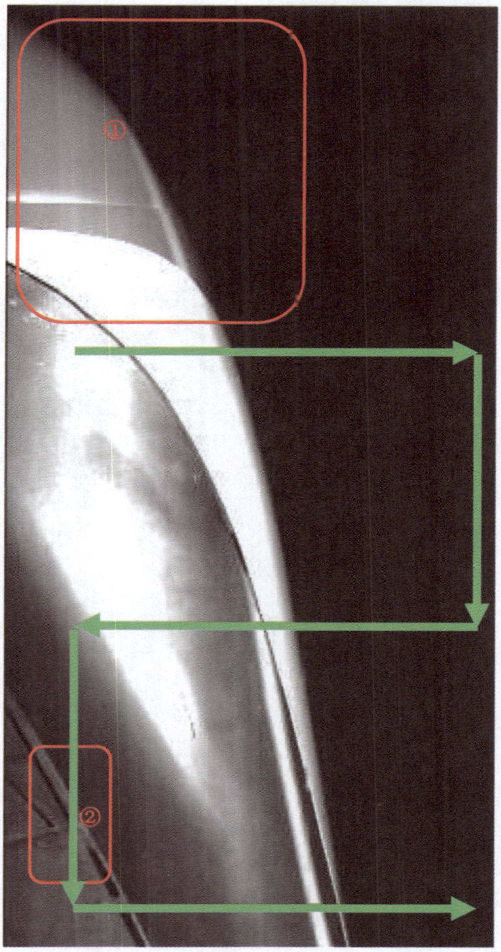 ①检查头罩开闭机构外观正常，无裂损及外物击打痕迹。 ②检查辅助排障器外观状态良好无变形	—

续上表

序号	顺序	检查内容及质量标准	故障案例
2	转向架前半部分(全列)	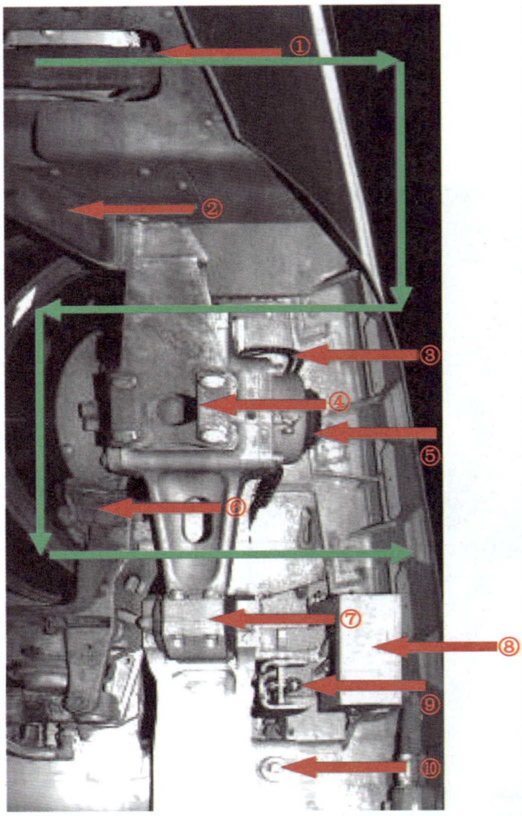 ①检查STM天线外观状态良好,无破损缺失(仅头车)。 ②检查转向架排障器安装状态良好,无变形、缺失。 ③检查轴温传感器外观状态良好,无断裂、缺失。 ④检查转向架排障器安装座螺栓良好无缺失。 ⑤检查轴箱无漏油,防尘盖安装状态良好。 ⑥检查轮盘闸片安装状态良好,开口销安装状态良好。 ⑦检查转臂安装状态良好,橡胶节点外观良好,安装螺栓无缺失。 ⑧检查空气弹簧截断阀保护罩外观状态良好无缺失。 ⑨检查空气弹簧高度调整杆安装状态良好。 ⑩检查构架空气弹簧供给腔螺堵安装状态良好无缺失	 轴箱盖螺栓垫片多装 ※**重要提示:**可与上下转向架同部件对比

续上表

序号	顺序	检查内容及质量标准	故障案例
3	转向架后半部分（全列）	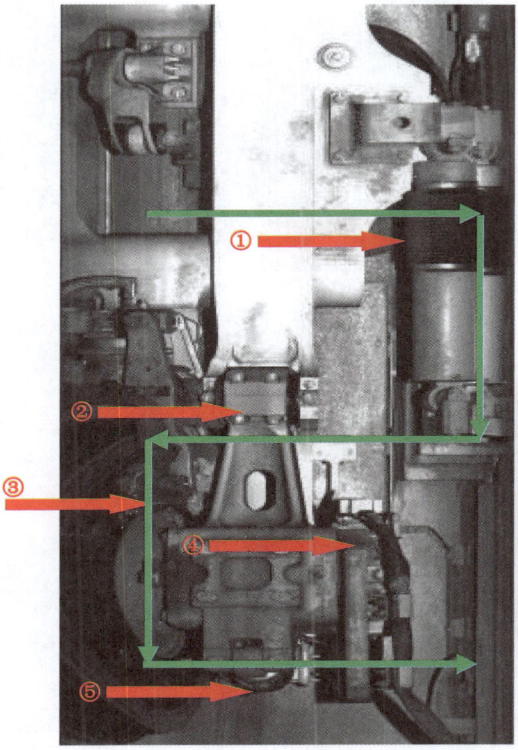 ① ② ③ ④ ⑤ ①检查抗蛇行减振器外观状态良好，无漏油变形，安装螺栓无缺失；橡胶保护套安装状态良好，无破损、缺失。 ②检查转臂安装状态良好，橡胶节点外观良好，安装螺栓无缺失。 ③检查轮盘闸片安装状态良好，开口销安装状态良好。 ④检查轴温传感器及速度传感器安装状态良好，无断裂、缺失。 ⑤检查轴箱垂向减振器安装状态良好，螺栓无缺失，防松铁丝绑扎良好	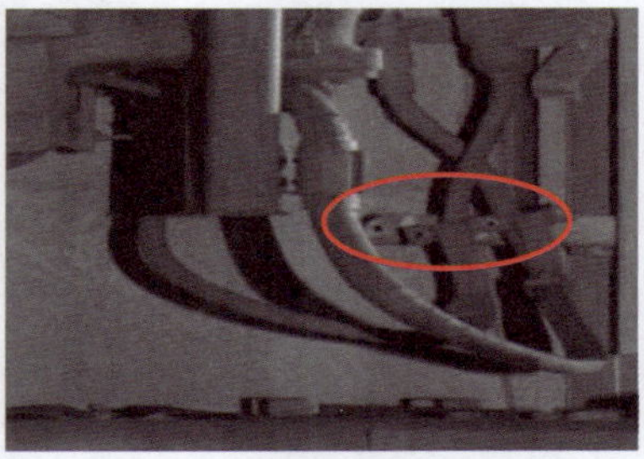 速度传感器线卡螺栓丢失 ※**重要提示**：可与上下转向架同部件对比

续上表

序号	顺序	检查内容及质量标准	故障案例
4	底板 (全列)	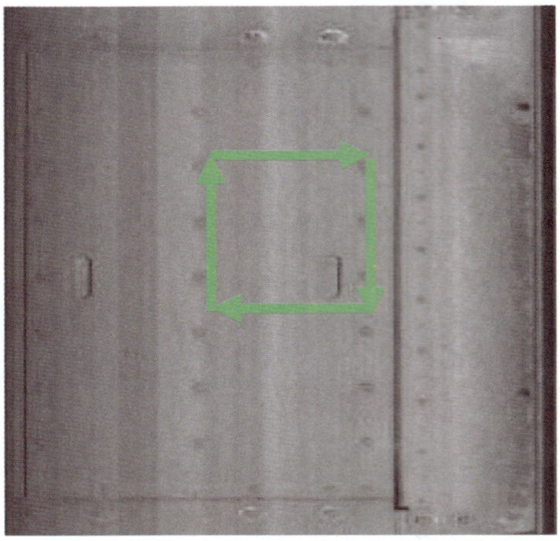 ①检查底板安装螺栓无缺失。 ②检查底板外观状态良好,无破损、缺失	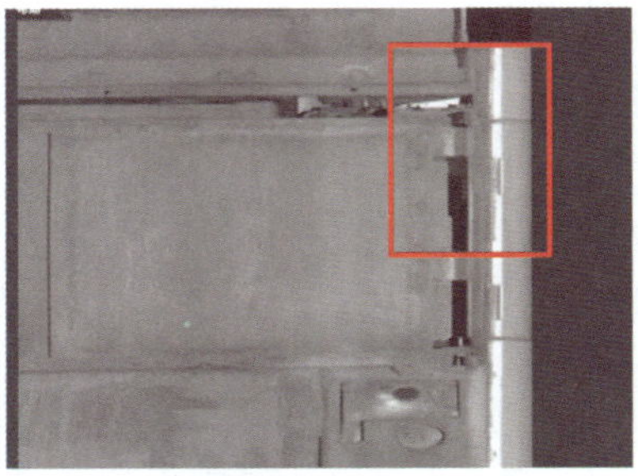 排污口抽拉式底板未关闭到位 ※**重要提示**:可与上下转向架同部件对比
5	车端连接 (全列)	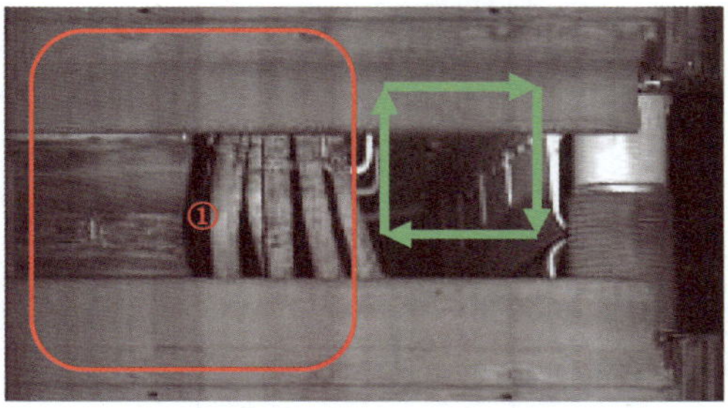 ①检查外风挡外观状态良好,无破损、缺失。 ②检查车端跨接线外观状态良好,无断裂、缺失。 ③检查内挡外观良好,安装螺栓无缺失	—

4. 侧部上检查内容、质量标准及故障案例

序号	顺序	检查内容及质量标准	故障案例
1	头车头罩 (01、00车)	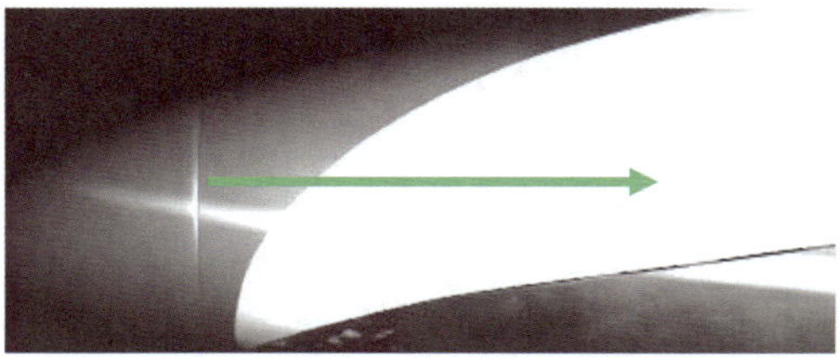 检查头罩开闭机构外观正常,闭合良好	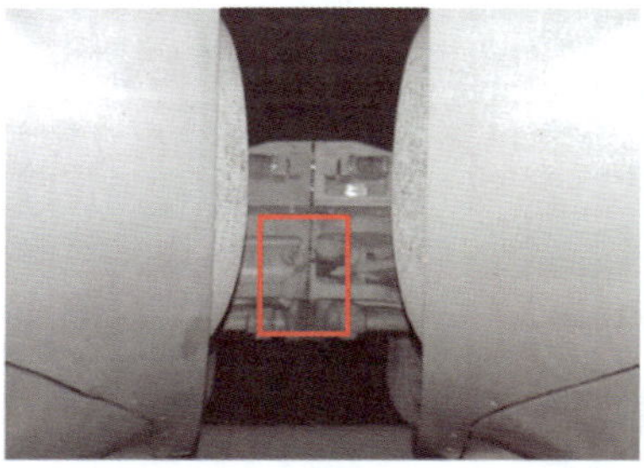 车钩搭扣脱落 ※**重要提示**:可与同类过车相同部件对比

续上表

序号	顺序	检查内容及质量标准	故障案例
2	裙板锁（全列）	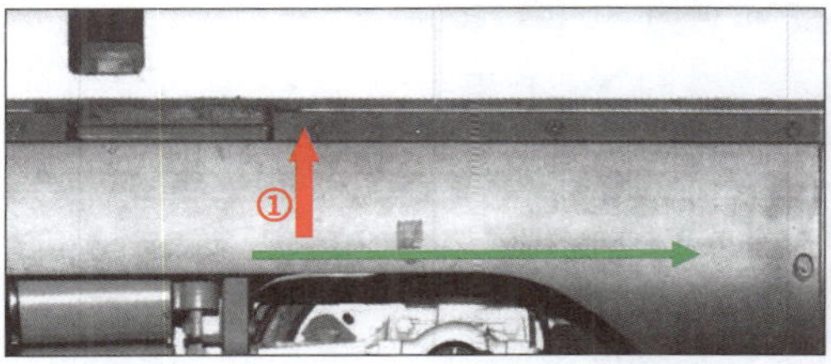 ①检查裙板锁外观良好，安装牢固无缺失。 ②检查各裙板外观良好，无变形、缺失、开裂及异物击打痕迹	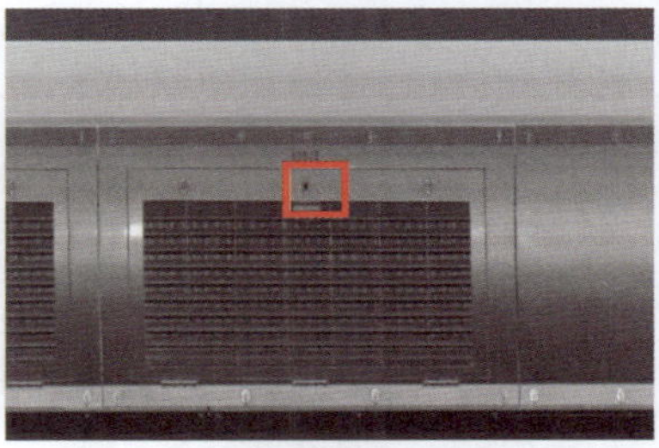 活动裙板锁缺失 ※**重要提示**：可能涉及裙板锁松脱，需对比历史过车图片
3	栅格裙板（全列）	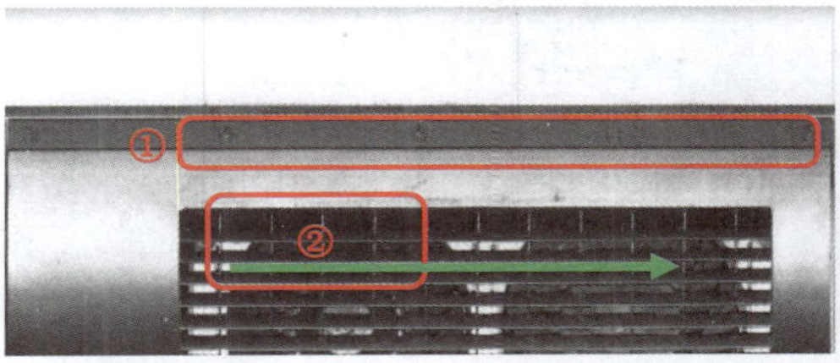 ①检查裙板锁外观良好，安装牢固无缺失。 ②检查栅格裙板外观良好，栅格无变形、断裂、缺失，空调通风机风扇状态正常	 踏面清扫盖板打开
4	注水口、门总、污物箱盖板（全列）	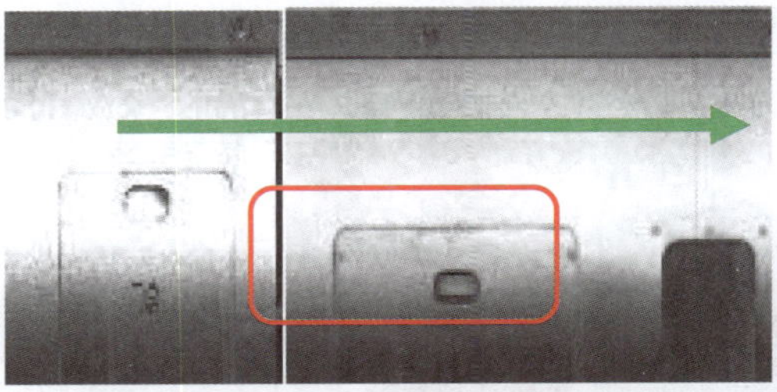 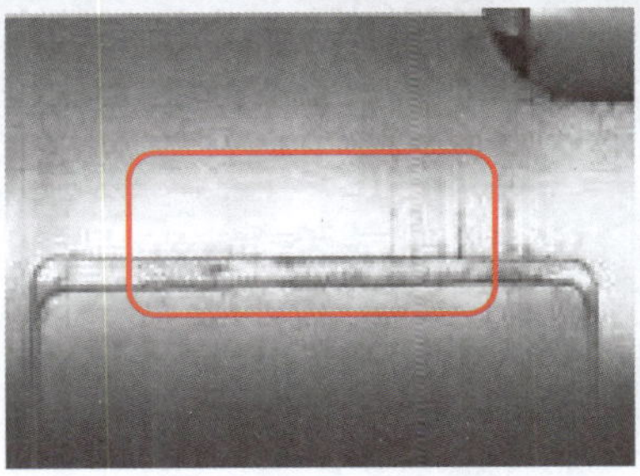 检查门总、注水口、污物箱盖板外观良好，关闭到位	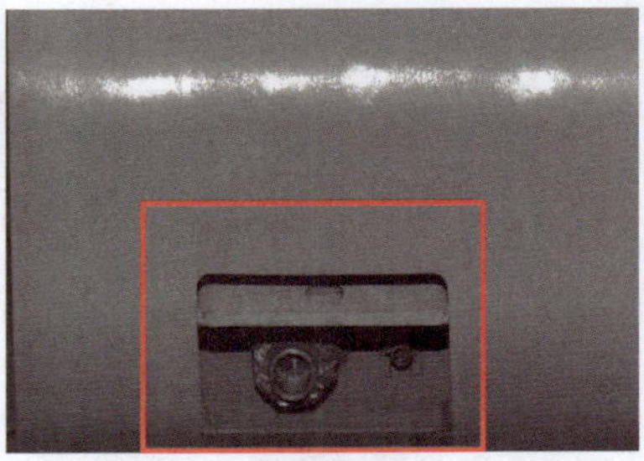 排污口盖板打开

续上表

序号	顺序	检查内容及质量标准	故障案例
5	活动裙板（全列）	①检查活动裙板锁锁闭到位，无缺失。 ②检查栅格裙板外观良好，栅格无变形、断裂、缺失	—
6	车端连接（全列）	①检查内、外风挡无破损，内风挡锁闭良好，密接式车钩锁闭状态良好。 ②检查车端减振器外观良好无漏油，橡胶保护套安装状态良好。 ③检查车端跨接线无断裂、缺失	跨接线脱开 ※**重要提示**：部件位于车厢端部，易出现图片跳跃，作业时需缓慢滚动图片

5. 侧部下检查内容、质量标准及故障案例

序号	顺序	检查内容及质量标准	故障案例
1	头车头罩（01、00车）	①检查主排障器外观良好，无异物击打痕迹，辅助排障器无缺失，安装螺栓无缺失。 ②检查头罩开闭机构外观正常，闭合良好	头罩未关闭 ※**重要提示**：部件位于车厢端部，易出现图片跳跃，作业时需缓慢滚动图片

续上表

序号	顺序	检查内容及质量标准	故障案例
2	转向架（全列）	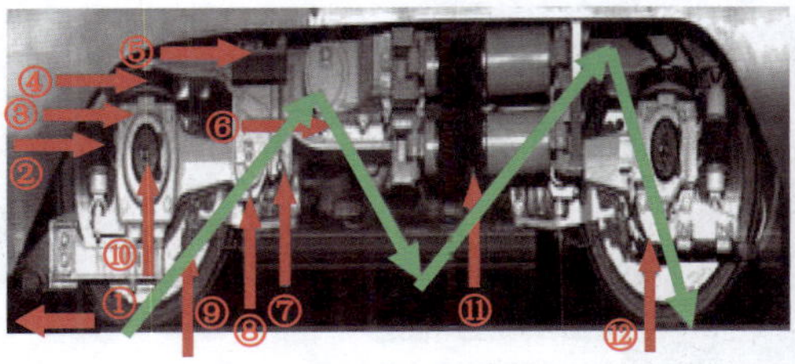 ①检查转向架排障器安装状态良好，距轨面的高度正常；托架安装状态良好，安装螺栓无松动（仅头车）。 ②检查轴箱垂向减振器外观状态良好，无漏油，橡胶保护套状态良好。 ③检查轴温传感器安装状态良好，无断裂、缺失。 ④检查轴箱弹簧外观良好，无断裂，冰雪覆盖情况符合相关文件要求。 ⑤检查空气弹簧截断阀保护罩外观状态良好无缺失。 ⑥检查构架空气弹簧供给腔螺堵安装状态良好无缺失。 ⑦检查空气弹簧高度调整杆安装状态良好。 ⑧检查转臂安装状态良好，橡胶节点外观良好，安装螺栓无缺失。 ⑨检查制动夹钳外观良好，闸片安装良好，开口销安装状态良好。 ⑩检查轴箱端盖外观良好，安装螺栓无缺失。 ⑪检查抗蛇行减振器外观状态良好，无漏油变形，安装螺栓无缺失；橡胶保护套安装状态良好，无破损、缺失。 ⑫检查速度传感器安装状态良好，线路无断裂、松脱	 轴端橡胶盖丢失 ※**重要提示**：可与上下转向架同部件对比  传感器脱开 ※**重要提示**：可与底部左右侧同部件对比

续上表

序号	顺序	检查内容及质量标准	故障案例
3	车端连接（全列）	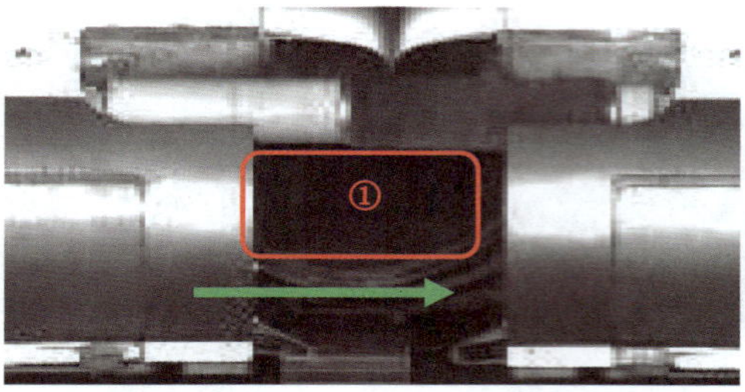 ①检查车端跨接电缆外观良好，无破损、断裂。 ②检查车端减振器外观良好无漏油，橡胶保护套安装状态良好	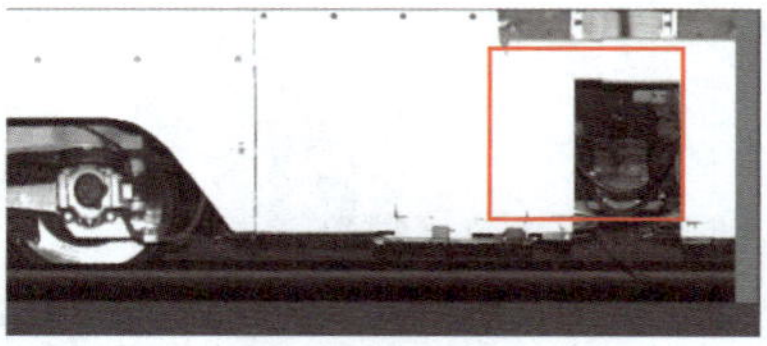 跨接线脱开 ※**重要提示：**部件位于车厢端部，易出现图片跳跃，作业时需缓慢滚动图片
4	外接电源（CRH380A：03、07车；CRH380AL：03、07、11、14车）	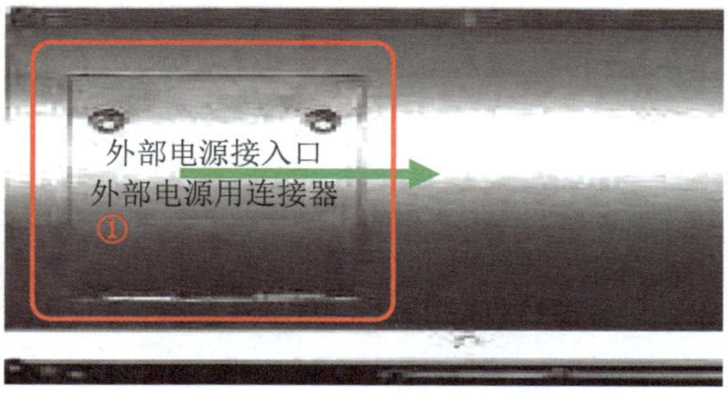 外部电源接入口 外部电源用连接器 ① ①检查外接电源盖板安装状态良好，安装螺栓无缺失。 ②检查裙板螺栓无缺失	—

第五节　CRH380B(L)型动车组检查内容、质量标准及故障案例

一、底中检查内容、质量标准及故障案例

序号	顺序	检查内容及质量标准	故障案例
1	头车头罩(01、00车)	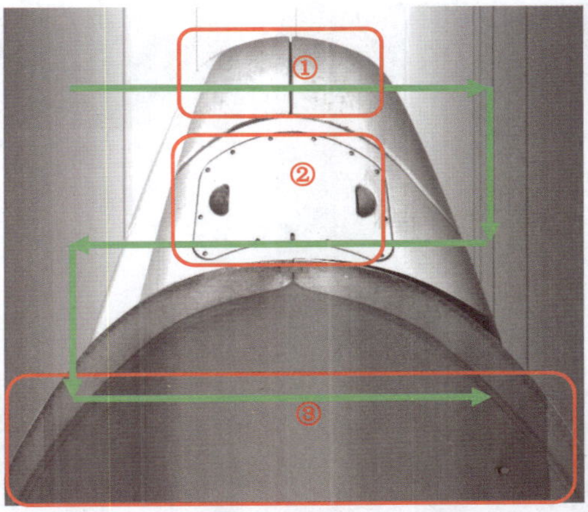 ①检查头罩开闭机构外观正常,闭合良好。 ②头罩解锁装置底板外观良好,安装螺栓无缺失。 ③主排障器外观良好,无破损。 ④其他底板外观良好,无缺失	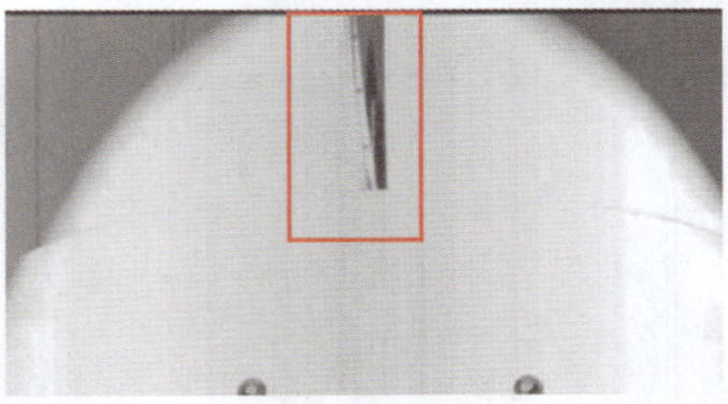 头罩未关闭 ※**重要提示:**部件位于车厢端部,易出现图片跳跃,作业时需缓慢滚动图片 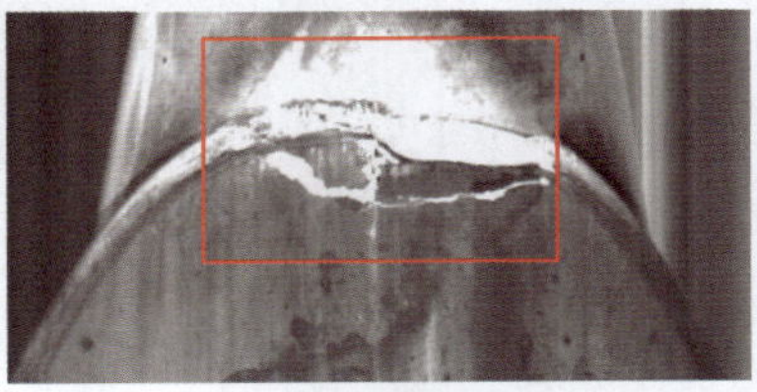 主排障器破损 ※**重要提示:**多发生于冰雪天及途经有砟轨道交路
2	TCR、BTM天线(01、00车)	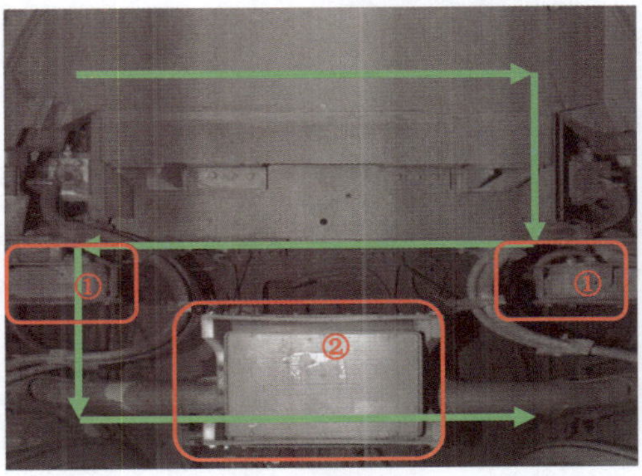 ①检查TCR天线安装状态良好,外观无异常。 ②检查BTM天线安装状态良好,外观无异常。 ③检查左右两侧线缆无断裂,外观状态良好,固定卡扣安装牢固	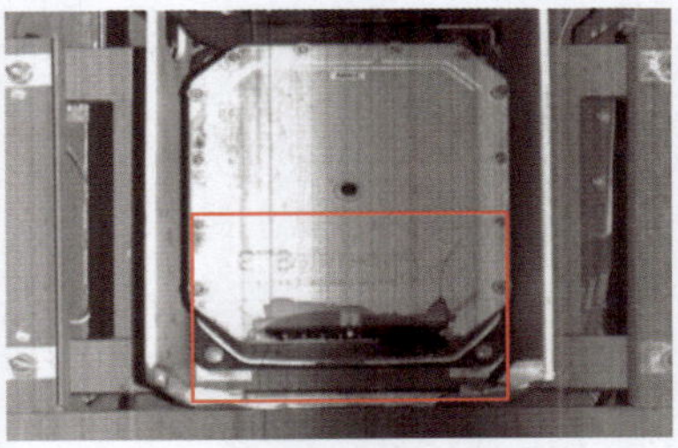 BTM天线盒破损 ※**重要提示:**多发生于冰雪天及途经有砟轨道交路

续上表

序号	顺序	检查内容及质量标准	故障案例
3	动车转向架(CRH380B:01、03、06、00 车;CRH380BL:01、03、06、08、09、11、14、00 车)	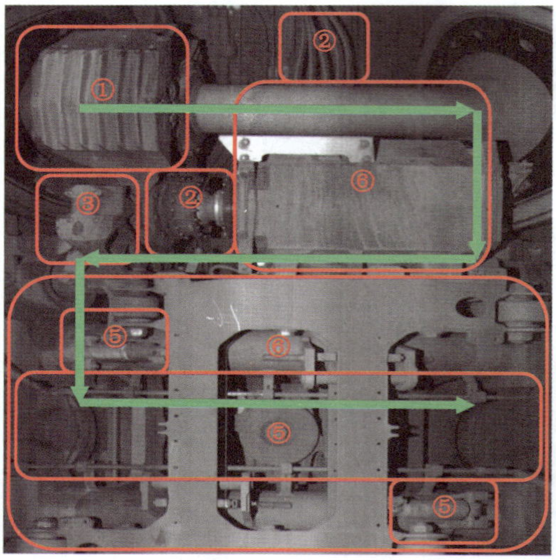 ①检查齿轮箱外观良好,无裂纹、漏油,注、排油堵安装状态良好。 ②检查联轴节外观状态良好,紧固螺栓无缺失。 ③检查 C 形支架外观无异常,安装螺栓无缺失。 ④检查牵引电机电源线×3、温度传感器接线×2 无断裂,安装状态良好。 ⑤检查牵引中心销外观状态良好,供风管路安装状态良好,各卡扣固定良好,各油压减振器安装状态良好。 ⑥检查车轴、牵引电机、电机吊架外观良好	 齿轮箱防水挡圈脱出 ※**重要提示:**故障在运行途中会发生位移,靠近齿轮箱侧时现象较为不明显  联轴节破损 ※**重要提示:**多发于高级修修竣及新造车组 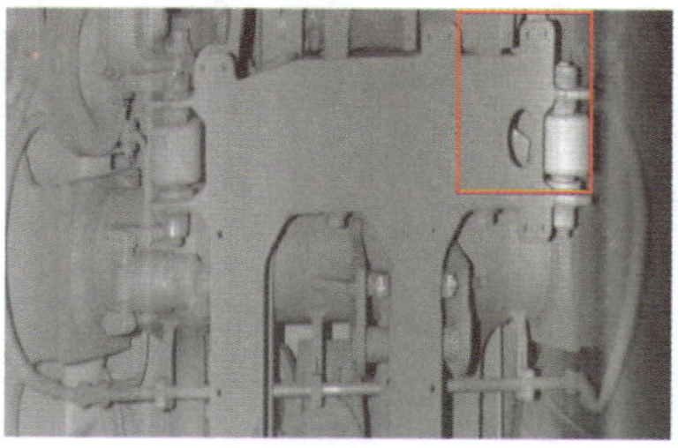 转向架挂异物 ※**重要提示:**多发于大风天气

续上表

序号	顺序	检查内容及质量标准	故障案例
4	底板（全列）	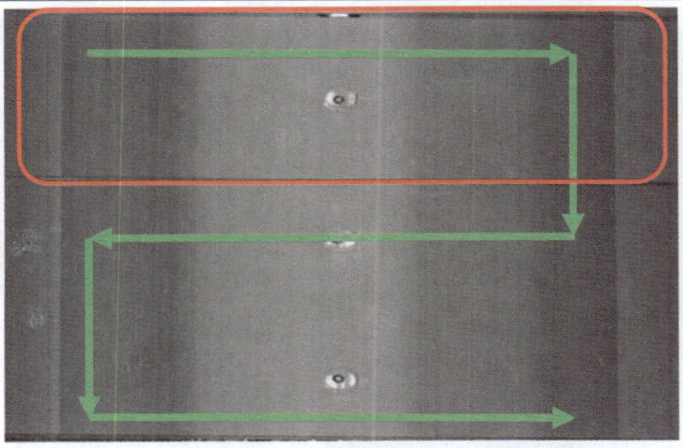 检查底板及底板锁无脱落，锁芯无脱落，外观状态良好	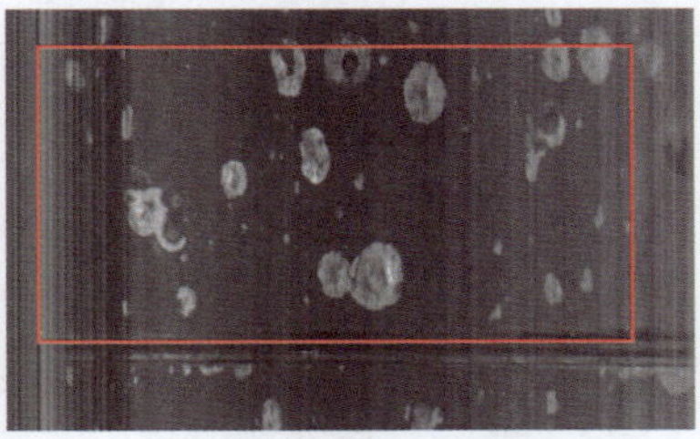 底板异物击打 ※**重要提示**：多发生于冰雪天及途经有砟轨道交路
5	司机室冷凝风扇（01、00车）	 检查空调冷凝风扇网罩外观良好，风扇叶片外观良好，无刮擦	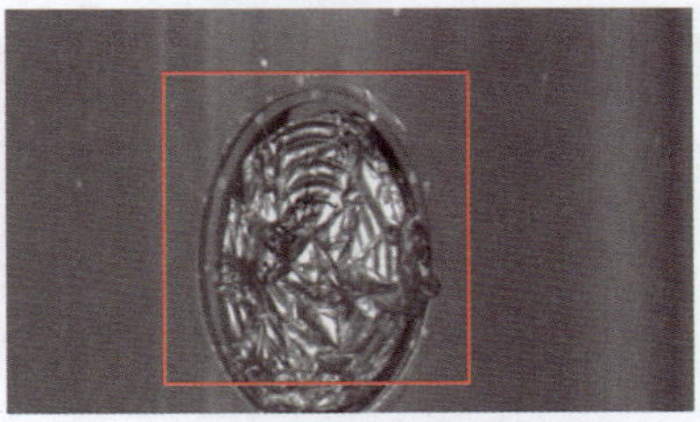 司机室空调冷凝风扇网罩挂有异物 ※**重要提示**：多发于大风天气
6	牵引变流器底板（CRH380B：01、03、06、00车；CRH380BL：01、03、06、08、09、11、14、00车）	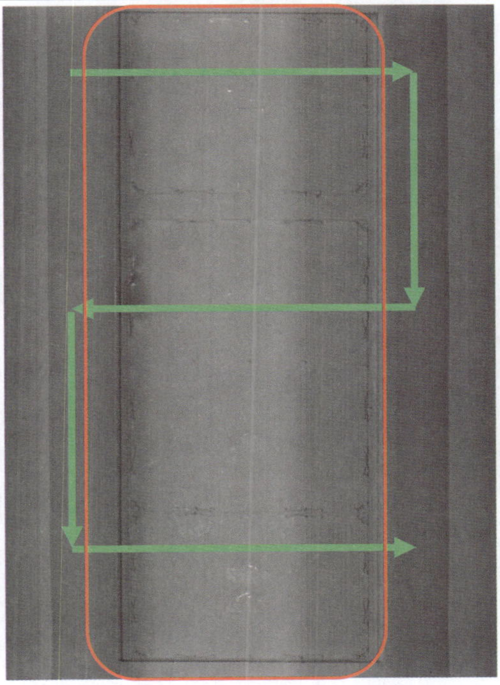 检查牵引变流器底板无缺失，外观状态良好，安装螺栓无缺失	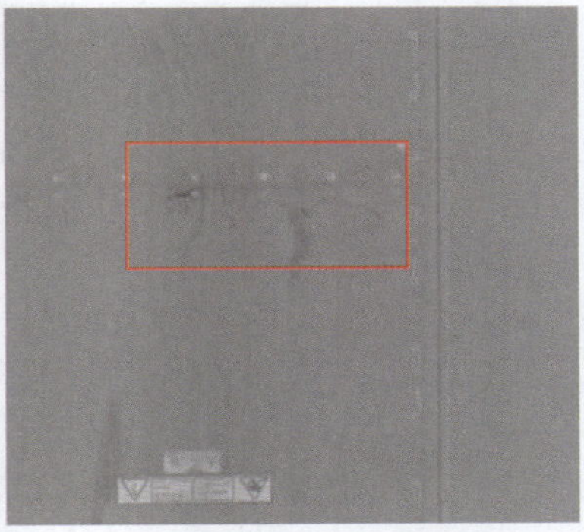 牵引变流器底板防松铁丝断裂 ※**重要提示**：多发生于冰雪天及途经有砟轨道交路

续上表

序号	顺序	检查内容及质量标准	故障案例
7	牵引变流器冷却单元底板（CRH380B：01、03、06、00车；CRH380BL：01、03、06、08、09、11、14、00车）多普勒雷达底板（01、00车）	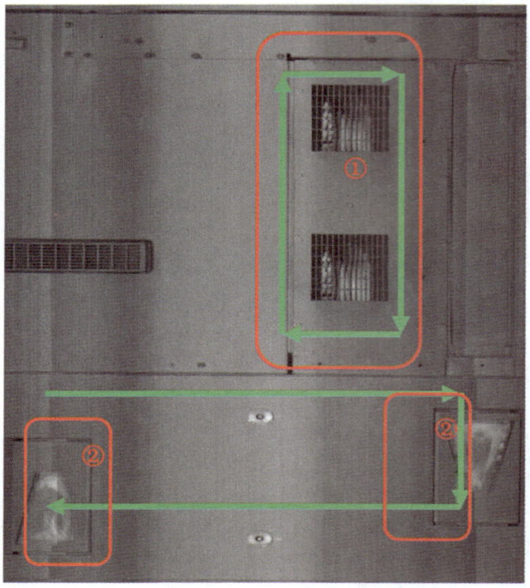 ①检查牵引变流器冷却单元底板外观状态良好，安装螺栓无缺失。 ②检查多普勒雷达底板外观状态良好，安装螺栓无缺失	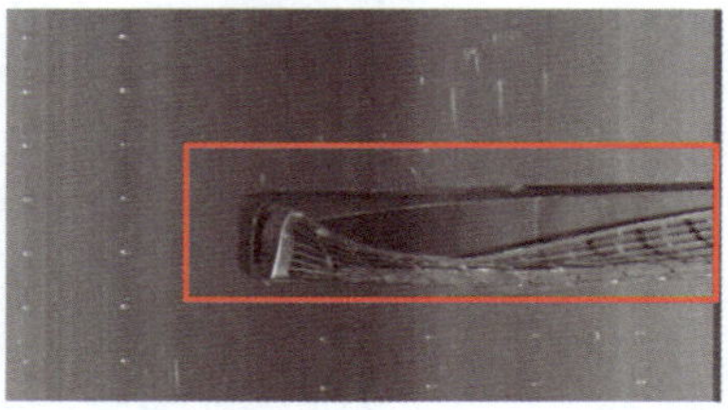 牵引变流器冷却风机底板格栅变形 ※**重要提示：**多发生于冰雪天及途经有砟轨道交路 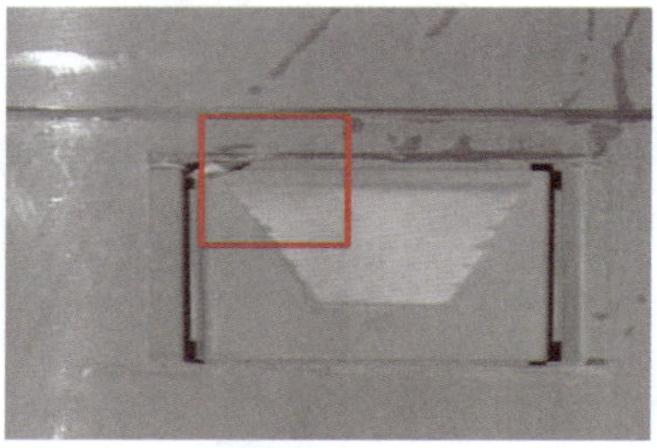 多普勒雷达底板破损 ※**重要提示：**多发生于冰雪天及途经有砟轨道交路
8	车端连接（全列）	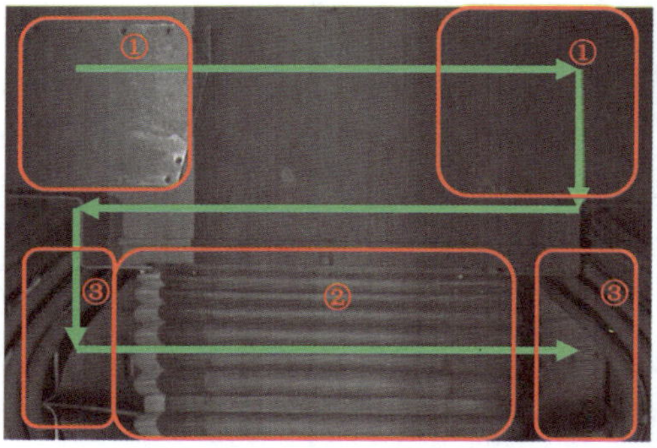 ①检查终端箱底板无脱落，安装螺栓无缺失。 ②检查连接处风挡无破损，安装螺栓无缺失。 ③检查连接处跨接电缆外观良好，无破损、断裂	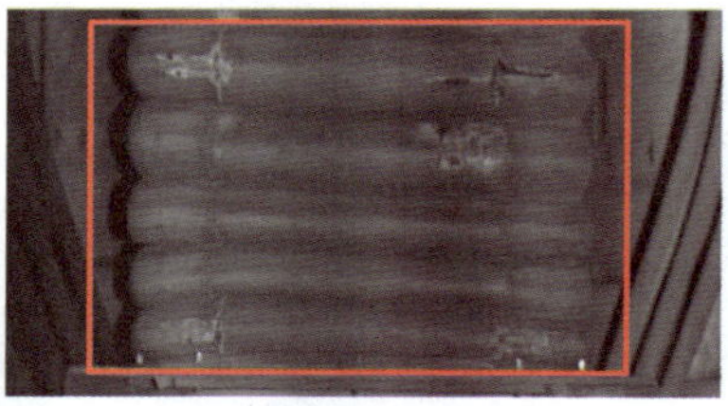 连接处风挡破损 ※**重要提示：**多发生于冰雪天及途经有砟轨道交路 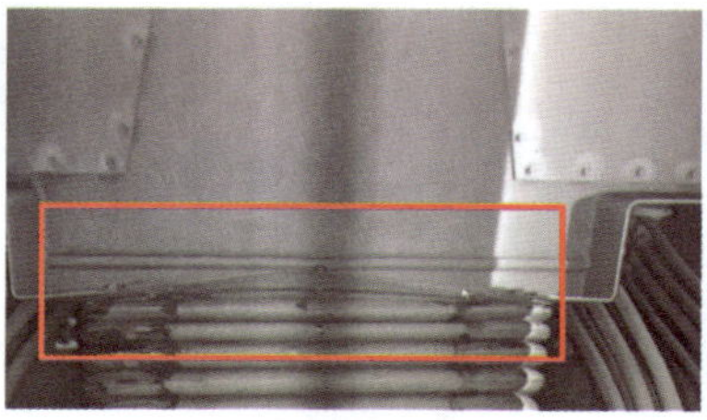 风挡安装座变形 ※**重要提示：**可与上下转向架同部件对比

续上表

<table>
<tr><th>序号</th><th>顺序</th><th>检查内容及质量标准</th><th>故障案例</th></tr>
<tr><td rowspan="3">9</td><td rowspan="3">带停放制动的拖车转向架（CRH380B：02、07 车；CRH380BL：02、07、10、15 车）</td><td rowspan="3"> 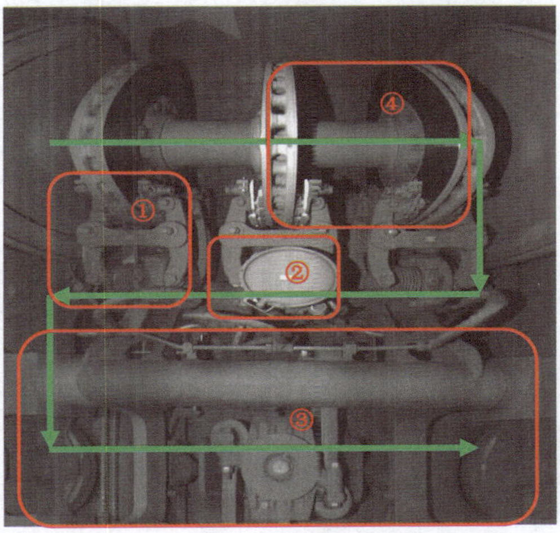①检查制动夹钳外观正常，闸片外观正常无缺失，开口销外观正常无缺失。
②检查停放制动缸外观正常，闸片外观正常无缺失，开口销外观正常无缺失。
③检查转向架构架外观正常，牵引中心销外观正常，各空气管路安装状态正常，减振器安装状态良好无漏油，橡胶节点外观正常。
④检查车轴、轮盘外观良好，无裂损、击打痕迹，降噪层无剥离</td><td> 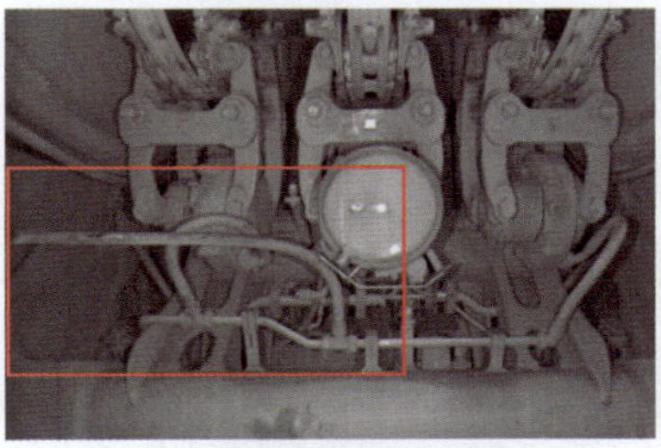制动供风软管断裂
※重要提示：多发生于冰雪天及途经有砟轨道交路</td></tr>
<tr><td> 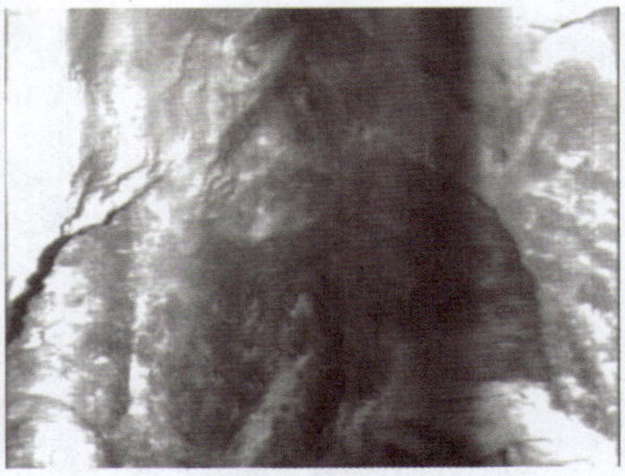转向架积雪严重
※重要提示：发生于冬季冰雪天，特别是从北方而来的车组</td></tr>
<tr><td> 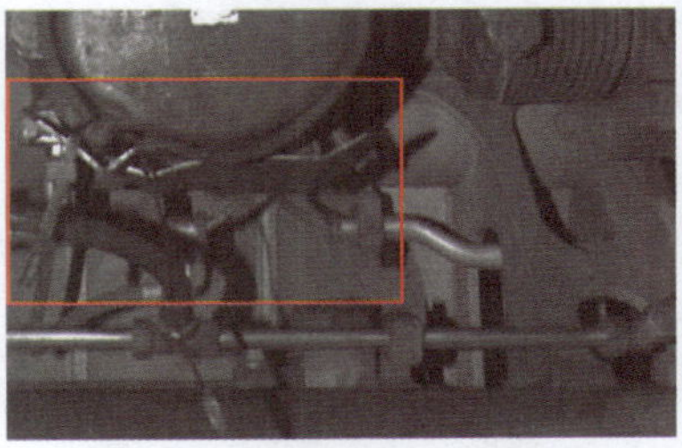停放制动缸扎带脱落
※重要提示：多发生于冰雪天及途经有砟轨道交路</td></tr>
</table>

续上表

序号	顺序	检查内容及质量标准	故障案例
10	牵引变压器冷却风机底板(CRH380B：02、07车；CRH380BL：02、07、10、15车)	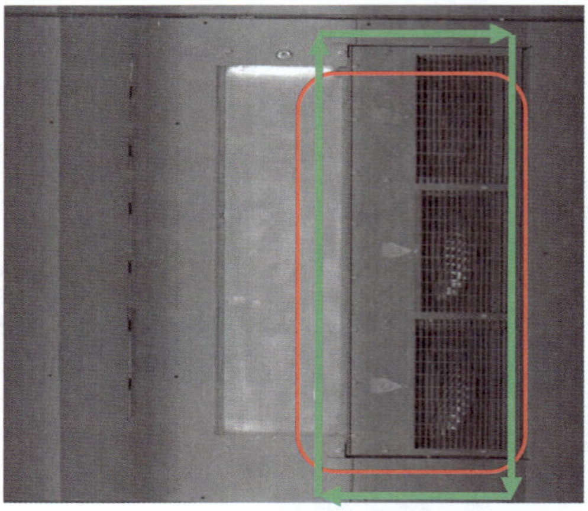 检查牵引变压器冷却风机底板安装状态良好，安装螺栓无缺失	 牵引变压器通风机底板脱落 ※**重要提示：**故障初期为底板螺栓脱落，须特别关注螺栓是否脱落
11	单辅助变流器(CRH380B：02、07车；CRH380BL：02、07、10、15车)	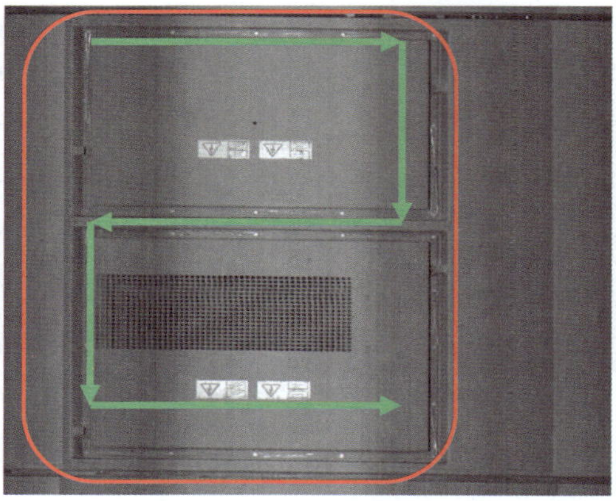 检查单辅助变流器底板外观状态良好，安装螺栓无缺失	 辅助变流器底板内有异物 ※**重要提示：**动车所开板后易发生此类故障
12	空压机底板(CRH380B：03、06车；CRH380BL：03、06、11、14车)	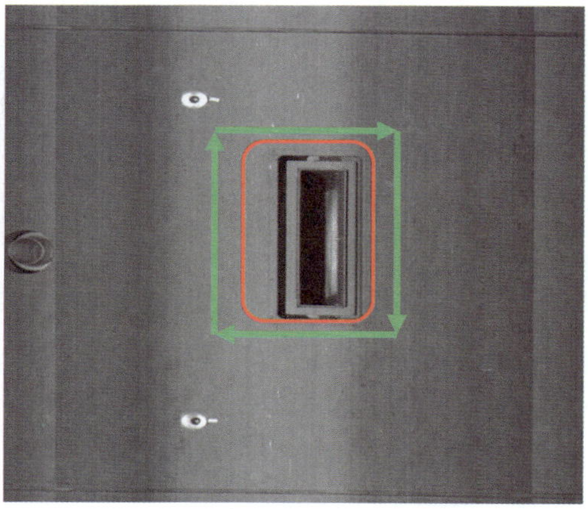 检查空压机底板风道外观正常，无裂损脱落	 空压机底板胶条脱出 ※**重要提示：**可与上下转向架同部件对比

续上表

序号	顺序	检查内容及质量标准	故障案例
13	拖车转向架(CRH380B:04、05车;CRH380BL:04、05、12、13车)	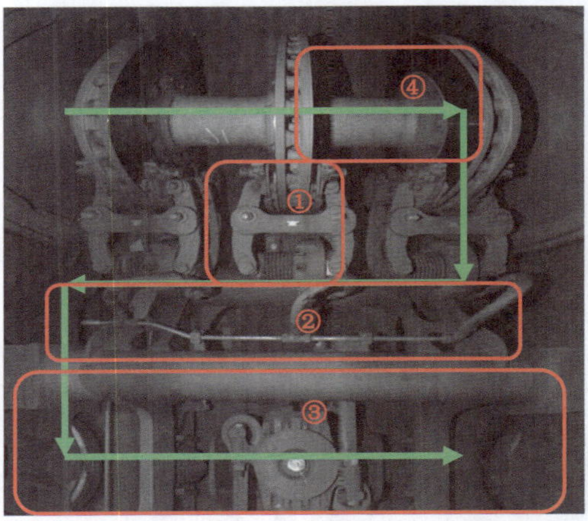 ①检查制动夹钳外观正常,闸片外观正常无缺失,开口销外观正常无缺失。 ②检查制动缸风管外观正常,固定良好无断裂。 ③检查转向架构架外观正常,牵引中心销外观正常,横向止挡安装状态良好,各空气管路安装状态正常,减振器安装状态良好无漏油,橡胶节点外观正常。 ④检查车轴、轮盘外观良好,无裂损、击打痕迹,降噪层无剥离	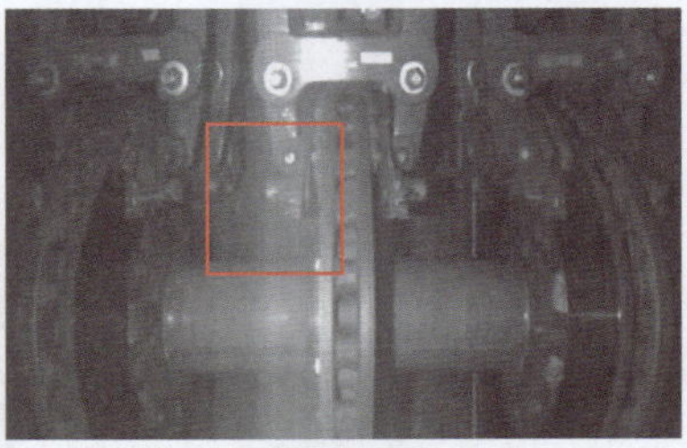 制动夹钳开口销丢失 ※**重要提示:**多发生于冰雪天及途经有砟轨道交路  轴盘划痕 ※**重要提示:**多发生于冰雪天及途经有砟轨道交路
14	双辅助变流器底板(CRH380B:04、05车;CRH380BL:04、05、12、13车)	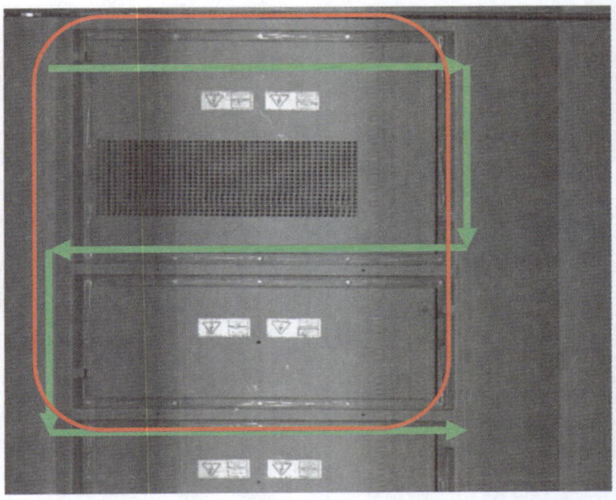 检查双辅助变流器及冷却风机底板外观状态良好,安装螺栓无缺失,防松铁丝无断裂、缺失	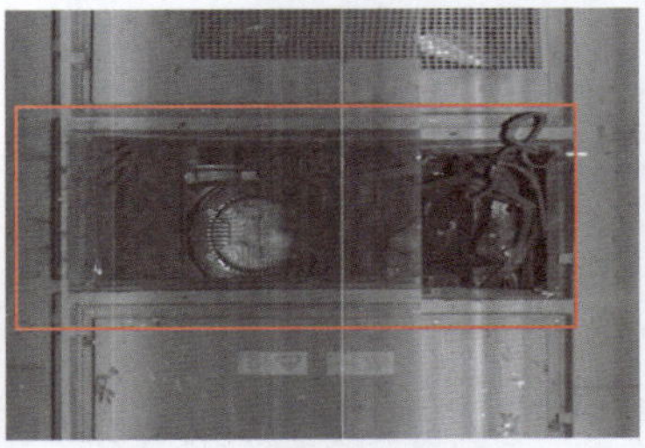 辅助电源装置底板脱落 ※**重要提示:**故障初期为底板螺栓脱落,须特别关注螺栓是否脱落 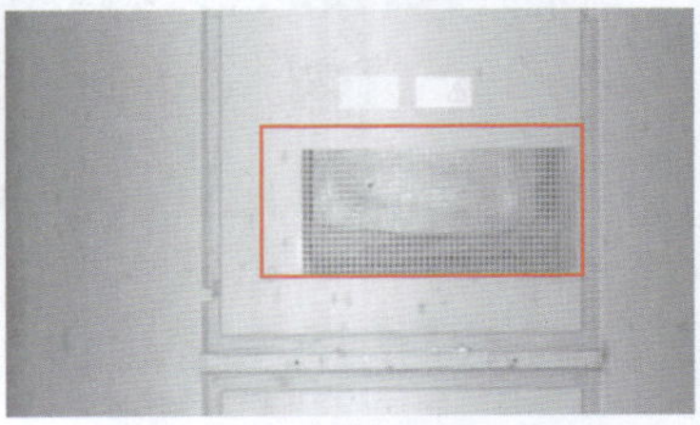 辅助变流器底板格栅内有异物 ※**重要提示:**动车所开板后易发生此类故障

续上表

序号	顺序	检查内容及质量标准	故障案例
15	充电机底板（CRH380B：04、05 车；CRH380BL：04、05、12、13 车）	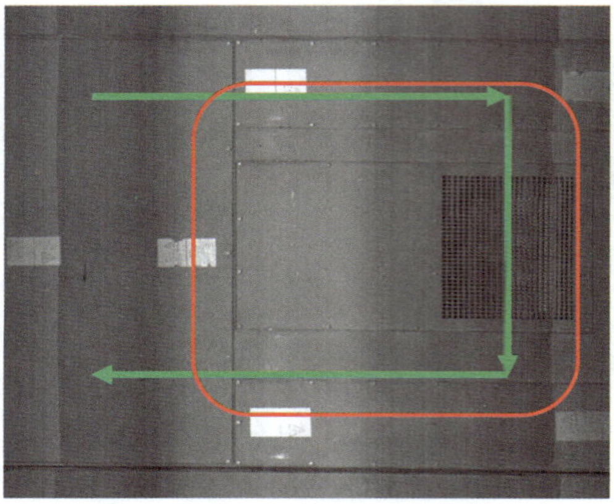 检查电池充电机底板外观正常，安装螺栓无缺失	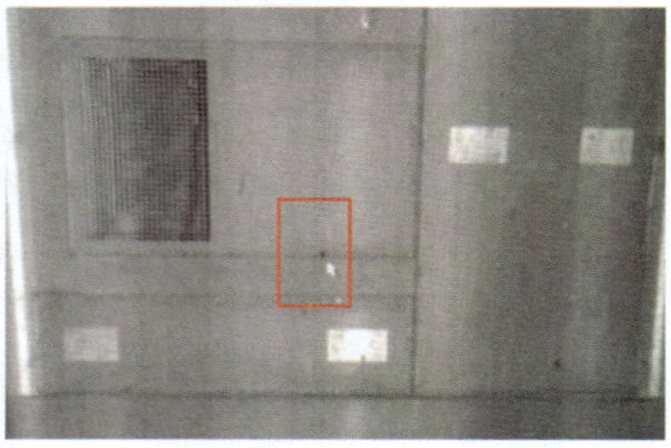 电池充电机底板螺栓缺失 ※**重要提示：**多发生于冰雪天及途经有砟轨道交路
16	BTM 天线底板（仅 CRH380CL：01、00 车）	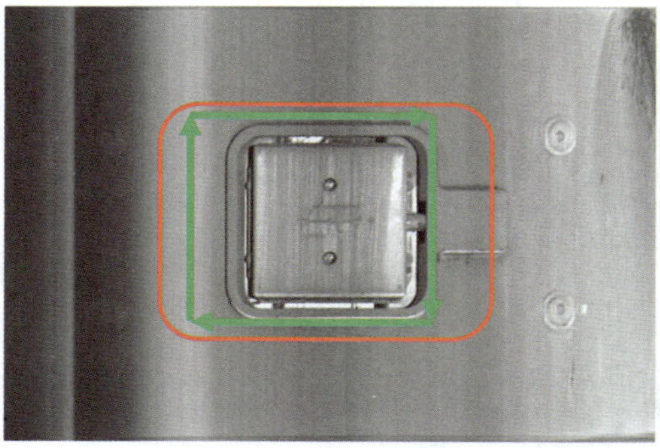 检查 BTM 天线外观良好，安装螺栓无缺失	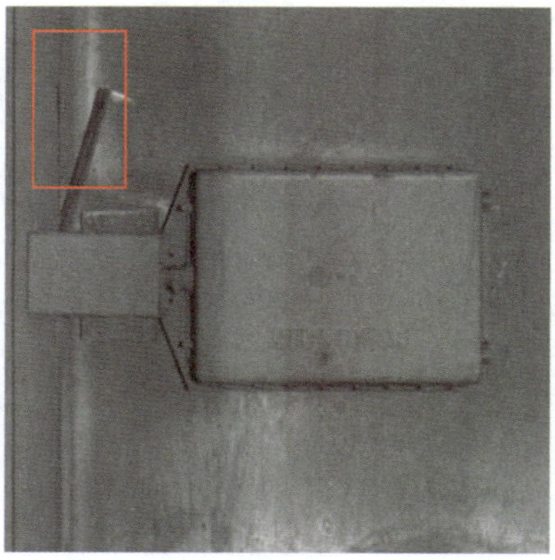 BTM 天线胶条脱出

二、底部轨内检查内容、质量标准及故障案例

序号	顺序	检查内容及质量标准	故障案例
1	头车头罩（01、00车）	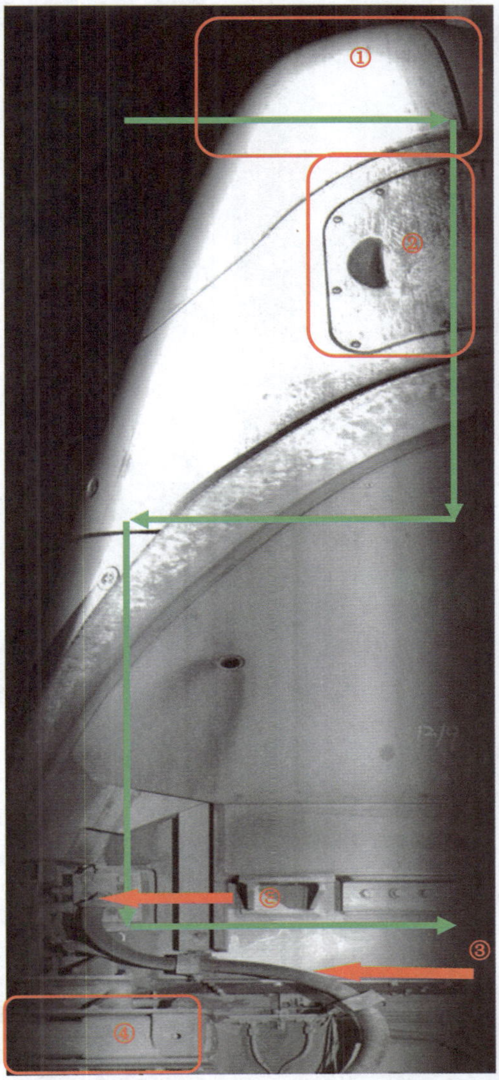 ①检查头罩开闭机构外观正常，无裂损及外物击打痕迹。 ②头罩解锁装置底板外观良好，安装螺栓无缺失。 ③检查轴温度传感器电气连接线外观良好，无破损、断裂，卡箍无松动、脱落。 ④检查 TCR 天线外观状态良好，安装状态良好	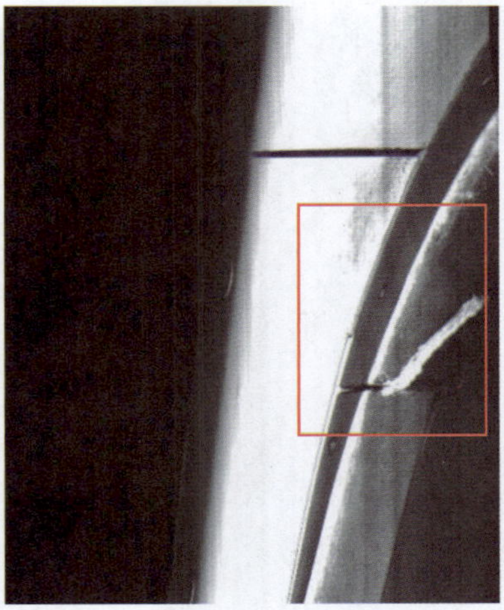 头罩底板挂有异物 ※**重要提示：**多发生于大风天 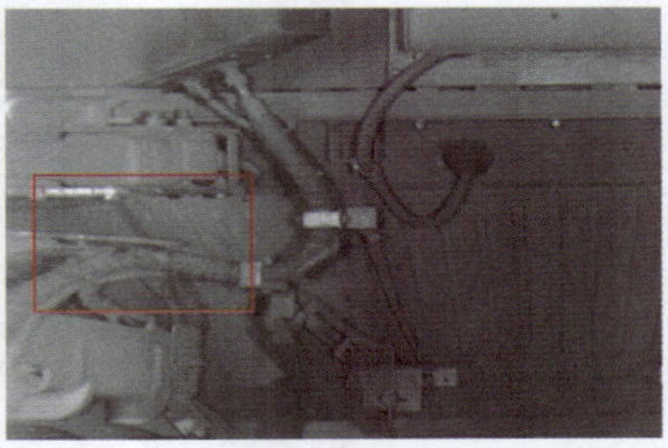 TCR 天线挡板脱落 ※**重要提示：**可与左右侧同部件对比 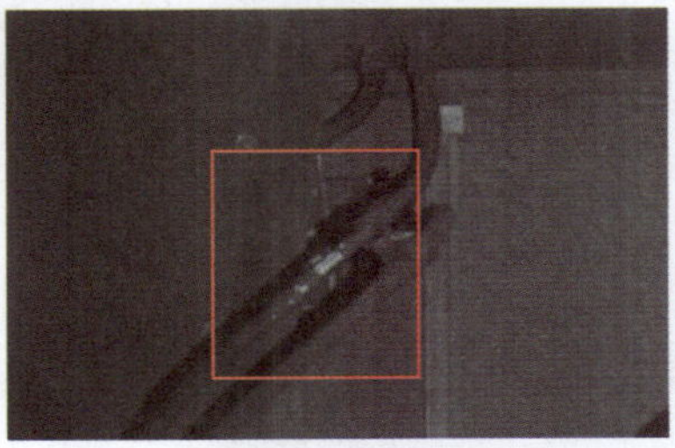 传感器线外皮破损 ※**重要提示：**多发生于冰雪天及途经有砟轨道交路

续上表

序号	顺序	检查内容及质量标准	故障案例
2	动车转向架前半部分(CRH380B:01、03、06、00车;CRH380BL:01、03、06、08、09、11、14、00车)	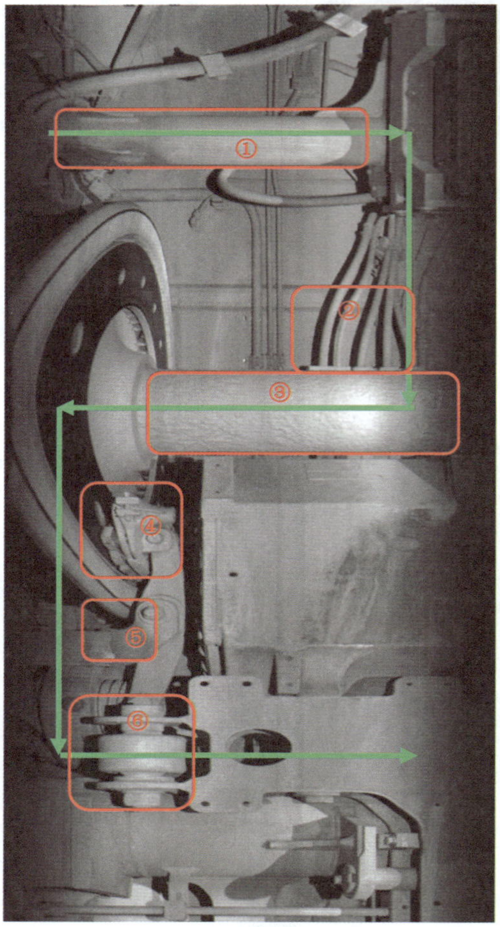 ①检查天线梁外观良好无变形。 ②检查牵引电机电源线×3、温度传感器接线×2无断裂,安装状态良好。 ③检查车轴无裂损、击打痕迹,降噪层无剥离。 ④检查制动夹钳外观正常,闸片外观正常无缺失,开口销外观正常无缺失。 ⑤检查制动夹钳导杆外观良好,安装座安装螺栓无缺失。 ⑥检查牵引电机吊装支架外观良好无变形,橡胶节点螺栓安装良好无缺失	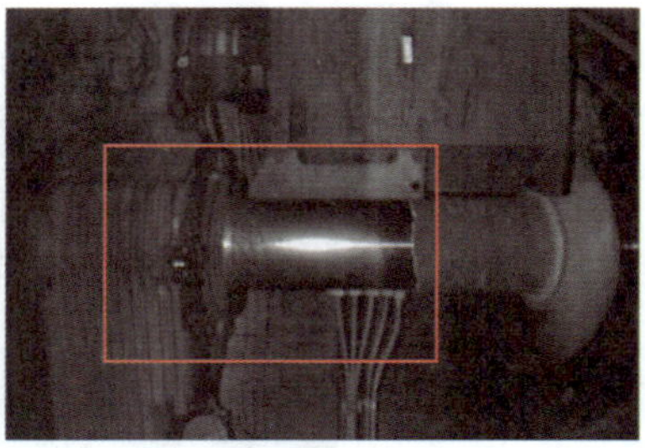 降噪层脱落 ※**重要提示:**多发生于冰雪天及途经有砟轨道交路 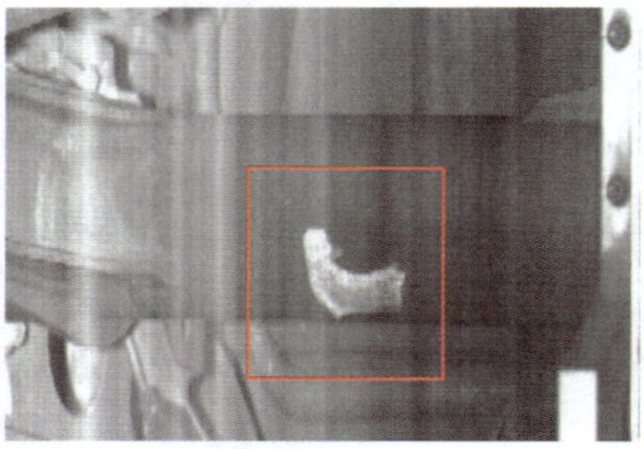 天线梁异物击打 ※**重要提示:**多发生于冰雪天及途经有砟轨道交路 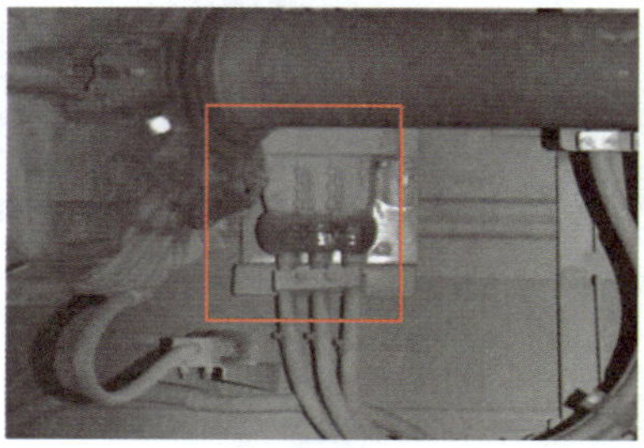 三相电源线接线口绝缘泥脱落 ※**重要提示:**可与上下转向架同部件对比

续上表

序号	顺序	检查内容及质量标准	故障案例
3	动车转向架后半部分（CRH380B：01、03、06、00 车；CRH380BL：01、03、06、08、09、11、14、00 车）	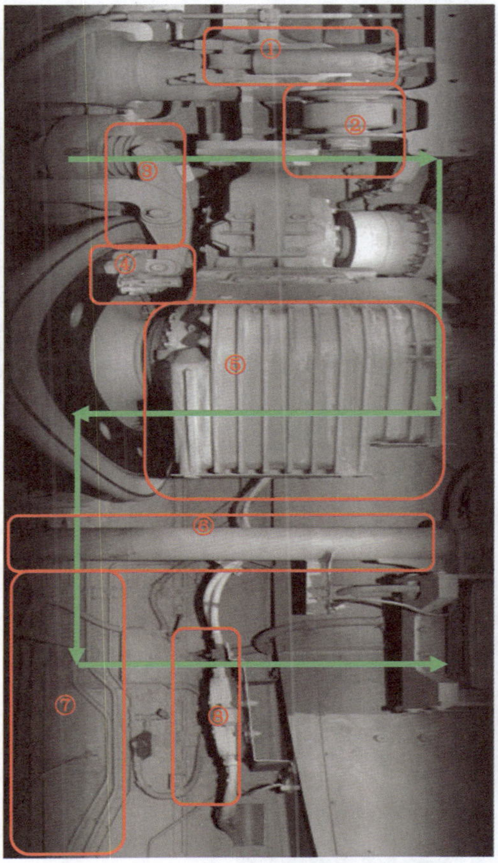 ①检查牵引电机吊装支架横向减振器外观状态良好，无漏油变形，安装螺栓无缺失。 ②检查牵引电机吊装支架外观良好无变形，橡胶节点螺栓安装良好无缺失。 ③检查制动夹钳导杆外观良好，安装座安装螺栓无缺失。 ④检查制动夹钳外观正常，闸片外观正常无缺失，开口销外观正常无缺失。 ⑤检查齿轮箱外观良好，无裂纹、漏油，注、排油堵安装状态良好。 ⑥检查天线梁外观良好无变形。 ⑦检查各管路无破损、断裂，固定螺栓安装良好无缺失。 ⑧检查牵引电机电缆接线盒外观良好，安装状态良好，安装螺栓无缺失，电缆接线安装状态良好	 牵引电机吊架减振器渗油 ※**重要提示**：雨天易与雨水混淆，可根据油迹分布及反光情况综合判断  齿轮箱漏油 ※**重要提示**：雨天易与雨水混淆，可根据油迹分布及反光情况综合判断  联轴节处油迹 ※**重要提示**：雨天易与雨水混淆，可根据油迹分布及反光情况综合判断

续上表

<table>
<tr><th>序号</th><th>顺序</th><th>检查内容及质量标准</th><th>故障案例</th></tr>
<tr><td rowspan="2">4</td><td rowspan="2">车端连接
(全列)</td><td rowspan="2"> 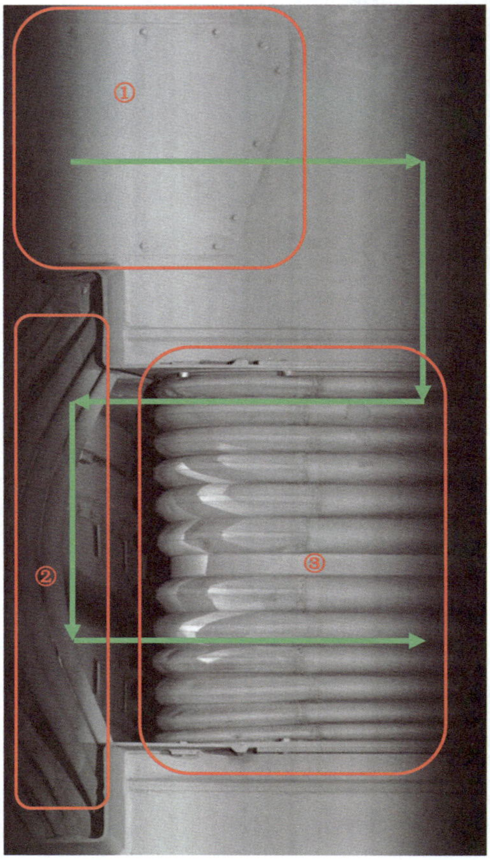①
②
③
①检查车端终端箱地板螺栓安装牢固、无缺失。
②检查车端跨接线外观状态良好,安装牢固无裂损、断裂。
③检查外风挡外观良好,安装螺栓无缺失</td><td> 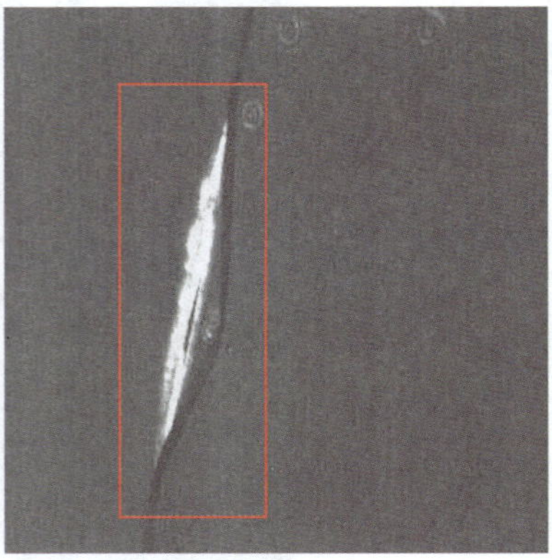车端终端箱防火板密封胶条脱出
※重要提示:可与上下转向架同部件对比</td></tr>
<tr><td> 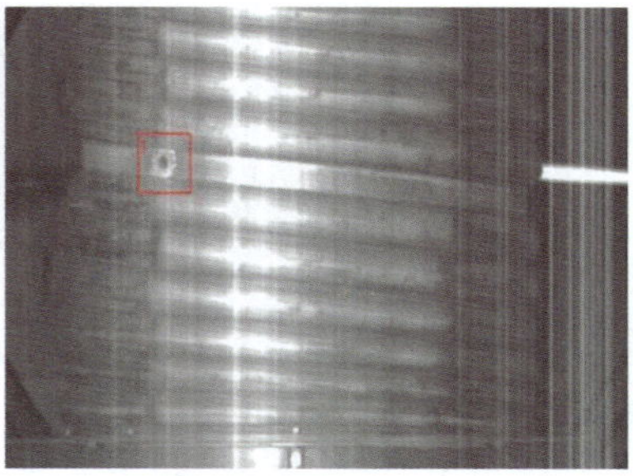风挡排水螺栓丢失
※重要提示:多发生于冰雪天及途经有砟轨道交路</td></tr>
</table>

续上表

<table>
<tr><th>序号</th><th>顺序</th><th>检查内容及质量标准</th><th>故障案例</th></tr>
<tr><td rowspan="3">5</td><td rowspan="3">拖车转向架前半部分（CRH380B：02、04、05、07 车；CRH380BL：02、04、05、07、10、12、13、15 车）</td><td rowspan="3"> 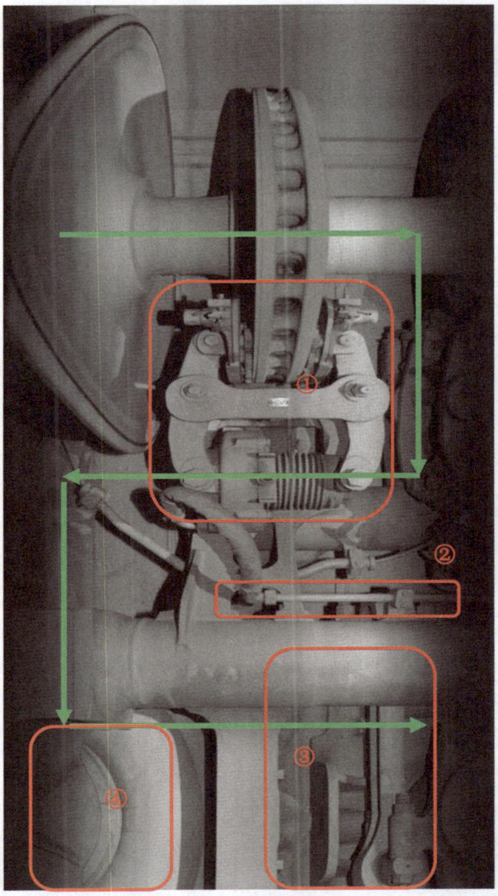①
②
③
④
①检查制动夹钳外观正常，闸片外观正常无缺失，开口销外观正常无缺失。
②检查制动风管、软管外观正常，固定良好无断裂、破损。
③检查转向架构架外观正常，牵引拉杆外观正常，横向止挡安装状态良好，橡胶节点外观正常。
④检查空气弹簧外观良好，无裂纹、鼓泡、破损</td><td> 闸调器波纹管破损
※重要提示：多发生于冰雪天及途经有砟轨道交路 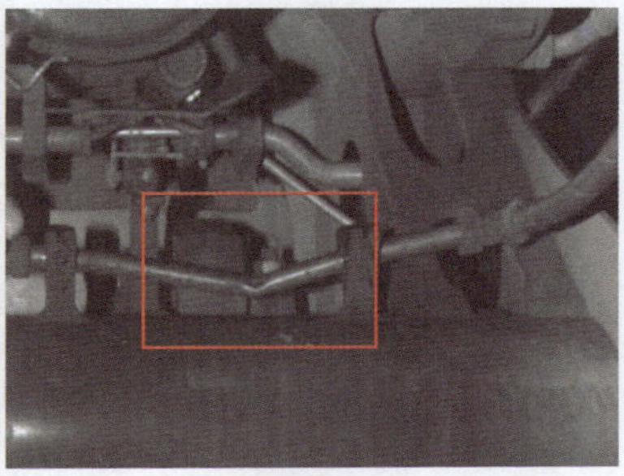</td></tr>
<tr><td>制动支管变形
※重要提示：多发生于冰雪天及途经有砟轨道交路 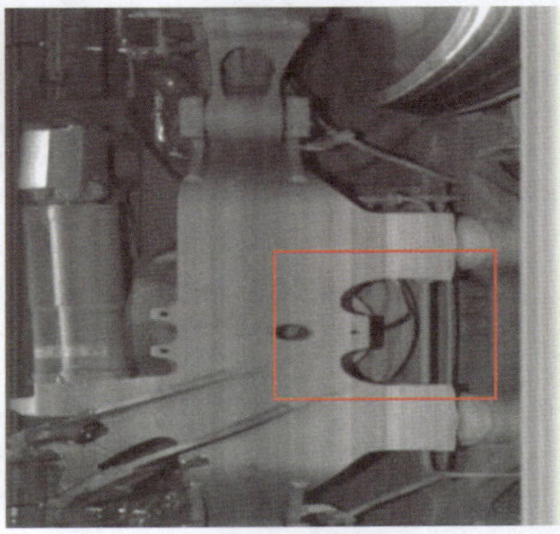</td></tr>
<tr><td>空气弹簧变形干瘪
※重要提示：可与左右侧同部件对比</td></tr>
</table>

续上表

序号	顺序	检查内容及质量标准	故障案例
6	拖车转向架后半部分（CRH380B：02、04、05、07 车；CRH380BL：02、04、05、07、10、12、13、15 车）	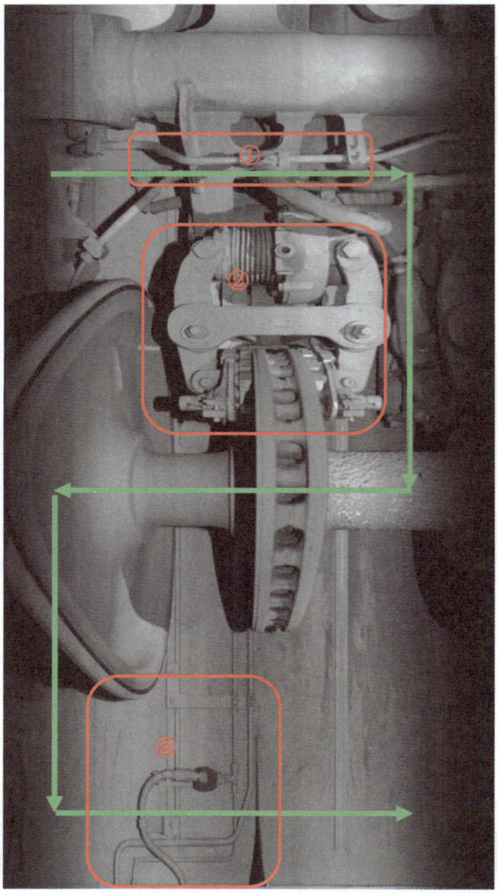 ①检查制动风管、软管外观正常，固定良好无断裂。 ②检查制动夹钳外观正常，闸片外观正常无缺失，开口销外观正常无缺失，安装状态良好。 ③检查各管路无破损、断裂，固定螺栓安装良好无缺失	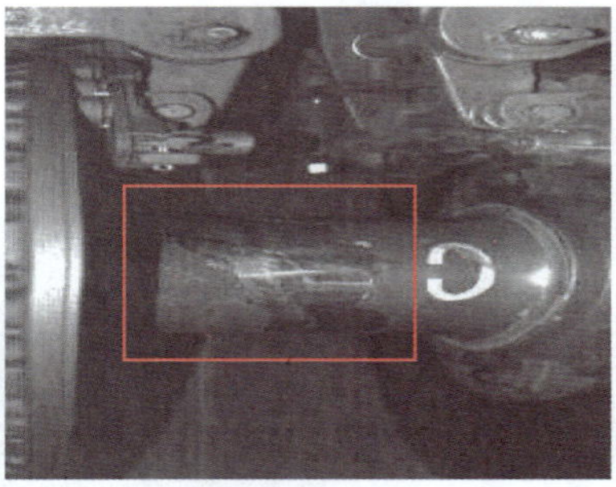 轴身降噪层脱落 ※**重要提示：**多发生于冰雪天及途经有砟轨道交路 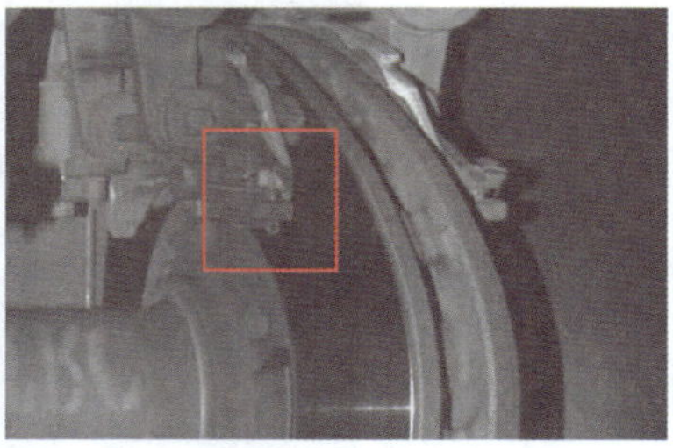 开口销安装座破损 ※**重要提示：**多发生于冰雪天及途经有砟轨道交路  轴身缠异物 ※**重要提示：**多发生于大风天

三、底部轨外检查内容、质量标准及故障案例

序号	顺序	检查内容及质量标准	故障案例
1	头车头罩（01、00 车）	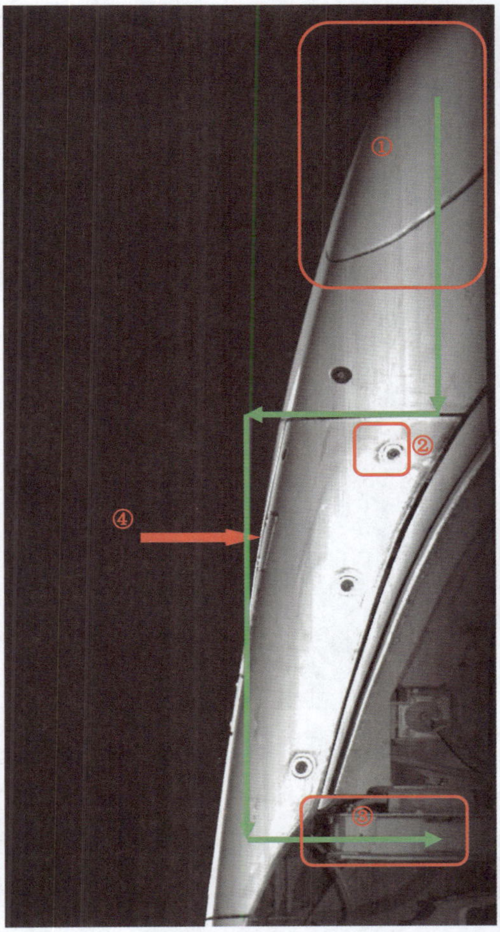 ①检查头罩开闭机构外观正常，无裂损及外物击打痕迹。 ②检查裙板锁外观正常，无缺失。 ③检查 TCR 天线外观状态良好，无缺失。 ④检查头车裙边盖板无缺失，各部件外观良好，无裂损及外物击打痕迹	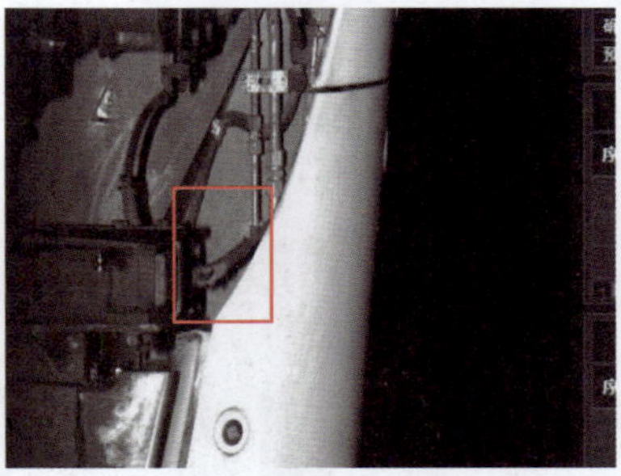 TCR 天线连接线脱开 ※**重要提示：**多发生于冰雪天及途经有砟轨道交路 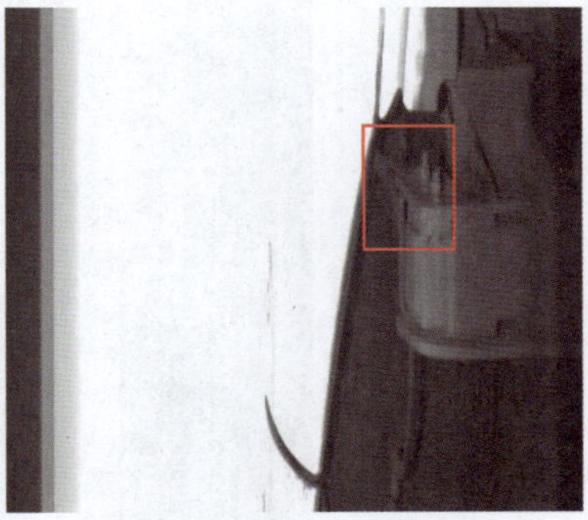 TCR 天线螺栓开口销丢失 ※**重要提示：**多发生于冰雪天及途经有砟轨道交路 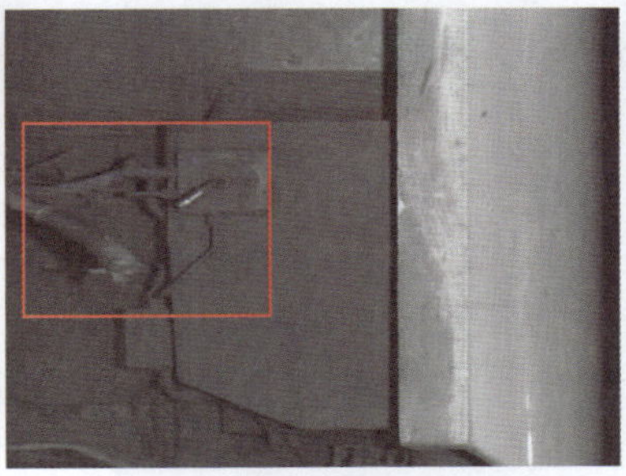 撒砂管脱开 ※**重要提示：**可与左右侧同部件对比

续上表

序号	顺序	检查内容及质量标准	故障案例
2	动车转向架前半部分(CRH380B:01、03、06、00 车;CRH380BL:01、03、06、08、09、11、14、00 车)	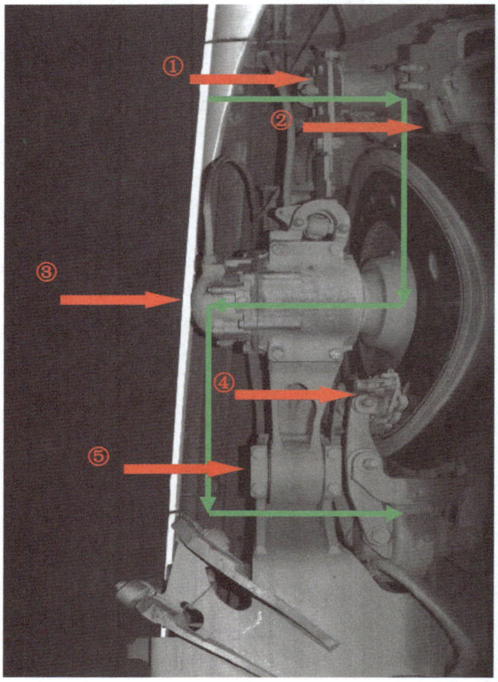 ①检查天线梁外观良好无变形,紧固螺栓安装良好无缺失。 ②检查撒砂装置外观良好,无脱落、缺失。 ③检查轴箱端盖外观状态良好,无开裂、异物击打痕迹,安装螺栓无缺失;轴箱外观状态良好,各安装螺栓无缺失。 ④检查制动夹钳外观状态良好,闸片无脱落、缺失,开口销安装良好。 ⑤检查转臂定位装置外观良好,转臂安装座安装螺栓无缺失	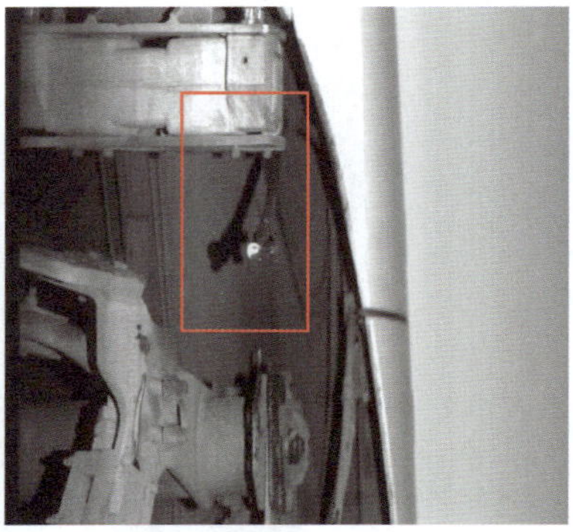 轮缘润滑管脱开 ※**重要提示:**多发生于冰雪天及途经有砟轨道交路  制动夹钳夹有异物 ※**重要提示:**多发生于大风天

续上表

序号	顺序	检查内容及质量标准	故障案例
3	动车转向架后半部分（CRH380B：01、03、06、00 车；CRH380BL：01、03、06、08、09、11、14、00 车）	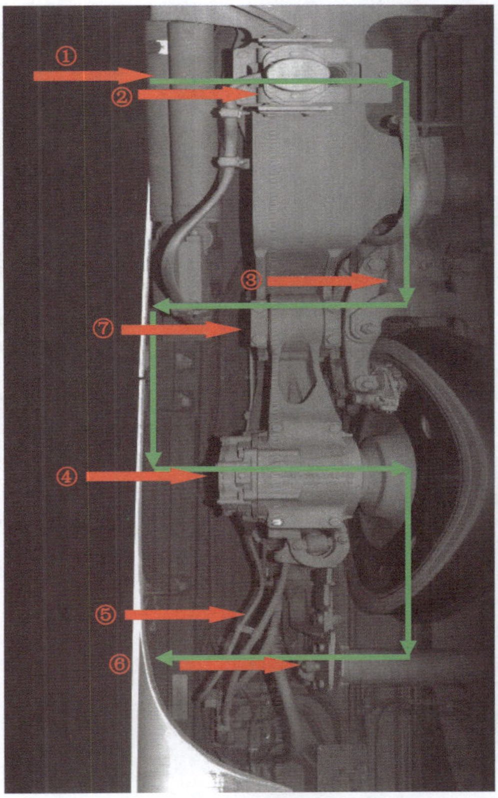 ①检查抗蛇行减振器外观状态良好，无漏油变形，安装螺栓无缺失。 ②检查自动过分相装置外观状态良好，安装螺栓无缺失；电气连接线外观状态良好，无破损、断裂，固定卡扣安装良好。 ③检查制动夹钳外观状态良好，闸片无脱落、缺失，开口销安装良好。 ④检查轴箱端盖外观状态良好，无开裂、异物击打痕迹，安装螺栓无缺失；轴箱外观状态良好，各安装螺栓无缺失。 ⑤检查各速度传感器及温度传感器电气连接线外观良好，无破损、断裂。 ⑥检查天线梁外观良好无变形，紧固螺栓安装良好无缺失。 ⑦检查转臂定位装置外观良好，转臂安装座安装螺栓无缺失	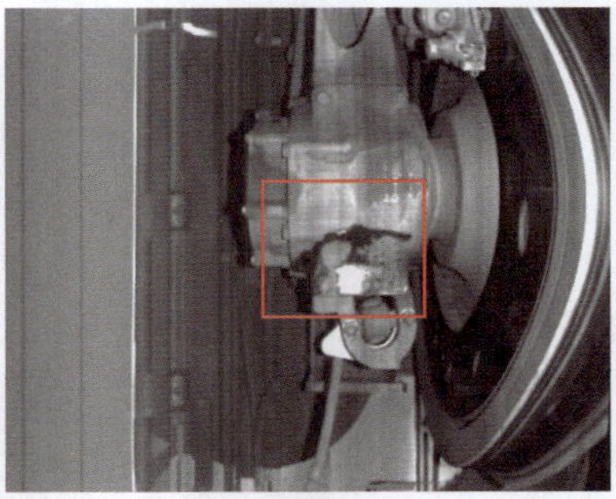 轴箱甩油 ※**重要提示：**雨天易与雨水混淆，可根据油迹分布及反光情况综合判断 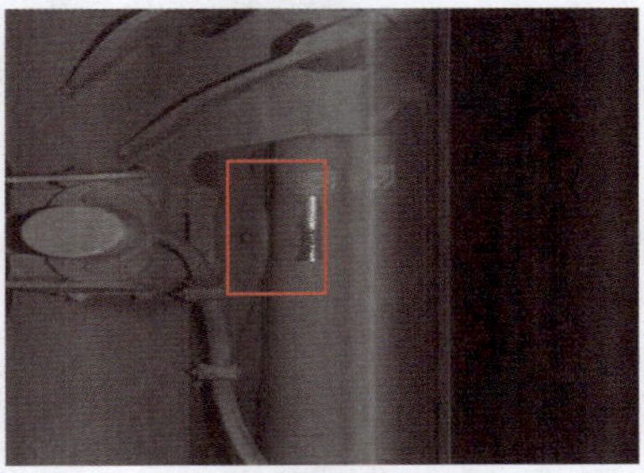 抗蛇行减振器漏油 ※**重要提示：**雨天易与雨水混淆，可根据油迹分布及反光情况综合判断 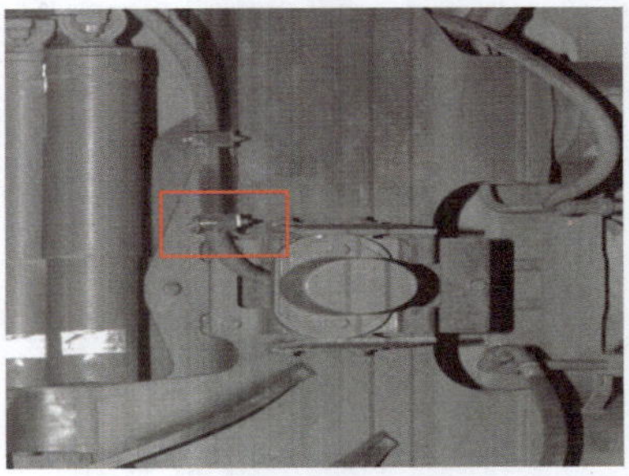 自动过分相线卡卡码断裂 ※**重要提示：**多发生于冰雪天及途经有砟轨道交路

续上表

<table>
<tr><th>序号</th><th>顺序</th><th>检查内容及质量标准</th><th>故障案例</th></tr>
<tr><td rowspan="2">4</td><td rowspan="2">底板及
裙板安装
（全列）</td><td rowspan="2"> 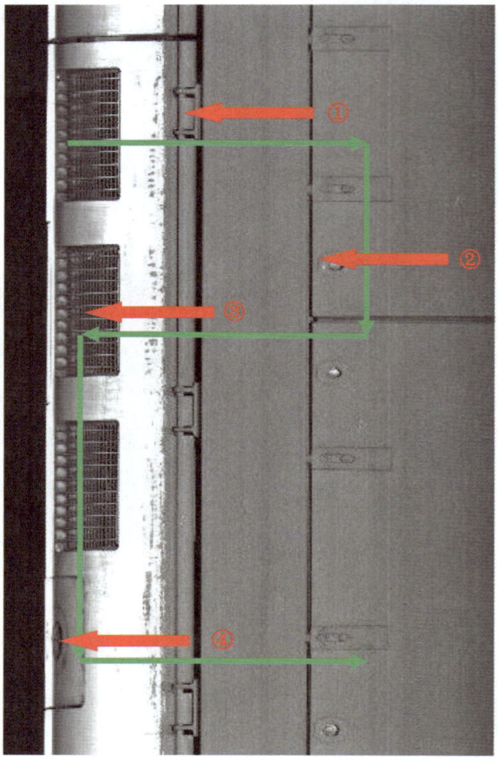①检查裙板止推轴承卡扣到位，外观状态良好，无裂损、断裂。
②检查底板外观状态良好，安装螺栓无缺失。
③检查裙板通风栅格外观良好，无破损、脱落。
④检查裙板盖板外观状态良好，无变形、缺失，安装到位</td><td> 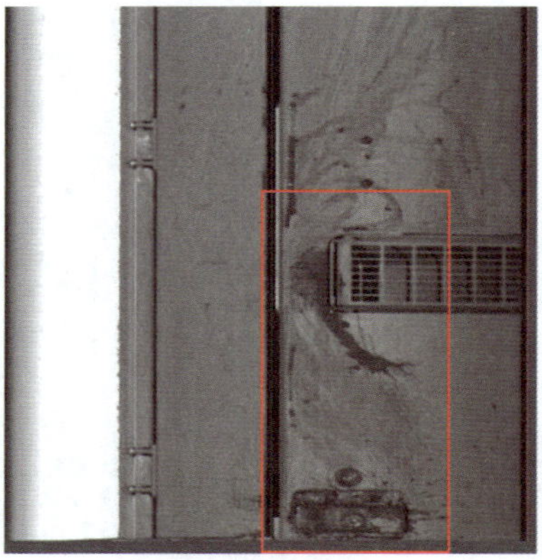牵引变流器底板油迹
※重要提示：雨天易与雨水混淆，可根据油迹分布及反光情况综合判断 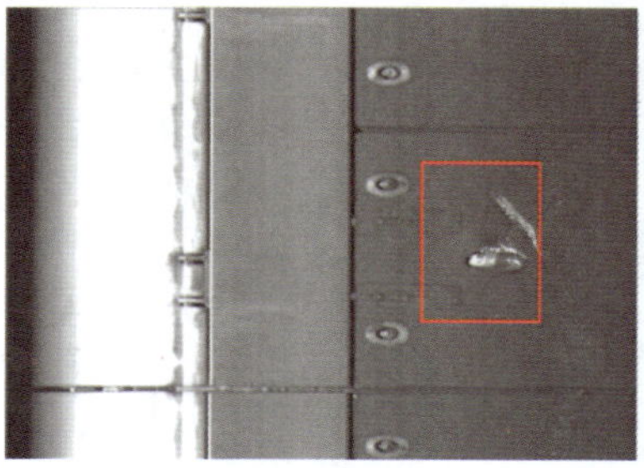</td></tr>
<tr><td>底板击打破损
※重要提示：多发生于冰雪天及途经有砟轨道交路</td></tr>
</table>

续上表

序号	顺序	检查内容及质量标准	故障案例
5	车端连接（全列）	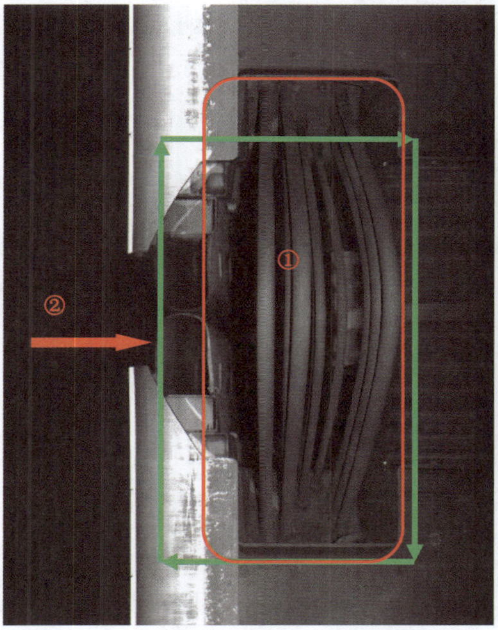 ① ② ①检查车端跨接线外观状态良好，安装牢固无裂损、断裂。 ②检查风挡外观良好，安装螺栓无缺失	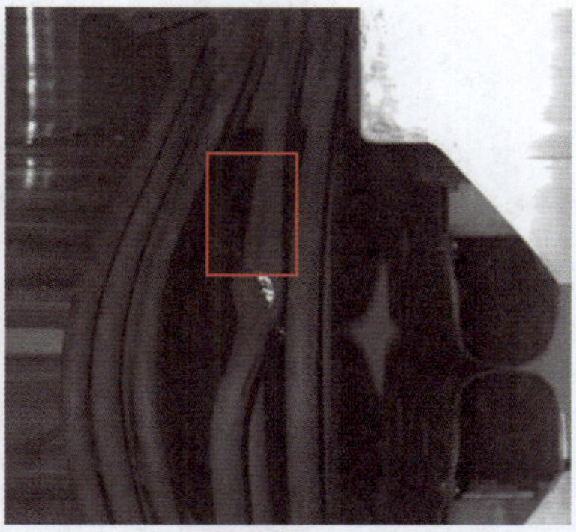 跨接线外皮破损 ※**重要提示：**部件位于车厢端部，易出现图片跳跃，作业时需缓慢滚动图片

续上表

序号	顺序	检查内容及质量标准	故障案例
6	拖车转向架前半部分(CRH380B：02、04、05、07车；CRH380BL：02、04、05、07、10、12、13、15车)	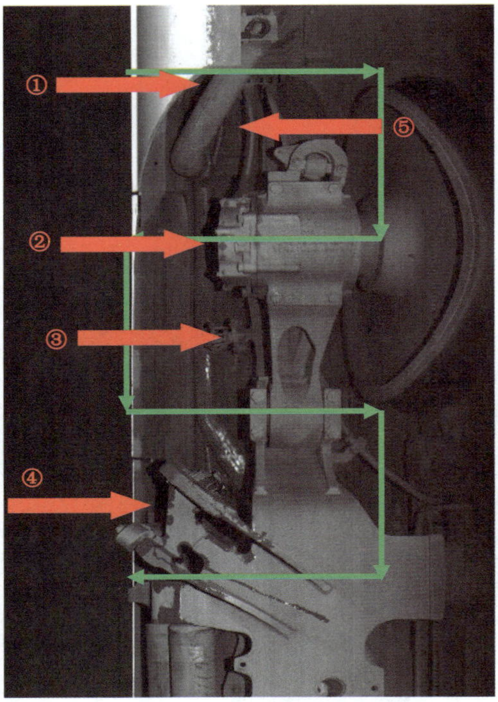 ①②③④⑤ ①检查车体下水口外观良好,安装牢固、无松动,无异物击打痕迹(仅03车)。 ②检查轴箱端盖外观状态良好,无开裂、异物击打痕迹,安装螺栓无缺失;轴箱外观状态良好,各安装螺栓无缺失;检查转臂定位装置外观良好,转臂安装座安装螺栓无缺失。 ③检查停放制动手动缓解装置外观良好、未脱开。 ④检查抗蛇行减振器安装状态良好。 ⑤检查各速度传感器及温度传感器电气连接线外观良好,无破损、断裂	 排水管保温层破损 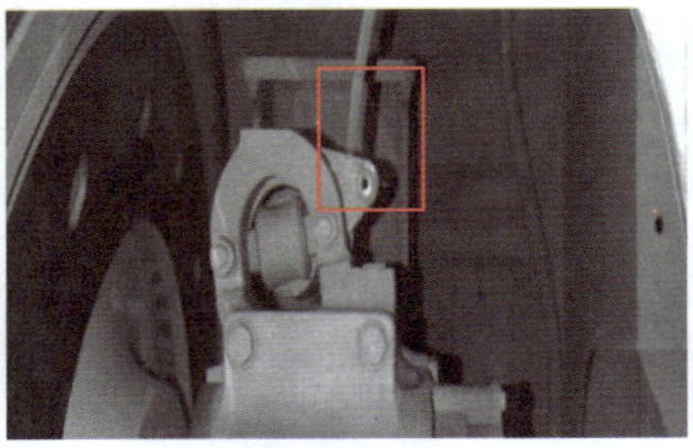 轴温线卡螺栓丢失 ※**重要提示**:可与上下转向架同部件对比 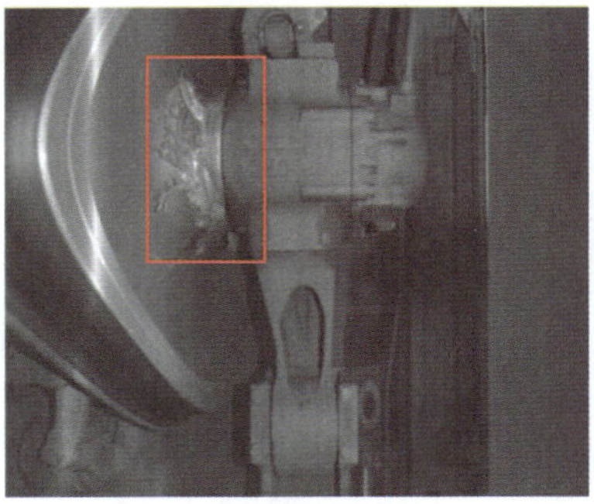 轴箱和轮对间隙处挂有异物 ※**重要提示**:多发生于大风天

续上表

序号	顺序	检查内容及质量标准	故障案例
7	拖车转向架后半部分(CRH380B:02、04、05、07车;CRH380BL:02、04、05、07、10、12、13、15车)	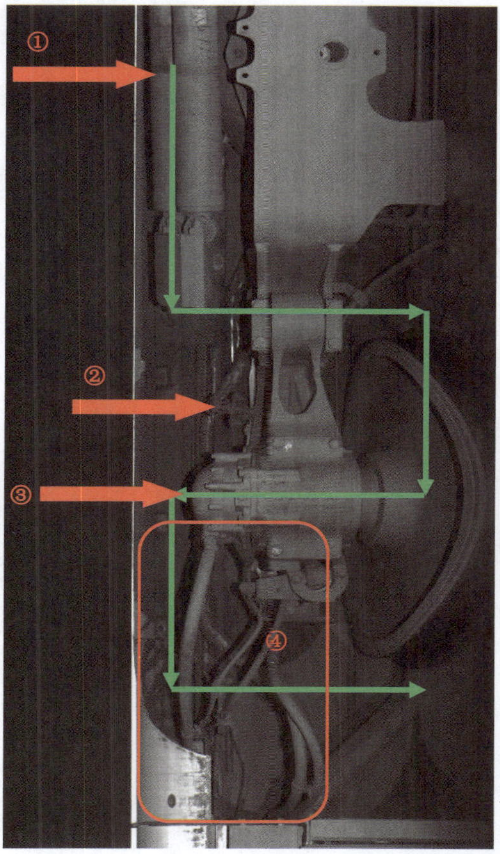 ①②③④ ①检查抗蛇行减振器外观状态良好,无漏油变形,安装螺栓无缺失。 ②检查停放制动手动缓解装置外观良好、未脱开。 ③检查接地端盖外观状态良好,无异物击打痕迹,安装螺栓无缺失;轴箱外观状态良好,各安装螺栓无缺失。 ④检查各速度传感器及温度传感器电气连接线外观良好,无破损、断裂	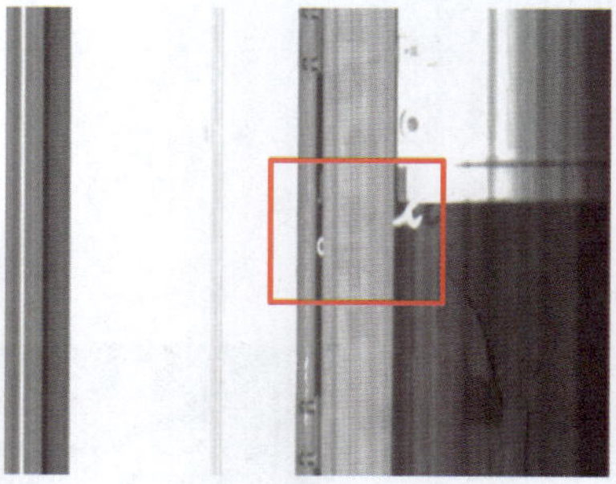 端板处挂有异物 ※**重要提示**:部件位于车厢端部,易出现图片跳跃,作业时需缓慢滚动图片 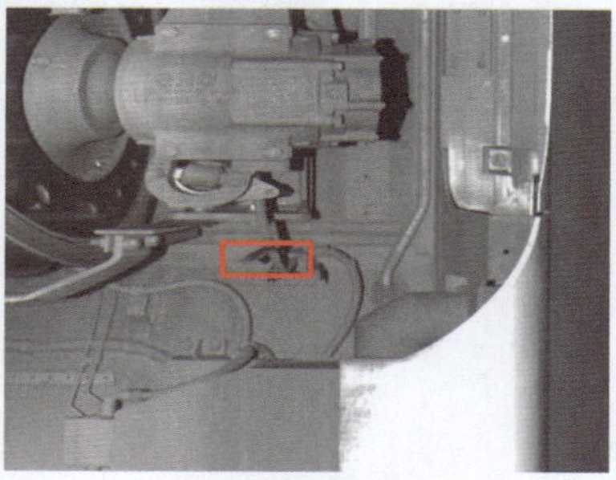 轴温传感器线外皮破损 ※**重要提示**:可与上下转向架同部件对比  轴温传感器线卡螺栓脱落 ※**重要提示**:可与上下转向架同部件对比

四、侧部上检查内容、质量标准及故障案例

序号	顺序	检查内容及质量标准	故障案例
1	头车头罩(01、00 车)	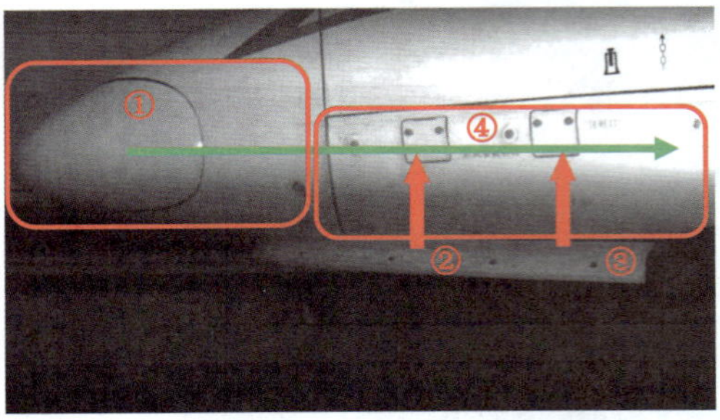 ①检查头罩开闭机构外观正常,闭合良好。 ②检查总风管截断阀盖板锁闭状态良好,盖板锁安装良好、无缺失。 ③检查注砂口盖板锁闭状态良好,紧固螺栓安装良好、无缺失。 ④检查各裙板外观良好,无变形、缺失、开裂及异物击打痕迹	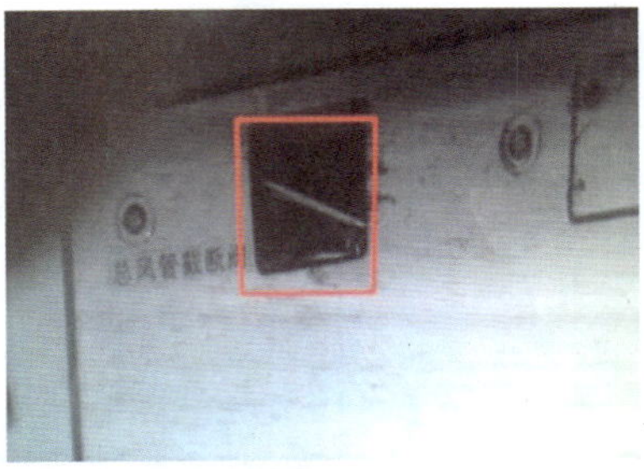 总风管截断阀盖板异物击打内翻 ※**重要提示:**此类故障多为鸟类撞击,春秋季需加强关注 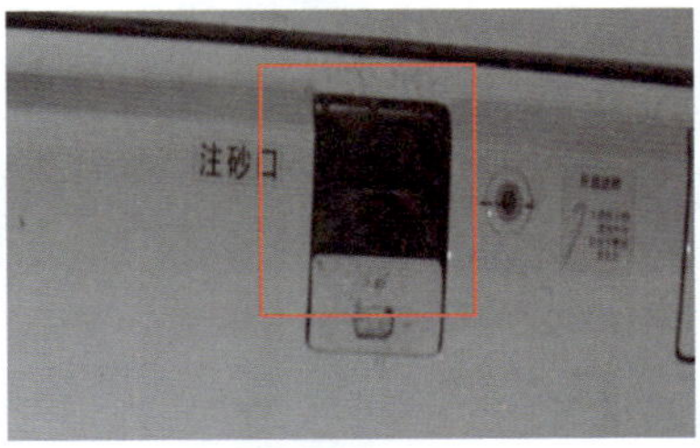 注砂口未关闭
2	裙板锁(全列)	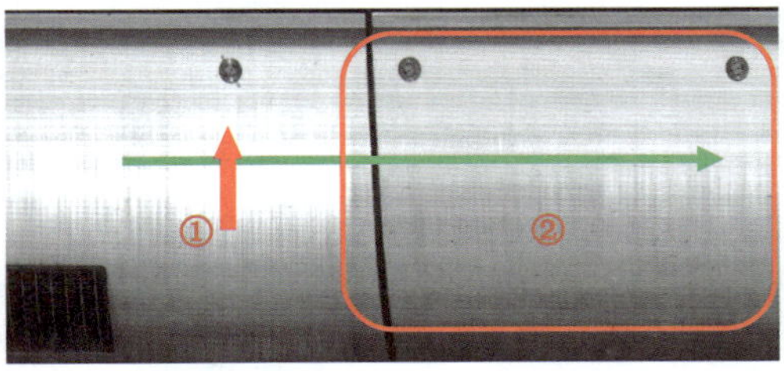 ①检查裙板锁外观良好、无缺失,锁扣防松盖无缺失。 ②检查各裙板外观良好,无变形、缺失、开裂及异物击打痕迹	 裙板缺失 ※**重要提示:**动车所开板后易发生此类故障

续上表

序号	顺序	检查内容及质量标准	故障案例
3	带脚踏的裙板（01、00车）	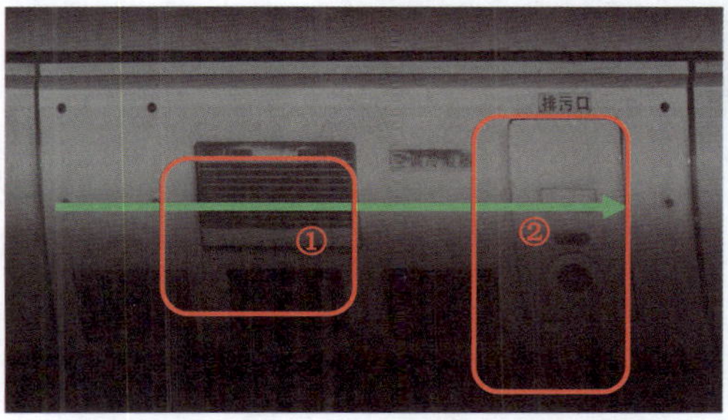 ①检查头车脚踏外观良好无缺失，收缩到位。 ②检查排污口盖板外观良好，关闭到位，盖板锁处于锁闭位。 ③检查各裙板外观良好，无变形、缺失、开裂及异物击打痕迹	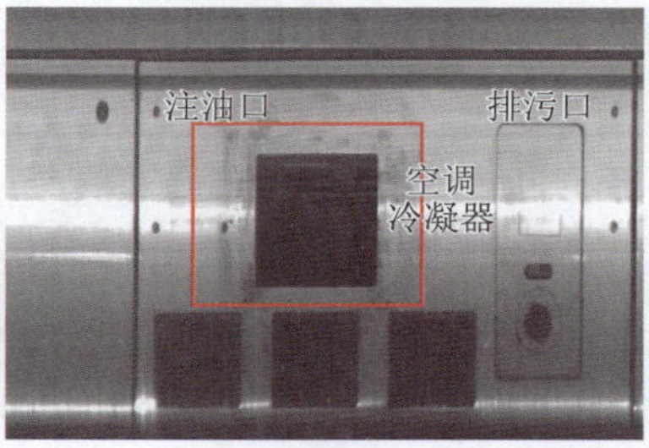 司机踏板丢失 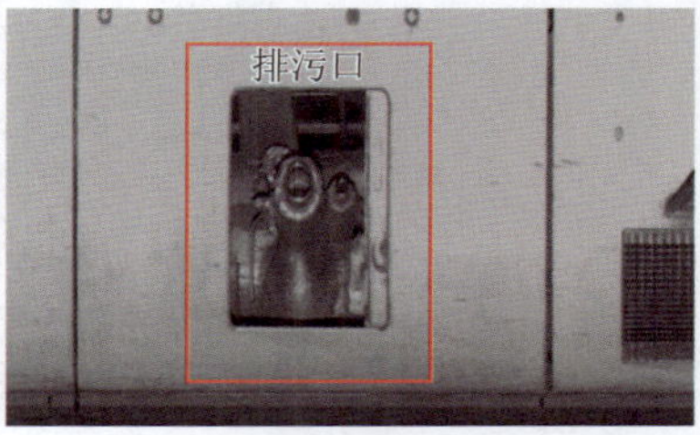 排污口盖板未关闭
4	制动显示盖板（全列）	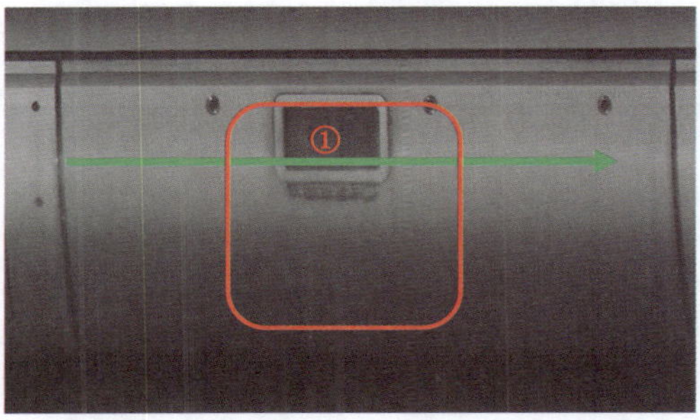 ①检查制动显示盖板外观良好，安装牢固无缺失。 ②检查各裙板外观良好，无变形、缺失、开裂及异物击打痕迹	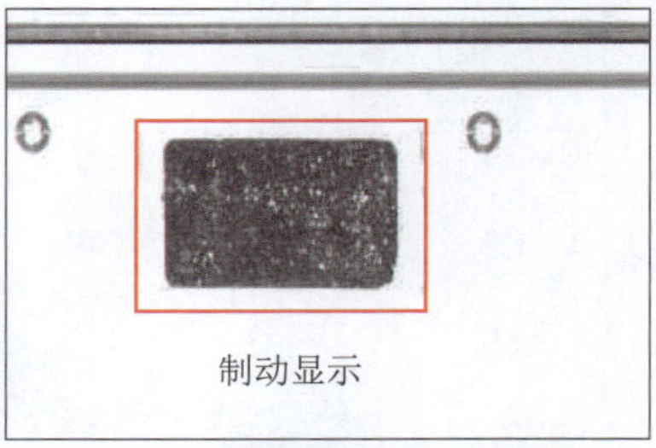 制动显示观察窗玻璃破损 ※**重要提示**：此类故障较少发生，易出现漏报

续上表

序号	顺序	检查内容及质量标准	故障案例
5	注水口盖板（全列）	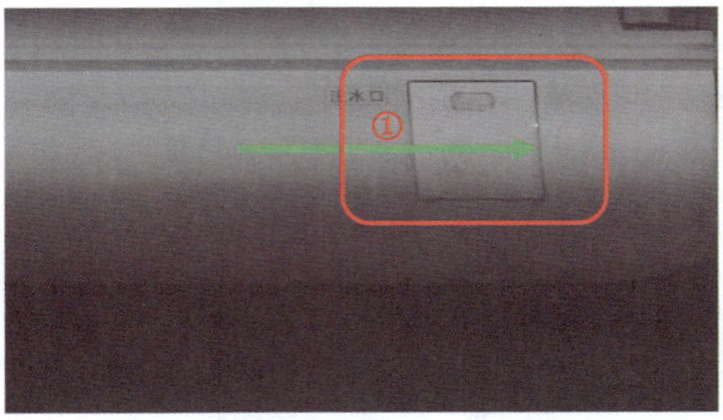 ①检查注水口盖板外观良好，安装牢固无缺失。 ②检查各裙板外观良好，无变形、缺失、开裂及异物击打痕迹	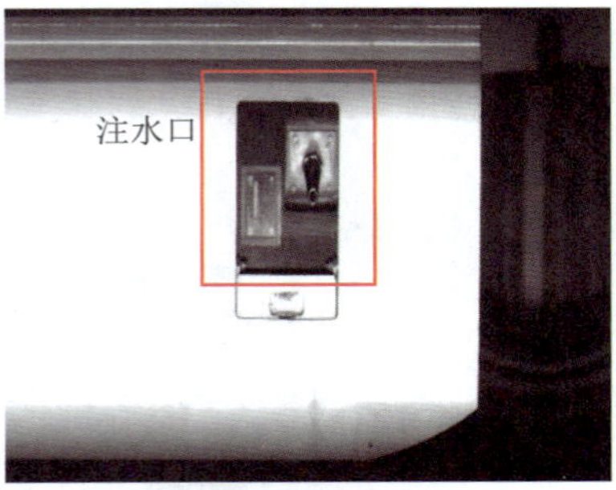 注水口盖板未关闭
6	栅格裙板（全列）	 检查栅格裙板外观良好，安装牢固无缺失，无断裂破损	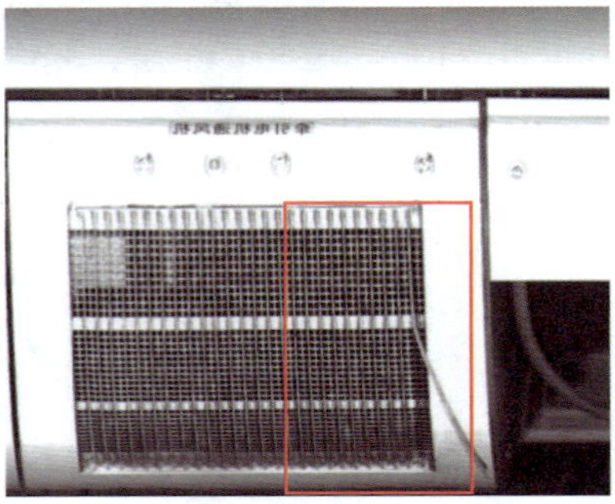 裙板遭异物击打 ※**重要提示：**可与上下转向架同部件对比

五、侧部下检查内容、质量标准及故障案例

序号	顺序	检查内容及质量标准	故障案例
1	头车头罩（01、00车）	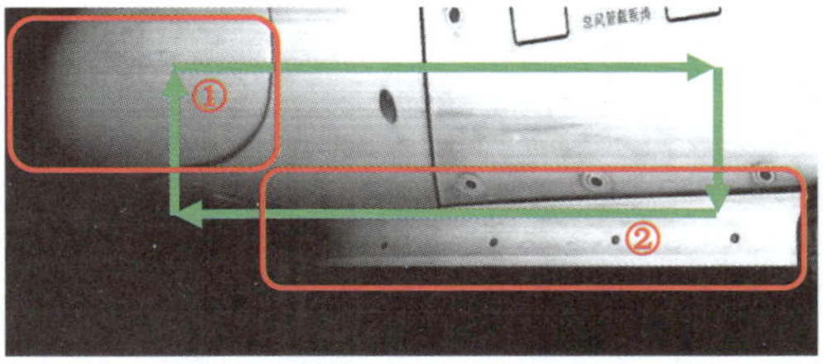 ①检查头罩开闭机构外观正常，闭合良好。 ②检查主排障器外观良好，无异物击打痕迹	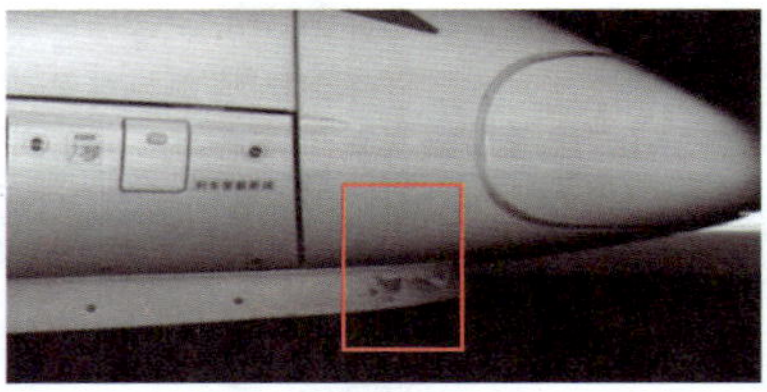 导流罩破损 ※**重要提示：**多发生于冰雪天及途经有砟轨道交路

续上表

<table>
<tr><th>序号</th><th>顺序</th><th>检查内容及质量标准</th><th>故障案例</th></tr>
<tr><td rowspan="4">2</td><td rowspan="4">动车转向架
(CRH380B:
01、03、
06、00 车;
CRH380BL:
01、03、06、
08、09、11、
14、00 车)</td><td rowspan="4"> 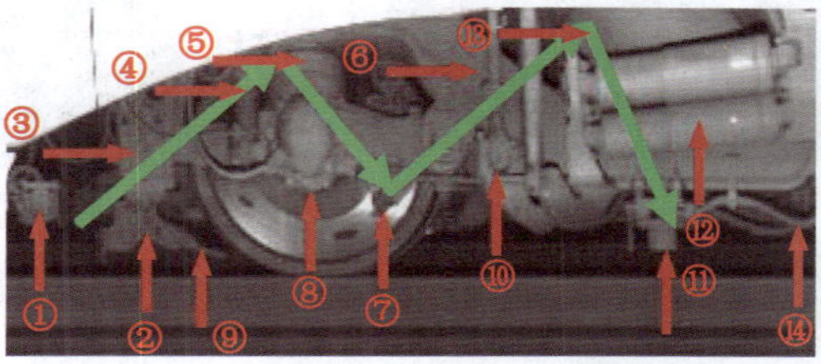①检查 TCR 天线外观状态良好,安装螺栓无缺失,高度正常(仅头车)。
②检查转向架排障器外观良好,无异物击打痕迹,高度正常(仅头车)。
③检查转向架天线梁外观良好(仅头车)。
④检查轴向垂向减振器外观良好、无漏油。
⑤检查轴箱弹簧外观良好,无断裂,冰雪覆盖情况符合相关文件要求。
⑥检查抗侧滚扭杆外观良好,安装正常。
⑦检查制动夹钳外观良好,闸片安装良好,开口销安装良好、无缺失。
⑧检查轴箱端盖外观良好,安装螺栓无缺失;速度传感器连接线外观良好,无破损、断裂。
⑨检查头车撒砂管外观良好、无断裂,安装状态正常,距轨面的高度正常。
⑩检查抗侧滚扭杆安装座外观良好,无变形及异物击打痕迹。
⑪检查过分相装置外观良好,安装螺栓无缺失,据轨面的高度正常,电气连接线无破损、断裂,紧固卡箍安装状态良好(仅 01、00 车)。
⑫检查抗蛇行减振器外观良好、无漏油,安装螺栓无缺失。
⑬检查空气弹簧外观良好,无裂纹、鼓泡、破损。
⑭检查各电气连接线外观良好,无破损、断裂</td><td> 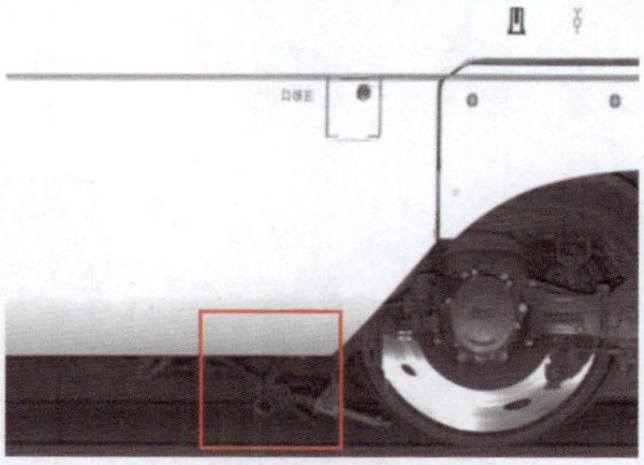撒砂管电伴热线断裂
※重要提示:可与底部左右侧同部件对比 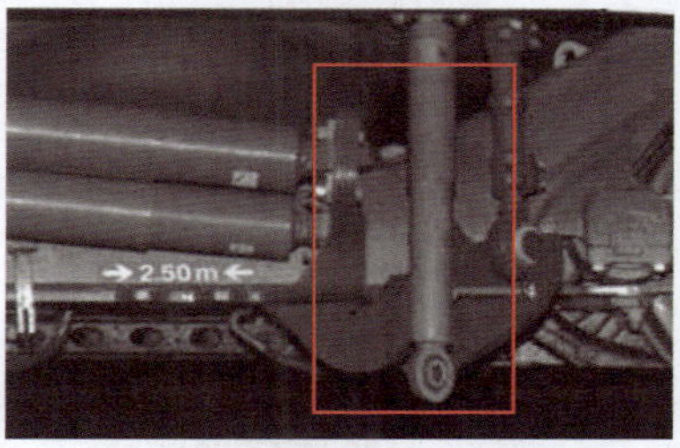</td></tr>
<tr><td>二系垂向减振器螺栓脱落
※重要提示:可与上下转向架同部件对比 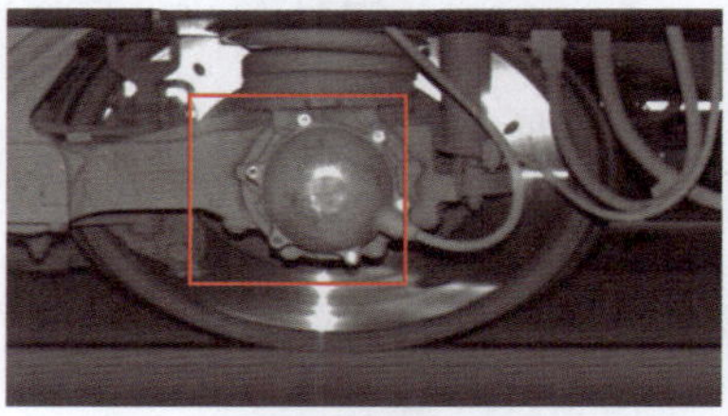</td></tr>
<tr><td>轴箱接地端盖螺栓丢失
※重要提示:故障现象较小,检查底板时需注意是否存在异常亮点或小黑点 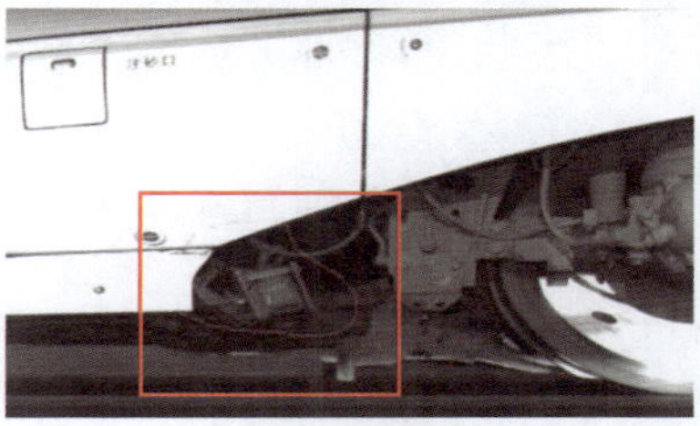</td></tr>
<tr><td>TCR 天线盒异物击打
※重要提示:多发生于冰雪天及途经有砟轨道交路</td></tr>
</table>

续上表

序号	顺序	检查内容及质量标准	故障案例
3	车端连接（全列）	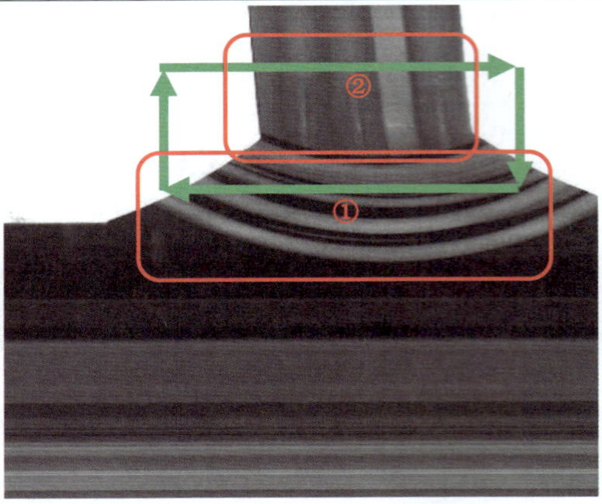 ①检查车端跨接电缆外观良好，无破损、断裂。 ②检查风挡外观良好，无破损	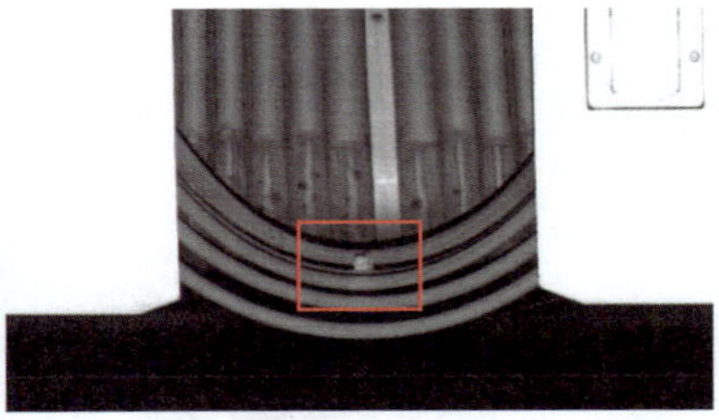 车端跨接电缆处异物 ※**重要提示**：重点关注跨接线是否被异物击打破损
4	拖车转向架（CRH380B：02、04、05、07车；CRH380BL：02、04、05、07、10、12、13、15车）	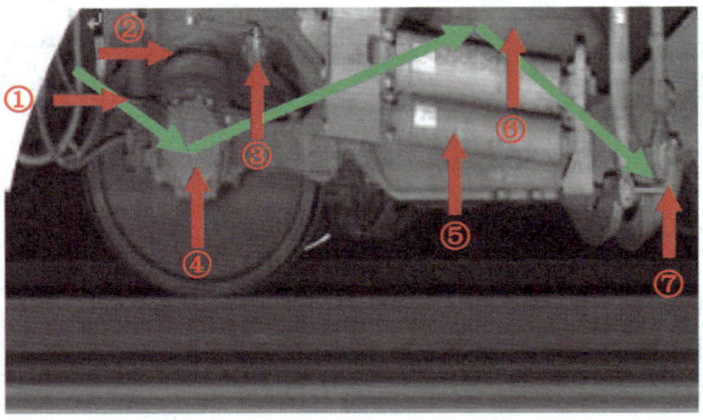 ①检查轴箱垂向减振器外观良好、无漏油。 ②检查轴箱弹簧外观良好，无断裂，冰雪覆盖情况符合相关文件要求。 ③检查停放制动手动缓解装置外观良好，安装牢固，防护卡扣防护到位。 ④检查轴箱端盖外观良好，安装螺栓无缺失；速度传感器连接线外观良好，无破损、断裂。 ⑤检查抗蛇行减振器外观良好、无漏油，安装螺栓无缺失。 ⑥检查空气弹簧外观良好，无裂纹、鼓泡、破损。 ⑦检查抗侧滚扭杆安装座外观良好，无变形及异物击打痕迹	 转向架冰雪覆盖严重 ※**重要提示**：多发生于冰雪天  空气弹簧变形干瘪 ※**重要提示**：可与底部左右侧同部件对比 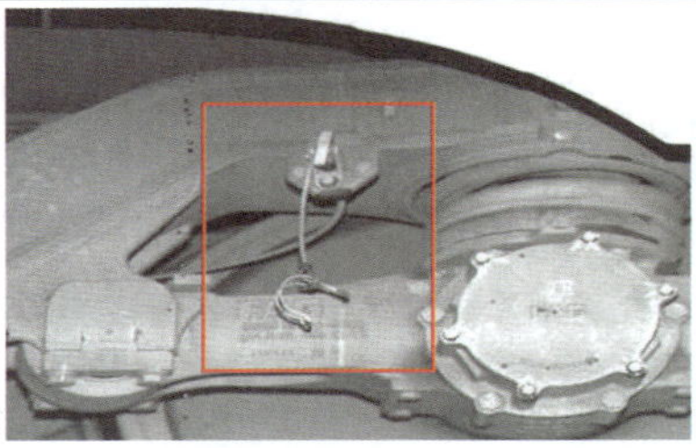 停放制动缓解手柄安全销扣脱落 ※**重要提示**：可与底部左右侧同部件对比

第六节 CRH5A/CRH5J/CRH5E 型动车组检查内容、质量标准及故障案例

一、底中检查内容、质量标准及故障案例

序号	顺序	检查内容及质量标准	故障案例
1	头罩	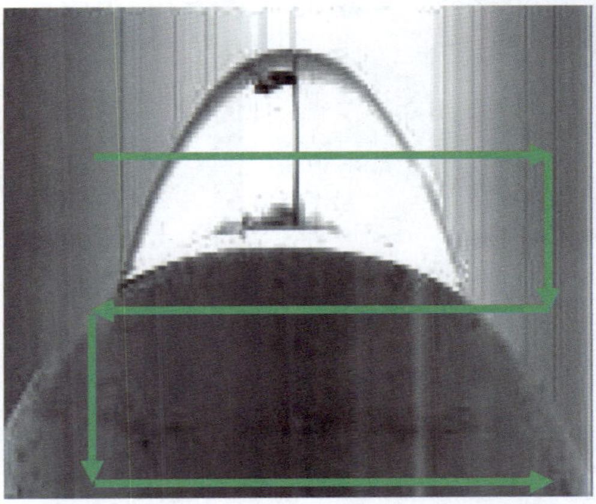 ①检查头罩可视部件外观及安装状态良好，无明显破损、变形。 ②头罩关闭状态良好，无开放（非重联端）。 ③车钩导向杆位置正确，无丢失	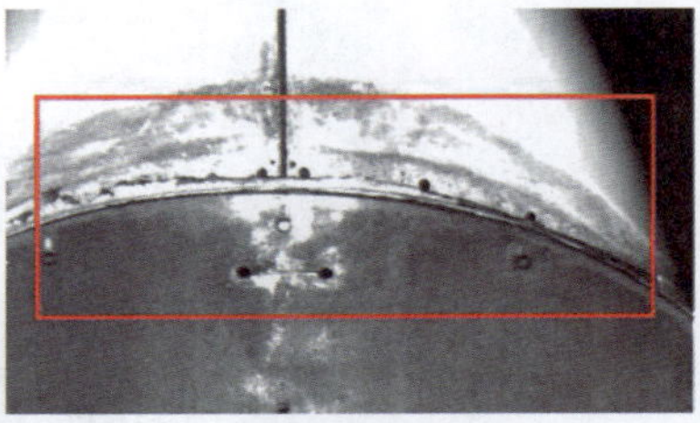 下导流罩破损 ※**重要提示：**多发生于冰雪天及途经有砟轨道交路
			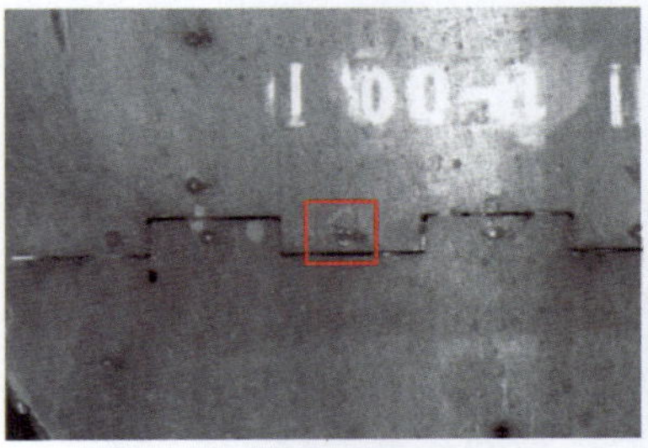 车头底板螺栓丢失 ※**重要提示：**故障现象较小，检查底板时需注意是否存在异常亮点或小黑点

续上表

序号	顺序	检查内容及质量标准	故障案例
2	底板	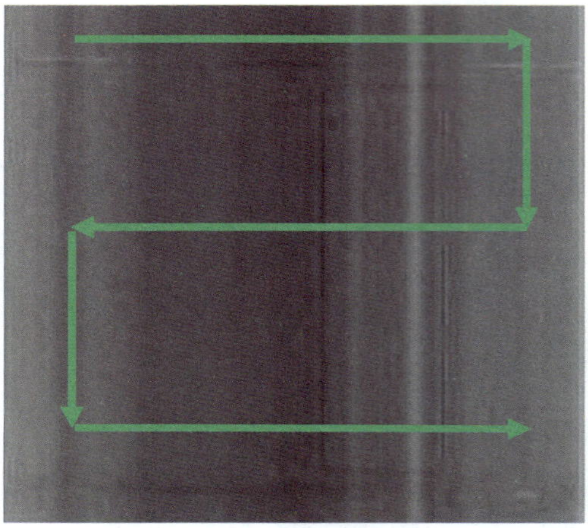 ①检查底板可视部件外观及安装状态良好，底板无明显变形，配件无丢失。 ②船形底板外观状态良好，无严重划痕、变形，紧固螺丝无丢失。 ③管线支架无严重击打及变形，管线外观状态良好，无损坏脱落。 ④开闭机构盖板锁闭良好，未处于打开状态，外观无严重击打、破裂；车钩导向杆位置正确，无丢失。 ⑤底板及通风口外观状态良好，无明显击打破损，紧固螺栓无窜出、丢失	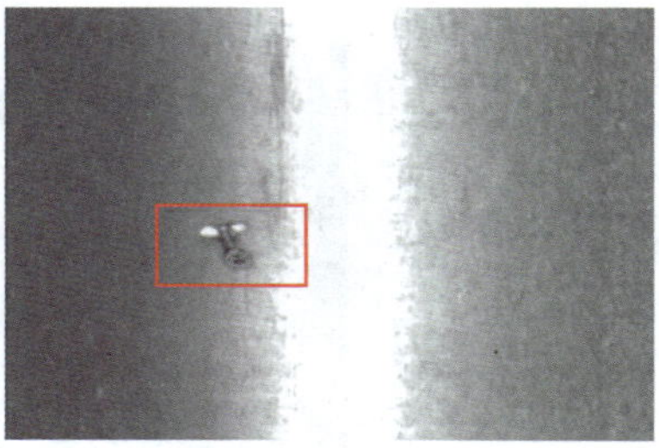 底板击打破损 ※**重要提示：**多发生于冰雪天及途经有砟轨道交路

续上表

<table>
<tr><th>序号</th><th>顺序</th><th>检查内容及质量标准</th><th>故障案例</th></tr>
<tr><td rowspan="3">3</td><td rowspan="3">转向架</td><td rowspan="3"> 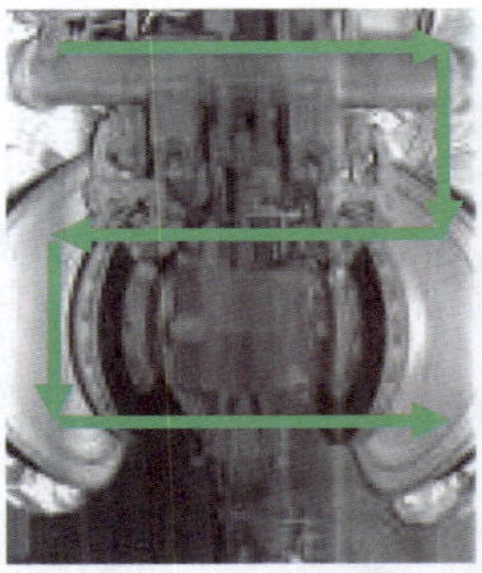 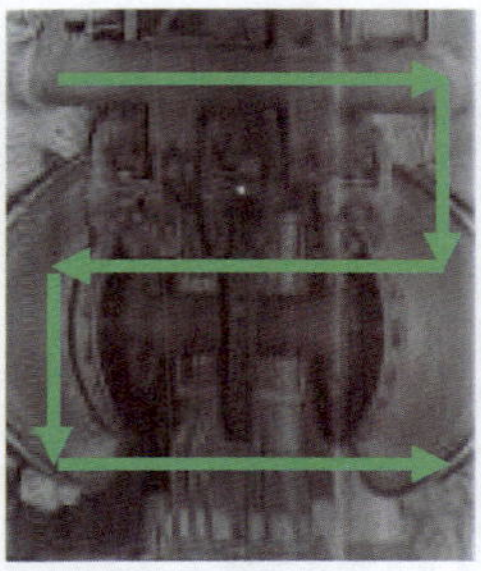 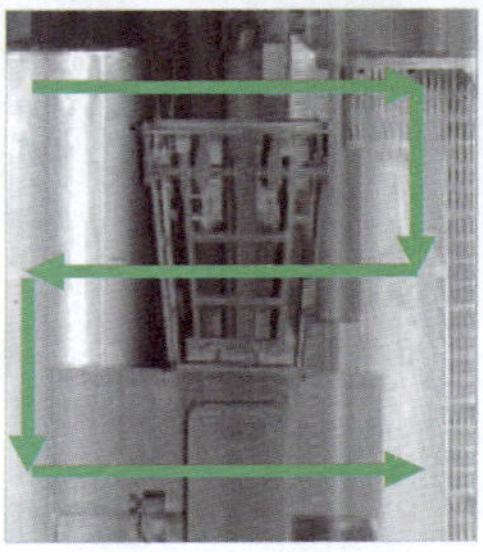①检查转向架构架及管路可视部件外观及安装状态良好，无明显变形及部件丢失。
②检查基础制动装置可视部件外观及安装状态良好，无明显油迹、变形及部件丢失；制动夹钳及基础制动装置外观状态良好，无部件异位窜出、丢失。
③检查牵引电动机可视部件外观及安装状态良好，无明显变形及部件丢失。
④万向轴法兰螺栓及十字轴颈可视部分外观状态良好，法兰螺栓无窜出、丢失，十字轴颈无明显裂纹及损坏。
⑤万向轴托架外观状态良好，可见部分固定螺栓无窜出、丢失。
⑥检查车轴可视部件外观及安装状态良好，无明显打击痕迹。
⑦转动部位无异物卡滞及配件无丢失。
⑧车轮内侧可见部分外观状态良好，无明显划伤。
⑨抗侧滚扭杆外观状态良好，连接部位无脱落。
⑩空气弹簧内侧外观状态良好，无明显破损、泄露。
⑪Z形牵引拉杆外观状态良好，中心销及座螺栓无窜出、丢失</td><td> 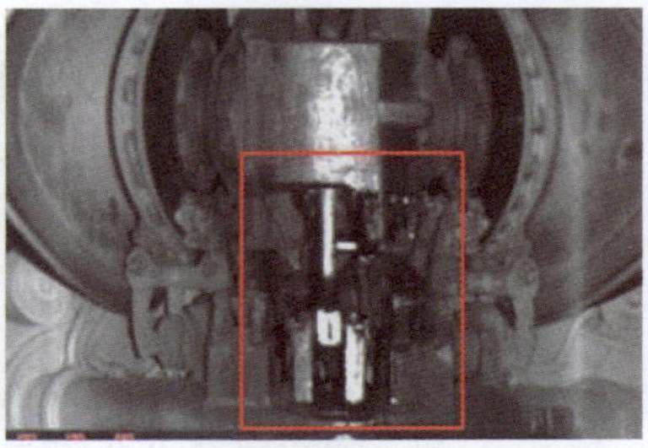齿轮箱油迹
※重要提示：雨天易与雨水混淆，可根据油迹分布及反光情况综合判断</td></tr>
<tr><td> 制动夹钳销轴螺栓窜出
※重要提示：多发生于冰雪天及途经有砟轨道交路</td></tr>
<tr><td> 二系垂向油压减振器漏油
※重要提示：雨天易与雨水混淆，可根据油迹分布及反光情况综合判断</td></tr>
</table>

续上表

序号	顺序	检查内容及质量标准	故障案例
4	车端连接处	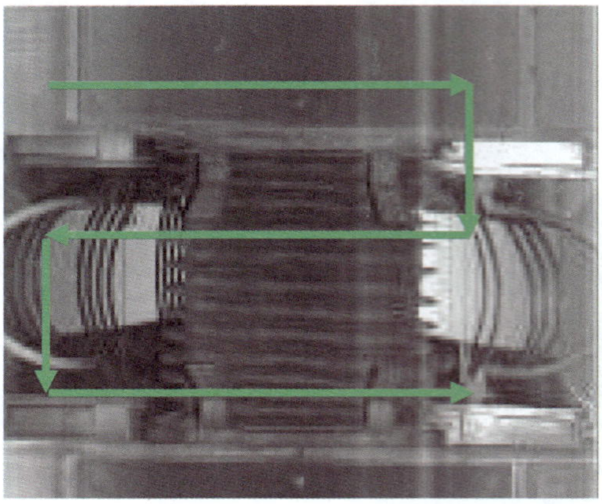 ①车端跨线可见部位外观状态良好,无明显击打破损。 ②车端风管外观状态良好,无明显击打破损。 ③折棚导轨外观状态良好,未折断、丢失	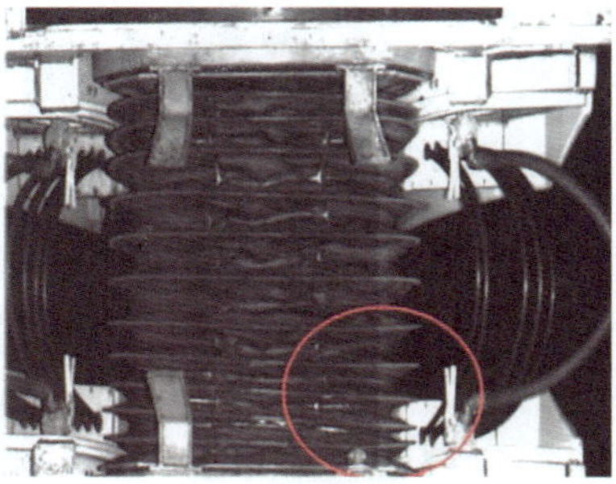 车端导轨丢失 ※**重要提示:**可与前后车厢同部件对比

二、底部左(右)检查内容、质量标准及故障案例

序号	顺序	检查内容及质量标准	故障案例
1	头罩	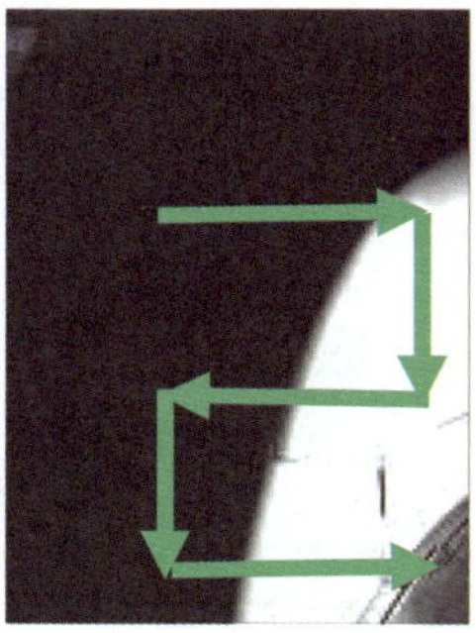 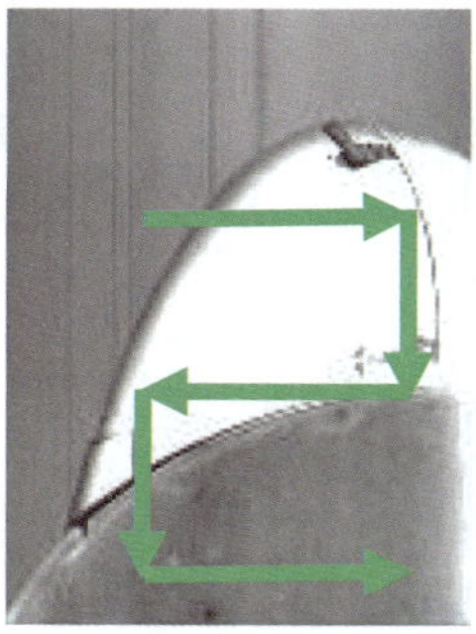 ①检查头罩可视部件外观及安装状态良好,无明显破损、变形。 ②头罩关闭状态良好,无开放。 ③车钩导向杆位置正确,无丢失	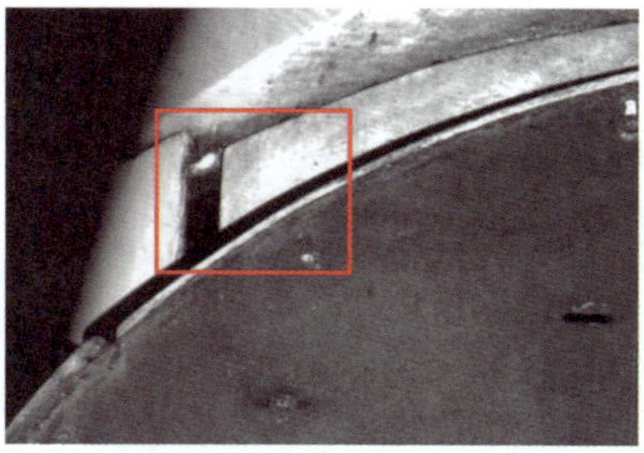 导流罩脱开 ※**重要提示:**多发生于冰雪天及途经有砟轨道交路

续上表

序号	顺序	检查内容及质量标准	故障案例
2	底板	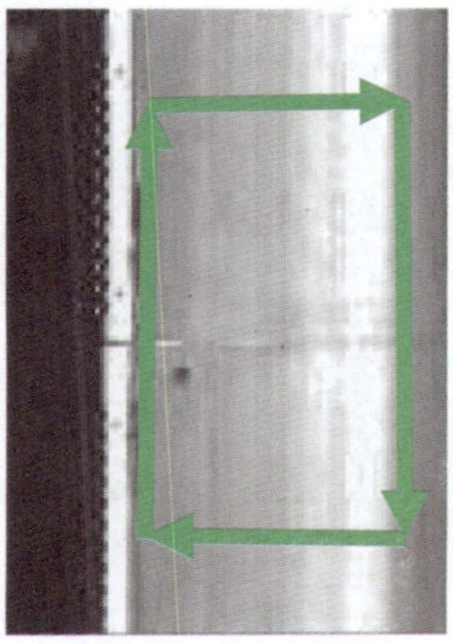 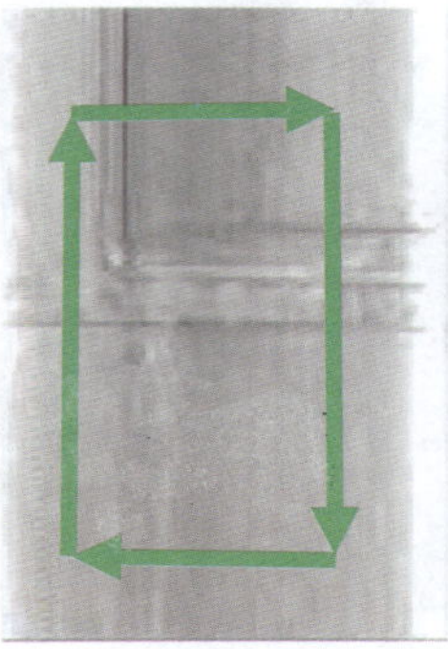 ①船形底板外观状态良好,无严重划痕、变形,紧固螺丝无丢失。 ②管线支架无严重击打及变形,管线外观状态良好,无损坏脱落。 ③底板可视螺栓无丢失、无断裂现象	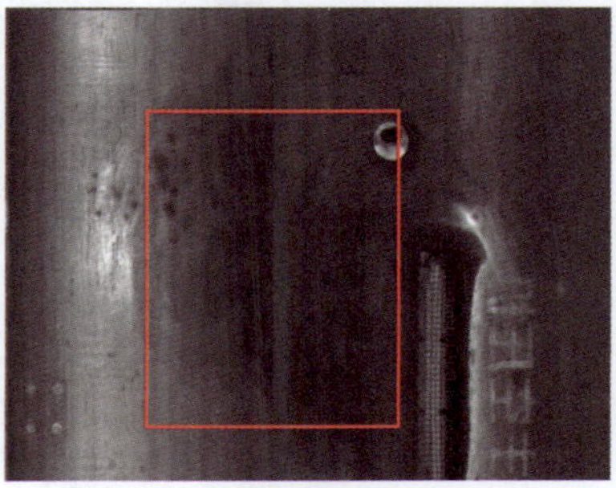 底板油迹 ※**重要提示:**雨天易与雨水混淆,可根据油迹分布及反光情况综合判断
3	转向架	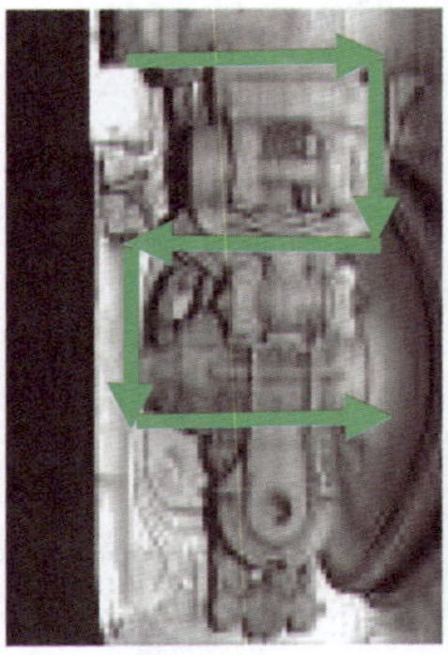 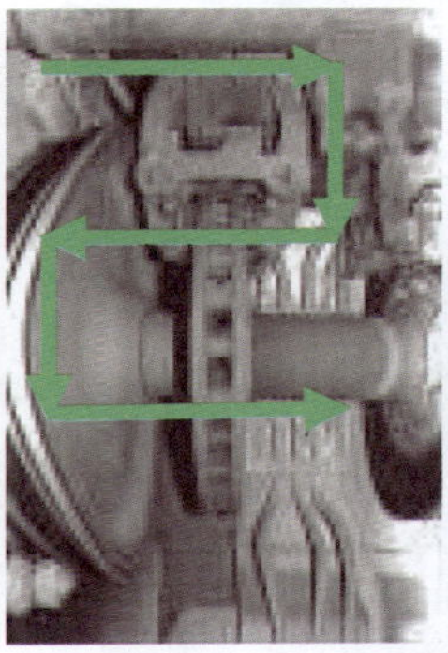 ①检查转向架构架及管路可视部件外观及安装状态良好,无明显变形及部件丢失。 ②检查基础制动装置可视部件外观及安装状态良好,无明显油迹、变形及部件丢失。 ③检查抗侧滚扭杆可视部件外观及安装状态良好,无明显变形及部件丢失。 ④可视部件外观及安装状态良好,无明显油迹、变形及部件丢失	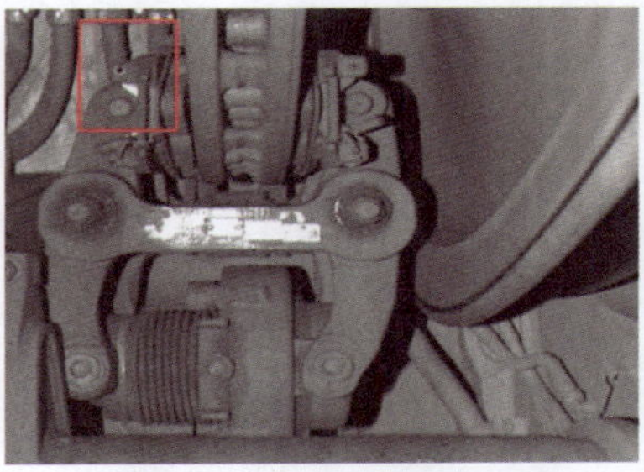 闸片托锁铁膨胀销缺失 ※**重要提示:**故障现象较小,检查底板时需注意是否存在异常亮点或小黑点

续上表

序号	顺序	检查内容及质量标准	故障案例
4	车端连接处	①底板外观状态良好,无明显击打破损,紧固螺栓无窜出、丢失。 ②车端跨线可见部位外观状态良好,无明显击打破损。 ③车端风管外观状态良好,无明显击打破损。 ④折棚导轨外观状态良好,未折断、丢失	防护板异物击打变形 ※**重要提示:**多发生于冰雪天及途经有砟轨道交路

三、侧部上检查内容、质量标准及故障案例

序号	顺序	检查内容及质量标准	故障案例
1	裙板	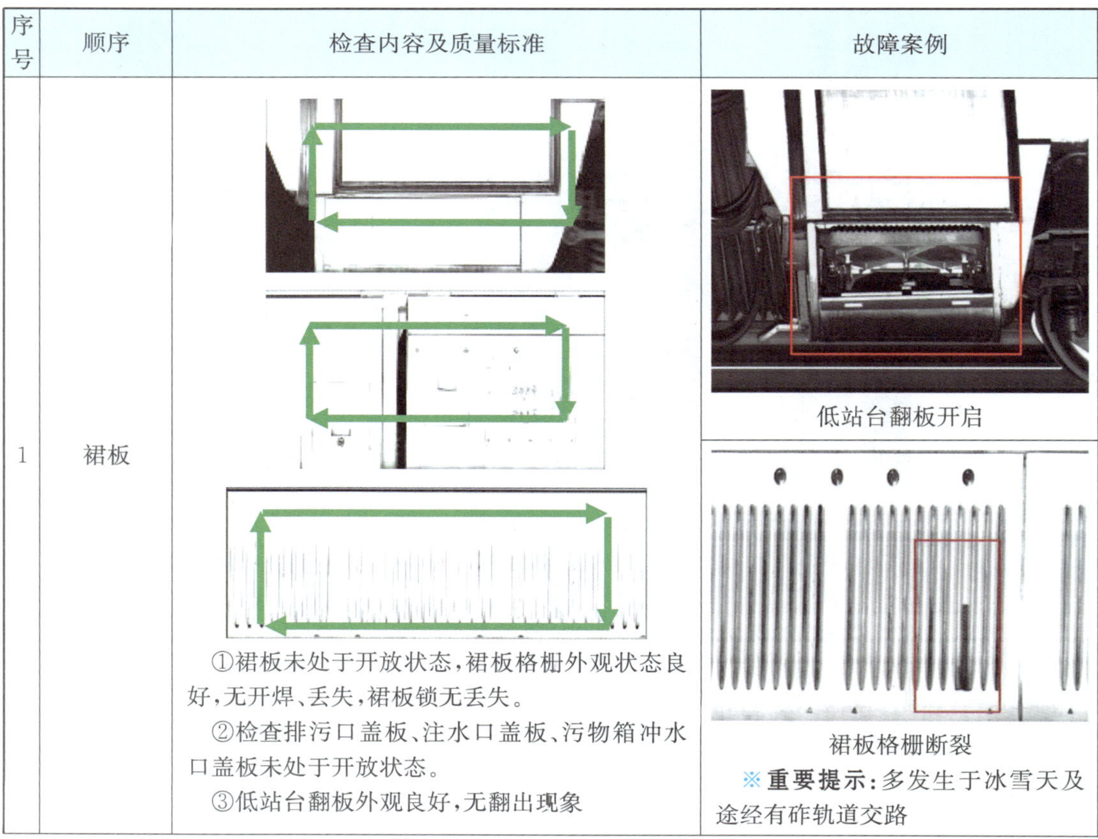 ①裙板未处于开放状态,裙板格栅外观状态良好,无开焊、丢失,裙板锁无丢失。 ②检查排污口盖板、注水口盖板、污物箱冲水口盖板未处于开放状态。 ③低站台翻板外观良好,无翻出现象	低站台翻板开启 裙板格栅断裂 ※**重要提示:**多发生于冰雪天及途经有砟轨道交路

续上表

序号	顺序	检查内容及质量标准	故障案例
2	转向架	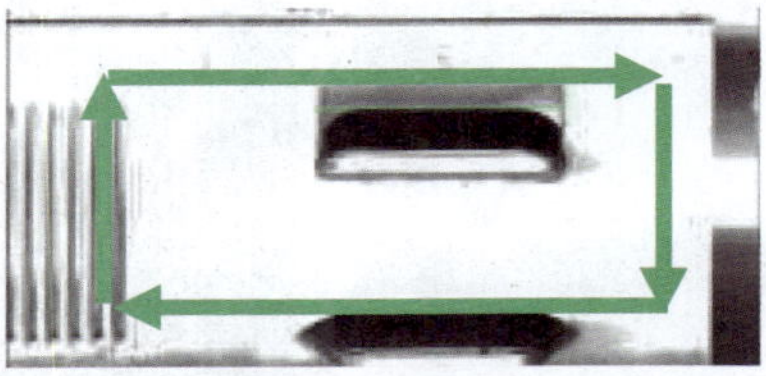  ①连接线无明显脱落、蹬乘梯无开焊、空气弹簧无明显破损、变形，螺栓无脱落。 ②上拉杆外可视部位外观状态良好，位置正确。 ③轴箱弹簧可见部分外观状态良好，无折断。 ④空气弹簧无明显变形、破损	 过分相天线橡胶挡板丢失 ※**重要提示**：可与底部左右侧同部件对比
3	车端连接处	 ①车端跨线可见部位外观状态良好，无明显击打破损。 ②车端风管外观状态良好，无明显击打破损。 ③折棚导轨外观状态良好，未折断、丢失	 污水箱底板破损 ※**重要提示**：可与底部左右侧同部件对比

四、侧部下检查内容、质量标准及故障案例

序号	顺序	检查内容及质量标准	故障案例
1	头罩	①检查头罩可视部件外观及安装状态良好,无明显破损、变形,头罩关闭状态良好,无开放(非重联端)。 ②开闭机构及砂箱盖板未处于开放状态,盖板锁无丢失	车头罩破损 ※**重要提示:**多发生于冰雪天及途经有砟轨道交路
2	转向架	①制动管路外观状态良好,管卡无松脱、丢失现象。 ②上拉杆外观状态良好,位置正确。 ③轴箱弹簧可见部分外观状态良好,无折断。 ④接地线外观状态良好,无丢失现象。 ⑤轴箱端盖外观状态良好,无击打破裂,紧固螺栓无窜出、丢失现象;集成传感器外观状态良好。 ⑥检查轮缘润滑喷嘴及构件无损坏、管路无破损、无漏油。 ⑦检查撒砂装置砂管和线管捆绑无松脱、无丢失现象。 ⑧检查轴箱可视部件外观及安装状态良好,无明显漏油痕迹、变形及部件丢失。 ⑨检查垂向减振器安装良好,下部安装螺栓安装牢固,防松线无错位。 ⑩检查抗侧滚扭杆各部安装螺栓紧固,无松动、丢失。 ⑪自动过分相传感器无缺失,无严重变形、脱开、连接电缆无断裂破损,转接插头连接紧固状态良好	撒砂管断开 ※**重要提示:**多发生于冰雪天及途经有砟轨道交路

续上表

序号	顺序	检查内容及质量标准	故障案例
3	裙板	①裙板未处于开放状态，裙板格栅外观状态良好，无开焊、丢失，裙板锁无丢失。 ②检查排污口盖板、注水口盖板、污物箱冲水口盖板未处于开放状态。 ③低站台翻板外观良好，无翻出现象	注水口盖板未关闭
4	车端连接处	①车端跨线可见部位外观状态良好，无明显击打破损。 ②车端风管外观状态无明显击打破损、无脱开状态。 ③折棚导轨外观状态良好，未折断、丢失	轴箱接地端盖丢失、接地线断开

思 考 题

1. CRH1B/CRH1E 型动车组的动力转向架分布在哪些车厢？

2. CRH1B/CRH1E 型动车组头车头罩处易发生哪些故障？

3. CRH2A/CRH2B/CRH2E 型动车组拖车转向架底中通道的检查要求是什么？

4. CRH2A/CRH2B/CRH2E 型与 CRH2C(二阶段)型动车组转向架底中通道的检查区别主要是什么？

5. 对于结构复杂的过车图片，可采用什么样的轨迹对各部件进行检查？
6. 侧部下通道检查各车型转向架采用什么轨迹方式？
7. CRH380BL 型动车组牵引变流器主要分布在哪些车厢？
8. CRH380BL 型动车组动车转向架侧部下通道的检查要求是什么？
9. CR400AF 型动车组裙板处易发生哪些故障？
10. CR400BF 型动车组底板的检查要求有哪些？

附录　TEDS 检测系统全路分布情况

截至 2024 年 1 月，全路 18 个铁路局集团公司 23 个监控中心共计 194 个探测站，主要分布在各客运专线枢纽进出站区域及动车所内，具体分布如下：

序号	局	段	探测站名称	安装位置（站/所）	正线/侧线
1	哈	哈尔滨动车段	牡丹江站沈佳高速上行	站	正线
2		哈尔滨动车段	牡丹江站哈牡客专下行	站	正线
3		哈尔滨动车段	佳木斯西站哈佳新线下行	站	正线
4		哈尔滨动车段	哈尔滨西站哈牡客专上行	站	正线
5		哈尔滨动车段	哈尔滨西站京哈高速下行	站	正线
6		哈尔滨动车段	哈尔滨西站京哈高速上行（出站）	站	正线
7		哈尔滨动车段	哈尔滨西站哈齐客专上行	站	正线
8		哈尔滨动车段	齐齐哈尔南站哈齐客专下行	站	正线
9		哈尔滨动车段	佳木斯站沈佳高速下行	站	正线
10	沈	沈阳动车段	赤峰站喀赤线下行	站	正线
11		沈阳动车段	沈阳北站京哈高速上行	站	正线
12		沈阳动车段	延吉西站长珲城际下行	站	正线
13		沈阳动车段	沈阳南站沈丹客专上行	站	正线
14		沈阳动车段	大连北站丹大线上行	站	正线
15		沈阳动车段	丹东站沈丹客专下行	站	正线
16		沈阳动车段	丹东站丹大线下行	站	正线
17		沈阳动车段	大连北站沈大高速上行	站	正线
18		沈阳动车段	长春西站京哈高速下行	站	正线
19		沈阳动车段	长春站长珲城际上行	站	正线
20		沈阳动车段	通辽站新通客专下行	站	正线
21		沈阳动车段	长春西站京哈高速上行	站	正线
22		沈阳动车段	皇姑屯站京哈高速下行	站	正线
23		沈阳动车段	皇姑屯站京哈线下行	站	正线
24		沈阳动车段	长春站长白线上行	站	正线
25		沈阳动车段	沈阳站沈大高速下行	站	正线
26		沈阳动车段	延吉西站长珲城际上行	站	正线
27		沈阳动车段	葫芦岛北站京哈线上行（东青堡）	站	正线

续上表

序号	局	段	探测站名称	安装位置（站/所）	正线/侧线
28	京	北京动车段	石家庄站京广高速上行 2	站	侧线
29		北京动车段	北京南站京津城际线上行 1	站	侧线
30		北京动车段	石家庄站京广高速下行 3	站	侧线
31		北京动车段	北京西站京广高速下行	站	正线
32		北京动车段	北京南站京津城际线上行 2	站	侧线
33		北京动车段	石家庄站京广高速下行 4	站	侧线
34		北京动车段	北京南站动车走行线 B	站	侧线
35		北京动车段	北京南站京沪高速上行 2	站	侧线
36		北京动车段	北京南站京沪高速上行 1	站	侧线
37		北京动车段	北京西站京广高速上行	站	正线
38		北京动车段	石家庄站京广高速上行 1	站	侧线
39		北京动车段	石家庄站石济客专上行 1	站	侧线
40		天津动车段	秦皇岛站津秦客专上行 1	站	侧线
41		天津动车段	秦皇岛站津秦客专上行 2	站	侧线
42		天津动车段	秦皇岛站津秦客专下行 1	站	侧线
43		天津动车段	秦皇岛站津秦客专下行 2	站	侧线
44		北京动车段	清河站京包客专上行	站	正线
45		北京动车段	石家庄站石济客专上行 2	站	侧线
46		北京动车段	石家庄站石济客专上行 3	站	侧线
47		北京动车段	雄安站京雄城际上行	站	正线
48		北京动车段	北京南站动车走行线 A	站	侧线
49		北京动车段	石家庄站京广高速下行 2	站	侧线
50		北京动车段	北京朝阳站京哈高速上行	站	正线
51		北京动车段	石家庄站京广高速下行 1	站	侧线
52		北京动车段	丰台站京广高速上行	站	—
53		天津动车段	天津站津秦客专上行	站	正线
54	太	太原车辆段	太原动车所走行线 D1 道	所	—
55		太原车辆段	大同南站张大客运专线下行 2	站	正线
56		太原车辆段	太原南站大西高铁上行	站	正线
57		太原车辆段	太原南站大西高铁下行	站	正线
58		太原车辆段	大同南站张大客运专线下行 1	站	正线
59		太原车辆段	太原动车所走行线 D2 道	所	—
60		太原车辆段	太原南站郑太客专上行	站	正线
61		太原车辆段	大同南站张大客运专线上行	站	正线
62		太原车辆段	太原南站石太客专下行	站	正线

续上表

序号	局	段	探测站名称	安装位置（站/所）	正线/侧线
63	呼	包头车辆段	呼和浩特东站京包客专下行	站	正线
64		包头车辆段	呼和浩特东站京包客专上行	站	正线
65	郑	郑州动车段	郑州东站徐兰高铁上行	站	正线
66		郑州动车段	郑州东站京广高速下行	站	正线
67		郑州动车段	郑州东站京广高速上行	站	正线
68		郑州动车段	郑州东站徐兰高铁下行	站	正线
69		郑州动车段	中原站徐兰高铁下行(联络线)	站	正线
70		郑州动车段	圃田西站郑州东西南联络线下行	站	正线
71	武	武汉动车段	武汉站京广高速下行	站	正线
72		武汉动车段	汉口站沪蓉线上行	站	正线
73		武汉动车段	武汉站京广高速上行	站	正线
74		武汉动车段	汉口站沪蓉线下行	站	正线
75		武汉动车段	宜昌东站沪蓉线上行	站	正线
76		武汉动车段	宜昌东站沪蓉线下行	站	正线
77	西	西安动车段	西安北站徐兰高铁下行	站	正线
78		西安动车段	西安北站徐兰高铁上行	站	正线
79		西安动车段	西安北站银西高铁上行	站	正线
80		西安动车段	西安北站西成客专上行(郑西场)	站	正线
81		西安动车段	西安北站大西高铁下行	站	正线
82		西安动车段	西安北站西成客专上行(大西场)	站	正线
83	济	青岛动车段	济南东站济青高铁上行	站	正线
84		青岛动车段	青岛北站胶济客专上行	站	正线
85		青岛动车段	青岛北站胶济客专下行	站	正线
86		青岛动车段	青岛北站青荣城际上行	站	正线
87		青岛动车段	济南西站京沪高速上行 2	站	正线
88		青岛动车段	济南西站京沪高速下行 2	站	正线
89		青岛动车段	济南西站京沪高速下行 1	站	正线
90		青岛动车段	济南西站京沪高速上行 1	站	正线
91		青岛动车段	济南东站黄东联络线下行	站	—
92	上	南京动车段	徐州东站京沪高速上行 1	站	侧线
93		南京动车段	南京南站京沪高速上行 1	站	侧线
94		南京动车段	徐州东站京沪高速上行 2	站	侧线
95		南京动车段	徐州东站京沪高速下行 1	站	侧线
96		南京动车段	徐州东站京沪高速下行 2	站	侧线
97		南京动车段	南京南站京沪高速上行 2	站	侧线

续上表

序号	局	段	探测站名称	安装位置（站/所）	正线/侧线
98	上	南京动车段	南京南站京沪高速下行 1	站	侧线
99		南京动车段	南京南站京沪高速下行 2	站	侧线
100		南京动车段	合肥南站沪蓉线下行	站	正线
101		南京动车段	合肥南站沪蓉线上行	站	正线
102		南京动车段	南京站沪宁高铁上行	站	正线
103		南京动车段	南京南站沪蓉线上行	站	正线
104		南京动车段	南京南站宁杭高铁上行	站	正线
105		南京动车段	合肥南站合福高铁上行 2	站	正线
106		南京动车段	合肥南站合福高铁上行 1	站	正线
107		南京动车段	合肥南站合福高铁下行	站	正线
108		上海动车段	上海虹桥站京沪高速上行	站	正线
109		上海动车段	上海虹桥站京沪高速下行	站	正线
110		上海动车段	杭州东站沪昆高铁下行	站	正线
111		上海动车段	杭州东站宁杭高铁下行	站	正线
112		上海动车段	上海虹桥站沪昆高铁上行	站	正线
113		上海动车段	温州南站杭深线下行	站	正线
114	南	福州动车段	厦门北站杭深线下行	站	正线
115		福州动车段	福州南站杭深线上行（福州端）	站	正线
116		福州动车段	厦门北站杭深线上行	站	正线
117		福州动车段	福州南站杭深线上行（厦门端）	站	正线
118		福州动车段	福州站合福高铁下行	站	正线
119		福州动车段	福州南站杭深线下行	站	正线
120		福州动车段	福州站杭深线下行	站	正线
121		福州动车段	福州站昌福线下行	站	正线
122		福州动车段	福州南站福漳联络线下行	站	正线
123		福州动车段	福州南站甬广高速上行	站	正线
124		福州动车段	厦门北站甬广高速上行	站	正线
125		福州动车段	厦门北站甬广高速下行	站	正线
126		南昌车辆段	上饶站沪昆高铁上行	站	正线
127		南昌车辆段	上饶站合福高铁下行	站	正线
128		南昌车辆段	上饶站合福高铁上行	站	正线
129		南昌车辆段	南昌西站昌福线上行	站	正线
130		南昌车辆段	南昌西站昌九城际下行	站	正线
131		南昌车辆段	南昌西站沪昆高铁下行	站	正线
132		南昌车辆段	南昌西站沪昆高铁上行	站	正线
133		南昌车辆段	上饶站沪昆高铁下行	站	正线

续上表

序号	局	段	探测站名称	安装位置（站/所）	正线/侧线
134	广	广州动车段	长沙南站沪昆高铁上行(联络线)	站	正线
135		广州动车段	深圳北站京港高速下行(联络线)	站	正线
136		广州动车段	潮汕站梅汕线下行	站	正线
137		广州动车段	潮汕站梅汕线上行	站	正线
138		广州动车段	长沙南站沪昆高铁上行	站	正线
139		广州动车段	长沙南站沪昆高铁下行	站	正线
140		广州动车段	长沙南站京广高速上行	站	正线
141		广州动车段	广州东站广深线上行	站	正线
142		广州动车段	三亚站海南东环线下行	站	正线
143		广州动车段	长沙南站京广高速下行	站	正线
144		广州动车段	深圳北站杭深线下行	站	正线
145		广州动车段	三亚站海南西环线下行	站	正线
146		广州动车段	长沙南站沪昆高铁下行(联络线)	站	正线
147		广州动车段	广州南站广深港客专上行	站	正线
148		广州动车段	广州南站广珠城际线上行	站	正线
149		广州动车段	广州南站广珠城际线上行(联络线)	站	正线
150		广州动车段	广州南站贵广客专下行	站	正线
151		广州动车段	广州南站京广高速下行	站	正线
152		广州动车段	广州南站南广线下行	站	正线
153		广州动车段	长沙西站渝厦线下行	站	正线
154		广州动车段	新塘站汕广联络线上行	站	正线
155		广州动车段	新塘站汕广高铁下行	站	正线
156	宁	南宁车辆段	桂林西站贵广客专下行	站	正线
157		南宁车辆段	南宁动车所走行线(柳南线下行)	所	—
158		南宁车辆段	南宁东站邕北线上行	站	正线
159		南宁车辆段	桂林西站贵广客专上行	站	正线
160		南宁车辆段	南宁东站柳南客专下行	站	正线
161		南宁车辆段	桂林北站衡柳线下行	站	正线
162		南宁车辆段	桂林站衡柳线上行	站	正线
163		南宁车辆段	南宁站南昆客专上行	站	正线
164		南宁车辆段	南宁东站贵南客专下行	站	正线
165		南宁车辆段	南宁东站南广线上行	站	正线

续上表

序号	局	段	探测站名称	安装位置（站/所）	正线/侧线
166	成	重庆车辆段	重庆西站渝贵铁路上行	站	正线
167		贵阳车辆段	贵阳北站渝贵铁路下行	站	正线
168		重庆车辆段	重庆北站渝万客专下行	站	正线
169		贵阳车辆段	贵阳北站沪昆高铁上行	站	正线
170		贵阳车辆段	贵阳北站沪昆高铁下行	站	正线
171		贵阳车辆段	贵阳东站成贵客专下行	站	正线
172		贵阳车辆段	贵阳站贵南线上行	站	正线
173		重庆车辆段	重庆北动车所联络线	所	—
174		重庆车辆段	重庆北站沪蓉线上行	站	正线
175		贵阳车辆段	贵阳东站贵广客专上行	站	正线
176		成都动车段	成都东站西成客专线下行	站	正线
177		重庆车辆段	重庆北站成渝高铁下行	站	正线
178		成都动车段	成都东站成贵客专上行	站	正线
179		成都动车段	成都东站成渝高铁上行	站	正线
180		成都动车段	成都东站沪蓉线下行	站	正线
181		重庆车辆段	重庆北站沪蓉线下行	站	正线
182	昆	昆明车辆段	昆明站广昆线下行	站	正线
183		昆明车辆段	昆明南站南昆客专下行	站	正线
184		昆明车辆段	昆明南站沪昆高铁下行	站	正线
185	兰	兰州车辆段	兰州西站中川铁路上行	站	正线
186		兰州车辆段	兰州西站兰新客专上行	站	正线
187		兰州车辆段	兰州西站徐兰高铁下行	站	正线
188		兰州车辆段	银川站银西高铁上行	站	正线
189	乌	乌鲁木齐车辆段	哈密站兰新客专线上行	站	正线
190		乌鲁木齐车辆段	哈密站兰新客专线下行	站	正线
191		乌鲁木齐车辆段	乌鲁木齐站兰新客专线下行	站	正线
192	青	西宁车辆段	西宁站兰新客专上行	站	正线
193		西宁车辆段	西宁站兰新客专下行	站	正线
194		西宁车辆段	西宁动车所走行线上行	所	—